近代中国华商证券市场研究

刘志英　著

中国社会科学出版社

图书在版编目（CIP）数据

近代中国华商证券市场研究/刘志英著 . —北京：中国社会科学
出版社，2011.9
ISBN 978 - 7 - 5004 - 9510 - 9

Ⅰ.①近…　Ⅱ.①刘…　Ⅲ.①资本市场—研究—中国—近代
Ⅳ.①F832.9

中国版本图书馆 CIP 数据核字（2011）第 015759 号

责任编辑　叶昕媛　黄燕生
责任校对　王俊超
封面设计　大鹏设计
技术编辑　戴　宽

出版发行　中国社会科学出版社
社　　址　北京鼓楼西大街甲 158 号　　　邮　编　100720
电　　话　010—84029450（邮购）
网　　址　http://www.csspw.cn
经　　销　新华书店
印　　刷　君升印刷厂　　　　　　　　　　装　订　广增装订厂
版　　次　2011 年 9 月第 1 版　　　　　　印　次　2011 年 9 月第 1 次印刷
开　　本　710×1000　1/16
印　　张　28.5
字　　数　453 千字
定　　价　58.00 元

国家社科基金后期资助项目

出 版 说 明

后期资助项目是国家社科基金新设立的一类重要项目，它是经过严格评审，从接近完成的优秀科研成果中遴选立项的。为扩大后期资助项目的影响，更好地推动学术发展，促进成果转化，全国哲学社会科学规划办公室按照"统一标识、统一版式、符合主题、封面各异"的总体要求，委托商务印书馆、中华书局、中国社会科学出版社、社会科学文献出版社和人民文学出版社，陆续出版国家社科基金后期资助项目成果。

全国哲学社会科学规划办公室

2006 年 6 月

序　一

　　曾见有关中国股市的文章，说中国的股市已有 20 余年历史。显然，他说的是改革开放以后的中国股市的历史，也是新中国股市的历史。至于中国股市，则已经约有一个半世纪的历史，只是在新中国成立后中断了 30 余年而已。认为中国股市只有 20 余年历史，说明有些年轻人不了解中华人民共和国成立前中国证券市场的发展情况，因此无意中抹杀了这段历史。

　　对于近代的中国证券市场，已有一些研究成果发表。刘志英博士是近年出现的研究这一专题取得突出成就的新人。她的博士论文《近代上海华商证券市场》已于 2004 年由学林出版社出版。但她并没有就此止步，又将研究中国证券市场史的范围扩大到了全国。为此她不辞劳苦，到宁波、北京、天津、重庆等地搜集相关资料，其中的感受正如她自己在后记中所说的："旅途的奔波与资料的爬梳是十分艰辛的，但每当我搜集到一份份弥足珍贵的新资料时的那种欣喜，却是常人所难以体会和感受的，这是我最大的快乐。"有这样乐此不疲的坐冷板凳精神，使她能克服困难，坚持下去，终于在博士后出站报告的基础上，进一步完成了新著《近代中国华商证券市场研究》。

　　中国近代的华商证券市场包括股票市场和公债市场，两者都是学习西方的产物。由于中国当时的社会条件，证券市场的运作和监管都很不规范，投机盛行，风潮频发。早在同治十三年六月十六日（1874 年 7 月 29 日），《申报》发表《股份折阅》一文，其中就说股市"与赌博固无少区别"。光绪八年（1882 年）开始的上海第一次股市风潮发生后，次年钟天纬又为文指出，购买股票者"本无置产贻子孙之心，不过以股票低昂为居奇之计，卖空买空，宛同赌博"；而股票发行者则以成立公司为欺骗手段，"刊一章程，绘一图说，海市蜃楼，全凭臆造"（《刖足集外篇·扩充商务十条》）。
而今天的中国股市，仍有"赌场"之讥，某些上市公司仍在借此"圈钱"，
说明"赌博"和"圈钱"这种中国股市与生俱来的患症尚未得到根治，建设
一个健全的证券市场还任重而道远。搞清中国证券市场的发展过程，总结其
存在的问题和教训，对今天证券市场的健康发展有一定的认识和借鉴意义。

　　本书详述中国近代证券市场的历史，并运用相关的专业理论，特别是运
用新制度经济学的分析方法，对其作出理论性的评说。这种评说是建立在搞
清历史事实的基础上的，故能切合实际，有的放矢，启发读者的深思。

　　谈市场问题必然要以价格来表示，价格离不开货币。货币本身的价
值变动会改变商品的价格水平，证券价格的变动也是如此。中国近代的
货币制度非常复杂，不懂得它的前后变化，就难以判断证券价格变动是
由于证券本身的原因还是由于货币的原因，或两者兼而有之。以下对此
作一简要的综述，以供参考。

　　在 1933 年 4 月 6 日全国"废两改元"以前，货币单位有"两"和"元
（圆）"两种，"两"是银两，"元"是银元。"废两改元"就是废除银两，统
一改用银元。白银本身有价值，故币值比较稳定，但也会有变化，总的来
说，中国近代的白银是处于轻微贬值的过程中。在以银为货币的条件下，
证券的涨跌大多同货币价值变动的因素无关。1934 年 8 月，美国实行白银
国有政策，高价向海外购买白银，中国的白银大量外流，银根极度紧缩，
从而爆发严重的金融危机，这种情况下的证券价格变动就可能同银价的上
涨有直接关系了。1935 年 11 月 4 日，国民政府实行了法币政策，从此白银
不再是中国的货币。故此后国民政府统治区的"元"都是指法币，沦陷区
的"元"都是指伪币，它们都是不兑现纸币，都处于不断贬值的过程中。
在这种情况下，就要考虑货币的因素了，货币贬值会促使证券价格的上涨。
1948 年 8 月 19 日，国民政府宣布以金圆券取代法币，金圆券 1 元合法币
300 万元，而金圆券以更快的速度贬值，物价一日数变。1949 年 2 月还有
上海证券交易所复业之事，这时的证券价格自然非狂涨不可了。

　　值此刘志英博士的新著即将出版之际，谨为序。

叶世昌

2008 年 1 月

序　二

　　中国的华商证券市场，是随着19世纪六七十年代中国股份制企业的产生而形成的。此后一直到1949年新中国成立，作为近代中国金融市场体系中一个相对独立的部分，华商证券市场走过了80多年的风雨历程。总结这一时期的华商证券市场发展演变的历史，对于拓展中国近代史，特别是金融史的研究领域，有着十分重要的学术价值；同时还可为促进和完善中国当下证券市场的健康发展，提供有益的历史借鉴。近20年来，虽然近代中国证券市场的基本情况为多种研究著述所提及，但缺乏对整个近代中国华商证券市场的较为全面、系统又较为深入的研究。

　　《近代中国华商证券市场研究》一书，是刘志英教授长期专注于近代中国证券市场研究的最新成果。这部著作在总结相关研究成果的基础上，多方位地展现了近代中国华商证券市场的历史进程，努力揭示其发展规律，这对于进一步丰富中国近代经济史，尤其是金融史的内涵，拓展学术研究空间，都是值得称道的。

　　这书较准确地把握了近代中国华商证券市场曲折的发展演变脉络及其与西方国家证券市场的巨大差异，揭示了华商证券市场所处经济条件和社会环境的复杂性，厘清了隐藏其间的种种纷繁错综的关系。正如该书所指出的，近代中国华商证券市场80余年演变的历史，一方面是模仿学习与借鉴西方其他成熟市场经济的制度文本的历史；另一方面，近代中国的股票市场制度与债券市场制度经历了两种截然相反的制度建设路径，股票市场自始至终走的是自下而上的诱致性制度变迁路径，而公债市场则从一开始就是一种政府直接参与并高度控制的强制性制度变迁路径。又如该书中写道：在近代中国华商证券市场中，政府角色往往错位。

政府进行宏观控制的目的，应该是维护市场经济运行的正常秩序，使国民经济实现可持续发展目标。然而法治环境的缺失，使得政府干预的范围和力度往往过大，超出了校正市场失灵和维护市场秩序机制正常运行的合理界限，即政府管了不该由政府承担或政府管不好的事。审视近代中国华商证券市场制度建设中的各项改革的路径与由来，不难看出政府主导和主管始终是外来的决定性力量。这种决定性力量，在证券市场建立的初期曾经发挥过重大的积极效应，但政府并未从根本上建立起一种规范的、符合经济发展内在要求的游戏规则，仍然采用的是"过程管理"的做法，造成了对市场法则的破坏，并由此产生了政府随意干涉市场、干涉股份制企业的市场空间，引导市场走向了为其销纳公债的道路。近代中国政府既是证券市场的管理者，又与证券市场有着直接的重大利益关系，这对市场监管产生了极为不利的影响。近代中国证券市场不仅并未对近代中国经济发展起到多大推动作用，而且相反，伴随着证券市场的畸形扩展，更多的是体现在市场的投机性失控和政府对经济活动的高度垄断上。即便是在证券市场最繁荣的时期，也是投资行为严重扭曲，要么经济运行中泡沫成分日益加重，不断引发市场震荡；要么证券市场沦为政府发行公债的工具，而使产业发展严重受阻。的确，作为中国近代化进程重要表征的华商证券市场，一方面移植了西方资本主义证券市场的基本制度；另一方面又由于其制度构建的不健全和其运作中来自非经济因素的过度干涉，使其存在着诸多弊端，它与近代中国的政府财政、工商产业、社会经济以及整个金融市场的实际关系，都同典型意义上的近代西方国家的证券市场相去甚远。

该书对于近代中国华商证券市场研究的创新之处，可以总结为三个方面，即选题及研究内容方面的创新、资料发掘方面的创新，以及研究方法上的创新。尤其是在资料发掘和研究方法上，一方面，作者着力于挖掘原始资料，所征引资料大量源自各类已刊及未刊档案文献和旧报刊文献资料；在前期相关研究的基础上，除对已经查阅过的档案与报刊进行了查漏补缺工作外，还重点增补了上海之外的其他各地的档案资料和报刊文献资料，如北京市档案馆、天津市档案馆、宁波市档案馆、重庆市档案馆等的大量未刊档案资料，以及北京、天津、汉口、重庆、宁波等地的报刊史料，力求对相关问题的研究拥有丰厚扎实的资料依据。另一方面，在运用历史学的理论和方法的同时，注意借鉴经济学、管理学、财政学、金融学等相关学科的专门知识和理论，作多角度的综合分析，以期对所研究的问题有较全面的科学认识。特别是重点运用制度变迁理论与实证研究的方法，对本课题的研究作了经济学的综合分析与比较，升华立意，拓展视角，总结出近代中国华商证券市场演变进程中各不同层面的规律性东西。

　　刘志英对于近代中国华商证券市场的研究，从她在复旦大学攻读博士学位始已历经十余年。本书是她继《近代上海华商证券市场研究》之后的又一部新作，包含和凝结着她十余年的研究之功，也是她新近总结性的研究成果，无论是立意的高度、体系的架构、理论的运用、方法的创新，还是资料的挖掘应用，都较前有新的突破，其主要叙事和基本结论注重客观性和科学性。对此，作为她学术成长过程的见证人，我自然十分欣慰。同时也希望刘志英能在治学道路上取得新的进步，不断有新的收获。

吴景平

2010 年 8 月于复旦大学光华楼

目　录

导　论

一　学术综述与选题说明

自 19 世纪 40 年代以后，中国在外力的强力推动下，封建经济向近代资本主义经济转型，证券与证券市场作为新生事物，在近代中国诞生并不断发展。到 1949 年中华人民共和国成立前，近代中国的证券市场已经走过了 80 多年的风雨历程，总结这一时期的证券市场发展史，对于拓展中国金融史研究与完善我国现阶段的证券市场建设，都具有十分重要的历史与现实意义。

改革开放以来，特别是伴随着股份制和国债发行在中国的复苏、发展，国内学术界对近代中国证券与证券市场的研究给予了相应的关注，取得了不少成果，不仅出版了《近代上海金融市场》（洪葭管、张继凤著，上海人民出版社 1989 年版）、《近代中国的金融市场》（中国人民银行总行金融研究所金融历史研究室编，中国金融出版社 1989 年版）、《中国证券发展简史》（郑振龙等主编，经济科学出版社 2000 年版）等研究著述，同时还涌现出大量的研究性专题论文。据不完全统计，从 20 世纪 80 年代到 2009 年 6 月止，近 30 年的时间里，发表在国内主要学术刊物上的相关学术论文有 150 余篇，其中直接以证券及证券市场为研究对象的博士论文 6 篇，硕士论文 9 篇。① 综观学术界对这一领域的研究，主要集中在以下几个方面。

一是对近代中国华商证券市场的发展和历史沿革的梳理与研究。这是人们开始涉足这一领域后最基础的学术探讨，也是目前该领域研究成果最集中的一部分。

这部分首先集中于以上海为中心的证券交易所（如上海华商证券交易所、上海证券物品交易所）的历史沿革，主要时段（如晚清洋务时期、抗战时期以及战后）证券市场的发育状况、发展特点等诸方面的研究②，这些研究依据大量第一手的档案与报刊等资料，从不同的角度为我们廓

① 博士论文有刘国华《近代中国股份制及股票市场思想研究》，复旦大学，2002 年；刘志英《近代上海华商证券市场及其管理体制研究》，复旦大学，2002 年；王尧基《论中国股市思想发展的几次突破及意义》，复旦大学，2003 年；张春廷《中国证券思想及证券市场研究》，复旦大学，2003 年；梁宏志《中国近代证券市场研究》，云南大学，2006 年；王志华《中国近代证券法律制度研究》，中国政法大学，2006 年。硕士学位论文有张晓阳《八一三时期的上海金融市场》，复旦大学，1999 年；王永长《近代证券市场的变迁及其启示》，上海财经大学，1999 年；宛璐《清末金融业与橡皮股票风潮》，北京工商大学，2001 年；徐华《清末资本市场》，苏州大学，2001 年；赵红星《1927—1949 年上海证券市场及历史反思》，北京工商大学，2001 年；丁晓中《"信交风潮"研究》，苏州大学，2002 年；陈自印《近代中国股票市场的形成与发展——以上海为中心（1872—1937）》，广西师范大学，2007 年；曹猛《近代中国证券市场及其影响研究——以上海为例》，南京农业大学，2007 年；丁玉萍《"民十信交风潮"与近代上海证券市场的变化》，安徽师范大学，2007 年。

② 相关的研究成果主要有陈正书《上海华商证券交易所的创立和影响》，载唐振常、沈恒春主编《上海史研究》二编，学林出版社 1988 年版；张寿彭《旧中国交易所探源》，《兰州大学学报》1990 年第 1 期；龚彦孙《民国初年上海的证券交易》，《民国春秋》1992 年第 6 期；匡家在《旧中国证券市场初探》，《中国经济史研究》1994 年第 4 期；田永秀《1862—1883 年中国的股票市场》，《中国经济史研究》1995 年第 2 期；汪开振《半个世纪前的中国证券期货市场》，《上海经济研究》1995 年第 4 期；剑荣《虞洽卿与上海证券物品交易所》，《档案与史学》1996 年第 3 期；朱荫贵《近代上海证券市场上股票买卖的三次高潮》，《中国经济史研究》1998 年第 3 期、《抗战时期的上海华商证券市场》，《社会科学》2005 年第 2 期、《1918—1937 年的中国证券市场》，《复旦学报》2006 年第 2 期、《试论近代中国证券市场的特点》，《经济研究》2008 年第 3 期；宋士云《抗日战争时期我国的股票市场》，《齐鲁学刊》1998 年第 5 期、《民国初期中国证券市场初探》，《史学月刊》1999 年第 5 期；彭厚文《19 世纪 80 年代上海股票交易的兴衰》，《近代史研究》1999 年第 1 期、《战后上海证券交易所述论》，《近代史研究》2002 年第 3 期；张晓阳《抗战时期的上海股市研究》，《档案与史学》1999 年第 1 期；李玉《1882 年的上海股票市场》，《历史档案》2000 年第 2 期；白丽健《1937—1949 年上海证券市场的历史考察》，《南开学报》2000 年第 4 期；罗友山《国家金融垄断资本扩张的产物——评 1946—1949 年的上海证券交易所》，《上海经济研究》2002 年第 9 期；刘志英：《抗战前期的上海华商证券市场》，《财经论丛》2004 年第 2 期、《大浪淘沙——回首旧中国华商证券市场》，《当代金融家》2006 年第 9 期。

清了近代上海华商证券市场与存续的各类证券交易机构发展演变的基本历史事实与特征，使我们对这个市场有了比较清晰的了解和认识，为我们不断深化这方面的研究，提供了重要的基础。不过，在近年来的有关以上海为中心的近代中国证券市场的硕士论文研究中①，则在观点和资料上都没有新的突破，特别是在资料上，几乎对上海市档案馆、南京中国第二历史档案馆等馆藏的大量相关档案资料没有查阅和引用，仅停留于一般报刊、著述等资料层面，这是远远不够的。

其次是对上海以外的近代中国其他各地的证券市场的研究。这类研究主要集中梳理和探讨了近代北京与天津证券市场的兴衰历程。② 在课题的研究期间，学界在这方面的探索又有了新的进展，特别是关于民国时期天津证券市场的研究更是有了新的成果问世③，给本课题的研究提供了新的借鉴。不过，与对上海华商证券市场的研究相比，这一领域的研究仍显得十分薄弱，仅停留于一般过程的叙述，所用资料相对欠缺，前期的研究局限于一般的文史资料，对于当时的档案和报刊资料缺乏很好的梳理和运用，致使研究停留于表面。不过，最近新发表的几篇文章在资料的运用上已经有了很大的进步，特别是对天津证券市场及证券交易所的研究，已经开始涉猎当时的报刊资料和天津市档案馆馆藏相关资料的梳理和运用，使相关研究的学术水平得以大大提升。但除此而外，对于全国其他各地的证券交易所（如宁波的四明证券交易所、重庆证券交易所、汉口证券交易所、青岛证券交易所等）与证券市场的情况以及它们与上海证券市场的关系，则涉猎甚少，语焉不详，缺乏深入的探讨。④

---

① 曹猛：《近代中国证券市场及其影响研究——以上海为例》，硕士学位论文，南京农业大学，2007年；陈自印：《近代中国股票市场的形成与发展——以上海为中心》，硕士学位论文，广西师范大学，2007年等。

② 相关研究有刘波、石英、徐伟《北京证券交易所简史》，《北京档案史料》1987年第4期；宋士云《北京证券交易所的两次起落》，《北京商学院学报》1995年第3期；《近代天津证券交易市场的兴起与消亡》，《南开经济研究》1995年第1期；席长庚《1918年建立的北京证券交易所》，《经济师》1999年第3期等。

③ 林榕杰：《清末民初天津证券市场的发轫》，《社会科学家》2008年第1期；《1948年的天津证券交易所》，《中国经济史研究》2008年第2期。

④ 目前仅见刘志英《关于抗战时期建立后方证券市场之论争》，《西南大学学报》2007年第4期；《近代证券市场与西部发展的关联：以重庆为例》，《重庆社会科学》2009年第1期等。

二是对证券市场各种风潮的研究。随着研究的深入，学者们并不满足于对一般史实的叙述和了解，对近代中国证券市场展开了多方面与多视角的专题探索。

由于证券市场是和证券投机与生俱来的，证券投机具有与证券市场相生相伴的特性，可以说没有证券投机就没有证券市场。因此，对于近代中国证券市场中不断发生的各种风潮，学者们产生了浓厚的兴趣，对近代中国证券市场上发生的影响较大的几次风潮进行了重点考察，如19世纪80年代的上海股市风潮、1910年的"橡皮股票风潮"、1921—1922年的"信交风潮"、1932年的公债风潮等。① 其中，特别是对"信交风潮"的研究更是受到特别关注，以此为题的硕士论文就有2篇。② 对近代证券市场中这些风潮的研究，为我们如何避免当代证券市场的金融风险提供了可资借鉴的历史经验与教训。

三是对证券法规和管理体制的研究。在近代中国证券市场发展过程中，各个时期都制定了不同的证券法规以加强对证券市场的调整与管理，积累了大量的经验，对于我们当代新生的证券市场和历时短暂的证券立法来说都是一笔宝贵的财富，值得认真总结。对此，学者们也有相应的探讨③，而王志华在其博士论文基础上出版的专著《中国近代证券法》（北京大学出版社2005年版）更是对自1904年清政府颁布中

① 相关研究有闵杰《上海橡胶风潮及其对江浙地区民族经济的冲击》，《中国经济史研究》1989年第2期；陈争平、左大培《"民十信交风潮"的教训》，《经济导刊》1994年第3期；马长林《孤岛时期的交易所黑幕》，《上海档案》1995年第1期；李树启、金雪军《证券风云启示录之三："信交风潮"》，《浙江金融》1998年第4期；洪葭管《从中国近代的金融风潮看当代的金融危机》，《浙江金融》1998年第9期；李玉《19世纪80年代上海股市风潮对洋务民用企业的影响》，《江海学刊》2000年第3期；王晶《1932年的公债风潮：国民政府与上海金融界关系述评》，《档案与史学》2000年第3期；鲁文辉、丁晓中《试析1921年"信交风潮"的影响》，《淮阴师范学院学报》2003年第2期；刘志英《"信交风潮"：近代中国最著名的金融危机》，《国企》2007年第10期；《投机阴魂——透视近代华股市场风潮的投机本质》，《当代金融家》2007年第11期；叶世昌《上海股市的第一次高潮和危机》，《复旦学报》2008年第2期等。
② 丁晓中：《"信交风潮"研究》，硕士学位论文，苏州大学，2002年；丁玉萍：《"民十信交风潮"与近代上海证券市场的变化》，硕士学位论文，安徽师范大学，2007年。
③ 相关研究有李本森《中国近现代证券立法的特点及其启示》，《法学》1996年第3期；刘志英《旧中国的证券立法研究》，《档案与史学》2003年第5期；王志华《略论中国近代证券立法》，《江西财经大学学报》2004年第6期等。

国历史上第一部规范股票发行的《公司律》至 1949 年近半个世纪的
证券立法过程进行了全面研究。作者通过对中国近代证券发行、交易
及经纪人法律制度理论与实践的考察，力图探寻中国近代证券市场及
证券法规政策的特色，为解决今天证券法制建设的现实问题提供历史
借鉴。

　　证券市场是一个高风险的市场，这就需要加强对市场的管理。目前
对近代中国华商证券市场管理体制的研究[①]，重点对南京国民政府统治
前期（1927—1937 年）的公债市场监管制度与上海自"信交风潮"以
后的证券市场管理情况以及抗战时期上海华商股票市场的管理体制进行
了具体而深入的考察，认为 1921 年的"信交风潮"是政府疏于监管的
集中体现，此次风潮不仅成了近代上海华商证券市场管理体制的转折
点，更标志着证券市场从自由放任型向政府监管型的转变。而在南京国
民政府建立后的十年间，政府为保证公债的信用和发行，在公债市场监
管体系的建立方面非常重视，作出了相当的努力。从结果来看，公债市
场规范化程度比北京政府时期有了很大提高。在沦陷时期的上海，虽然
汪伪政权在政治、军事、经济上的总体政策是反动的，但就对上海华商
股票市场管理本身而言，确实取得了一些重要的值得肯定的经验和
成果。

　　四是对政府公债的研究。近代中国华商证券市场在相当长的时期里
以政府发行的公债为主要的交易标的物，因此，考察近代中国的证券市
场就离不开对政府公债的研究。目前有关近代中国公债的研究，已取得
不少的成果。最早对公债进行研究的有分量的学术成果是千家驹的《论
旧中国的公债发行及其经济影响》（《文史哲》1983 年第 4 期），该文对
晚清以来历届政府所发行的公债情况与演变历程以及由此产生的经济影
响进行了简明扼要但却比较系统的探讨，为该领域的研究奠定了基础。
此后，学术界开始了对近代中国公债的深入研究，陆续发表了一系列的

　　①　相关研究有姜良芹《1927—1937 年国民政府公债市场监管体制评析》，《江海学刊》
2004 年第 5 期；刘志英《沦陷时期上海华商股票市场管理研究》，《中国社会经济史研究》2003
年第 1 期及《"信交风潮"与近代上海华商证券市场的管理》，《南大商学评论》第 6 辑，南京大
学出版社 2005 年版。

相关论文。① 除此而外，潘国琪《国民政府 1927—1949 年的国内公债研究》（经济科学出版社 2003 年版）及潘国旗②《近代中国国内公债研究（1840—1926）》（经济科学出版社 2007 年版）两书，应该是目前国内关于近代中国国内公债史研究的比较系统而全面的专著。最近刘晓泉的博士论文《北京政府内国公债发行研究》则专门就北京政府统治时期的内国公债的发行进行了较为深入的专题研究。③ 以上这些论著，分别对近代中国历届政府（晚清政府、北京政府与国民政府）公债发行的政治经济背景、发行的详细经过、债额以及公债对当时社会所产生的影响等方面进行了深入的考察、分析和探究。然而，这些研究主要是从财政学的角度，集中于对政府公债本身的探讨，而对政府公债的发行与银钱业和证券市场关系的研究则略显不足。同时，对政府公债也仅局限于中央政府所发行的公债，至于全国各省市发行的地方公债则重视不够。④

对于近代的股份制思想、证券与证券市场思想在中国的传播与发展也有少量的研究，主要集中探讨了个别人物如梁启超、康有为的公债建设思想、股份制思想等。⑤ 至于其他对近代中国证券市场建设有一定影响

---

① 相关研究论文还有单保《北洋军阀政府的公债》，《史学月刊》1987 年第 1 期；金普森、王国华《南京国民政府 1927—1931 年之内债》，《中国社会经济史研究》1991 年第 4 期及《南京国民政府 1933—1937 年之内债》，《中国社会经济史研究》1993 年第 2 期；赵兴盛《抗战时期国民政府国内公债政策研究》，《民国研究》第 3 辑，南京大学出版社 1996 年版；胡宪立《中国早期公债史述略——评晚清与北洋军阀时期所发行的公债》，《史学月刊》1995 年第 2 期；蒙永乐《试析清末国内公债问题》，《四川师范大学学报》1996 年第 4 期；潘国琪《略论北洋时期的内国公债》，《浙江社会科学》2000 年第 4 期及《晚晴政府的三次内国公债》，《经济研究参考》2001 年第 64 期；吴景平《近代中国内债史研究刍议——以国民政府 1927 至 1937 年为例》，《中国社会科学》2001 年第 5 期；李国俊《对 1927—1937 年南京国民政府发行公债的再认识——以统一公债为核心》，《河西学院学报》2004 年第 3 期；姜良芹《南京国民政府 1932 年内债整理案述论》，《中国经济史研究》2002 年第 4 期及《南京国民政府 1936 年内债整理案述评》，《近代史研究》2004 年第 1 期；姜良芹、全先成《国民政府战前十年时期公债适度规模分析》，《人文杂志》2004 年第 4 版；张启祥《北洋政府时期的九六公债述评》，《史学月刊》2005 年第 6 期等。

② 潘国旗即为潘国琪。

③ 刘晓泉：《北京政府内国公债发行研究》，博士学位论文，湖南师范大学，2008 年。

④ 这方面的成果目前相应较少，已发表的论文有张晓辉《广东近代地方公债史研究（1912—1936）》，《暨南学报》1992 年第 2 期；刘志英《近代上海的地方公债》，《财经论丛》2005 年第 4 期等。

⑤ 相关成果有叶世昌《梁启超、康有为的股份制思想》，《世界经济文汇》1999 年第 2 期；施正康《近代中国证券思想概论》，《世界经济文汇》1999 年第 2 期；徐中煜《梁启超公债思想初探》，《北京大学学报》2001 年第 6 期；贾孔会《梁启超股份制经济思想浅析》，《安徽史学》2002 年第 2 期；严亚明《论晚清发展证券市场的思想主张》，《南阳师范学院学报》2004 年第 4 期。

的经济学家如杨荫溥、马寅初、章乃器等则缺乏更进一步的分析与研究，对于证券与证券市场这一西方市场制度是如何引入中国，并在中国产生、发展与演变的，也缺乏深入的考察与系统的探讨。而刘国华在其博士论文基础上出版的专著《近代中国股份制及股票市场思想研究》①，则从思想史的角度研究了近代中国股份制思想及股票市场思想，对包括近代中国股份乃至企业产生的历史背景、股票交易的发展脉络及对股票交易的认识等进行了较为系统的梳理和考察，弥补了这方面研究的不足。

此外，对近代股份制企业股票发行问题②、产业证券对中国近代企业发展的影响③以及证券市场中的经纪人公会组织等④方面的研究均有所涉及，这些专题论文的不断问世，推动着该领域研究向纵深发展。

相比较而言，对近代中国外商证券市场的研究最为薄弱，仅有少数文章有所涉及，主要集中于个别时段如晚清早期的外商证券市场以及日商取引所、抗战时期的上海西商众业公所的研究。⑤这些成果主要都是对外商证券市场的外围研究，而对于近代中国存在的外商证券交易所——日商取引所与西商众业公所的内部组织结构、具体运作模式、外商证券市场与中国华商证券市场的关系等诸多方面，仍然是研究的空白。

作者从 1999 年进入复旦大学攻读博士学位以来，即对近代中国证券市场的研究产生了浓厚的兴趣，且将此作为自己博士论文的主攻方向，选取以近代中国证券市场的核心——上海华商证券市场为突破口，进行专题探讨，于 2002 年 6 月完成博士学位论文《近代上海华商证券市场及

---

① 刘国华：《近代中国股份制及股票市场思想研究》，内蒙古人民出版社 2003 年版。

② 相关研究有刘志英《20 世纪 40 年代后上海证券市场的国营事业股票问题》，吴景平、马长林主编《上海金融的现代化与国际化》，上海古籍出版社 2003 年版及《近代中国的股票发行研究——以上海华商证券市场为中心的考察》，《中国金融史集刊》第一辑，复旦大学出版社 2005 年版。

③ 李玉：《19 世纪 80 年代上海股市风潮对洋务民用企业的影响》，《江海学刊》2000 年第 3 期；张忠民：《近代上海产业证券的演进》，《社会科学》2000 年第 5 期及《略论近代上海产业证券演进中的若干问题》，《中国金融史集刊》第一辑，复旦大学出版社 2005 年版。

④ 刘志英：《近代上海华商证券市场中的经纪人公会》，韩国《史丛》2004 年第 9 期。

⑤ 闵杰：《上海橡胶风潮及其对江浙地区民族经济的冲击》，《中国经济史研究》1989 年第 1 期；虞建新：《日商上海取引所及其与华商交易所业之关系》（上），《档案与史学》1995 年第 1、2 期；彭厚文：《上海早期的外商证券市场》，《历史档案》2000 年第 3 期；刘志英：《近代上海的外商证券市场》，《上海金融》2002 年第 4 期；朱荫贵：《孤岛时期的上海众业公所》，《民国档案》2004 年第 1 期等。

其管理研究》，此后，又用了一年多时间对论文进行补充、完善与修正，于 2004 年 5 月出版了国内第一部关于近代中国证券市场研究的学术专著《近代上海华商证券市场研究》（学林出版社）。该著作从近代中国经济转轨的环境和特点出发，以华商证券市场运行的核心内容——证券市场的管理为突破口，对近代上海华商证券市场的产生、发展及演变进行了多视角的探讨。

然而，作为一个真诚的经济史学的研究者，这部论著也留下了不少遗憾。因为在研究过程中，作者越来越深切地感到还有很多问题值得进一步挖掘和探究。近代中国证券市场涉及的问题是多方面的，上海虽然是近代中国证券市场的主体，但近代中国并没有形成一个统一的证券市场，除上海之外，在全国其他地方如北京、天津、重庆、汉口、宁波、青岛等地都曾先后出现过证券交易市场，它们的情况与上海证券市场有哪些异同？另外，限于时间和篇幅，作者的研究也仅局限于证券市场本身，特别是局限于上海华商证券市场及其管理体制方面的研究，对于与此相关的不少问题还缺乏全面的考察以及深入的分析与论证，如对中央财政与证券市场的关系、地方财政与地方证券市场的关系、银钱业与证券市场的关系、社会工商业与证券市场的关系、币值变化对证券市场的影响等均未进行考察。而且，在近代中国，由于特殊的历史环境，同时存在着外商与华商两个证券市场，且外商证券市场还先于华商证券市场而存在，这两个证券市场是什么关系？证券市场制度作为一种从西方引进的制度，又是如何传入中国，并为中国人所接受，逐渐发展起来的呢？这些遗憾，促使作者下决心继续深入研究下去，于是，在 2003 年，作者以《近代中国证券市场研究》为题申请到复旦大学理论经济学博士后流动站做博士后研究工作。

在两年半的博士后研究及其以后的时间里，作者想尽办法搜集各种资料，特别是有关近代中国外商证券市场的资料，然而遗憾的是，有关这部分的资料至今还相当缺乏，除了当时的英文报刊资料如 *Finance and Commerce*（《金融商业报》）、*The China Weekly Review*（《密勒氏评论报》）、*The Far Eastern Review*（《远东观察》）等以及中文报刊如《申报》、《银行周报》、《财政评论》、《社会经济月报》、上海《经济研究》月

刊、《日用经济月刊》等，有一些相关报告与调查资料外，关于外商在华
建立的两个主要交易所：西商众业公所与日商取引所的内部档案资料目
前仍无从查找，致使其具体的组织形式与市场运作方式都无法完整地展
现出来，仅靠这些零星的外部资料是无法对近代中国外商证券市场进行
准确把握的。经过和联系导师叶世昌教授的反复商讨，我们认为，学术
研究本身是十分严肃的，经济史的研究基石首先应该是史料，在史料不
充分的情况下，研究的结论难以立足，与其得出令人难以信服的结论，
还不如暂付阙如，留待今后资料充足时再进行探讨。这样，有关近代外
商证券市场的部分因为资料的缺乏，不得不暂且搁置，而将研究范畴由
原来兼及华商、外商证券市场调整为专论华商证券市场，因此，最终将
研究的题目确定为"近代中国华商证券市场研究"。

二　资料来源、基本架构与研究方法

对历史资料的重视，是历史学的一大优点。经济史作为经济学与历
史学的交叉学科，自然也要重视史料的运用。本书主要资料来源于大量
档案资料及当时出版的新闻报刊资料、文献，并辅以已有的相关研究论
著等。择要分述如下：

1. 档案资料。档案是历史研究的第一手资料，它具有史料的原始性、
真实性与可靠性等特点。档案资料又分为已刊档案资料与未刊档案资料
两类。已刊档案资料主要是指由政府编辑出版的官方档案文件集，或民
间机构、民间人士编辑出版的政府公开文件，或者业已刊印的当事者回
忆录、书信集、日记等，这类档案资料能真实反映历史事件，为研究者
提供了极大的方便，但这些资料必不可免地经过了编辑者的筛选、搜集
与整理，而筛选的标准又往往并不仅仅限于学术性；即便筛选的标准完
全是学术性的，对学术本身的理解各有不同，造诣也有高下之分，因此，
对已刊档案史料的使用需要谨慎对待，需要进一步考证被筛去的资料才
能得出正确的结论。未刊档案资料则是指保存下来的未经整理的反映历
史真实的原始官方文件与私人文件。前一类由官方机构储存，所有权和
处置权也属于官方，后一类则是指由民间或官方机构储存，但所有权和

处置权只属于私人。这类资料更加全面、真实与可靠，但由于散处各地档案馆与个人，十分庞杂，需要研究者花费大量时间和精力去搜集与辨别。因此，作为历史研究者仅仅局限于已刊档案资料是不够的，还需要广泛搜集大量未刊档案资料，才能使自己的研究更加全面、客观与公正。

现已出版的与本课题研究直接相关的档案资料主要有：千家驹《旧中国公债史资料（1894—1949年）》；金融史编委会编《旧中国交易所股票金融市场资料汇编》（上、下）；上海市档案馆编《旧中国的股份制》及《旧上海的证券交易所》。此外，还有一些已经出版的档案资料汇编中也有不少与本课题相关的资料，如中国第二历史档案馆编《中华民国史档案资料汇编》各辑中的财政经济部分；财政部财政科学研究所、中国第二历史档案馆编《国民政府财政金融税收档案史料》（1927—1937年）；交通银行总行、中国第二历史档案馆合编《交通银行史料》第一卷（1907—1949）；中国银行总行、中国第二历史档案馆合编《中国银行行史资料汇编》；洪葭管主编《中国中央银行史料（1928.11—1949.5）》（上、下）；陈旭麓、顾廷龙、汪熙主编《中国通商银行——盛宣怀档案资料选辑之五》与《轮船招商局——盛宣怀档案资料选辑之八》；汪敬虞主编《中国近代工业史资料》；陈真等主编《中国近代工业史资料》；聂宝章编《中国近代航运史料》；宓汝成编《中国近代铁路史资料》；马寅初《马寅初全集》等。而与本课题相关的未刊档案资料则主要散存于各相关地方的档案馆中，作者在原有搜集的南京中国第二历史档案馆、上海市档案馆等档案资料基础上，又在北京市档案馆、天津市档案馆、重庆市档案馆、浙江省档案馆、宁波市档案馆等添补了除上海证券市场之外的全国其他各地的证券市场与证券交易所的未刊档案资料。这些第一手资料对于全面认识近代中国华商证券市场十分宝贵。上述已刊与未刊的档案资料就是构成本书论述的主要依据之一。

2. 旧报刊资料。近代以来的中外文报刊经历了近代社会大变动的全过程，内容涵盖了中国政治、经济、社会、军事、外交、文化、教育等各个方面，这些报刊报道或评论等，为我们了解当时的社会经济发展与演变提供了难得的资料，是近代历史研究中使用很广泛的又一类第一手史料。当然，任何报纸、杂志都凝聚着编者的思想，具有强烈的阶级观点，我们在利用时还必须了解其社会与时代的背景。

近代以来各类报刊尤其是上海、北京、天津、宁波、汉口、重庆等主要证券市场所在地的报刊，对政府的政策、市场的评价及股价动向、银钱业等金融机构与证券市场等问题都非常关注，几乎都刊布了证券交易所与证券市场的新闻与市场分析。作者首先对前期在《近代上海华商证券市场研究》中已经查阅过的报刊进行了查漏补缺，继续搜集以上海为中心的各种报刊，如《申报》、《银行周报》、《钱业月报》、《证券市场》、《资本市场》、《财政评论》、《金融周报》、《经济导报》、《经济评论》、《经济研究》、《商业月报》、《社会经济月报》、《实业金融》、《中央银行月报》、《中央经济月刊》、《银行生活》、《银行通讯》、《中行月刊》、《新中华》等。在此基础上还增补了不少以前研究中没有运用的新刊物，主要有《上海新报》、《银行月刊》（北京）、《华股研究周报》（上海）、《日用经济》、《四川月报》（重庆），《四川经济季刊》（重庆），《汉口商业月报》（汉口）、《时事公报》（宁波）、《公益工商通讯》、《工商天地》等。这些报刊对研究近代上海及其他各地如北京、天津、汉口、重庆、宁波等地证券交易所的情况提供了十分有价值的研究资料。其中《华股研究周报》尤为重要，该刊物创立于抗战时期的上海，对于1942年10月—1944年10月的上海华股市场的情况进行了全面报导，内容不仅涉及上海华股市场的方方面面，同时对于当时上海的工商业发展情况、企业的筹融资情况、华商股票市场与产业市场之间的联系都有直接介绍，对于全面、客观、深入认识这一时期的华股市场提供了真实而不可多得的史料。总之，当时的报刊资料客观而直接地反映了当时各地证券交易所和证券市场的运行状况，使本文的研究更加丰富，成为了本文研究的又一主体资料来源。

3. 当时人的研究著述与资料汇编。随着近代中国证券市场的兴起与发展，当时有不少学者就将目光投向了这一领域，在那时的研究成果中，先后出版的介绍、研究交易所的专题著作就有不少，如王恩良《交易所大全》（交易所所员暑期养成所1921年版）；吴叔田等编《交易所大全》（交易所所员暑期养成所1921年版）；杨荫溥编《中国交易所论》（商务印书馆 1929 年版）；刘仲廉《上海之交易所》（《战时上海经济》第一辑，上海经济研究所 1945 年版）；吴德培编《交易所论》（上海商务印书馆 1946 年版）。同时，还编纂和出版了一些直接反映当时证券与证券市场的资料，如郑爱诹编辑《交易所法释义》（上海世界书局 1930 年版）；中国经济情报社编《中国经济年报》第一辑（1934 年）、第二辑（1935 年）；陈善政主编《证券内容专刊》（1946 年）；上海证券交易所编《上海证券交易所概述》（1946 年）及《上海证券交易所年报》（第一年报告）（1947 年）；吴毅堂编《中国股票年鉴》（上海中国股票年鉴社 1947 年版）；中央银行经济研究处辑《金融法规大全》（上海商务印书馆 1947 年版）等。此外在有关国债、金融及金融市场、民国财政经济等的研究中也直接涉及证券市场与政府公债等问题，这些研究主要有徐沧水《内国公债史》（商务印书馆 1923 年版）；上海银行周报社编纂《上海金融市场论》（1923 年）；杨荫溥编《上海金融组织概要》（商务印书馆 1930 年版）；徐寄庼《最近上海金融史》（上、下）（1929 年增改再版）；贾士毅《国债与金融》（商务印书馆 1930 年版）及《民国续财政史》（商务印书馆 1934 年版）；施伯珩《上海金融市场论》（上海商业珠算学社 1934 年再版）；王承志《中国金融资本论》（光明书局 1936 年版）；中国国民党中央执行委员会宣传部编印《抗战六年来之财政金融》（国民图书出版社 1943 年版）；朱斯煌主编《民国经济史》（银行学会、银行周报社 1948 年版）等著作。这些著述与资料汇编，从不同的角度展示了近代中国华商证券市场的真实面貌，给我们今天研究这部分历史留下了可供利用的弥足珍贵的史料。

4. 当代与证券市场相关的经济学理论著作。近代中国的华商证券与证券市场从本质上说是从西方引进的一种市场制度，因此学习、理解和借鉴一般证券市场的理论来认识近代中国的证券市场也是必不可少的。本书主要借鉴的相关理论著作有：〔美〕道格拉斯·C. 诺斯《经济史中的结构与变迁》；胡继之《中国股市的演进与制度变迁》；刘波《资本市场结构——理论与现实选择》；罗美娟《证券市场与产业成长》；赵锡军《论证券监管》；袁东《中国证券市场论——兼论中国资本社会化的实践》；严武、李汉国、吴冬梅等《证券市场管理国际比较研究》；徐桂华、郑振龙编著《各国证券市场概览》；伍柏麟主编《中日证券市场及其比较研究》等。这些著作给作者的研究提供了证券理论上的帮助和指导。

5. 当代学者对近代中国证券市场的相关研究著述和发表在各级各类学术期刊上的专题研究论文。这些论著对于后来的研究者来说，是其进入研究领域不可或缺的第二手资料，为其进一步的探索奠定了必不可少的研究基础。研究者有所鉴别、有所取舍地借鉴前人的耕耘成果是至关紧要的，这样才能在前人多番耕耘过的田地上再次耕耘，以求做出视野、观点、资料或论说方式等方面的创新。这部分内容由于在前面的学术综述中已有详尽阐述而从略。

本书正是在尽量详细、全面地占有以上资料的基础上，分析和汲取前人的丰硕研究成果，主要以近代中国华商证券市场为基本研究对象，对近代中国华商证券市场作了两个方面的探索与研究。第一部分，近代中国华商证券市场的制度经济学分析：主要运用制度经济学的理论与方法将整个华商证券市场的制度演进历程分三个阶段进行了系统的探讨。（一）近代中国华商证券市场制度的引进与初创（1872—1922年）；（二）近代中国华商证券市场制度的发展（1922—1937年）；（三）近代中国华商证券市场制度的演变与终结（1937—1949年）。第二部分，近代中国证券市场的经济与社会功能实证分析：主要运用实证分析的研究方法，对近代中国证券市场与近代社会经济发展的关系进行系统实证考察与研究。（一）华商股票市场与产业成长的实证分析；（二）华商公债市场与政府财政的实证分析；（三）近代中国证券市场发展的泡沫性分析。结语：历史的借鉴——近代中国资本市场形成过程中的得与失。

同时需要进一步说明的是，由于对近代上海华商证券市场的演变历程及其管理体制已经在此前的《近代上海华商证券市场研究》一书中进行了专题的探讨，因此，为了避免不必要的重复，对于作者过去已有的研究，在本书中尽量减少。

在研究中重点突破的关键问题主要集中于以下三方面：

1. 近代中国华商证券市场演进的制度特征。

2. 近代上海、北京、天津等主要证券市场的比较研究。

3. 近代中国证券市场与社会经济发展关系的实证考察与研究。

通过以上研究，使我们认识到，作为中国近代化进程重要表征的证券市场，催生于欧风美雨之中，一方面移植了西方资本主义证券市场的基本体制，一方面又由于近代中国民族资本主义发展的极其不充分，使得其存在着诸多弊端，它与近代中国政府财政、工商产业、社会经济以及整个金融市场的实际关系，都与典型意义上的近代西方国家的证券市场不尽相同。金融市场学的一般原理、近代西方证券市场的普遍运作模式，固然有助于我们考察近代中国证券市场演变及其与经济近代化相通的那些内容，但是却不能简单地替代其实际演变进程中的具体性、复杂性与特殊性。

在研究方法上，本书不仅仅满足于史料的搜集、整理、排比、归纳，以及线性的因果分析，而是以历史研究的方法为基础，同时结合经济学、管理学、财政学、金融学等相关学科的专门知识和理论，特别是重点运用制度变迁理论与实证研究的方法，对本课题的研究作了经济学的综合分析与比较，以期对所研究的问题有较全面、深刻的科学认识。

20 世纪 90 年代以来中国经济学界引进的西方新制度经济学，无疑为我们研究近代中国证券市场提供了一种有重大借鉴意义的研究方法，新制度经济学受到中国经济学界的重视和欢迎绝非偶然，而是因为它开辟了西方经济学与中国转轨经济的实践相结合的新途径。作者选择新制度经济学为基本的分析工具之一，其理由主要是：近代中国华商证券市场发展的主要背景是自鸦片战争以来中国经济从封建主义向资本主义的经济转轨，这场经济的转型实质是一场意义空前的复杂的制度变迁，而证券市场作为一种融资制度，本身就是这场制度变迁的一部分。证券市场对于近代中国来讲，是一种引进型的制度演变，并非是自创的、自发的，而是从已在西方市场经济国家运作了数十年的股份制度、债券制度和证券市场制度学习、引进来的，所以恰当地运用制度经济学理论进行研究不仅是应当的，而且是必不可少的。制度分析法开辟了近代中国证券市场研究的新途径。首先，诺斯（Douglass·C. North）的制度变迁理论从制度的分析入手，揭示了一个社会经济长期发展的动态规律。他研究制度的起源、功能和制度变迁的具体进程。近代中国证券市场的发展从某种意义上讲就是市场制度的引入与变迁过程，因此，在研究中将尽量把市场作为一种制度引入来全面研究近代中国证券市场的形成和发展。其次，近代中国证券市场的发展实践表明，市场发展进程主要是制度的引入和实施过程。建立完整的正规制度是市场发展的主题。因此，作者感到，运用新制度经济学的理论来理解近代中国证券市场的出现和发展过程比单纯描述市场会更有说服力，本书试图以此来研究近代中国华商证券市场，以期做出一些符合实际的新探索。当然，这只是一种初步的尝试。

最后需要说明的是，本书在研究中虽然借鉴了相关的经济学理论，但与一般经济学研究的著述不同的是，并没有专门建立一章对所用经济学理论框架进行论述，而是将理论直接融合在具体的研究中，作者认为，经济史的研究重在实证而不是理论，理论的运用只是起到一个提升研究的作用，这也是经济史研究与经济学研究的显著区别之一吧。

上编

近代中国华商证券市场的制度演进

新制度经济学所讲的"制度",是一系列被制定出来的规则、服从程序和道德、伦理的行为规范,诺斯称之为"制度安排"。"变迁"一词指制度创立、变更及随着时间变化而被打破的方式。因此,所谓"制度变迁"是指一种制度框架的创新和被打破,是一个从制度均衡到不均衡,再到均衡的不断演变的历史过程。

根据林毅夫先生的研究①,制度变迁有诱致性变迁和强制性变迁两种类型。"诱致性制度变迁"指由于外部环境的变化导致制度不均衡,从而引致外在利润的自发性反应,当制度变迁的预期收益大于预期成本时,有关群体就会设法通过契约的形式发展新的制度,从而推进制度变迁。"诱致性变迁"是一种自下而上、从局部到整体的制度变迁过程。"强制性制度变迁"指新的制度框架是通过法的形式由国家的管理者先行设定,然后强制性地进行推广,最终形成一种具有普遍性的制度安排,它是自上而下的制度变迁过程。

---

① 林毅夫:《关于制度变迁的经济学理论:诱致性变迁与强制性变迁》,[美]科斯、A. 阿尔钦、D. 诺斯:《财产权利与制度变迁》,刘守英译,延边教育出版社 2004 年版,第 122—134 页。

中国近代经济处于从封建自然经济向资本主义市场经济的转轨时期，而经济转轨的根本目标和基本过程，是以制度变迁为前提的，证券市场即是以一种高度市场化的方式来配置特殊的资源——资金。证券市场是近代中国经济转轨的必然产物，它的产生与发展是近代中国经济转轨过程中的重要组成部分。由于历史发展的特殊性，证券市场对于近代中国来讲，是一种引进型的制度，是对已在西方市场经济国家运作了数十年的股份制度、债券制度和证券市场制度的学习借鉴。近代中国华商证券市场的产生与发展的过程，从某种意义上讲，就是西方证券市场制度的引入与变迁的过程，证券市场的每一个重大变动都是制度演变的结果，不仅如此，制度变迁的方向还决定着证券市场的发展方向。制度变迁是建设和推动近代中国证券市场发展的基本手段，而近代中国证券市场的运行特征和功能发挥则主要是一系列制度变迁的结果。建立完整的正规制度一直是近代中国华商证券市场发展的主旋律。

本编将借鉴与运用新制度经济学关于"诱致性制度变迁"与"强制性制度变迁"的理论，依据近代中国华商证券市场的发展历程，分三个阶段分析其相关制度的起源、发展、功能和变迁的具体进程，力图揭示其长期发展的动态规律。①

---

① 由于长期以来学界对以上海为首的证券市场及其交易所发展过程已分时段有了相当的研究，本书作者也在前人研究的基础上，在已出版的专著《近代上海华商证券市场研究》一书中用了相当篇幅对近代上海华商证券市场的演进历程进行了较为完整的论述，因此，本编为避免重复而对上海华商证券市场历史演进的相关内容从略，只对过去虽有涉及但资料不太充分的北京、天津证券市场进行了资料的适当补充和完善，同时对过去研究较少的其他各地证券交易所则尽可能收集资料展开研究，而且，本编论述的重点放在过去人们关注相应较少的证券市场制度引进与演变的思想变迁方面，希望从另一个角度推进对这一问题的学术探讨。

第一章　近代中国华商证券市场制度的引进
与初创(1872—1922 年)

　　鸦片战争后,随着西学东渐,西方的股份制度、国债制度等与证券相关的理论开始引入中国,对近代中国金融思想的发展产生了深刻的影响。其最直接的作用便是促使国人认识、了解西方的证券与证券市场制度,并进而提出在中国建立股份制企业、发行股票与国债、筹建证券市场等。但西方证券理论与证券市场制度在中国的传播并非一蹴而就,而是经历了一个由浅入深的演进过程。与此同时,国人对西方证券理论与证券市场制度的理解,也经历了一个由简单到复杂、由感性到理性的认识过程。

　　从 1872 年中国近代第一支华商企业股票——轮船招商局股的发行,到 20 世纪 20 年代前后中国第一批证券交易所在北京、上海等地的相继建立(1918 年 6 月,北京证券交易所首先成立;1920 年 7 月 1 日建立上海证券物品交易所;上海华商证券交易所于 1920 年 5 月 20 日宣告成立,1921 年 1 月正式开业),近代中国华商证券市场经历了近 50 年的漫长历程,才终于完成了从无形市场向以证券交易所为主要阵地的有形市场的转变,证券交易所在中国的成立,不仅标志着近代中国的华商证券市场进入到交易所时代,更意味着证券市场基础性制度安排的初步形成,是近代中国华商证券市场具有决定性意义的制度选择与创新。

　　由此可见,近代中国证券市场的产生既是一场以引进为基础的"供给主导型的制度变迁",也是一场随着股份制企业的诞生、股票的发行而自然演化形成的"诱致性制度变迁"。

第一节　中国股票市场的早期发育与制度初创

　　制度变迁理论认为，制度均衡被打破以后，新制度的安排形式可以是纯粹自愿或政府安排的。1840 年鸦片战争以后，中国传统的自给自足的封建经济制度被西方列强用武力打破，之后，接踵而至的是资本主义市场经济制度的强制引入。其中，证券市场制度作为市场经济制度中的一种也随之被引进到中国。虽然，从总体而言，中国从封建自然经济制度向资本主义市场经济制度的转型是一种在西方列强外力推动下的强制性制度变迁，然而，就具体的制度而言，证券市场制度最初的发育与西方发达国家证券市场的发展一样，仍然走的是伴随着股份制经济、证券市场的产生而自然发育的道路，并非政府安排的道路。在自由市场模式下，近代中国华商证券市场的发展是自发的、渐进的、自主的，属于"诱致性制度变迁"。

一　近代早期的股票与股票市场

　　1843 年上海开埠后，伴随着第一批登陆黄浦滩的西方商人的到来，西方国家发行的有价证券，如外国公司企业发行的股票、欧美国家发行的公债等也相继流入上海，并因种种原因（如急需现金等）而进行交易。不过，可以肯定的是，这些西方商人带入上海的外国有价证券的数量不会很大，他们携带这些有价证券来中国的目的也不是专门用于交易。因此，最初上海的外国证券交易，只是在外国商人之间偶尔地、个别地、零星地进行，还谈不上形成证券市场。

　　近代中国真正的证券市场是伴随着外商在华股份制企业的创办而产生的外商证券市场。早期进入中国的洋行，不少是在国外注册的股份公司。据 1852 年《北华捷报》汇编的上海洋行名录记载，41 家洋行中，外文原名冠以公司名称的有 30 家之多。① 而随着外国侵略势力在中国的不

---

　　① 沈祖炜：《近代上海企业发展的特点》，《上海经济研究》1998 年第 1 期。

断扩张，不仅向中国输出商品，而且逐步增加了对中国的投资，在中国建立了大批企业，然而，这些来到通商口岸经商的外国商人，很多资金并不充裕，于是就采用了在西方国家已经广泛推行的股份公司形式，通过组织股份制企业，发行股票，招股集资来解决资金的短缺，这样，股份制度伴随着资本主义的经济侵略来到了中国。

最早附股外商企业的是华商买办，这一现象从 19 世纪 50 年代开始出现，到 60 年代已经成为常见的事实。如 1855 年有过华商投资于广州外商河轮的事例，60 年代，上海美商琼记洋行（A. Heard & Co.）创办轮船公司参与长江贸易的竞争，虽然由于一时找不到足够的买办商入股而流产，但是这家洋行营运的主要轮只中，仍然吸收了大量买办商人资本。例如火箭号（Fire Dart）的华股是阿彭（Apoon）及姚祥（Yoo Cheong）；金山号（Kin Shan）共计 34 股，买办商人昌武（Chong Wo）、怡安（Eown）、吴记（Wo Kee）、广昌隆等占有 8 股。江龙号（Kiang Loong）则有裕昌（Yue Chong）、魏源昌（Wye Yuen Chong）等 4 股。另一艘苏王那达号（Suwon-ada），包括阿彭、裕昌、唐茂（Tong Mow）等 8 股。大英轮船公司的大买办郭甘章（Acheong）就是 1865 年创办的省港澳轮船公司的大股东。公正轮船公司（Union Steam Navigation Co.）的资本主要筹自华商。其中已知者除郭甘章外，还有阿江（Akong）、信昌（Sin Chang）、怡和买办唐景星及公正买办李松筠。北清（North China Steamer Co.）、华海（China Coast Steam Navigation Co.）两家也有很多买办商人股份。据说北清全部股份中有 1/3 为"唐景星所能影响的华商"所有。汇丰银行 1865 年开创之时曾经公开征集华商资本。而大规模利用买办资本最成功的典型是旗昌轮船公司（Shanghai Steam Navigation Co.），1862 年年初创办于上海，开创资本 100 万两。[①]其中买办商人资本竟占 60 万两—70 万两，而上海外商的投资总额只不过 30 万两—40 万两。在这批华股中，有旗昌的买办阿润（Ayune，疑即徐润）、昌发（Chongfat）、顾丰盛（Koofungsing，即顾春池）、阿尧（Ayaow）等人，也有与旗昌交往有素的本地丝业巨商陈舆春（Chan Yeu Chang，即陈竹坪），以及阿开（A kai）、王永益（Wong

---

① 此处的单位"两"，即为"银两"，下同。

Yong Yee)、胡记（Hup Kee）、隆昌（Lyung Chong）等。与此同时，旗昌老板为了吸引华商货运，扩张自己的轮运势力，还曾先后利用买办华商资本创办"金利源仓栈"及"扬子保险公司"（Yangtze lnsurance Association）以配合轮运业务的开展。扬子的主要华籍股东是上海巨商"李记"（Lee Kee），金利源则主要是浙江湖州大丝商、旗昌买办兼股东顾春池的资本。旗昌档案透露，保险、轮船两公司的 140 万两资本中，旗昌自己投资仅 6 万两，主要都是从华商手中筹集的。值得注意的是，旗昌最初的招股活动，是以秘密方式进行的。它的股东名单连它自己的行员均不得随便抄录，借以防止官方对买办商人的勒索与征派。①

　　到 1872 年第一家华商股份制企业——轮船招商局创办前，外商在华的主要股份制企业有：旗昌轮船公司、东方银行、商业银行公司、上海船坞公司、港澳轮船公司、公正轮船公司、中日（沿海和长江）轮船公司、北清轮船公司、华海轮船公司、中国太平洋轮船公司、太古轮船公司、扬子保险公司、保家行、保宁保险公司、香港火烛保险公司、宝裕保险公司、华商保安公司、汇丰银行、公和祥码头公司、上海大英自来火房、上海法商自来火行等。这些企业主要通过在中国最大的通商口岸上海发行股票来筹集资金。其发行股票的方式也相应规范起来，无论是公司初创时的筹集股份还是发展过程中的增资扩股，首先在报纸上刊登招股广告，然后购买者直接到股票发行公司或其主管洋行的办事处认购。这一类的招股广告，最初常刊登于上海出版的英文报纸上，19 世纪 60 年代后期，在上海出版的中文报纸上也不断出现外商企业的招股广告。如由英国牧师和美国传教士在上海创办的第一家中文报纸《上海新报》上就曾登载过不少外商企业的招股广告。1868 年 8 月 27 日登有保家行的招股告白："本行于同治元年即英 1863 年，经董系华记、天祥、复升、太平、仁记五家为其总局，设立上海，名保家行，实收本银 150 万两作 1500 股，每股计银 1000 两，向定章程。……现议定始于明年正月初一日即英 1869 年新起股分，每股银 1000 两，先交银 200 两，至于 800 两以后如有不敷再行照股商派，倘蒙贵商光顾，欲登分者请至本行面议早为定

---

① 聂宝璋：《中国买办资产阶级的发生》，中国社会科学出版社 1979 年版，第 33—35 页。

夺可也。"① 10 月 24 日登载了轧拉佛洋行新设火轮机织本布公司的招股启事："启者轧拉佛洋行新设火轮机织本布公司，如有买客欲搭股者每股计银 100 两，欲知细情者来行而谈，或看章程可也。"② 1869 年 1 月 30 日又登载了公正轮船公司招股说明书："本轮船公司现尚有四十一股招人入份，以限至（同治）八年正月初五日为期，如各友欲入股份者，祈早日请至本公司面定。"③

外商企业发行的股票，最初每股面额很大，有 3000 两，有 1000 两，有 850 两，有 600 两，有 500 两，有 500 元等。④ 如旗昌轮船公司 1862 年成立时发行的股票，每股面额为 1000 两。由于竞争激烈，1863 年年底，旗昌一度陷于债台高筑的境地，其股票落至 750 两。进入 1864 年后，危机并未解除，股价继续跌至 600 两，甚至一度跌落至 300 两的最低水平。1865 年后始有好转，到 1866 年，轮运势力已控制长江贸易的 1/3 到 1/2，于是，为了扩张实力，更为了吸引中国商人购买股票，旗昌轮船公司把资本额由原来的 100 万两增至 125 万两，同时将股票面额由每股 1000 两改为 100 两。⑤ 此后相当长一段时间内，100 两成为上海外商证券市场上的标准面值。

然而，这些外商企业股票的认购情况最初并不理想。因为中国人并不熟悉这种迥异于传统合伙制的资本主义企业新制度，不会轻易认购这类股票。除少数几家企业，如旗昌轮船公司等招足了额定资本外，大多数外商企业的股票难以推销出去。英国的天长洋行（W. R. Adamson & Co.）在 1862 年准备组织一个中日轮船公司（China and Japan Steam Navigation Co.），在上海各报刊登广告，公开招集股份，但筹办经年，始终得不到"足够的鼓励"，最后不得不宣告流产。⑥ 大英自来火房初创时，确定资本 10 万两，1864 年曾决定再发行股票 5 万两，每股 100 两，分为 500 股，但实际认购的只有 224 股，计银 22400 两，缺 276 股。为了

---

① 《保家行告白》，《上海新报》同治七年七月初十日（1868 年 8 月 27 日）。

② 《火轮机织本布启》，《上海新报》同治七年八月初九日（1868 年 10 月 24 日）。

③ 《招入股份》，《上海新报》同治七年十二月十八日（1869 年 1 月 30 日）。

④ 彭厚文：《上海早期的外商证券市场》，《历史档案》2000 年第 3 期。

⑤ 聂宝璋：《中国买办资产阶级的发生》，中国社会科学出版社 1979 年版，第 78—80 页。

⑥ 严中平主编：《中国近代经济史（1840—1894）》（上册），人民出版社 2001 年版，第 392 页。

维持公司生存,1865 年 2 月,公司董事会不得不授权就未经认购的 276 股借款 27600 两进行借款抵补;10 月又授权借款 15000 两;这两笔借款共计 42600 两。其中董事会曾签订保付期票及以公司地产契约作抵,从麦加利银行借得 33000 两。1866 年 6 月,麦加利银行以出售公司相要挟要求其还款,于是公司只得召开股东大会,商决怎样避免公司倒闭。[①] 由此可见,当时的中国民众还没有接受股份制这种西方的公司制度,股票的发行在当时是相当困难的。

不过,经过一二十年的发展,到 19 世纪 70 年代前后,外商股份制企业的经营状况逐渐好转,企业开始获利,股票开始派股派息,如旗昌轮船公司,由于在江海航线上的垄断,几年之间获得了巨额利润。其盈利详见下表(表 1—1):

表 1—1　　　　　　1867—1872 年旗昌轮船公司盈利统计表

年份	总资产(两)	船只	总吨位	资本(两)	利润(两)	利润率(%)
1867	1961762	12	17338	1250000	806012	64.8
1868	2149440	13	19625	1875000	751776	40.13
1869	2139893	15	21562	1875000	718142	38.30
1870	2382227	17	25827	1875000	781140	41.66
1871	3029767	17	24991	1875000	951695	76.14
1872	3323901	19	27767	2250000	642122	54

资料来源:转引自聂宝璋《中国买办资产阶级的发生》,中国社会科学出版社 1979 年版,第 82 页。

由表 1—1 可知,1867 年,旗昌的账面盈利达到 806012 两,较一年前的 140000 两高出 5 倍多。次年 2 月,根据这笔利润决定按资本额发行一项 50% 的红利股券。1869 年更把资本额由 125 万两增至 187.5 万两。在 1867—1870 年的几年中,每年所获净利都在 70 万两以上。这样到 1870 年为止,旗昌已拥有轮船 17 只,总吨位达 25800 吨以上,总资产接近 240 万两,成为"东亚最大的一支商业船队"。旗昌一方面大规模地提存准备,把盈利转化为资本;一方面又据此发行临时股券,扩大营运资

[①] 孙毓棠主编:《中国近代工业史资料》第一辑(1840—1895 年)(上),科学出版社 1957 年版,第 175 页。

本。旗昌的股票行情于是扶摇直上，一时竟成了华商竞买的对象。1871年，旗昌营业利润在分配了 12％的股息以后，尚结存 41 万余两之多。1872 年年初，旗昌再次把资本总额增至 225 万两。①

同时，报纸还不断刊登外商企业发放股息红利的告示，如《捷报》在 1875 年 3 月 25 日就分别登载了浦东船坞公司和上海船坞公司的公司结账，宣布浦东船坞公司 1873 年结余 209.74 两，1874 年净利为 9708.57 两，股票付息 10％，共计 9400.00 两，1874 年结余 518.31 两。上海船坞公司的结账为：净利 4.9％，计 10785.89 两，股票付息 4％，转入公积金 1985.89 两。② 1882 年 5 月 2 日，英商扬子保险公司宣称：该公司经过多年经营，不仅本银已经收回，而且盈利颇丰，算至光绪八年（1882 年）二月十九日，共合银 940553.95 两，所得余利派与持有股份者，每百元 12 元。此外还宣布，每年余利除股份利息外，尽行照保险凭单分与本公司经保之客。③ 同年 5 月 21 日，香港于仁保险公司董事会在《申报》上也登载《招领股利》启事，宣告该公司根据 1881 年的盈利，对公司所有股份派第一次二五利，每股洋 152 元，要求有股诸君按期请到本公司面收。④

以上这些，无疑使得中国人中首批与外商企业接触的人——买办与商人，看到投资外商股份制企业十分有利可图，于是华商附股洋商股份制企业的热情比过去大大增强，从 19 世纪 70 年代前后，外商企业股票一改过去发行难的局面，成了人们争购的抢手货。如旗昌轮船公司的股票，据说当时就有很多华商愿出 212 两的高价购买票面 100 两的旗昌股票而不可得。⑤ 再如以航行上海—天津为主的北清轮船公司，额定资本 30 万两，实收资本 19.4 万两，其中 1/3 是由"和北方贸易有关的中国商人认购的"。且这些华商股本都是由大买办唐廷枢（字景星）一手招徕的。他同时也是英商公正轮船公司华股的领袖，在 1868 年同时担任了两个公司的董事，他之所以接受这个职位，完全出于公司华股股东的要求。1872 年

---

① 聂宝璋：《中国买办资产阶级的发生》，中国社会科学出版社 1979 年版，第 81—82 页。

② 孙毓棠主编：《中国近代工业史资料》第一辑（1840—1895 年）（上），科学出版社 1957 年版，第 19 页。

③ 《扬子保险公司》，《申报》1882 年 5 月 2 日。

④ 《招领股利》，《申报》1882 年 5 月 21 日。

⑤ 聂宝璋：《中国买办资产阶级的发生》，中国社会科学出版社 1979 年版，第 82 页。

10 月，在上海怡和洋行经理约翰逊（F. B. Johnson）和唐廷枢的共同策划下，一个资本 50 万两的东海轮船公司（China Coast Steam Navigation Co.）正式成立，在第一批入股的 1650 股中，华商股份竟占了 935 股，其中唐廷枢一人包揽股份达到 700 股（唐自占 400 股），下余的 235 股，则由福州的买办阿魏一手承担。而公司的华股董事席位，也就先后落在唐廷枢、唐茂枝弟兄的手里。唐廷枢一度还担任了公司的襄理。① 不仅如此，外商企业在招集股份时还提高了入股的要求，如成立于 1865 年的英商保险公司保家行（North - China Insureance Co.），在整个 19 世纪 60 年代经营获得巨额利润，正如它在《申报》上刊载的《招股告白》所称，公司自开业以来，"迄今已有十有一年矣。生意繁旺，颇得余息，有股之人未尝不大沾其利。现将本银增大则本公司更觉充裕，即各保险之人亦必益深信赖，而乐于来往也。本公司下期分利规例与先期如一，计三分之一归于各有股者，其三分之二则必照顾生意之多寡，按年于各股份人分派若干，迨期满账结后清给也。按此法于公司甚为得计，诸有股者既照所赐生意分沾其利，是以皆悦于赐顾也"。② 正是由于股东每年除坐得 30% 的固定股息外，还可根据盈利多寡获得相当的红利，华商附股十分活跃，以致保家行老板在 19 世纪 70 年代初提出限制华股办法：凡申请入股者实得股份的多寡，以申请人能给公司经手多少保运货物为转移。这就使那些力图入股而又无力为公司带来保运货物的华商，只好望洋兴叹。③ 于是，中国人不仅争先恐后附股于外商在中国所设的股份制企业，还担心买不上洋股。如怡和洋行新设专保海险的保险公司，1881 年 12 月 20 日登出《招股告白》，决定招集股份 10000 股，每股 250 元，先付 50 元，要求欲入股者，每股付定洋 10 元，先为挂号，其中拟在上海招股 2000 股。然而，仅一月有余，中外诸商咸思入股，照其告白先付定洋，或数十股，或数百股不等，竟招了 20000 股之多，只能十中得一。于是公司不得不回绝，将定洋退还，此举还引来各认股诸商的极大不满。④

---

① 聂宝璋：《中国买办资产阶级的发生》，中国社会科学出版社 1979 年版，第 86 页；严中平主编：《中国近代经济史（1840—1894）》（上册），人民出版社 2001 年版，第 395—397 页。

② 《招股告白》，《申报》1874 年 7 月 2 日。

③ 严中平主编：《中国近代经济史（1840—1894）》（上册），人民出版社 2001 年版，第 399 页。

④ 《招股不公》，《申报》1882 年 1 月 27 日。

1882 年 8 月，上海缫丝厂（shanghai Silk Manufacturing Co.）即将成立，股票每股银 100 两。在公司成立前，所发股票已被全部认购，其中 4/10 由外国人出资购买，而其余的 6/10 全由中国人购买。因此，在董事中华人 3 人，外人 3 人，各占一半。[①] 外商企业中的华商附股活动成为当时的一个显著现象，从轮船航运到银行保险，以至纺织、榨油、制糖、电灯等各个行业都离不开中国人的附股。据统计，19 世纪，华商附股的外国企业资本累计在 4000 万两以上。其中，一些外资企业中，华股占了很大比重。不少企业的华股占公司资本的 40％。琼记洋行、旗昌、东海等轮船公司以及金利源仓栈和上海自来水公司中，华股都占一半以上。怡和丝厂和华兴玻璃厂中的华股占 60％以上，而在大东惠通银行和中国玻璃公司中甚至达到 80％。[②] 这一切使股票作为一种新的投资工具，开始为中国人所认识。

随着外商在华创办的股份制企业逐渐增多，外商股票发行数额逐步增大，到 19 世纪 60 年代，外股的交易在上海渐次发展起来，其股票的交易行情也在当时上海的中外文报纸如《字林西报》、《捷报》、《上海新报》与《申报》等刊登出来。不过，当时的外股交易还没有固定场所，主要由经纪人在西商总会的大厅内或者在汇丰银行的街沿上站立着从事交易。同时也出现了一些经营外商股票买卖的公司，如 1869 年上海四川路二洋泾桥北，出现了第一家专营有价证券的洋行——英商长利公司（J. P. Biest & Co.）。不久，又有英商柯希奈·司密斯公司（Cushuny‑Smith & Co.）及苏利文·勃咨公司（Sullivan‑Bases & Co.）相继开办。[③]

那么，外商证券市场的交易形式怎样呢？据《申报》资料显示，"上海有西人买卖各公司股份，曾习以为常，然其法未必今买而即付银，或以一二月为期，甚至有以六阅月为期者"。[④] 虽然我们目前还未得到更多详细反映当时交易情况的资料，但仅从上文即可见，当时的外商证券交

---

① 孙毓棠主编：《中国近代工业史资料》第一辑（1840—1895 年）（上），科学出版社 1987 年版，第 70 页。

② 沈祖炜：《近代上海企业发展的特点》，《上海经济研究》1998 年第 1 期。

③ 陈正书：《近代上海华商证券交易所的起源和影响》，《上海社会科学院学术季刊》1985 年第 4 期。

④ 《股份折阅》，《申报》1874 年 7 月 29 日。

易不仅有股票的现货交易，而且还有股票的期货交易，期限分别有一月期、二月期，甚至六月期不等。这些已经出现的从事股票买卖的外国商号，主要从事外国在华厂商企业股票的买卖，不过当时的买卖并不兴隆，股票经纪人也大都是些掮客，以买卖股票为副业。

以上说明，在近代中国早期外商证券市场的产生时期，由于大量具有独立利益动机的市场主体已经形成，民间存在着为获取潜在利润而进行自发制度创新的强烈利益驱动，就产生外商证券市场的制度安排。最初的这些制度虽较为粗陋而原始，但对民间自发行为进行了引导、规范或推广，形成了中国最早的股票市场制度的雏形。

正是由于早期外商股份制企业在中国的创办与获利，洋股在上海的发行、交易，为华商股份制企业的创办与股票的发行、交易起到了一个良好的示范作用，同时，洋务官办企业从19世纪60年代创办以来，由于晚清政府财政日趋拮据，国家财政难以为企业经营注入足够的资本金，无法满足企业的资金需求，于是政府与洋务企业不得不模仿外商股份制企业的组织模式，从民间寻找解决资金的出路，出现了官督商办、官商合办企业，开启了近代中国渐进式市场导向的改革，为企业突破传统封建体制束缚，实行自主经营，进行市场融资以及政府、民间积极推进股份制、股票融资试点，提供了一定的体制空间。正因为如此，从70年代开始，中国人开始了自己创办股份制企业的历史，同时也有了自己的有价证券——华商股票。1872年，轮船招商局成为近代中国第一家向社会发行股票集资的股份制企业，上海出现了本国自己的产业证券。此后，相继设立的洋务官督商办民用企业如开平煤矿（1877年）、上海机器织布局（1878年）、荆门煤铁矿（1879年）、鹤峰铜矿（1881年）、平泉铜矿（1881年）等纷纷以发行股票的形式募集资本。不过，由于在非通商口岸地区，官僚士绅墨守成规，要创办新式企业举步维艰，所以各地方在举办官督商办企业时，往往只能到上海等通商大埠的新式商人中募集资金，于是，这些企业均将募股集资的重心放在了上海。

最初华商股票的发行很不规范，主要是通过摊派或"因友及友，辗转邀集"的方式招募股份，并未大张旗鼓地公开向社会招募，除洋务派大官僚、知名度较高的社会名流以及洋行买办购买外，一般很难利用市场募集到资金。19 世纪 80 年代后开始仿照洋股募集方法，在上海的报刊上刊登招股说明书，向社会公众公开招股，上海出现了投资矿务局股票的热潮。

一般的股份公司在开创之初，其股票发行通常由公司设立招股处直接向社会募集资金，这些招股处或自行办理招股事宜，或委托上海某些行号代理收股。如上海的丰泰账房就经手宝勒点铜矿股份的认购，曾在《申报》上刊登启事："兹有本行经手点铜矿股份，诸公曾挂号者，照股即付定洋每股十元，即日五点钟为止，不付定洋以罢论。"① 公平行也在《申报》上刊登启事："本行今有缫丝局股份，合股诸君欲入股，请速来挂号。"② 而股份公司创立后的股本扩张，通常采取的是由老股东优先认缴，不足之数再通过报刊向社会公开募集的方式进行筹集。无论是新股的发行还是以后的增资扩股，在股份的认购中，有一次性缴足股份的，但大多数是分次进行，首次认购只缴定金，开具收据，如遇认股超过额定股份，还须按比例抽签确定股份，待股份确定后，余下的款项将根据公司的要求按时缴纳，并换给正式股票。如 1882 年，上海机器织布局在创办中，原决定集股规银 40 万两，作为 4000 股。后因附股者实多，不得已公议加收 1000 股，股数亦已足额。于是登报宣布，所有各埠分处一律截止挂号，"如再有新招股份寄银来局，亦一概不能加入矣"。且要求"得股诸君应交后五成银两，即请于四月十五日以后五月底以前交付本局，以便制换股票息折"。③

正是由于华商股票的不断发行，且前期发行股票的企业又不断获利，促使了华股交易的繁盛。"人见轮船招商与开平矿务获利，于是风气大开，群情若鹜，斯年之内，效法者十数起。每一新公司出，千百人争购之，以得票为幸，不暇计其事之兴衰隆替也。"经过短暂的发展，至 1882 年，上海华股市场渐达阶段性的繁荣。上海华股市场在十年中，其发展速度之快远远超过了上海早期的洋股市场。"自招商局开之于先，招集商股创成大业，各商人亦踊跃争先，竞投股份。自是而后，百废具兴，仁

①《宝勒点铜矿股份》，《申报》1882 年 6 月 1 日。
②《招投股份》，《申报》1882 年 6 月 18 日。
③《上海机器织布总局催收后五成股银启》，《申报》1882 年 5 月 18 日。

和保险公司即相继而起，获利亦颇不赀，投股益加众多。至今日而开平煤矿、平泉铜矿、济和保险、机器织布与夫纸作、牛乳，长乐之铜矿，津沪之电线、点铜矿，无不竞为举办，蒸蒸然有日上之势……查招商局原价每股一百两，今则已涨至二百五十两矣，平泉铜矿原价每股一百两，今已涨至二百两及二百零五两矣，长乐铜矿原价每股一百两，今已涨至一百六十两矣，开平煤矿原价一百两，今已涨至二百三十七两五钱矣，仁和保险公司原价一百两，今涨至二百二十两矣，其他如济和保险公司原价一百两先收五十两，今涨至七十二两，织布公司原价一百两，先收五十两，今涨至一百十二两五钱及一百十五两，点铜原价一百元，先收五十元，今涨至七十五元，核算皆有增无减。"①

总之，19世纪70—80年代，随着华商股份制企业的创立与发展，华商企业股票发行制度随之建立起来，而伴随着华股的不断发行，使得华股的交易成为可能，从而推动了上海华股市场的自发诞生。中国的华商证券市场由此开始了艰难的起步。

二　股份制思想在近代中国的引进与传播

随着外商股份制企业在中国的建立，它们经营方式的优越及其带来的丰厚利益的刺激，促使中国一部分买办士绅官僚，萌发了模仿西方股份制创办公司的愿望。1867年，候补同知容闳目睹旗昌轮船公司垄断长江航运，偏护洋商，对华商贸易"大有窒碍"，最先创议"联设新轮船公司章程"，提出"设一新轮船公司，俱用中国人合股而成"。公司本银40万两，分为4000股，每股100两。公司内所用司事人等，必均系有股份者，仍由众人抽签公举，每股着一签。每年12月15日，公司众人宜会集，听主事人报明本年公司生意如何，即会议来年公司事务，主事人并将本年各项账簿呈出众人阅验，如有利息，立即照股摊派，限以五日内派清。该章程经应宝时转呈曾国藩，并由曾转致总理衙门。② 这一建议虽未成为现实，但这却是中国商人筹划组织股份公司的最早的一个章程。

① 《劝华商集股说》，《申报》1882年6月13日。
② 张国辉：《关于轮船招商局产生与初期发展的几个问题》，《经济研究》1965年第10期。

其内容无论在集资办法、公司内部的管理，还是股东的地位以及利润的分配等方面，都无不模仿西方企业的办法。他所提出的募集华商股本创办新式轮船公司的建议，给朝野人士提供了一条思路——把解决问题的目光从官府转向民间。

由此可见，在19世纪60年代，西方股份制的思想已经开始为中国先进的商人所接受了，为中国近代第一家股份制企业——轮船招商局的创办奠定了思想基础。而1872年轮船招商局的创办章程中明确提出："轮船之有商局，犹外国之有公司也，原系仿照西商贸易章程，集股办理。"[①]在实际的创办过程中，无论在集资、组织经营管理、盈利以及分配等方式上，它都采取了近代资本主义股份制形式，开创了中国人自己创办股份制企业的先河。

继轮船招商局股份制试办成功后，19世纪80年代初期，上海出现了一股投资兴办股份制企业的高潮，这与当时股份制企业思想与制度在中国的进一步引进与传播是密不可分的。对此，思想界曾展开了一场讨论，这从《申报》当时所发表的政论文章中可以清楚看到。

首先，人们认识到股份制企业制度是与中国传统合伙经营制度完全不同的一种西方新式企业制度。《申报》上登载的《论合股经营》一文指出："招股经营为中国从来所未有。市道中有合本贸易者，或系各财东自相识，因独立不能胜任，彼此谊合情深，各出资本，公举伙友以理店务，执合同为信。据其店务兴旺，每届结彩之期，余利均沾。而各东家道又复日盛一日，无昨是今非之概，则合力经营亦至数十年之久。其次则有善于经纪之伙，素为财东所信任，同业所推举，欲于贸易中独树一帜，邀约数富户，各出若干资本以开设店铺，则以伙友之声名，博财东之运气。虽数东不相识认，亦但凭经历者之纠合而出资，一无所吝。凡此二者，皆合股之常情，然要不过数人合创一业，无有多至数十人百人者。盖股份太多则获利綦微，巨富之商不甚负此小利，而资本微薄者又辄自愧力棉，不敢希图附骥。至于人地生疏之处，则尤有畏首畏尾之心，即经理其事者，亦不肯广为招致。盖股东过多或有意见不合，虽于投契或

①　聂宝璋编：《中国近代航运史资料》第一辑（1840—1895年）下册，上海人民出版社1983年版，第771页。

做事有所顾忌，是非不能一致，故甚不愿也。且中国之俗，大率轻视商
贾市侩之所为，世家巨室不屑焉，孳孳为利之徒无有卓见，不能远图，
往往狃于小利。以故创事之始，必权其出资之多寡与获利之迟速，而后
定议以行。若利不可知，必迟至十年五年之后，而生意甫能兴旺，场面
始可推广者，则已顾前虑后，疑不能决。何况人情变诈，事故万端，合
股之人与经事之伙固难保其初终一辙也乎。"①

　　上述这段文字，论述了在中国的传统经营方式中，虽然也有类似于
西方股份制的合伙经营形式，但从根本上来说，它与西方的招股经营有
着本质区别。主要体现在中国的合伙经营是由两个或两个以上的人共同
出资，共负盈亏，共同负担无限责任。出资者之间通常都是生意上往来
的伙伴，或是亲朋好友，人数一般不会超过十数人，很少有数十百人的，
因为人越多，利越薄。因此，资本的积聚也是十分有限的，拥有雄厚资
本的商人由于获利不丰而不屑一顾，而资本微弱者又无力组织。而西方
的股份制经济则是"凡经营贸易，往往资本巨万，夫岂一人一家之财力
哉。大都皆集成股份，纠约同志共为襄助，而后可以相与有成。而凡公
司中之章程条款，无不众议合同，斟酌尽善。以故泰西生意日兴日盛，
其法国之巴黎斯，英国之伦敦，兹两处尤为外国生意之冠。制造谷物以
出与他国贸易，制器愈多，贸易愈盛，而地方亦愈见兴旺，此固理之彰
明较著者也"。②

　　也就是说，西方的企业资本往往十分雄厚，非单个人力所能为，一
般由志同道合之人共同出资纠集股份，并由参股之人共同制定章程，共
同遵守。可见，西方的股份制经济制度比之中国传统的合伙经营制有着
明显的优越性，这也正是西方国家城市兴旺、贸易繁盛、经济发达的根
源所在。于此可知，晚清人士对西方舶来的股份制企业组织形式的初始
印象主要是惊慕于其纠股集资的社会功能，认为中国传统的独资与合伙
企业组织，其内部结构较为简单，资本规模较小，根本不能与股份制组
织形式巨大的集资效应相提并论。

　　其次，中国之所以贫弱，西方之所以富强的原因之一就在于中西企

---

① 《论合股经营》，《申报》1882 年 6 月 6 日。
② 《公司多则市面旺》，《申报》1882 年 8 月 24 日。

业组织制度的不同。"古人有言，千金之裘非一狐之腋，斯言虽小可以喻大。譬诸列国兵争搂伐之师，所以称霸者，以合与国之力以为力也。斯说也，中国人亦未尝不知，而独至经营贸易，则往往各出资本，各树旗鼓，初无合众力而成者。即有之，亦不过合开一铺，合创一行，股东皆须在场，以资稽察。或有不亲到场者，亦必令亲信人为之监察，断未有从未谋面而亦可以入股者，有之则自泰西诸国始。泰西之俗以经商为重，国家为之保护，非若中国之所谓商者列于士农工之下。其国家大事，商人亦得与议，事有不便于商者，可以据理争之，故商人之权亦不亚于官。而凡为商者，莫不以信义为尚，故股分易集而合众之力以为力，于是资本充足，经营得法，而华人曾未知其所以然也……泰西以有此一法，而诸事易于开办，是以握致富之原。中国未知此法，因而无致富之术，此其所关甚大，非特为商局起见，即国家气运所系焉。今者风会渐开，咸知趋向，由招商轮船、仁和保险开其先，而诸务为之继。招商、仁和阅时已久，其股分日见增涨，不必言矣。开平、平泉、电线等则皆近年始行创办，而一经举事，遂觉日有生色。不但投股者多，而且买卖股票者亦不胜踊跃。此法既行，吾知中国之各商人，无论大小必皆不难获利，而且中国之美利亦将日事开拓，易见兴行，以视前此之拘守成见，不知变通，盖有判然不同者矣。"[1]

可见，中国企业组织制度之传统，一是单打独斗，孤军奋战，不习于合作；二是只信任亲信，不习于借外人之力。而这种观念和制度实与西方股份制的精神相去甚远，与西方股份制相比，中国传统企业组织制度是典型的家族制或合伙制，其制度缺陷使中国人的投资行为受到限制，甚至制约了社会经济的发展。结果，西人"握致富之原"，而"中国未知此法，因而无致富之术"。当时出现的以轮船招商局为首的洋务官商合办股份制企业则正是学习西方股份制度的结果，它们的兴盛必将改变中国传统的家族式企业制度，引领中国走向富裕之途。

再次，西方的股份制经济制度是值得我们借鉴和采用的一种先进的企业制度。"自泰西通商以来，西人经营之法久为华人所知。然二三十年

---

[1] 《劝华商集股说》，《申报》1882年6月13日。

来，内地商贾犹觉拘执成见，不能变通。每有图创一业为长久计者，曰
此事需本若干万，必几年而后通行，又几年而获利，则闻者却走，以为
迂远难行。且祖宗积累之财，半生勤俭所获，一旦置诸不可知之数，岂
不可惜。若仿西人招股之例，资本十万者分作千股，五万者作五百股，
自一股二股以至百股十股，皆可附本以公其利。则又疑虑百出，以为股
多则利钝仍不可知，设有翻覆，岂不轻于一掷，股少则虽获利倍蓰，而
分润终属有限，此所以观望不前也。譬如建筑铁路，开采矿务，纠设银
行，以今日事势言之，何者不可举办，而无如人情之不能善变也。各省
商人惟广帮最富，亦惟广帮与西人相习，熟悉西商谋利之法，故凡议此
等生意者，大都粤人为多。然以中国之大，生意之多，而尽望诸一隅之
人，可乎？目前仿西法之事，若招商局者最著矣，顾其初若非有国家存
项附股，诸人亦尚不免存疑。然则为此议者，亦惟仿照西国官商合本之
例，如银行等事，皆有国家存项，而后可以餍附股者之心，而其事庶无
不举。然以中国之政体言之，则自有万难仿行者。盖西俗国家之财可以
与商人合本谋利者，缘国家所岁需之款，皆出自生意盈余之中，以所入
抵所出，而本银仍不动分毫。若中国则每年所入之款，或钱粮，或关税，
以及盐课等项，各有专司，即各有专款支销，本无盈余可计。必有支用
节省及额外溢收之银，而后可应意外之需。若骤使国家提出若干本银，
以与商民同谋利益，则一切编支之款必至不敷，故其势断不能尽仿西例。
惟有令商人知一切生意之有利，与合股之可大可久，破其成见而思所变
计，庶几凡事可以渐举。即铁路、矿务之重大，亦得集众力以成之，而
中国之富乃直驾泰西之上矣。"[①]

　　这说明，一些富有远见者清楚地看到，西方股份制对于发展经济的
根本力量源于"集众力以成之"，股份制则具有中国传统经营方式所缺少
的分散风险、筹集巨资的功能。而习惯上，国人似乎大多"拘执成见"，
更愿依附于官股，"若非有国家存项附股，诸人亦尚不免存疑"，"此所以
观望不前也"。进而充分肯定了学习西方纠股集资创办公司的取向，并要
求不仅要发挥股份制的集资功能，而且要移植西方股份制企业的管理模

---

① 《论合股经营》，《申报》1882 年 6 月 6 日。

式。于是，他们认为必须"破其成见而思所变计"，只有采用西法方可使中国之富超过泰西之上。

以上思想产生的基础，主要在于人们在当时的洋务经济活动中，已感悟到股份制经济制度产生的诱致性因素——筹资功能和投资功能以及配置资源的高效性，并相应的从自发到自觉地发展这种市场创新，最终形成股份制这样一种不可或缺的融资方式。这一过程充分展示了市场经济的魅力，它为近代中国新兴市场中的交易主体提供了广阔的想象空间和源源不断的创新活力。

由此可知，当时先进的中国人已经对股份制与股票有了一种观念上的认同，并理解了这种机制的功能和相关的环境。正是在这种新思想的推动下，人们对引入的新式股份制经济制度有了更为明确的认识，增强了兴办、投资股份制企业的信心。再加之早期设立的华商股份制企业如轮船招商局、开平煤矿等取得的较好经营业绩以及对股东的良好回报，极大地鼓舞了公众对公司股票的投资热情，促使了华股市场的兴起与发展。

三　近代早期证券交易制度的滥觞

在制度变迁的过程中，相关制度对传统制度框架的突破往往产生连锁反应，从而使后续的配套制度创新成为可能。近代华商股份制企业的创立是与发行股票这一金融工具相伴随的，而一旦发行股票这一融资制度建立起来，又使设立具备流动性的二级股票交易市场成为必然的后续制度安排。

随着中国华商股份制企业的迅速增多、华股的不断发行，华股交易也迅速发展起来。1882年，在上海诞生了类似于以后证券交易所的中国人自己开办的上海平准股票公司（成立于1882年10月24日），该公司组织者在《申报》上刊登启事，其中阐述了创建股票公司的五大好处：

第一，有利于各股票发行公司。"大凡票价之低昂，视乎买票者之多少，多则日涨，少则日跌；涨固足生各公司之色，跌实大贻各公司之羞……今有平准公司以确访底蕴，广采舆评，持平定价，务使涨则实在宜涨，跌则实在宜跌，则人人有探讨真实之处，浮沦自息。"

第二，有利于股票的购买者。"初来沪上者，人地生疏，欲买股票，苦无门路。……今有平准公司逐日悬牌，定出真价，如兑换钱洋之听衣牌然，可以一览而知。"

第三，有利于股票的收藏者（即长期投资者）。"一日之间乍涨乍跌，何关乎各公司之盈亏，而自有股者视之若相关焉。涨则人人喜色……跌则个个愁眉……徒令藏票者心意惶惶耳。今有平准公司，而市虎之讹言可以不信。"

第四，有利于股票的出让者。"每逢年节，各钱庄清账之秋，藏票者或力量单薄，当此无可奈何之际，不得不贱售以清庄款。今有平准公司可以押银，则度过年关价仍复旧，不致受人挟制。"

第五，有利于股票公司经营者自己。"各项公司，或旷日持久，准收效于目前，或货物囤积，难脱卸于克日，此项平准公司则轻而易举。股本所存，非银即票，并无积货，不须栈储，开销省而担荷轻。"①

以上五个方面的分析，比较系统地阐述了建立股票交易市场的理由，即股票公司的创立对参与各方均是有利的，不仅可以提供股票买卖的方便，还可以帮助股份公司顺利发行股票。这说明创办者对于股票交易市场的规范有着比较深刻的认识。

上海平准股票公司，规定公司资本为规元银 10 万两，分为 1000 股，每股 100 两，设董事数人、正副执事 2 人，常驻公司，综理公司一切事务，此外，还聘有账房 2 人，跑街 2 人，翻译 1 人，书记 1 人，商务 1 人，学徒 2 人。股票买卖手续，凡买进卖出，都由该公司给予发票一纸，三个月后，凭发票到公司扣还回佣十成之二，所买股票的名称、价格都通过合同议定，如期履行，不得毁约。当时的股票交易，不单对于股票行市有严密的议定，就是对于佣金，也有规定。② 平准股票公司是经营我国新式企业股票买卖的公司，是上海最早公开买卖华商股票的机构。公司内部组织虽较为简单，但却议决各种华资股票，并悬牌公布市价，它还试图通过建立公开、公平、公正、有序的股票交易市场，来保护股票

---

① 上海市档案馆编：《旧上海的证券交易所》，上海古籍出版社 1992 年版，第 263—264 页。
② 《上海股票市场史话》，《股票新闻》第 1 卷第 1 期（创刊号）（1949 年 2 月 21 日）。

买卖者的竞争和消除股票交易中的隐患，已初步具备了股份公司制交易所的雏形。（该公司营业不到一年，即遭受了1883年金融风潮的强烈冲击，此后曾有好长时间没有其经营资料的反映，直到两年后的1885年，在《申报》上才有了这个公司的零星消息。）

　　1883年冬，上海爆发金融风潮，给新兴的华商股票市场以极大打击，使股票持有者遭到惨重损失，股市一落千丈，甚至到1885年7月1日，招商局新股每股原价100两，市价仅58两；开平煤矿原价100两，市价58两；仁和、济和原价50两，市价各29.5两，鹤峰铜矿的股票甚至不能在股市上流通。[1] 上海华股市场的这种状况，使得此后的集股筹资活动难以继续开展，即使到了1893年，一般商人一听到"纠股集资"四字，仍"无不掩耳而走"。[2]

　　1894年甲午战争之后，社会舆论一致呼吁中国要真正自强，就必须"重商工以欲利源"，而最重要的就是要"宜仿西国公司之法，创一业招人集股合群力以成长袖善舞多财善贾，何患美利之不能操券哉？国家尤必曲为爱护竭力维持"。[3] 于是又一次出现投资设厂热潮，有民族工商企业如裕源纱厂、大生纱厂、商务印书馆、江浙铁路公司等的股票相继进入市场。

　　这一时期最有特色的应该是铁路股票的发行，1903—1907年间先后成立的16家铁路企业，[4] 几乎无一例外地采用了近代股份有限公司的企业组织形式。因为铁路建设所费资金数额巨大，绝非少数人范围内集资能办，且其工程建设周期长，资本回报又相应很慢。这一切决定了铁路企业非采取面向社会公开募股集资的股份有限公司组织形式不可。而铁

---

　　① 杜恂诚：《民族资本主义与旧中国政府（1840—1937）》，上海社会科学院出版社1991年版，第28页。

　　② 洪葭管、张继凤：《近代上海金融市场》，上海人民出版社1989年版，第146—147页。

　　③ 《自强策》，《申报》1895年3月15日。

　　④ 当时16家铁路企业：1903年成立的1家，川汉铁路有限公司；1904年成立的2家，湖南全省枝路总公司，江西全省铁路总公司；1905年成立的6家，滇蜀铁路总公司，安徽全省铁路有限公司，同蒲铁路公司，浙江全省铁路有限公司，福建全省铁路有限公司，陕西铁路有限公司；1906年成立的5家，湖北商办粤汉、川汉铁路股份有限公司，广东全省粤汉铁路总公司，江苏省铁路股份有限公司，湖南全省铁路有限公司，广西铁路公司；1907年成立的2家，黑龙江省齐昂铁路，河南铁路公司。详见宓汝成编《中国近代铁路史资料》（第3册），中华书局1963年版，第1147—1148页。

路公司在创办的过程中，为了完成募股集资，常常动用种种办法，对社会各阶层进行广泛的动员和发动，如 1905 年（光绪二十一年）7 月成立的浙江铁路公司，公举前两淮盐运使汤寿潜为铁路总理，为拒绝英美借款，以招股形式号召浙江商人自筹资金创办铁路。公司强调："本公司性质力主自办，以专招华股为主。群力群策，得寸得尺，不入洋股一文。""若购票后其人或改注洋籍，或将所购之票转售、抵押于洋人"，"即将票根注销，股本罚充善举"。① 并在全省掀起集资建铁路的爱国运动，迅速得到全省人民的支持，上至绅商，下至贩夫走卒，无不踊跃认购路股，"杭州的挑夫、上海的名伶、绍兴的饼师，甚至各佛寺的僧人、教堂的教徒，以及拱宸桥的妓女，莫不争相入股"。② 1907 年 10 月 22 日，浙江保路拒款会在杭州福圣庵口教育总会召开，会后，浙江各城市都成立了国民拒款会，宣传拒款并号召集资入股。与此同时，浙江国民拒款会发表启事，提出了招股自建的计划，估计苏杭甬铁路浙江省部分修价要 3000 万元，分 6 期筹集，每期 500 万元，号召大家踊跃认购新股。浙江人民爱国热情十分高昂，杭州搬运工人的工资收入虽不足以糊口养家，但 2000 人自愿"同心并胆，愿逐日节撙血汗齿积，先认另股百份，计 1000 元，陆续汇存银行购买路股"。青年学生在这次保路拒款斗争中，表现十分积极，浙江高等学堂发起组织浙江省学校联合会，一连开了一个星期的会。会上大家踊跃认股，各学校共认 2040 个整股，1592 个零股。此外，市民、海外华侨、妇女，甚至连乞丐都投入了认购铁路股票的运动中。③ 至 1907 年 10 月，认集铁路股款 2300 万元之巨，为英允借款数（150 万镑，约合 1000 万元）的 2 倍多！至 1909 年，实收数已有 925 万元，为各省自筹铁路股款最快最多的一个省。④ 再如官办川路公司正式改为商办后，股本迅速扩张，其构成包括租股、官民购股、土药盐茶股、灯捐土厘股以及生息股等五个部分，到 1911 年清政府颁布铁路干线国有政策止，共筹集资本约 1670 万两，相当于银元 2337 万元，大大超过了原定 2099 万元

---

① 宓汝成：《帝国主义与中国铁路（1847—1949）》，上海人民出版社 1980 年版，第 190 页。

② 陈其强主编：《浙江金融史》，中国金融出版社 1993 年版，第 120—121 页。

③ 沈雨梧：《浙路风潮》，《历史教学》1985 年第 3 期。

④ 《浙江兴业银行兴衰史》，浙江省政协文书资料委员会编：《浙江文史资料选辑》第 46 辑《浙江近代金融业和金融家》，浙江人民出版社 1992 年版，第 41 页。

的集资目标。[①]

除铁路股票外，这一时期绝大部分股份公司筹集股本还是十分困难的。著名实业家张謇在创办大生纱厂的过程中为筹集资本，几经挫折，从创议至购机建厂开车，共历时 44 个月。开始时原拟商办，光绪二十一年（1895 年）秋，张氏往来上海、南通、海门，约见商股 6 人，拟集资 60 万两，至次年秋，沪董因见纱市不利，首先退出，接着通董亦推翻成议，要求退股。不得已又创官商合办之议，奔走官商之间，而商人畏难而退，官又空言不可靠，张氏则舌瘁神疲，最后仅得创业资本 25 万两，除各项开支外，作为流通资金的只有 4 万两—5 万两。[②]

其后，随着华商股份有限公司的不断出现，股票受让行为增多，交易日盛。上海买办王一亭、郁屏翰发起，在南市关桥开设了专营证券的公司，称为"公平易"。不久又有买办孙静山等发起，在九江路渭水坊开办"信通公司"，均为华商经营股票的公司。[③] 此时，上海也出现了本国股票掮客，他们大都有自己的主业，如经营茶叶、皮货等，仅以证券买卖为副业。此类掮客为数不多，通常以茶会形式进行交易，各掮客于每日上午赴茶会以通消息，并于品茗时以口头接洽成交所有的买卖，下午则各走银行帮及客帮（如京津帮、山西帮、广帮等）以兜揽生意，由此形成松散的股票掮客组织。宣统二年（1910 年）茶会设在南京路的"惠芳茶楼"，1913 年迁至四马路（今福州路）大兴街口（今湖北路口）。[④] 茶会是自发形成的，没有专门的组织，也没有人管理，完全是自由交易。一切交易均为现货，价格上只要双方愿意便可成交，手续极为简便。买卖的股票主要有：轮船招商局、汉冶萍煤铁公司、商务印书馆、南通大

---

① 彭南生：《清末川路公司股份制的误区》，《贵州师范大学学报》2000 年第 4 期。

② 陈真、姚洛合编：《中国近代工业史资料》第一辑，生活·读书·新知三联书店 1957 年版，第 763—764 页。

③ 有关这两个组织成立的具体情况，由于资料的限制，我们目前尚无所知。但据叶世昌教授的考察（参见《上海股市的第一次高潮和危机》，《叶世昌经济史学论集》，商务印书馆 2008 年版，"到光绪十一年五月初十日（1885 年 6 月 22 日），《申报》刊登的股票市价改以'公平易公司'冠名，而且后来发展到数日刊登一次。由此可知，'公平易'成立的时间应该在 1885 年 6 月 22 日以前。"）

④ 奇良：《上海华商证券交易所概况》，《20 世纪上海文史资料文库——（5）财政金融》，上海书店出版社 1999 年版，第 282 页。

生纱厂、中国商银行等公司发行的股票。最初来茶会做股票交易的只有何世葆、周韵笙、吴川如、孙子瑜、方鸪臣、王向梅等商人。[①] 随着苏浙各路收归国有，政府公债发行渐多，铁路债券、政府公债也加入到证券交易的行列，证券买卖渐盛，证券掮客日益增多。

民国三年（1914 年）夏，上述这些交易组织，在原信通公司基础上，着手筹建公会，后得农商部的准许，于是年秋成立"上海股票商业公会"，其会设于九江路渭水坊，并附设股票市场于内。当时该会会员仅 13 家，其制度形式与"茶会"时相仿，但各项设施渐臻完备，每日集会的时间为上午 9 时至 11 时，并制定买卖佣金的标准：凡记名式证券，如公司股票等，票面每百元，征收佣金 1 元或 5 角；不记名证券如公债等则征收 2 角 5 分。为使大家明了行情，每日开会之后，由公会将当日买卖成交的价格，编制行情单分送在会同业。其时在场买卖证券的种类甚多，交易极盛，股票同业除兼营证券的小钱庄不计外，增至 60 家左右，较之"茶会"时代，已有天壤之别。[②]

"上海股票商业公会"与早期的上海平准公司不同的是，采取了会员制的组织形式，集合有一定场所，交易有一定时间，买卖有一定办法，佣金有一定数额，[③] 该公会交易的股票有招商局、中华书局、大生一厂、大生三厂、既济水电公司、汉冶萍、交通银行、中国银行等 20 种，后又增加交易南洋兄弟烟草公司等股票。北京政府发行的公债上市后，公会先后做了民国元年、民国三年、民国四年、民国五年公债和金融公债等。随着股票商业公会业务的蒸蒸日上，会员获利颇多，原以股票为副业的会员纷纷转而以股票为主业，并且在各自店前挂牌设立股票公司，在上海的福建路、九江路、汉口路一带，这样的挂牌公司举目皆是，蔚为大观，形成热闹的华商股票市场。[④]

---

①　宋士云：《茶会时代证券交易》，《科学时报》2000 年 10 月 23 日，第 3 版。

②　郑兆元：《我国证券市场与金融市场之关系及其市价涨落原因之分析》，《汉口商业月刊》第 1 卷第 3 期（1934 年 3 月 10 日）。

③　《上海证券交易所复业前后》，《财政评论》第 15 卷第 4 期（1946 年 10 月）。

④　奇良：《上海华商证券交易所概况》，《20 世纪上海文史资料文库——（5）财政金融》，第 282—283 页；邓华生：《旧上海的证券交易所》，《上海文史资料选辑》第 60 辑，上海人民出版社 1988 年版，第 321 页。

可见，"上海股票商业公会"本质上已经具备华商证券交易所的雏形，直到1920年以前，它一直是上海华商证券交易的活动中心。

与此同时，上海以外的不少城市也出现了一些经营证券业务的零星字号。民国初年，武汉开始有了证券商号，称为股票公司，经营买卖汉冶萍煤铁公司和既济水电公司的股票业务，并兼营本省市借赈济水灾旱灾名义所发行的彩票等。在广州，出现了兼做买卖有价证券的银号。在哈尔滨，20世纪初，以沙俄为首的30多个国家财团和商人大办工商、金融各业，成立各种各样的股份有限公司，于是，在金融界逐渐出现了以从事股票交易为副业的经纪人，农产银行更是于1918年2月29日首次发出广告，宣布正式开办证券交易所，农产银行成了哈尔滨第一家从事证券交易的银行。①

总之，在证券市场发展的雏形时期，近代中国的股票交易还没有固定的场所，没有专门的组织，也没有人管理，交易多为小集团形式，完全是自由交易，以口头交易为主，一切交易均为现货，价格上只要双方愿意便可成交，手续极为简便，交易规则是存在于交易人心中约定俗成的惯例。到了公会时期，公会内部组织规则确立，交易场所逐渐固定并且开始注重设施建设，同业间有了互定的规约，主要内容有会员人数、会费的交纳、集会时间之规定、佣金提取、交易证券物品种类、买卖的手续及管理人员的确定等。这些都为以后证券交易所确立交易规则提供了借鉴。

尽管晚清与民国初期股票市场还处于萌生阶段，有组织的、规范化的股票市场尚未出现，但人们已经通过对西方股份制的考察和本土股份制实践的反思，逐步认识到规范股票市场的重要性，提出要防范股票发行与交易中的欺诈行为和恶性投机行为，并分析了股票市场建设与发展股份制经济的内在联系，探讨了股票市场的社会经济功能。这些思想主张为以后的证券市场建设和证券法规的出台奠定了基础。

---

① 中国人民银行总行金融研究所金融历史研究室编：《近代中国的金融市场》，中国金融出版社1989年版，第112、133、270—271页。

第二节　晚清到北京政府时期中国公债
制度的建立与发展

国家公债，简称"公债"，又称"国债"，意指公共债务，即一国政府的负债和债务，是国家以信用形式吸收巨额资金的一种形式。根据债务主体的不同可分为中央政府的债务和地方政府的债务；根据债权方的不同又可分为国内公债（简称内债）和国外公债（简称外债）；根据债券的用途则可分为财政公债（为弥补财政预算的亏短或平衡收支而发行的公债）和事业（或建设）公债（为政府公共事业的建设而募集的公债）。

公债最早兴起于西方，据记载，早在公元前 4 世纪的古希腊和古罗马，国家就已经开始向他人借债。进入封建社会以后，许多封建专制国家也经常以借债作为解决财政困难的手段。不过，在整个奴隶社会和封建社会，由于商品经济不发达，社会闲置资金比较少，因而公债的数量和规模都很有限。大量发行公债始于近代西方资本主义国家，这时公债才真正成为筹集资金的重要方式，并在社会经济生活中发挥重要作用，成为近代资本主义财政制度的一个重要组成部分，因此，从严格意义上说，公债是西方资本主义国家在商品经济发展到一定阶段的产物。

但公债对于近代中国而言，则是全新的事物，在近代"西学东渐"过程中，公债制度开始传入中国。最早为晚清政府所接受和采纳的是外债思想和制度，早在 1853 年，太平天国势力伸展到长江下游，上海小刀会起义时，苏淞太道为镇压上海小刀会起义，向外商赊账雇募船炮，这是中国近代第一笔外债，此后，直到新中国成立，近代中国各级政府共举借外债 900 多项。[①] 然而，由于这些外债主要是对外发行，且从未在国内证券市场上市交易过，因此与近代中国证券市场无关，故不属于本书的论述范围。本书所涉及的公债思想与制度，仅限于国内公债，包括中

---

① 许毅主编：《北洋政府外债与封建复辟》，经济科学出版社 2000 年版，序第 2—3 页。

央政府及地方政府所发行的公债（当时称为内国公债）。在晚清时期，虽然仅有三支国内公债发行，但这是首批国内公债，它的出现是近代中国公债制度的滥觞，到民国政府建立后，随着政府国内公债的不断发行，这一制度才逐渐建立起来。

一　晚清中国公债制度的引进与早期公债的发行

早在1846年，魏源就在其《海国图志》中介绍了英国的国债制度，此后，郑观应进一步注意到西方各国发行和运用国债的成功经验，1873年，他说："泰西各国官与商，财货互相流通。盖官力则有穷，而商资则易集。即国债一事，君之逋欠于民间者动辄数万。官之所需，商皆立应。商不虑官之无信，官亦不借商为可耻。凡各国每举大役，兴大利，凿山通道，动以千百万计。"① 但他却认为，此种方式在中国一时难以实行，因为中国历史上没有政府向民间借债的传统。正因为如此，这一观点未曾引起国人与政府的注意与重视，更不用说付诸实施了。

相对于外债来说，国内公债制度的引进与发行要晚得多。当晚清政府大规模举借外债的时候，朝廷上下对内债仍讳莫如深，这与传统债务观念的影响直接相关。甲午战前，资本主义列强的苛刻条件使举借外债举步维艰，国人开始把思维的触角伸入到内债领域，举借内债的言论开始浮出水面。郑观应经过进一步思考后认为"泰西各国无不有国债"，"实不欲授利权于别国也"，这一方法我国完全可以采用，"嗣后洋债一端自应承行停止"。国家要筹措资金，"中国廿一行省殷实商民为数不少，但使由户部及各藩库仿西法出给股票，每股百金，定期归还，按年行息，收放出入诚信无欺，安见中外商民之信户者必不如其信银行，信中国者必不如其信外国乎？"同时钟天纬也提出了举借内债以堵塞漏卮的设想，认为"今之洋债，其息为百分之九，与其本国几为加倍，而我中国未尝无财，何必受其盘剥而岁输重息于外洋。若自借本国之国债，每年偿利

---

① 夏东元主编：《郑观应集》（上），上海人民出版社1982年版，第52页。

若干，由各海关经理，刊给饷票，以抵现银，而即由海关付息。庶商民取信，尽出其藏镪，以牟十一之利，则市面流通，经商易于获利"。① 不久，他们的借商款以开国债的设想很快被晚清政府付诸实践。光绪二十年（1894 年），清政府发行"息借商款"，第一次"效法西洋"，希图通过发行内债，以向民间筹款的方式解决财政困难，② 此后在光绪二十四年（1898 年）发行了"昭信股票"，宣统三年（1911 年）发行了"爱国公债"。这三次国内公债的发行，标志着近代西方国内公债制度在中国的初步确立。

在此需要说明的是，在 19 世纪末的相当长时间里，晚清士人对于"股票"与"债券"这两个概念还是混淆不清的，在很长时间内都统称之为"股票"。至少，在官方的言论中，在不少中外借款条约的中文文本中，借款债券都被写成"股票"。③ 直到光绪二十四年（1898 年），朝廷官员在筹借内债时，仍将此项债券命名为"自强股票"，后又改名为"昭信股票"即是明证。直到清政府即将灭亡的 1911 年，才将最后一次政府债券称之为"爱国公债"。

1894 年的"息借商款"是晚清政府为甲午战争筹措军饷而发行的。户部在《酌拟息借商款章程折》的奏议中首先开宗明义地论证了发行内债的必要性："伏查近年以来，帑藏偶有不敷，往往息借洋款，多论磅价，折耗实多。因思中华之大，富商巨贾，岂无急功慕义之人，若以息借洋款之法，施诸中国商人，但使诚信允孚，自亦乐于从事。"清政府决定将借外债的办法运用在内债上，在富商巨贾中息借商款以应时局，并决定首先在京城试行，召集京城银号票号各商等商定借银 100 万两，继而再向全国推行。首次发行内债，户部为此拟定了"息借商款"章程六条，其一，规定了借债的时间和还本付息的具体办法。借债以两年半还

---

① 施正康：《困惑与诱惑：中国近代化进程中的投资理论与实践》，上海三联书店 1999 年版，第 207 页。

② 本文采用的是学术界通行的观点，"息借商款"是近代中国中央政府举借的第一笔内债。另据潘国旗《近代中国国内公债研究（1840—1926）》，经济科学出版社 2007 年版，第 64—82 页，通过对部分文献资料研究，认为近代中国第一笔内债应该是左宗棠西征时第五次借款中的华商部分，这一观点还有待于进一步的考证。为稳妥起见，本文仍沿用传统观点。

③ 王铁崖编：《中外旧约章汇编》（第 1 册），生活·读书·新知三联书店 1957 年版，第 598—599、627—629、734—736 页。

本付息，以 6 个月为一期，第一期还利不还本，自第二期起本利并还，每期还本 1/4，定以 5 期还清。月息 7 厘，一年按 12 个月核计，遇闰月照加。其二，确定债票的格式与使用方法。颁发印票，以 100 两为一张，填明商铺字号、本息数目、交兑日期，钤用户部堂印。每届一期，无论还本还利，皆于票内注明，还清之后，将票交销。其三，规定票款的缴纳方式及相关奖惩办法。商款概以库平足色纹银缴纳与归还。在各省推行中，由藩司关道衙门具体负责，以地丁关税为抵押进行集款，其中集款在一万两以上者实行奖励，"给以虚衔封典，以示鼓励"。为严防弊端，特意申明"此举系属创办，尤须各督抚力矢公忠，督率属僚，示人以信，收发之际，务须严禁需索、留难、抑勒诸弊，有犯立予严惩"。[①] 也就是说，此次借用商款属于创举，要求各地方督抚认真经理，收交款项，不准收取其他丝毫费用，不许扰累商人。如有吏胥在外招摇，立即饬拿严究。商人如遭勒索，准其赴部递呈控告，以凭惩办。

以上内容可见，"息借商款"拟定了具体的办法，确定了借债的期限与还本付息的利率，并对借款超过一万两者给以虚衔封典，以及提出认购公债可由各省自行承包，也可由各资本集团进行承包。所有这些，从形式上已基本具备了近代资本主义国内公债的雏形，实为近代中国国内公债制度建立与发行之滥觞。

但此次公债，因战争正在进行，对借贷总额并未具体规定，何时了结尚不可知，发行公债的计划性很差，带有很大的盲目性，这就使得整个筹款过程管理比较混乱。随着甲午战争的结束，1895 年 5 月 4 日，户部上《息借商款已有成数请停续借折》，宣布停止借款，于是，晚清政府"效法西洋"发行的第一次公债进行了 8 个月就草草收场。经统计，这次息借商款主要筹集到的款项为广东 500 万两，江苏 181 万两，山西 130 万两，直隶 100 万两，陕西 38 万两，江西 23 万两，湖北 14 万两，四川 13 万两—14 万两，京城 100 万两，仅实发"息借商款"1102 万两。[②]

1898 年的"昭信股票"，是晚清政府为抵制列强财政勒索，采纳右春

---

①　千家驹编：《旧中国公债史资料》，中华书局出版社 1984 年版，第 1—3 页。

②　此数字根据千家驹编《旧中国公债史资料》，第 5、366 页。另据周育民《试论息借商款与昭信股票》的统计研究为 1203.52 万两，《上海师范大学学报》1990 年第 1 期。

坊右中允黄思永的建议而发行的第二次国内公债。

1898 年 5 月 8 日，是中国在 3 年内还清甲午赔款的最后期限，赔款期限将至，面对数巨期迫的对日赔款，清政府的财政更加显得捉襟见肘，原拟息借洋款以应急需，但由于列强争相抵借，使清政府无所适从，同时也使其初步意识到列强在借款问题上包藏祸心。为筹措第四期赔款，1898 年 1 月 30 日，右中允黄思永上《奏请特造股票筹借华款疏》，提出了详细的发行政府公债的主张和办法：首先他强调了政府发行国内公债进行筹款是抵制西方列强以借款操纵中国的一个有效办法，"窃维时事恐棘，库藏空虚，舍借款无以应急，舍外洋不得巨款，前已种种吃亏。近闻各国争欲抵借，其言愈甘，其患愈伏。何中国臣民如此之众，受恩如此之深，竟无以借华款之策进者？"接着论证了向华商借款的可行性，"不知在外洋与在通商口岸之华民，依傍洋人，买票借款者甚多，不能自用，乃以资人；且缙绅之私财，寄顿于外国银行，或托名洋商营运者，不知凡几，存中国之银号票庄者又无论矣。小民不足责，应请特旨，严责中外臣僚，激以忠义奋发之气，先派官借，以为民倡。合天下之地力人力财力，类别区分，各出其余，以应国家之急；似乎四万万之众，不难借一、二万万之款。"① 这里特别强调了主要的借款对象应该是华侨和中国通商口岸的富商大贾，而在借款的方式上则充分考虑到国人认购公债时存在的思想障碍，提出先向官吏借款，让官员起模范带头作用，再向民间借款，并且还在奏折中提出了具体的借款方式与办法。

2 月 4 日，光绪帝批准了户部奏请发行昭信股票的建议，在全国范围内发行国内公债。3 月 2 日，为保证昭信股票的正常发售，户部又拟定章程十七条并得上谕批准，要求王公大臣、将军督抚、大小文武官员、现任候补候选职衔等均领票交银，倡导商民积极认购。章程规定：昭信股票的发行面值为 100 两、500 两、1000 两三种，共计 1 亿两库平纹银，可以各项平银及银元折合库平纹银购买，年息 5 厘，遇闰不加，分 20 年还清，前 10 年还息不还本，后 10 年本息并还，本还则息减，以田赋、盐税

---

① 千家驹编：《旧中国公债史资料》，中华书局 1984 年版，第 6—7 页。

收入为偿还担保。中央设昭信局，各省藩司设昭信分局，专门负责这次公债的发行。殷实商号"须有各商号连环保结，报部报司有案，始准承办"。昭信股票为具名式，名称开列由领票者决定，在报昭信局备案后可以辗转抵押出售。对于各省官绅商民，有一人劝集商民股款 10 万两以上及 50 万两以上者，准各省将军督抚分别奏请，由部给予奖励。此外，章程还对还本付息的时间、股票遗失的处理、官吏舞弊的处罚及票样等内容作了较为明确的规定。政府明文规定，此次所筹措的银两作为赔款专用，不准另用，更不准勒令捐输。[①]

昭信股票的发行状况并不比息借商款好，虽然清政府要求各级官员认购，但除恭亲王奕䜣率先报效库平银 2 万两"不敢作为借款，亦不仰邀议叙"[②] 及少数王公老臣略有报效外，在政府内部并未引起太大的反响，民间的情况则更不理想，即以号称富庶的江苏，也仅得银 120 万两，已为全国之冠。到戊戌维新，停办民间昭信股票时，募集总数，各省合计不足 500 万两。[③] 1898 年 12 月底，昭信股票完全停办。

从前两次公债发行的目的来看，一是筹措抵抗日本入侵的军费需要，一是出于抵制列强财政勒索的需要，举债的理由是正当的，属于真正的爱国公债范畴。从形式上看，昭信股票定有限额，也有还款期限，以田赋盐税为担保，可以抵押售卖，从发行程序而言，它比息借商款更具备近代公债的特征与性质。但是，这些规定实际并没有做到，整个发行状况与预期目标相距甚远。

前两次国内公债发行的失败，引起了清政府的反思，他们认为，"公债之举，西国习为故常，其民亦视同义务，然尚有利息富签之法，以为激劝之资。况中国此事，几同创举，非给奖不能乐从，非示信不能经久"。于是提出，要在中国仿效欧洲各国，发行劝业富签公债票以兴办实业。"查欧洲各国，有所谓利息富签者，附签票于债券之中，给以轻息而不还本，为募集公债之一种方法。在德、义、奥、匈诸国，皆有官办此种债票，臣部拟仿其制，试办劝业富签公债票，以为鼓舞公债之计。"

---

① 千家驹编：《旧中国公债史资料》，中华书局 1984 年版，第 13—17 页。
② 王宗培：《中国之内国公债》，上海长城书局 1933 年版，第 2 页。
③ 贾士毅：《国债与金融》（第二编），商务印书馆 1930 年版，第 2 页。

其办法是：发行公债票 1000 万张，每张售洋 1 元，共集 1000 万元。其中以 300 万元为奖金，以 1 万张为得奖之票，以 100 万元为制票办公经费及各处经售费。除得奖之 100 万张不计外，其余不得奖之 900 万张，均作为公债票，年给 2 厘之官息，至 60 年为止。这样，实收 600 万元，而仍给 900 万元之息，且付息至 60 年。此项债款，均存官办银行，专备兴办农、工、商、矿各项实业及补助商办各项实业之需。① 也就是用中签抽奖的方法来达到顺利推行公债的目的，但这一思想由于晚清政府的行将灭亡，并没有时间真正得以付诸实行。

　　清政府发行的最后一次国内公债是 1911 年，由度支部奏请发行的"爱国公债"。辛亥革命敲响了清王朝的丧钟，各省纷纷宣布独立，为了挽救行将崩溃的政权，筹措军备费用，缓解财政危机，由度支部拟具爱国公债章程 14 条，同时还另订施行细则及奖励处分规则。拟发行公债总额 3000 万元，分 50 元、100 元、1000 元三种，年息 6 厘，偿还期为 9 年，前 4 年付息，后 5 年抽签还本，以部库收入担保偿还。其发行对象主要为王公世爵、京外大员、京外各衙门官吏、凡就公家职务者等文武官员，凡具有上列资格之一者，"对于此项公债票皆应负购买之义务"。此项公债票分两期购买，自宣统三年十一月初一日起至十二月底止为第一次购买之期，自宣统四年正月初一日起至二月底止为第二次购买之期。② 虽然规定了王公世爵及大员官吏对此项公债票皆应负购买之义务，而从实际考察，关于爱国公债之募集及本利之偿付仍均由度支部委任大清银行经理，从本质上说，其发行方式应属于间接募债。由于清政府众叛亲离，行将灭亡，爱国公债的发行，商民并未表现出多少热情，除清皇室先以内帑现金认购，以示提倡，暨就王公士爵及在京文武劝募，共约 1016 万元外，其京外募集区域，只限于直晋豫等数省，计募得 164.679 万元，总计收数不到 1200 万元。③ 还没等"爱国公债"发售完，清王朝就被推翻了。此次公债由北京政府继续承担偿还义务。

　　近代中国的地方公债开始于晚清光绪、宣统年间，1905 年 1 月，

---

　① 中国第一历史档案馆《宣统年间发行"爱国公债"史料》，《历史档案》1997 年第 4 期。

　② 同上书，第 69—70 页。

　③ 王宗培：《中国之内国公债》，上海长城书局 1933 年版，第 2 页。

袁世凯因陆军五、六两镇杂款无着，奏请试办公债480万两。此次发行公债，袁世凯接受了以往息借商款和昭信股票失败的教训。"中国历来办理公债，半由官吏不务远图，鲜克践言，以致民闻公债，辄多观望不前，即或勉集巨资，亦率视报效，不敢希冀偿还。只求取办一时，而于国民维系之机，相去甚远。利国便民之政，转为误国病民之阶，臣诚私心痛之。今欲开募债票，宜自公家严守信实，俾民间便利通行，方足以挽浇风，召天下。"由此可知，袁世凯认为这两次公债发行的失败主要在于，一是缺乏债信；二是等同捐输，不求回报。袁氏为取信于民，说到做到，"就直隶本省筹款，岁可得银一百二十万两，计可贷公债银四百八十万两，第一年按七厘付息，逐年递加一厘，分六年还清。以所筹之款，备付本息，有盈无绌。"至于筹集公债，分为大票、小票两种，每大票库平足银或行化宝银100两整，每小票库平足银或行化宝银10两整。共分四期，即光绪三十一年（1905年）二月初一、四月初一、六月初一、八月初一各收银120万两。为了保证公债票能顺利发售，还规定了奖励办法，"一人劝集在一万二千两者，照寻常劳绩请奖；六万两以上者，照异常劳绩请奖。"并承诺"此项公票无论何人，均准其转售专兑，认票不认人"。[①] 由于准备充分，此次直隶公债发行十分成功，并产生了很大的经济效益与影响。这次公债的发行实践，不仅是袁世凯公债思想的集中体现，也为他民国执掌政权后的公债政策奠定了坚实的基础。

在袁世凯发行直隶公债的成功示范下，各地方政府也开始仿效发行地方公债，宣统元年（1909年）秋，举办湖北公债240万两，年利7厘，每年递加1厘，迨末年加至1分2厘，以6年为限，每年偿本40万两，偿还财源指定藩库6万两，运库10万两，汉口关署6万两，官钱局余利20万两，彩票局余利3万两，合其他入款7万两，共计52万两，债券应得之本利，可纳田赋、关税、统捐、盐税等。宣统二年（1910年）春，举办安徽公债120万两，年利7厘，逐年增加1厘到末年加至1分2厘，以6年为期，偿还财源指定藩库杂款年额14万两，

牙厘局六合米厘 15 万两，共计 29 万两。宣统二年（1910 年）秋举办湖南公债，债额为 120 万两，年利 7 厘，每年递加 1 厘至末年增加至 1 分 2 厘，以 6 年为期，偿还财源指定官矿处及水口山铅矿之余利，年额计 26.5 万两。[①]

在晚清，举借内债也算是清政府在内忧外困、财政拮据的环境下所能开辟的一项新的筹款措施，它相比过去捐输、报效等筹款方式前进了一步。这些中央和地方国内公债的发行，一方面反映了清朝政府财政危机的加深，另一方面则说明中国财政的逐步近代化。

晚清政府发行国内公债，尽管目的不一，但毕竟迈出了学习西方国家运用发行公债以解决财政问题的第一步。对清政府而言，敢于接受并尝试着用西方的经济手段来维护摇摇欲坠的封建统治，不自觉地向祖宗成法和传统观念挑战，无疑是一种大胆而有积极意义的尝试，既反映出封建专制统治的衰落，但同时也说明社会向前迈进了一大步。在公债的发行过程中，虽然带有明显的摊派性，但清朝皇帝被迫向他的臣民举债，这就不可避免地把商品货币经济的债权与债务关系引入封建的君臣、君民等级关系之中，从而对这种等级关系形成了强大的冲击，新的债权和债务关系的明确，对以后经济的发展和民主政治的建立有着一定的推动作用。而在发行公债过程中逐步建立起来的有关发行公债的章程、法规，虽然还不很完善，但却为近代中国国内公债制度的建立和完善奠定了基础。

不过，从总体而言，晚清国内公债（特别是中央政府发行的 3 次国内公债）的发行是不成功的。从其失败中我们可以清楚地看到，19 世纪末与 20 世纪前 10 年的中国社会，虽然资本主义经济已有了一定程度的发展，统治阶级中的一部分人已经接受了西方的公债思想和制度，但从整个统治阶级和社会来看，却并未形成全社会接纳公债的意识环境，自上而下都还未对发行公债形成正确的认识，在他们看来，债权人与债务人的关系首先仍然是君主与臣仆之间的关系，富商大贾作为债权人借钱给政府是对皇恩的回报，是理所当然的事。正是由于这样的思想占据主导

---

① 徐沧水：《各省地方公债考略》，《东方杂志》第 20 卷第 15 号（1923 年 8 月 10 日），第 143—144 页。

地位，才会出现恭亲王报效 2 万两白银而不敢作为借款的事，① 于是，国内公债在名义上所体现出的债权债务关系，在实际的发行过程中却被扭曲成较为严格的君臣尊卑关系，公债实际上也就成为官绅商民的一种变相捐输。

在中央政府发行的 3 次公债中，债票的面值均比较大，息借商款为 100 两，昭信股票有 100 两、500 两、1000 两三种，爱国公债则分 5 元、100 元、1000 元。发行如此大面额的债票，反映出清政府对公债交易的社会性缺乏足够的认识，采取急功近利的手段来发行公债。

而且晚清时期，发行资本主义公债的技术条件也还不完全具备。发行资本主义国内公债是需要近代化的金融机构和全国性的金融市场这些技术条件的，有金融机构，才能通过它们为公债吸收大量的社会流动或闲置资金；有金融市场，投资者才愿意把资金投资于购买公债，而公债亦才有可能当做有价证券在金融市场上流通。然而，在清末，全国性的近代化金融机构并未真正建立。虽然西方列强早在 19 世纪 50 年代以后就在中国开设了丽如银行、麦加利银行、汇丰银行等外资银行，但其设立的目的是为了有利于外国资本主义对华的经济侵略，垄断中国的金融和财政。它们的设立对近代中国经济发展和金融市场的形成、健全只能起到阻碍和破坏的作用。清末中国自己最早的严格意义上的银行是 1897 年设立的中国通商银行，因此在 1894 年息借商款时，中国还没有自己的金融机构，而到发行昭信股票的 1898 年，通商银行仅在上海刚开设一处，其余各省会口岸尚未成立分支机构。至于交通银行、户部银行、四明银行等几家金融机构都是在 20 世纪初才设立起来的。故而，息借商款完全由封建官僚机构代行其事，在京城的募集由户部主管，在各省的推行则依靠地方的藩司关道等封建衙门具体负责；而昭信股票在发行中也只能依赖隶属于官僚机构的昭信局和极少数殷实商号来进行。爱国公债发行时，更是由于清政府大势已去，根本不可能再利用已有的金融机构了。

---

① 此事在《张荫桓日记》（上海书店出版社 2004 年版）第 512 页有以下记载：（光绪二十四年）正月二十六日庚戌（2 月 16 日）"少顷，恭邸来，手携门文面交户部三堂。子斋亲接，传观至余，系认股三千两，报效二万两，余请将报效之数一并认股。恭邸怫然曰：果尔，则并二万不捐。余不便强也。"

正因为如此，虽然在借款章程中清政府曾反复强调贷款人的自由意志，不搞强行摊派，但由于清末金融机构的不健全，金融市场的不够成熟，在公债发行过程中，还是不得不通过政府机构强制发行，因此按其强制形式而言，属于直接强制公债。正是由于各级官衙专擅，采取超经济的强制手段来保证公债的发行，使公债发行成了官吏聚敛私财的有利时机，很自然地为各级官署所垄断，这就使本为平等自愿的借贷关系与行政命令式的政权干预合二为一，扭曲了政府作为债务人与债权人之间平等而又相对独立的关系，使自愿的行为演化成官吏的追逼、苛派，以致商民在公债面前退避三舍。在不具备相对成熟的金融市场的条件下，试图动用庞大的国家机器来保证公债的发行，是不可能使其健康、顺利发展的。

虽然由于发行市场、体制缺陷、制度环境等方面的原因，再加之政府威信的下降，晚清时期发行的国内公债未能取得预计效果，且都没有在证券市场上市交易过，但晚清国内公债的发行，却是清政府借鉴西方资本主义国家的财政制度，并企图用这种措施解决政府所面临着的严重财政危机的一种尝试。正是由于它在近代中国首开政府向国内人民募集债券的风气，引进了西方资本主义的财政观念和财政制度，对中国的封建财政制度给予了巨大的冲击，因此在中国近代经济史上仍占有一定的地位。

二　北京政府统治前期的公债思想与公债制度

民国以来的公债发行，始于1912年南京临时政府发行的八厘军需公债（定额1亿元，期限6年，无确实担保）及1913年发行的元年六厘公债（定额2亿元，用途为拨充中国银行资本，并做整理借款及各省纸币之用，后因大借款成立未正式发行），然而这两次均非正式募集，而内债的真正发行实起于三年公债与四年公债。据统计，从民国成立的1912年到1920年止，除1917年政府未发行公债外，其余年份共计发行公债3.99亿元。由于大部分公债没有落实还本付息基金，到后来应还未还的公债余额高达3.17亿元，如1916年六厘公债还本误期长达5年，以致公债信用十分低下，债券市价一般起落于二至四折之间，民国元年六厘公债竟跌至一五折，使一般购债平民及慈善教育机关本利无着，怨声载道。① 仅就 1921 年应付各种国内公债本息数目而言，除七年短期与三四年公债本息外，余如遵照公债条例，按期偿付本息，即需 3970 万元之多，按当时的财政状况，根本无力偿付。② 滥发公债的结果，不仅抽签还本要延期，甚至连付利息的钱也没有着落，最后不得不进行整理，到 1921 年政府第一次实行对公债的整理。从 1912 年民国建立到 1921 年第一次公债的整理，北京政府公债的发行可以 1916 年袁世凯统治的结束为界，分为前后两个时期。③

袁世凯统治时期，公债制度的建立与梁士诒的公债思想密切相关。梁士诒实为募集内债的主要经办人，被誉为"理财能手"。他曾为促进南北和谈、清帝退位、袁世凯上台积极奔走，袁世凯当上民国临时大总统后，授梁士诒为总统府秘书长，梁士诒于 1913 年还做过主管财政部的代理部长。自 1914 年起，他出任内国公债局总理，相继主持发行过"民国三年内国公债"、"民国四年六厘公债"以及"民国五年六厘公债"。在此过程中，梁士诒曾就举借内债问题发表过一些言论。由于其在当时的财界拥有特殊的身份、地位，因此他的内债观不仅是其个人财政思想的重要组成部分，实际上在一定程度上也反映了袁世凯政权在处理财政，尤其是举借内债问题上的基本政策思路。

民初，袁世凯政府缺乏稳定可靠的收入，而各种军政费用的支出却有增无减，于是不得不大量举借外债或向银行短期借款，力事弥缝。对此，梁士诒不甚赞同。1913 年 3 月 26 日，当袁世凯政府准备与五国银行团签订善后大借款合同时，梁士诒"不以受束缚，举外债为然，时于财政委员会议中力陈内债之计。而财政当局以为缓不济急"。④ 由此可知，

---

① 中国银行行史编辑委员会：《中国银行行史（1912—1949）》，中国金融出版社 1995 年版，第 42—43 页。

② 《财政部整理内债之呈文（附整理内债之拟具办法）》，《东方杂志》第 18 卷第 8 号（1921 年 4 月 25 日）。

③ 有关北京政府时期的公债发行情况，学界已有了相当成果，作者也在拙著《近代上海华商证券市场研究》一书中专门有所论述，为避免重复，本书在涉及这部分内容时从略，主要从公债思想的发展以及公债制度的建设方面进行论述，以弥补过去研究的不足。

④ 来新夏主编：《北洋军阀》（二），上海人民出版社 1993 年版，第 728 页。

梁士诒认为举借外债要受制于人，而且以外债充行政之需，尤为财政原则所大忌，故对外债不甚赞同，而极力主张以内债作为弥缝财政入不敷出的办法之一，但却没被采纳。5 月 16 日，梁士诒以财政次长代理部务的身份召集财政会议。会上，他就举借内债问题公开发表看法："夫一国财政，至岁入岁出之总额公债均居半数，危险何可言喻。盖就收入论，于内债则民信未孚，出售维艰；于外债则限制綦严，流用为难。就支出论，于内债则关系信用，于外债则关系国权，减无可减，迟无可迟。财政至此，危险何可言喻。若不急起直追，力图补救，破产之祸，近在眉睫。""至于短期内债，如国库证券之类，诚为一时各国救济财政之通行方法。然以我国论，政府之与人民，经济上素无坚固之信用，又经晚清及近一二年之种种破坏，虽照例仿行，谁其信之？"① 可见，公债政策只能是国家救济财政之应急之策，倘若一国财政，岁入岁出，以公债为大宗，则是极其危险的。在他看来，在当时的情况下，政府与人民经济上均无坚固之信用，即便发行内债，"则民信未孚，出售艰难"，况且以债充财，在支出上也存在一个"信用"问题。基于这样的认识，梁士诒并未将发行内债列入其开具救济财政的"药方"中。由此可知，他对发行内债尚持一种较为保守的态度，并不赞成采取发行内债的方法来解决财政危机。

　　然而，时隔一年，1914 年，第一次世界大战爆发，欧洲各国金融紧缩，袁世凯政府对外举债困难重重，决定举办国内公债。此时的梁士诒一改过去的保守态度，与交通系的另一位重要人物、时任财政总长的周自齐一起向袁世凯建议以发行内债来救济财政。于是，1914 年 8 月，梁士诒即被袁世凯任命为内国公债局总理，与财政总长周自齐负责办理民国三年公债发行，在民国三年公债章程中明确指出："政府为整理金融，补助国库起见，募集内债。"接着再致函各省将军、巡按使、财政厅等军民政长官，请求支持募集内债："经国要道，首在制用，而上足以补助财政，下足以调剂金融，莫如发行内债。"② 在此，梁士诒反复强调募集内债对于调剂金融、补助财政所具有的重要作用，视为应急之策，目的是

---

① 来新夏主编：《北洋军阀》（二），上海人民出版社 1993 年版，第 734—735 页。

② 同上书，第 769、772 页。

希望通过发行内债来缓解袁世凯政府的财政危机。

梁士诒担任内国公债局总理之后，为了办好公债，对晚清和民国元年两次公债失败的原因进行总结，认为第一是我国风气未开，人民不知公债之利；第二是政府信用未立；第三是经理不得法；第四是定额过高，还本时间过长，发行不易。吸取以上教训，在他所负责的民国三年公债、民国四年公债、民国五年公债发行中，除每次公债发行时颁布的具体条例外，还制定了《内国公债局章程》、《内国公债经理规则》、《内国公债付息施行通则》、《内国公债包卖章程》、《民国三年经销人奖励规程》、《民国三年内国公债经理规则》等各种规则、章程，同时，中央政府还颁布了《妨害内债信用惩罚令》，对于公债发行、流通以及还本付息过程中可能出现的侵吞、浮收、克扣等种种不法行为作出明确的处罚规定。在以往历次内债信用破坏无余的情况下，这些在公债的发行与管理上订立的一整套严格的规章制度，使公债发行制度得以确立。

第一，体现在建立与完善了独立的内国公债的发行与经理机构。虽然财政部为所发行内国公债的主管机关，所辖的公债司是管理公债最核心的机构，但内国公债局才是财政部呈请大总统批准设立的经理内债的专门机构，自1914年8月10日成立以来（设于北京西堂子胡同税务学堂旧址），独立经办内债的发行事务。该机构由华人与洋人共同组成的董事会主持工作，董事会成员由财政部、交通部、税务处、中国银行、交通银行、中法银行、保商银行、华商殷实银钱行号等政府机构成员和银钱业代表，以及购票最多的代表共16名组成，其中外国人占6人，他们是洋税务司2人，中法银行、保商银行代表各1人，购买公债票最多者的代表6人中的至少3人。首届董事会成员主要有：财政部次长张寿龄，交通部次长叶恭绰，税务处总税务司安格联，副税司包罗，中国银行总裁萨福楙，交通银行总理梁士诒，中法银行经理赛利尔，保商银行经理涂恩，商号范元澎、李湛阳等，各华洋董事公推梁士诒为总理，萨福楙、安格联、李湛阳、赛利尔为协理，同时由董事会提议，推定安格联为经理专员，定名为会计协理，该局收存款项及预备偿本付息及支付存款，均由安格联经理，以专责成。一切关于公债款项出纳事务，除经总经理签字外，均由安格联副署。① 这一机构建立后，即成为以后北京政府主持国内公债发行的常设机构。1917 年 5 月 26 日，财政部在陈报结束五年公债之际，为统一事权、节省经费起见，将内国公债局暂行裁并财政部办理，公债局所设之董事会，因一时尚难裁并，而移设财政部中照常进行。1920 年 3 月 30 日，内国公债局又重新得以恢复，仍以梁士诒为总理，仍参用华洋人员，设立董事会。而此时设立的用意，主要在于整理旧债、推行新债，其重要职责有三：一为劝募；二为收款；三为付息。其职权实兼财政部之会计、公债、库藏三司而有之。②

在内国公债局之下设立了以经理还本付息事宜为主的公债经理机关，分总机关与分机关两类，为财政部、内国公债局直接委托办理机构。总机关有：各省财政厅与中国、交通两银行的总行。分机关是：各省县知事公署与各省中国、交通两银行的分行。③ 在以上这些经理机关中，每届经付还本付息款数最多的仍是中、交两行及其分支机构。

公债发行与经理机构的相继建立与完善，使机构统一，权力集中，责任明确，在一定程度上消除了以往内债发行政出多门、管理不善的弊端，这是民初公债制度建设的一大进步。在公债局中推举有声望的人为董事，并参用洋员，委以重任，一是与还债基金的来源有关，二是利用当时人们信任外人的心理，以昭示信用，增加人民的购债信心。当然吸收洋人参加，也说明袁世凯政府的内债发行权实际上操纵于外国侵略者之手。

第二，为确保公债发行的顺利，在发售方式上采取包卖制度：不论官吏、中外人民、银行团体，凡欲包卖政府公债者，均可通过函电向内国公债局提出申请，经公债局资格审查后，再由公债局与包卖人订立包卖合同。包卖人可再招第二级零星承包人，也可自派人员或出广告分别招募，一切办法不得与公债局各项规定相抵触。但公债局只认第一级包卖人，一切责任均由第一级包卖人负担。包卖人皆称经理。包卖时，数

---

① 千家驹编：《旧中国公债史资料（1894—1949 年）》，中华书局 1984 年版，第 39—42 页；来新夏主编：《北洋军阀》（二），第 771—772 页。

② 徐沧水编：《内国公债史》，商务印书馆 1923 年版，第 28—32、34—42 页。

③ 同上书，第 33 页。

量不得低于 10 万元，包卖人应照包卖之数先缴票面 1/10 作为保证金，如到期债款分文未交，即将保证金全数充公。包卖人缴保证金后，可酌情先领预约券若干。包卖人根据具体承售公债的数额赚取不同的经手费，共分五等：包卖满 10 万元者给 4%，满 25 万元者给 4.5%，满 50 万元者给 5%，满 75 万元者给 5.5%，满 100 万元者给 6%。限包卖人两个月内将包卖债款一律清交公债局指定地方。[①] 可见，参与公债包卖者既可以是团体，也可以是个人，不过在具体的执行过程中，包卖者，特别是一级包卖者通常是团体而不是个人，在民国三年、四年、五年的公债发行中即充分体现出来，使大部分公债由银行等资本集团承包。

第三，公债发行时，指定确实基金为还本付息之保证，制定保息办法，筹足全年利息交存外国银行，不得挪作他用。民国三年国内公债，定额 1600 万元，期限 12 年，除指定财政、交通两部筹足一年利息 96 万元拨存外国银行外，每月指拨 8 万元确保付息信用，并以京汉铁路第四次抵押余利为担保。还本付息机关指定为中国、交通两银行及各关税务司，并由公债局具体管理。[②] 民国四年公债，债额 2400 万元，年息 6 厘，期限 8 年。应付本息，指定由全国未经抵押债款的常关税及张家口征收局收入、山西全省厘金作为担保，合计 490 万元，先由财政部筹足一年利息 144 万元，作为保息，另由财政部按月拨款 12 万元，以备每届付息之用。[③] 而民国五年六厘公债，总额 2000 万元，指定全国烟酒公卖岁入 1168 万元专款为担保，应付息银由财政部按月备款 10 万元交银行存储。[④] 这些担保不仅稳定可靠，能够取信于民，而且偿付公债本息的款项指定存储于外国银行，对提高债信应该说起到了一定的作用。正因为公债基金掌握在列强之手，才增强了华资银行购买公债的信心，中国的银行界才乐于承销，不致视投资公债为畏途，而是谋取额外利润的生财之道。

第四，制定了促进公债发行的一系列优惠措施。根据发行条例，民国三年公债按九四折发行；民国四年公债原定按票面九折发行，但为了

———————

① 中国第二历史档案馆馆藏北京民国政府时期财政部未刊档案，档号 1027 - 69。

② 中国第二历史档案馆馆藏北京民国政府时期财政部未刊档案，档号 1027 - 20。

③ ［日］木村增太郎：《支那の经济と财政》，东京大阪屋号书店，太正十二年三月二十日发行，第 367 页。

④ 《民国三四五年内国公债纪》（续），《银行周报》第 2 卷第 8 号（1918 年 3 月 5 日）。

促销，内国公债局制定了颇为诱人的奖励办法。如：民国三年公债发行时规定，凡第一期购买者可于应付利息之外，加奖一年利息，即每票 100元，嘉奖 60 元；第二期购买者，则预付一年利息。① 民国四年公债发行时，对应募者给予奖励，则以经募债额多寡为准，设立特奖、部奖与外奖。规定 5 万元以上者给予表彰，40 万元以上者授予最高勋章——一等嘉禾章。② 这样，在实际发行中，民国三年公债的价格名为九四折，因奖一年利息，折至八四折出售（经理机关从其应得之经手费六厘中让出四厘与公众），最后政府实际净得 82%，即国家付 25434480 元债务，实收债款仅 20424321.784 元。③ 可见，政府为推行内债，不惜以厚利出让，折扣多而利息厚，募集自非难事。民国四年公债为八七折。此外，包卖者还可得到规定的经手佣金。

第五，拓宽发行渠道。民国三年公债的发行渠道主要分三大部分：（一）各省财政厅自行承包认募；（二）资本团体的承包，如中国银行实募 280 万元，交通银行实募 6338375 元，中法银行 50 万元，殖边银行 10万元；（三）其他特别机关的认募，如各部署及各省公署局所的直接购买者，其中，除第二项略具营业性质外，其余两项，则系官署性质。④ 民国四年公债的发行，除沿用民国三年公债的包卖办法，募集主要委托中国、交通两银行外，还与英国汇丰银行订立条款，会同中、交两行合募四年公债。为扩大债券的销售，不仅强制性给各省下达了募集金额，还向南洋各地派出官吏劝购。⑤ 委托汇丰银行承募，不仅可吸收外资，且便利海外华侨的应募，于是，四年公债由汇丰与中、交两行合募，开创了外国人投资中国内国公债的先河。这样，发行渠道既广泛又顺畅，自然有利于吸收民间游资。

由于以上措施主要用经济手段而不是用行政手段去举办公债，因而

---

① 千家驹编：《旧中国公债史资料（1894—1949）》，中华书局 1984 年版，第 43、47 页。
② 〔日〕木村增太郎：《支那の经济と财政》，东京大阪屋号书店，大正十二年三月二十日发行，第 367 页。
③ 《民国三四五年内国公债纪》，《银行周报》第 2 卷第 7 号（1918 年 2 月 26 日）。
④ 同上。
⑤ 〔日〕木村增太郎：《支那の经济と财政》，东京大阪屋号书店，大正十二年三月二十日发行，第 367 页。

民国三年、民国四年公债的发售都超过了定额，创造了我国内债史上的最好成绩。民国三年公债的销售成绩异常良好，据当时政府文告，发行不到三月，所募债款已超过定额，政府又扩募 800 万元，很快又是销售一空，截至 1914 年 11 月底，共募债额 25434480 元，溢额 1434480 元。①民国四年公债发行时，虽正值欧战方酣之际，但由于外国银行的参与和政府的极力劝募，此次的募集成绩超过了三年公债，实际募得债额 26105245 元（其中，中国银行实募 2659900 元，交通银行实募 3137685 元，汇丰银行实募 1137490 元），约逾定额 200 余万元，实收债款共为 21483777.818 元，中国、交通、汇丰三银行经募最多，在各省经募者中以闽广两省较多。②只有民国五年公债发行之际，由于正值护国战争爆发，政局变动，其募集方法虽与民国三年、民国四年公债相同，但所募债款仅 7755120 元（尚须扣除经手费 45 万余元）。再加之中、交两行停止兑现，银行无力认购，仅交通银行募有 5 千余元，经理机关，仅以各省财政厅为主，③致使募集成果大打折扣。

可见，梁士诒确实开创了内债成功发行的先例。他把西方理财方式成功地引用到中国来，针对人民对外国管理方式较为赞许的心理，采用中外合办方式，参用洋员，更新了人民的观念，使人民逐渐习惯于资本主义经济方式，并活跃了中国近代金融业，有利于整个社会经济的发展。

此后，随着北京政府内国公债发行规模的逐渐增大，虽然政府公债仍采用包卖的发行方式，但公债的发行情况却是每况愈下，时常呈现出滞销的局面。如 1918 年 4 月，财政部为整理京钞、维持金融而发行了七年短期公债 4800 万元与七年长期公债 4500 万元，两项债额共 9300 万元。④募集情况很不理想，初由中、交两行发行，继由公债局直接出售，以长、短期两种搭伴销售，自募债开始将及两月，仅募得 700 余万元，不过全数 1/13。⑤最终，长、短期两种债额所售总计 70806940 元，尚余

---

① 《民国三四五年内国公债纪》，《银行周报》第 2 卷第 7 号（1918 年 2 月 26 日）。

② 《民国三四五年内国公债纪》（续），《银行周报》第 2 卷第 8 号（1918 年 3 月 5 日）。

③ 同上。

④ 贾士毅：《国债与金融》，商务印书馆 1930 年版，第 18 页。

⑤ 《论七年公债滞销之原因》，《银行周报》第 2 卷第 21 号（1918 年 6 月 4 日）。

债票 9596530 元，只得由财政部收回，改作他项借款押品。① 再如 1919 年发行民国八年七厘公债 5600 万元时，北京政府财政部为推销该项公债，除以全国未经抵押的货物税作抵外，还拟定了经募及承购公债的奖励办法。即便如此，此次公债的发行仍极不顺利，实际仅募得 3400 万元，其余 2200 万元也只得充作借款抵押品。② 正是由于内债募集的日趋困难，当 1920 年直、鲁、豫等省雨旱成灾，政府筹备赈济，发行赈灾公债 400 万元，募集办法不得不进行变通，除划一部分由中外各机关购募外，其余债额由财政部同内务部酌量各省情形，分别摊派。③

北京政府滥发公债，给社会带来严重的影响。不仅抽签还本要延期，甚至连付利息的钱也没有着落，最后不得不进行整理。1920 年，全国银行公会联合会议向政府提出建议，请将所发内国公债加以整理。得到北京政府的赞同，指定由中国银行副总裁张嘉璈拟具整理办法及全部计划。

张嘉璈认为，发行新债必须从整理旧债、重塑债信开始。整理公债最主要的是落实还本付息的资金来源，并保证该资金专款专用，不会被政府挪作他用。经过通盘考虑，他提出了一个十分翔实又具有很强操作性的整理方案，经银行公会同意，上报财政总长周自齐，得到全部采纳，于 1921 年 2 月上呈大总统徐世昌，3 月 3 日颁布《大总统令》核准施行："近年财政艰难，全恃内债一项，以为周转之资，溯自民国元年迄今发行内债已历八次，财政金融两有裨益，惟因大局未宁国计益绌，以致内债信用不免同受影响，所关甚巨，自应亟图整理之法以资补救，兹据财政部呈拟整理内国公债办法，业经国务会议决定，即责成该部会同内国公债局督率总税务司安格联及中国、交通两银行按照三四年公债暨七年短期公债办法，认真办理，期裨金融而利推行。"④

紧接着，3 月 30 日，财政部会同内国公债局督率总税务司安格联及中国、交通两银行等各方，据此制定出了详细的整理办法。于是，中国国内公债史上第一次整理在财政部与银行界的切实合作下得以进行。根

① 贾士毅：《国债与金融》，商务印书馆 1930 年版，第 19 页。
② 同上书，第 20—21 页。
③ 同上书，第 30 页。
④ 北京市档案馆馆藏中国农工银行北京分行未刊档案，档号 J54-1-17。

据承诺，每当总税务司拨转的公债基金户不敷周转时，中国银行无不垫款接济，保证按期还本付息，由此在北京政府时期一度被毁的公债信用重新得到恢复，购买者日益增多，价格随之步步上涨，由整理前起落于2—4折之间，至1926年，除"九六"公债外，其余的债券价格均超过8—9折以上。经此整理，公债再次成为政府筹措军政费用的主要来源。从1921年到1926年6月止，北京政府又发行了2.39亿元公债，期间，除1922年、1927年曾展缓还本外，一般都如期偿付。

总之，进入民国以后，国内公债的发行逐渐成了政府解决财政困难的主要措施，为此，公债制度也随之而逐渐建立起来，不仅建立了专门的发行机构，更重要的是形成了相对稳定的公债发行制度，以包卖形式发售债票属于间接募债的发行方式，这种方式一是通过内国公债局联络国内各银行及资本家，以包卖及其他方法销售债票；二是由内国公债局委托中国、交通总分各行和其他著名银钱行号及证券交易所代售债票。且每一次都订立有包卖合同，以确保公债的顺利发行。这种公债包卖制度，将公债发行的风险转嫁给了承包方，承包方不论能否顺利卖出公债，都必须将承包的公债款项按时交给内国公债局。由于银钱业是主要的公债承包主体，它们在销售不出公债时，只得自己购买，虽说这种公债包卖发行制度加大了金融业的经营风险，但它却有助于政府公债的发行。

第三节　证券交易所制度的引进与首批证券交易所的创立

证券交易所的建立，意味着证券市场基础性制度安排的形成，是近代中国华商证券市场初期具有决定性意义的制度创新。证券交易所对民间股票掮客交易制度的成功替代，其根本原因是初级行动团体主要是中国政府充分认识到了建立交易所的巨大潜在收益。

一　证券交易所制度的创建

随着晚清中国民族资本主义经济和上海外商及华商股票市场的产生

与初步发展，最初出现在证券市场上从事交易的为股票捐客，也就是民间自发的经纪人，他们利用信息、资金和社会关系等资源优势，从事股票的倒买倒卖或代为过户，从中牟取买卖差价或高额的手续费。股票捐客极大地推动了近代中国证券交易市场的形成，他们一方面身先士卒，以自身的致富激发了投资者的入市冲动，另一方面又在强烈的利益驱动下，通过创制股票交易的规则和方法，打通关节提供中介和过户服务，降低了投资者的交易成本，成为证券交易不可缺少的"润滑剂"。可以说，在证券交易所成立以前，股票二级市场的繁荣，股票捐客是中坚力量。随着股票交易的进一步发展，证券市场相继出现了证券交易所的萌芽，19世纪60年代末，外商证券交易中出现专营有价证券的股票公司如英商长利公司、英商柯希奈·司密斯公司（Cushuny - Smith & Co.）及苏利文·勃咨公司（Sullivan - Bases & Co.）等，1891年出现上海股票公所及1904年改组的上海众业公所。华商证券市场上也出现了1882年的上海平准股票公司，1885年前后又有股票经营组织"公平易"、"信通公司"等，1914年建立有上海股票商业公会等。这些早期经营中外股票等有价证券的各种组织形式的出现，为西方证券交易所制度逐渐传入中国并开始为中国思想界所接受奠定了实践基础。

光绪三十三年（1907年），袁子壮、周舜卿、周金箴、叶又新等提出要在上海创办交易所，预定组织仿照日本取引所（近代中国的"交易所"这个名字，是从日本"取引所"演绎出来的）办法，因清政府未加提倡，而商人们对于交易所均视为无足轻重，致使议未果行。

中国最早系统提出建立证券交易所倡议的是梁启超，1910年11月2日，他在《国风报》上发表了《敬告国中之谈实业者》一文，明确提出要在中国建立自己的证券市场，并将其组织形式命名为"股份懋迁公司"（即证券交易所）。他认为，中国要振兴实业，就必须大力推广和发展新式企业，"择所谓新式企业者，以股份有限公司为其中间者也。今日欲振兴实业，非先求股份有限公司之成立发达不可"，而"股份有限公司之利便于现今生计社会者不一端，然其最大特色，则在其股票成为一种之流通有价证券，循环转运于市面，使金融活泼而无滞也"。因此，股份公司的发达必须有赖于与之相辅助的金融机关——股份懋迁公司与银行，

"中国则此种机关全缺也"。因此必须尽快建立起来，使"股份懋迁公司为转买转卖之枢纽，银行为抵押之尾闾"。"即当招股伊始，其股票之所以得散布于市面者，亦恒借股份懋迁公司及银行以为之媒介。今中国既缺此两种机关，于是凡欲创立公司者，其招股之法则惟有托亲友展转运动而已，更进则在报上登一告白，令欲入股者来与公司直接交涉而已。以此而欲吸集多数之资本，其难可想也。而股东之持有股票者，则惟藏诸箧底，除每年领些少利息外，直至公司停办时，始收回老本耳。若欲转卖抵押，则又须展转托亲友以求人与我直接，非惟不便，且将因此受损失焉。夫股份有限公司所以能为现今生产界之一利器者，在于以股票作为一种商品，使全社会之资本流通如转轮。……凡有价证券，皆以增加资本效力为作用者也。岂惟股票，彼国债、地方债、社债等旨同此作用者也。……我国股份公司，全不能有此作用，是股份公司之特色，失其强半矣。是故人之持有资本者，宁以之自营小企业，或贷之于人以取息，而不甚乐以之附公司之股。此亦股份公司不能发达之一大原因也。"①

有研究者认为，梁启超所主张创办的"股份懋迁公司"即证券交易所，目的是为清政府推行公债，以挽救行将崩溃的财政。② 其实这种观点是失之偏颇的。由以上所引材料，我们可以清楚地知道，梁启超已深刻分析了影响中国实业的根本原因之一就是股份制经济的不发达，已经充分认识到建立证券市场与振兴实业、发展中国产业经济有着十分重要的作用，梁启超理解的证券是全面的，既包括股票、公司债等产业证券，也包括国债、地方公债、社债等财政性证券，不过在此，他所特别强调需要建立的证券市场主要还是产业证券市场，他所提倡建立的"股份懋迁公司"是一个完整的证券交易所，既是证券发行的一级市场，更是证券交易的二级市场。梁启超的证券市场建设思想应该说是对晚清以来股份制经济与证券市场发展的一个全面总结，他所提出的建立股份懋迁公司的构想，为此后不久的中国第一部《证券交易所法》的颁布奠定了坚

---

① 以上内容为根据梁启超《敬告国中之谈实业者》所概括，见上海市档案馆编《旧上海的证券交易所》，第 267—271 页。

② 汪开振：《半个世纪前的中国证券期货市场》，《上海经济研究》1995 年第 4 期；司马城：《中国人自办的第一家证券交易所成立于北京》，《北京档案史料》1994 年第 4 期。

实的思想基础。

进入民国以后，随着民族资本主义的进一步发展，股份制企业逐渐增多，有关建立证券交易所的问题又再次引起社会各方的关注。1913年，农商总长刘揆一曾一度召集全国工商巨子集会北京，讨论设立交易所的必要性，议决可于通商大埠酌量分设，以为倡导。1914年，财政部又发出倡议，建立官商合办交易所，[①] 虽然这些都只有一纸空文决议，但它却是中国官方对自行创办证券交易所的积极回应，在全国工商界发生了相当深刻的影响。在此背景下，1914年，在江苏南通著名实业家、时任北京政府农商总长的张謇的积极推动下，北京政府农商部拟定了《证券交易所法》（共八章35条），并于1914年12月29日公布实施。次年5月5日又有《证券交易所法施行细则》26条及附属规则13条公布。《证券交易所法》及其施行细则是近代中国第一个关于证券交易的法规，它以日本明治二十六年《改正取引所法》为蓝本，明确规定证券交易所的组织形式采用股份有限公司组织之。对证券交易所创设的具体条件与必备手续，申请注册程序的具体要求，证券交易的种类及基本的交易规则，证券经纪人与职员的资格，经纪人的申请程序以及证券交易所的违法处罚，均作了相应的规定。[②]

《证券交易所法》的颁布为近代中国华商证券交易所的建立提供了法律依据，以法律形式来保障证券交易所的建立和正常经营，并规定不允许外国人插手其间。之后，根据这个法令，从1916年始，在全国不少城市陆续有了筹办证券交易所的活动，标志着近代中国证券市场进入交易所时代。

二　北京、上海华商证券交易所的创立

近代中国人自己建立的最早的证券交易所是1916年在湖北汉口市前

---

　　① 杨荫溥：《中国交易所论》，金融史编委会编：《旧中国交易所股票金融市场资料汇编》（上），书目文献出版社1995年版，第87页；陈善政：《我国证券市场之发展史》，陈善政主编：《证券内容专刊》1946年9月16日，第31页。

　　② 有关这一立法的详细研究，参见拙著《近代上海华商证券市场研究》，学林出版社2004年版，第68—72页。

花楼街成立的汉口证券交易所，汉口证券交易所除经营证券买卖业务外，还经营棉花、杂粮和纱布等商品的交易，但开业不久即停业。[①] 同年在上海，孙中山先生也发出了创设上海交易所（上海证券物品交易所的前身）的倡议，却因种种原因而未果。在天津，早在 1914 年，即有梁成等人申请设立天津证券物产交易所有限公司，并经农商部批准立案。此后，1918 年 7 月 30 日，天津证券交易所又奉农商部批示准予备案。同年 8 月 18 日借江苏会馆开成立大会，通过章程，选举理事、监察人并于理事中互选正副理事长。该所租定天津东马路中间道西楼房一所，以为营业地址。[②] 不过，天津的交易所的批准立案及成立虽在近代中国属于较早的，但前者只见立案未见成立，而后者终则因和银钱业结合不够，未能取得银钱业支持，也未开业。[③] 在大连，1917 年以公秤资本金 30 万元，实交资本金 7.5 万元成立了满洲证券股份有限公司，专门从事证券买卖业务。同年 12 月各证券商共同组织大连证券同业公会，1918 年 6 月成立了会员组织的证券交易所，交易品种分股票、国债、公债、社债四种，实际上除股票外，其他都没有交易，只限现货交易，禁止期货交易。[④] 而依据《证券交易所法》成立并获得北京政府批准的华商证券交易所则是 1918 年的北京证券交易所。

在近代中国，上海是全国经济金融发达的中心之地，股份制企业的创建与股票的发行均领全国之先，证券交易市场的发育也是全国最早，要求建立华商证券交易所的呼声更是最高，然而，中国华商最早依法成功自办的证券交易所却不是出现在上海，而在北京，北京这样一个商品经济不很发达、金融业与国内发达地区相比也相对落后的地区为什么能够很顺利地开设证券交易所呢？

[①] 中国人民银行总行金融研究所金融历史研究室编：《近代中国的金融市场》，中国金融出版社 1989 年版，第 7 页。目前学界有观点认为北京证券交易所是近代中国人自己创办的第一家证券交易所，如宋士云《北京证券交易所的两次起落》（《北京商学院学报》1995 年第 3 期），席长庚《1918 年建立的北京证券交易所》（《经济师》1999 年第 3 期）均采纳这一观点，但此观点不太准确。

[②] 林榕杰：《1948 年的天津证券交易所》，《中国经济史研究》2008 年第 2 期。

[③] 中国人民银行总行金融研究所金融历史研究室编：《近代中国的金融市场》，中国金融出版社 1989 年版，第 67 页。

[④] 同上书，第 275—276 页。

　　北京证券交易所创设的背景是 1916 年中国、交通两银行的"京钞"停兑事件。当时京津地区金融一片混乱，两市"京钞"黑市盛行，北京政府通过用公债和银行定期存单回收不兑现"京钞"的办法对金融市场进行整理，加之北京地区公债和有价证券的买卖也逐渐增多，在这种情况下，北京政府财政当局出面商促金融界组成"北京证券交易所"。于是，由盐业银行经理岳荣堃、金城银行董事曲卓新等发起，金城银行总经理周作民为后台的北京证券交易所筹备会，在 1918 年 3 月召开第一次理事会，推定王小宋为理事长，沈芑舫、张蓉生为常务理事。王小宋对于交易市场之组织尤为注意，约定聘请梁涣涛为经理兼市场主任，参照欧美日各交易所，对该所市场组织进行筹组。[①] 北京证券交易所采用股份制形式组建，自筹备开始，即由股东认定股额，规定第一期应收股款为 50 万元的 30％，共计 15 万元，分存中国、交通、盐业、新华、金城各银行，其中委托中国银行北京分行代收股款并存入活存项下，截至 1918 年 5 月 10 日，中国银行北京分行代收北京证券交易所股款共计 30690 元（银元）。[②]

　　经农商部立案，北京证券交易所于 1918 年 6 月 5 日在前门外大街 11 号正阳门开业。其组织形式为股份有限公司性质，交易所内部组织和对外机构为四股七处，即征收股、出纳股、计算股、会计股；现金处、代用品处、证据金处、差金处、付股票利息处、经手费处、市场处。还设有许多事务所：如前门大街的贻来牟和记米面公司，前门外大栅栏的同义厚绸缎庄，前门外观音寺的老大房茶食铺，晋和祥洋广绸缎店，西单的桂香村茶食铺，东单南馥馨烟卷公司。交易所设号头（即经纪人）60 名，每个经纪人须有两家银号作保证，并向交易所缴纳保证金现金 5000 元；而证券交易所要向国库缴纳保证金，其数额为交易所股本的 1/3，即现金 20 万元。[③] 根据现存北京市档案馆馆藏档案《北京证券交易所经纪人名录》记载，该所当时有名可查的经纪人实为 54 名。[④]

---

　　① 《北京证券交易所之近闻》，《银行周报》第 2 卷第 21 号（总第 52 号）（1918 年 6 月 4 日）。
　　② 北京市档案馆馆藏中国银行北京分行未刊档案，档号 J31－1－499。
　　③ 席长庚：《1918 年建立的北京证券交易所》，《经济师》1999 年第 3 期。
　　④ 北京市档案馆馆藏金城银行北京分行未刊档案，档号 J41－1－553。

该所营业期限为 10 年，到 1928 年届满。后来向实业部呈请经令准续展营业 10 年。

1918 年北京证券交易所成立后，其经纪人都是以个人名义参与市场交易，即便是银钱业等机构派出的经纪人仍是以个人名义参加，每一经纪人须有两家银号作保证，而这些经纪人都必须呈请农商部核准给照方可进行营业，由于当时诸如中国银行等机构纷纷向北京证券交易所派出经纪人，交易所接各行号函，充经纪人者也逾额甚多，于是交易所不得不采取留候补名额，遇有缺出依次递补的办法，并函请各行正式来函声明以资确定。[①] 同时，经纪人依北京证券交易所业务规程第 29 条之规定组织北京经纪公会，并制定了详细的《北京经纪公会规约》。[②] 会员只限于北京证券交易所之经纪人，凡取得经纪人资格而不加入经纪公会者不得在交易所执行业务。公会以确树商业道德、维持交易信用、联络同业感情为主旨。公会设干事、评议各 5 人，由会员公推之，其任期为 1 年，可连选连任。在干事、评议中由交易所推定主任 1 人，主持事务。

北京证券交易所的买卖分为现期交易、定期交易和约期交易三种。现期交易是买卖契约成立，即实行交割（指交易的实现）；定期交易，又称限月交易，在预定日期的终了时实行交割；约期交易，是指买卖双方在一定期限内，自行约定交割日期。交易所每天上午 10—12 时、下午 2—4 时营业，一般上午开盘交易，下午进行交割。如果是在下午交易，必须在次日冲账。当时交易所内的交易对象有政府公债、股票和中外银行发行的钞票，规定债券 5000 元为一个交易单位，股票 5 股为一个交易单位。每买卖 1 单位（5000 元）收佣金 1.25 元，每月月底结算后再给经纪人回扣 20％，这种回扣在当时叫做花红。经纪人有辅助人员帮助工作，即在交易所内设有专职的记账员，记账员少则二三人，多则五六人。[③]

交易活动除了客户直接委托经纪人进行买卖外，证券交易所还接受

---

① 北京市档案馆馆藏中国银行北京分行未刊档案，档号 J31-1-492。
② 北京市档案馆金城银行北京分行未刊档案，档号 J41-1-553。
③ 宋士云：《北京证券交易所的两次起落》，《北京商学院学报》1995 年第 3 期。

外地单位客户的函电代理委托买卖。如 1918 年 10 月, 北京证券交易所就分别接受了山东中国银行函托代购四年公债票 1000 元、五年票 4000 元及代购中行股票 1000 元的业务与营口中国银行托购中国银行股票 5 股 500 元的业务, 并嘱交中国银行北京分行代收且支付价银。然而, 当北京证券交易所为山东中国银行购妥四年公债 1000 元, 价连利共计洋 670 元, 五年票 4000 元, 价除利共计洋 2264 元, 外加经手费 15 元, 共洋 2949 元, 中行股票 10 股, 共计洋 1000 元, 每股价 78.5 元, 计洋 785 元, 加经手费 5.89 元, 合共洋 790.89 元; 为营口中国银行购妥中行股票 5 股 500 元, 价洋 392.5 元, 加经手费 2.94 元, 共洋 395.44 元, 一并送到北京中国银行时, 该行却只收下了山东分行购买的公债与股票, 拒绝收留营口分行购买的股票, 理由是没有接到营口分行的来函, 故将股票原件交来人退回。[①]

北京证券交易所的营业状况, 据 1918 年 11 月 30 日该所第一届营业决算报告记载: 各项证券共成交 21201690 元 (包括银两 13250 两), 现货交易为 1114269 元, 期货交易 10059000 元, 共收手续费 14772.93 元。在这些交易中, 各类钞票交易为最多, 为 20572850 元, 其中包括中行"京钞" 14018100 元, 交行"京钞" 1600600 元, 俄贴、日金票等为 4954150 元; 其次是公债, 各种公债交易 484020 元, 主要以三、四年公债最为畅销; 最少的是股票, 股票交易 144820 元, 以汉冶萍、启新洋灰、中国银行等占多数。[②]

以上可见, 北京证券交易所的产生既非北京地区近代产业发达的产物, 更非民族资本主义工业高度发展的结果, 而是隐含着当时国内政治的种种需要, 体现的是政府意志, 是北京政府为应付国内四分五裂的局面而不断发行公债和向银行借款的结果。因此, 创办后的北京证券交易所是以做中外银行钞券行市为主就不难理解了, 而当 1922 年中、交两银行将"京钞"收回后, 也就顺其自然地转以做北京政府所发各种公债为主了。因此, 这一市场自其产生开始就与政府及其政府发行的公债结下了不解之缘, 虽有少量的企业股票上市, 但交易的主体却

---

① 北京市档案馆馆藏中国银行北京分行未刊档案, 档号 J31-1-492。
② 司马城:《中国人自办的第一家证券交易所成立于北京》,《北京档案史料》1994 年第 4 期。

是政府公债。

上海成立的证券交易所有两个：上海证券物品交易所与上海华商证券交易所。[①] 1916年孙中山联合上海著名商人虞洽卿，邀约上海工商界知名人士闻兰亭、沈润挹等提出开办上海交易所，要求经营证券与物品，后由于北京政府只批准了经营证券一项，再加之北京发生"府院之争"及张勋复辟，孙中山匆匆南下，到广州组织军政府，受到北京政府通缉，并被取消上海交易所发起人的资格，此事被暂且搁置。1918年北京证券交易所与上海日商取引所的分别成立，对虞洽卿等人刺激很大，他们积极联络商界，重新发起成立综合性交易所，经过一系列曲折，1920年7月1日，上海证券物品交易所终于正式开业。上海华商证券交易所则是由范季美、孙铁卿、张慰如等人发起将上海股票商业公会改组而成的，1920年5月20日宣告成立，1921年1月正式开业。

上海成立的这两个证券类交易所，均是由上海金融界人士筹议创立的，在上海证券物品交易所发起人的名单中，绝大部分成员系金融出身或直接间接与金融业关系密切的人士，正式成立时的首任理事长便是金融界出身的虞洽卿。而上海华商证券交易所的理事长范季美曾任中国银行总发行，常务理事张澹如为绸业银行发起人。据《证券交易所法》记载，这两个交易所采用的是股份有限公司的组织形式，其中上海证券物品交易所规定交易品种为：证券、棉花、棉纱、布匹、金银、粮油、皮毛等七种，各品种分别专设市场交易，属于包括证券在内的综合性交易所；上海华商证券交易所则是以证券为唯一交易品种的专营交易所。它们是上海第一批国人创办的正规交易所，尽管在此之前，上海已于1882年成立过"上海平准股票公司"，后又有茶会与公会形式的证券交易活动，同时于1914年还颁行了《证券交易所法》，但该法律只作纲领性规定，至于证券市场的业务规则等规范性内容，由政府授权证券交易所来制定。对于规范性的证券交易活动，国人毕竟没有经验，既缺乏制度范本，更缺乏人才。两交易所为了使

---

① 有关上海两个证券交易所的成立经过与具体情况，不再详述，参见拙著《近代上海华商证券市场研究》，学林出版社2004年版，第6—13页。

市场规则更具有可操作性，除继续沿用长期形成的商事惯例外，其新的交易制度均仿行日商取引所办法，特别是虞洽卿等在筹设上海证券物品交易所的过程中，更是对此有具体考虑，其具体做法是借鉴日本取引所的一切规章制度和交易方法，进而聘请日籍专家举办养成所，对职员进行岗前培训。1919 年年底先期开办了一个养成所，特意从日本名古屋米谷取引所请来两位日本教师，一名山田竹次郎，一名获之幸之辅，讲授场上买卖方法与会计制度等，并登报"招考"了一批青年入所学习，至 1920 年 6 月正式开业前夕学成结业，培养了我国第一批正规的交易所专业工作人员。①

三　20 世纪 20 年代初期中国华商证券交易所的创建

随着北京、上海三个证券交易所的建立，在中国大地上兴起了一场波澜壮阔的筹办交易所的风潮。这次风潮以上海为主，据记载，仅 1921 年 5—12 月，上海各种新设企业共计 243 家，其中交易所 136 家，信托公司 12 家，银行 32 家，其他公司厂号 63 家，交易所在当时上海各种新设企业中位居榜首。② 这些交易所分别向不同的机构申请设立，有北京农商部、上海工部局、上海各领事馆、淞沪护军使署、会审公廨等，五光十色。③

北京、上海兴办交易所之风，也吹到了全国不少地方。除上海以外，宝山、松江、杭州、嘉兴、宁波、南京、镇江、苏州、无锡、南通、蚌埠、哈尔滨、天津、大连、汉口、汕头、广州等通商大埠，莫不竞相设立，交易所之创设，如雨后春笋，触目皆是，几于各业均有交易所。其设立的具体情况详见下表（表 1—2）：

---

① 中国人民政治协商会议上海市委员会文史资料委员会编：《上海文史资料选辑》第 60 辑《旧上海的金融界》，上海人民出版社 1988 年版，第 325—326、333 页。

② 《去年十二月份上海企业之状况》，《银行周报》第 6 卷第 4 号（1922 年 1 月 24 日）。

③ 有关这一时期上海交易所的筹设情况，目前学界已有较多的相关研究，如肖勤福《上海金融界"民十风潮"述略》（《近代史研究》1986 年第 2 期）及鲁文辉、丁晓中《试析 1921 年"信交风潮"的影响》（《淮阴师范学院学报》2003 年第 2 期）等研究文献，本书作者在《近代上海华商证券市场研究》（学林出版社 2004 年版）一书中也有专门论述，故在此从略。

表1—2　20世纪20年代初期除上海、北京外的中国其他各地交易所分布情况表

名称	资本（万元）	创办人	地址
天津证券花纱粮食皮毛交易所	500	卞月亭等	法界东马路
广州证券物品交易所	1000	陈廉伯等	广州二马路
汉口棉纱杂粮棉花皮毛交易所		胡嘉祁等	
汉口证券交易所		阮兰叔等	
南京证券交易所		苏民生等	下关大马路
南通棉纱业杂粮证券交易所			
镇江杂粮粉油饼交易所		陈子英等	洋浮桥
苏州证券交易所	50	陆纛双等	阊门外
苏州证券交易所	50		阊门外
苏州证券物品交易所			观西大街
苏州杂粮油饼面粉交易所	60	方容申等	阊门外
苏州烟酒交易所	50	席峰初等	富郎中巷
无锡纱布交易所	60	唐水成等	纱业公所
蚌埠证券杂粮联合所	50	黄磏玖等	老大街
汕头证券物品交易所	500	褚辅成等	
杭州纸箔交易所		严少琴等	信义巷
嘉兴杂粮花纱交易所	45	蒋莱仙等	
宁波证券花纱交易所	100	张申之等	东渡门内
宁波面粉交易所		郑赞臣等	天后宫后街
宁波纱布交易所	60	洪复斋等	又新街
宁波金银交易所			
宁波棉业交易所	130	胡叔田等	又新街
钱塘证券交易所	50	周佩箴等	福缘巷
松江证券交易所	40	诸文绮等	
哈尔滨证券交易所	20	陈绍清、张风亭等	
大连证券股票信托股份有限公司	250		

资料来源：丁晓中：《"信交风潮"之交易所补考》，《档案与建设》2002年第1期；中国人民银行总行金融研究所金融历史研究室编：《近代中国的金融市场》，中国金融出版社1989年版，第271、276—277页。

除北京、上海建立的交易所外，由于资料所限，全国各地建立的交易所的具体情况不能完全概知，仅根据已有资料作一介绍。

在上海附近的宝山县，按照行政区划与上海同属沪海道尹管辖，没有资格设立证券交易所，然而1921年4月，商人盛冠中等呈请农商、财

政两部，要求准予筹设宝山中华证券交易所，但未予批准，"现沪海道尹
所属区域内已有上海华商证券交易所依法组织成立，该商等所请在宝山
县组织中华证券交易所之处，应毋庸议"。但是他们仍不死心，同年9月
又续请酌予变通，变通区划准设宝山中华证券交易所，认为"宝山毗邻
上海，万商辐辏且属吴淞地方，现已奉令辟为商埠，商务之盛正未有艾，
故自行政区域言之，宝山、上海同属沪海道区之一县，而以商业近情论
之，宝山、上海不同，自属显而易见，此就地方商业言之，应请变通者
一也；年来财政支绌补助之法端在公债流通，证券交易所原为流通公债
机关，于商务繁盛之地酌量变通，俾宝山地方得以同时设立，将见销路
益广，流通愈易，其裨益于国家财政实匪浅鲜"。① 最后，因为上海交易
所的过度投机，而未得到政府批准。

　　毗邻上海的松江也于1921年9月由松江人吴伯杨等仿上海而开设证
券交易所，于长桥南特建新屋。票额每股5元，未开幕已涨至12—13元。
嗣因上海交易所引起大风潮，牵动银钱业，金融甚危，松江交易所亦遂
闭歇。②

　　浙江杭州受上海筹设证券交易所的影响，1920年11月，也出现了浙
籍商民赵家蕃等筹集招募股本150万元，准备在杭州创设泉塘证券物品
联合交易所，经营证券、金银、丝茶、棉花、纸箔、颜料、杂粮、油类
等，该所制定出章程并呈请浙江省公署立案。而省署以此种交易所之设
究竟于现时本省商况及社会情形是否适当、有无流弊，令实业、财政两
厅查明议复，经厅令饬杭县知事会商杭州总商会，总商会致函杭县谓交
易所之设立，其性质类于商业上之媒介，果能办理得宜，诚足助商业之
流通，唯赵家蕃等原拟章程第二条营业范围太广，金银、粮食与地方金
融民食关系至巨，似应予以限制，有价证券一项自可照行，应删去金银、
杂粮、油类，改为丝茶、棉花、棉纱、纸箔、颜料等语，请即核转云云，
杭县知事又以丝茶、棉花等大宗货物与纳税领贴之此种牙行不无影响，
将来该所成立以后，《物品交易所法》未经颁布以前，应否责令分类领贴

①　中国第二历史档案馆馆藏北京民国政府时期财政部未刊档案，档号 1027-150。
②　戴鞍钢、黄苇主编：《中国地方志经济资料汇编》，汉语大词典出版社1999年版，第1094页。

缴税以裕国库，一并呈厅转复核办矣。①

此后，随着上海兴办交易所风潮的发展，浙江宁波这个五口通商的首批开埠城市之一，也兴起了一股不小的筹办交易所的浪潮。据宁波当时著名报刊《时事公报》的记载，1920—1922年，在宁波先后成立的交易所与信托公司，有宁波证券花纱交易所、宁波棉业交易所（1922年1月23日收足第一期股银，假借总商会开创立会，选举理事监察人等）②、甬江油豆交易所股份有限公司（于1921年11月底止，收认股金每股10元，除留存经纪人股份5000股外，共收足股金银元20万元，经发起人会议决定于1922年2月16日午后1时30分假借宁波总商会会场开创立会）③、宁波面粉交易所、四明信托公司、宁波金银交易所、宁波纱布交易所等。宁波的交易所涉及面是比较广泛的，主要有证券、棉业、纱布、面粉、油豆、金洋等，这些交易所和信托公司与上海一样，均采用的是股份有限公司的组织形式，并发行股票，在交易所中上市交易。其中以宁波证券花纱交易所的规模最大，交易活动比较频繁，且在《时事公报》上登载有每日的交易行情。1920年3月21日，宁波证券花纱交易所通过浙江省实业厅查明于固有商业并无窒碍，并报请北京政府农商部批准，照准立案成立。④ 1921年9月28日领到农商部的营业执照（证券第三号，物品第九号），10月1日开始正式营业。该所所员及各经纪人、号之职员，统计不下2000人，到12月底止，交易所三个月的实际营业纯益为44121元。⑤

在北方地区，哈尔滨、天津以及大连等地分别出现了证券交易所。

1918年2月29日，哈尔滨农产银行张贴广告，宣布开办证券交易业务。1919年4月，经滨江县署及农商部批准，由哈尔滨绅商陈绍清、张凤亭、诸汾泊、于喜亨、张南钧、傅巨川、王魏卿、王揆喜等8人发起，组织了一个专门从事证券交易活动的证券交易所，名为哈尔滨证券交易所，资本金现大洋20万元，借道外北三道街天泰号为临时市场。由哈埠

---

① 《请设交易所之核议》，《时事公报》1920年11月2日。
② 《棉业交易所开创立会》，《时事公报》1922年1月23日。
③ 《甬江油豆交易所股份有限公司召集创立会通告》，《时事公报》1922年1月15日。
④ 《交易所股董口中之交易所》，《时事公报》1921年4月7日。
⑤ 《证券花纱交易所第三届股东会纪》，《时事公报》1922年1月16日。

30 多家代理店充当经纪人，主要经营国内历年公债、各省地方公债；股票，包括哈尔滨公司银行股票和其他各地方公司的行业股票；公司债，包括苏浙各铁路的有期债券、华富银行发行的证券；其他各类银行兑换券，包括北京中、交两银行兑换券、东三省通用大小洋兑换券、吉、黑两省官银号大小洋兑换券、各种现货提单及各种银行庄号之先期汇票等，其中以公司股票的买卖为主。交易方法采取"相对"的方式，即一次成交即有一个价格，开做市盘有前场和后场之分。由于交易所入不敷出，从事证券买卖业务的人纷纷转向他业，到 1920 年年底，历时一年零八个月的哈尔滨证券交易所宣告结束。[①]

1921 年年初，由天津总商会会长卞月亭邀集殷实绅商，呈准北京政府农商部立案，创立天津证券花纱粮食皮毛交易所有限公司，定资本金 500 万元，分 10 万股，每股 50 元，分 4 次收足。[②] 其中，上海交易所经营者 200 万元，北方各业公会 200 万元，经纪人 100 万元。[③] 于当年 10 月 1 日在天津东马路举行开幕式，开始营业。理事长为曹锟之弟曹钧。

天津交易所的内部组织制度较为健全。股东会分定期、临时两种：定期会在每年 2 月、8 月各举行一次，由理事长召集；"临时会无定数，遇必要时由理事长径行召集，或理事之过半数、或监察人、或有股份总数 1/10 以上之请求于理事长均得召集之"，股东会上股东的议决权"以一股为一权"。该所理事共 19 人，由股东会从持有 200 股以上的股东中选出，任期 3 年，连选得连任。理事当选后，再互选理事长 1 人、副理事长 2 人、专务理事 6 人。该所理事长为曹钧（曹锟之弟），副理事长为边守靖（顺直省议会议长）、王彦侯（直隶省财政厅厅长），专务理事有卞月亭（天津总商会会长）、王篯三（国会议员）、孙棣三（沪方股东）等 6 人。还设有监察人 4 人，由股东会从持有 100 股以上的股东中选出，任期 1 年，连选得连任。交易所经纪人共计 160 人（在当时国内各交易所中算

① 黑龙江省地方志编纂委员会编：《黑龙江省志·金融志》，黑龙江人民出版社 1989 年版，第 121 页；中国人民银行总行金融研究所金融历史研究室编：《近代中国的金融市场》，中国金融出版社 1989 年版，第 271 页。

② 《天津证券物品交易所之筹办》，《银行月报》第 1 卷第 3 号（1921 年 3 月 5 日），第 17 页。

③ 《三十三年度华北经济年史》，《中联银行月刊》第 9 卷第 1—6 期合刊（1945 年 6 月），第 248 页。

人数较多的），在交易制度上，采用竞争买卖法。在交易种类上，按该公司营业细则规定，分现期、约期、定期买卖三种。[①] 在交易单位上，公债面额 1 万元为一成交单位，而股票成交单位为 50 股。经纪人须缴纳 3 万元身份保证金（承认以该交易所之股票代用现款）。在交易中还需缴纳证据金，普通证据金每一交易单位为 400 元，行情变动时，由买卖双方征收相当额之紧急证据金。[②]

　　虽然，该所营业种类分证券、花纱、粮食、皮毛等四类，根据当时《大公报》刊登的《天津交易所十月份各部交易详表》，在该所上市的股票有"本所股"、"上交股"（上海证券物品交易所股）、"北交股"（北京证券交易所股）以及南洋烟草；公债则有"三年六厘"、"四年六厘"、"五年六厘"、"七年短期"、"七年长期"、"整理六厘"、"整理七厘"、"金融公债"。以后又有中兴煤矿等股票以及直隶公债等政府债券上市交易。花纱部交易的有"松鹤标准二十支纱"、"松鹤标准十六支纱"、"西河标准花"；粮食部则有"绿桃标准面粉"等。然而实际拍板成交的以证券为主，俨然为一变相的金融市场。成交的证券中以本所股票为独多，其他则为国内公债。当时"本所股"交易中，证券交易主要以其本所股票期货为主要交易对象，兼营其他股票买卖。但好景不长，由于管理不善，内部亏累，1922 年 3 月被迫暂停营业，后该公司复业不久，就因直奉战争迫在眉睫，而于 5 月再次宣告停业。[③]

　　在大连，1921 年 3 月 24 日，大连证券股票信托股份有限公司成立。其称资本金 500 万元，实交资本金 250 万元，分 10 万股。由日华证券和满洲证券各承购 3 万股，余下 4 万股由五品交易所和五品交易所的经纪人承购。成立不久，遇经济上的不景气，股票原值保持不住，营业入不敷出，不得不停业整顿，到 1922 年最后破产。[④]

---

　　① 以上有关这一交易所的组织制度等资料均转引自林榕杰《清末民初天津证券市场的发轫》，《社会科学家》2008 年第 1 期。

　　② 《三十三年度华北经济年史》，《中联银行月刊》第 9 卷第 1—6 期合刊（1945 年 6 月），第 248 页。

　　③ 宋士云：《近代天津证券交易市场的兴起和消亡》，《南开经济研究》1995 年第 1 期；林榕杰：《清末民初天津证券市场的发轫》，《社会科学家》2008 年第 1 期。

　　④ 中国人民银行总行金融研究所金融历史研究室编：《近代中国的金融市场》，中国金融出版社1989 年版，第 276—277 页。

　　总之，在近代华商证券市场的演进过程中，20 世纪 20 年代前后，是中国华商证券交易所的产生与形成时期，当时的证券市场呈现出地方化、分散化的特征，全国尚未形成统一的证券市场。虽然如此，当时全国各地形成的证券交易所却是开放型的市场，其相互之间的影响不可低估，正是因为北京、上海等地证券交易所的成功创建，才对全国其他各地产生了强烈的辐射能力，于是在其示范与带动下，在北方的哈尔滨、大连、天津，南方的广州、汕头，长江中下游地区的汉口、南京、南通、苏州、蚌埠、宁波、杭州、松江等地纷纷出现了证券交易所，出现了一股全国性兴建交易所的热潮。

本章小结

　　证券市场既包括股票市场，也包括债券市场。而在近代中国经济转轨过程中，这两个市场却经历了不同的制度演进历程。股票市场的出现，并不是政府有意安排的产物，而首先是民间的初级行动团体在追逐潜利润的过程中发育起来的。在近代中国股市的初期，这些初级行动团体扮演了极其特殊的角色，发挥着非常独特的作用，不动声色地实现了中国的股票市场融资制度的变迁。债券市场却正好相反，政府公债的发行与上市都是政府行为，北京证券交易所能成为近代中国建立的第一个具有规模和影响的证券交易所，正是北京政府为解决其财政困难使然，因此，从公债的发行到市场制度的创建，政府在其中起到了极为关键的作用，这一市场制度从一开始就是一个强制性制度变迁。

　　制度经济学理论认为，制度是人们发生相互关系的规则，包括人类用来决定人们相互关系的任何形式的制约，可划分为正规的和非正规的两种。在制度变迁中，非正规制度广泛存在着，正是这种非正规制度决定了同样的正规制度在不同社会中发挥不同的作用。

　　近代中国华商证券市场的初期，初级行动团体是个人与各种民间团体，政府只是在证券市场基本运作规则形成之后才开始介入市场。因此，近代中国华商证券市场制度的变迁，经过了一个从非正规制度到正规制度的转变过程，近代中国华商证券市场的产生是近代中国渐进式经济体制变革在金融领域发展的必然结果，而其具体的形成过程也同样体现了渐进变革的逻辑。同时也经历了从诱致性制度变迁到强制性制度变迁的转变。在1872—1922年的证券市场形成演变中，非正规制度一直占据主导地位，直到20世纪初《证券交易所法》的诞生与首批证券交易所的建立，其间的制度变迁属于诱致性制度变迁。主要表现在：

1. 在证券市场产生发展的初级阶段，起主导作用的是社会文化与传统习惯。早期的中国证券市场主要以股票市场为主，其演进主要表现为股份的发行由发起人为股份的主要认购主体，其余部分则采取“因友及友”为主的社会集资等形式，交易市场则经历了从自发的零星交易，到茶会交易，股票商业公会的交易，再到交易所的交易这样一个过程，这些发展适应了当时人们对证券市场的理解。

2. 在证券市场演进过程中，正规制度的形成经历了一个漫长的过程。从1872—1914年，除近代中国证券市场对中央政府公债发行的制度约束外，在证券交易市场、股票债券发行等方面，均无较完整的正规制度建立，交易规则是存在于交易人士心中约定俗成的惯例，人们习惯的运作方式与传统仍发挥主要作用。最早的股票发行和交易都是企业和个人的自发行为。在证券交易所成立之前的很长一段时间里，民间的自发交易是股票二级市场重要的甚至主要的组成部分。1914—1922年是近代中国华商证券市场形成的制度创立时期。这一时期，各种自律管理规章逐渐建立起来，证券交易的具体运作制度的制定和修改基本上是在交易所的层次上展开，形成了证券市场的基本交易制度。

3. 在这一时期，政府对华商证券市场的产生与形成所起的作用十分有限。在晚清华商股票市场初期发育过程中，清政府由于财政力所不及，几乎无所作为，除了对一些官商合办的洋务民用企业有一些官股的渗透外，对于当时股份制企业的股票发行、股票流通交易均无能为力，放任自流，任由市场自发调控。其后的北京政府虽在主观上希图控制本国金融业，规范华商证券交易所的创立，颁布了《证券交易所法》，然而，由于财政的日益拮据，再加之频繁的军阀战争和走马灯似的内阁变换，极大地削弱了政府对经济、金融的控制能力，也使得近代中国首批交易所的创建一片混乱。

　　4. 近代中国华商证券市场的产生与初步形成是诱致性制度变迁的结果。20 世纪 20 年代以前，中国的证券市场基本是在没有管制的条件下，按照自身的规律发育成长的，证券交易所从雏形到最终建立，其组织形式经历了一个从股份制公司——会员制组织——股份制公司制度的演变过程，1914 年《证券交易所法》的颁布，正式从法律形式上确立了中国证券交易所的制度安排，此后，中国各地兴起建立的证券交易所均为股份制组织形式，这意味着证券市场基础性制度安排的形成，也是中国证券市场初期具有决定意义的制度创新。交易所对早期自发交易制度的成功替代，其根本原因在于初级行动团体——主要是政府充分认识到了建立交易所的巨大潜在收益。由此可见，近代中国华商证券市场制度是由市场中的民间力量通过制度创新而产生并发展起来的，是一种自下而上的诱致性制度变迁过程。

第二章　近代中国华商证券市场制度的
发展(1922—1937年)

政府和证券交易所等市场的发动者、组织者和建设者,对市场的管理、调控和培育是以各种层次的制度供给实现的,即通过制度变迁改变市场主体的行为,进而使市场运行的结果和功能达到预期的目标。在近代中国华商证券市场的产生与发展过程中,政府最初对市场的干预程度很低,只是随着市场复杂性和系统风险的提高危及公共利益时才加大对证券市场的干预。

1922—1937年中国华商证券市场正式制度创新即是由政府来实施的强制性制度变迁,它对近代中国华商证券市场的发展具有双重效应:一方面推进了证券市场规模的扩大,促进了证券市场规范程度的提高;另一方面又导致了证券市场运作的行政化倾向和市场发展轨道的偏离。由于政府公债的大量发行,政府也就着意运用政策来培育证券市场。政府在对证券市场正式制度实施变迁时,其领导人对政府公债的偏好和有限理性、政治统治基础情况等,都对制度变迁的方向和方式产生了很大影响。因此,这一阶段证券市场的制度建设是在强制性制度安排而非诱致性制度创新的过程中建立起来的。

1922年"信交风潮"结束后,中国华商证券市场发生了很大的变化,由于股票信誉大受影响,虽然一些大公司如招商局、中国银行、交通银行、商务印书馆等股票仍然在证券交易所内挂牌,但实际成交的很少,常常是有行无市,股票交易逐渐退出了证券市场。证券交易所为维持生存,逐渐把政府公债作为交易的主要对象,1927年南京国民政府建立后,公债买卖更是呈现出一番蓬勃的景象。由于认识到证券交易所能为政府发行的公债提供流通的场所，有助于政府通过发行公债筹集资金解决财政赤字，于是，从北京政府后期到南京国民政府统治的前十年，政府改变了过去对证券市场所保持的默许态度，开始从旁观席走到前台，逐步加强了对以政府公债为主体的证券市场的管制。北京政府在 1926 年对证券市场派驻监理官，到南京国民政府建立后，政府又颁布了一系列加强对证券市场管制的法案，并两度修改《交易所法》，随之形成了规范化的管理体制，形成了国家对华商证券市场管制的基本框架，对证券交易所的管理也由以自律为主转变为加强法律约束和外部监管。近代中国的华商证券市场也就完成了从过去的诱致性制度变迁向政府强制性制度变迁的转变。同时，随着中央及地方政府公债的大量发行，在 20 世纪 30 年代，除上海、北京的证券交易所继续存续外，中国其他各地如重庆、汉口、宁波、青岛等地也相继出现了地方性的证券交易所，使证券交易所制度在近代中国得到进一步的发展。本章将着重对 1922—1937 年的政府公债市场制度、政府证券市场监管制度与中国华商证券交易所制度展开研究。

第一节　公债思想与公债制度的发展与演变

1922—1937 年，近代中国分别经历了北京政府统治的后期与南京国民政府统治的前期。在这两个阶段中，从中央到地方各级政府的财政几乎都极端困难，不得不靠借债度日，因此，政府公债的发行就成了中央与地方财政工作的主要内容，下面我们将对这一时期的中央及地方政府公债思想与制度建设的发展与演变进行探讨。

一　北京政府后期的公债制度

1921 年北京政府第一次内国公债整理后，政府公债的发行在国内极不受欢迎，北京政府转而改发变相的国库券，因此，在北京政府统治的后期，发行的公债仅三项，1922 年的偿还内外短债八厘债券 9600 万元，即"九六公债"，民国十一年八厘短期公债 1000 万元，1925 年的民国十四年八厘公债 1500 万元，其余均为国库券。据统计，北京政府统治时期由财政部发行的各类国库券共有 56070914.52 元，[①] 其中除少数为 1921年第一次内国公债整理前发行的以外，绝大部分都是在这之后发行的。

北京政府晚期的公债发行制度，仍旧由内国公债局主管，采用包卖发行的方式，与前期相比虽没有根本的变化，不过在组织管理及发行方式上还是有一些具体的改变。这种改变主要体现在以下几个方面：

第一，内国公债局的改组。1922 年 8 月，财政部重新修订了内国公债局章程，主要内容集中于精简机构。首先精简了董事会组成人员，过去由华洋 16 人组成，其中洋人占 7 人，改组后的董事会组成人员仅由中国银行与交通银行的总裁、副总裁；总税务司；财政部公债司司长；华商殷实银钱商号董事或经理等组成，裁去了交通部人员、中法银行、保商银行的经济洋员以及购票最多的华洋人员，其中洋员人数裁减最多。并由董事会推举总理 1 人主持全局事务，协理 2 人襄助总理一切事务。其次是精简了内国公债局办事人员，过去办事人员数额没有固定，此次则进行减政，对已有的办事人员大加裁减，只酌留了秘书 4 人，各股正副主任及办事人员共 12 人。再次，内国公债局仍沿用 1920 年制定的整理旧债、推行新债的职责，并特别强调了在"发行新债时，得酌量情形，委托国内银行团及国内中外各银行号所，以包募或承募方法销售债票"。[②]

第二，公债发行方式的一变再变。虽然，1921 年整理公债之后到北京政府结束仅发行了三次公债，但公债的发行方式却与过去有了不同。公债整理后的 1922 年，北京政府就接连发行了两次公债，一次是偿还内外短债八厘债券 9600 万元。这次公债是一次典型的以债还债。因为自1919 年以来，北京政府在内外债发行日益艰难的情况下，常常以各种税收向中外银行进行短期借款，其中以盐余为担保向中外金融机构所借各种款项到 1921 年累计已达 9600 余万元（内债 7000 余万元，外债 2600 余万元），这些借款期限短、利率高，利转成本，本复加利，致使北京政府难以承受，一再展期，最后只能由与盐余抵押借款有关的各银行号所共

① 千家驹编：《旧中国公债史资料（1894—1949 年）》，中华书局 1984 年版，第 125 页。
② 同上书，第 85—87 页。

同组成盐余借款联合团，同财政部签订合同，商讨采取以发行债券的方式整理旧债。[①] 另一次是财政部为筹措中央紧急军政各费发行十一年八厘公债（1000 万元）。最初确定的发行方式为由财政部内国公债局委托中国、交通两银行及京外各大银行暨殷实商号共同经募机关，分期代募。[②] 后为维系债信及保持债价，对公债发行的包卖办法进行了修改，改归中国银行一家包销。由财政部与中国银行一家签订包卖合同，以财政部委托中国银行独家包卖的形式发售。此次的包卖办法同过去的不同之处在于：（1）发售总机关指定中国银行一家，不致因兜售滥卖，暗中低减折扣。由中国银行全权负责包卖公债全额后可自由转包或分售，财政部不得另包，或直接间接出售。债票发行价格为九折，不得低减，中国银行可自派人员或出广告，分别招募，但一切办法，不得与财政部所订办法有所抵触，包卖人所得之经手费，不能私自让与买票人，至票价低落，有损债票信用，如查有上项情事，财政部得酌量从重议罚。（2）所有债票限期出售，确保公债的顺利发行。中国银行应按规定时间完成销售任务，分别于 1922 年 10 月 5 日、11 月 15 日、12 月 1 日以前，各售出票面250 万元，其余 250 万元，应于 1923 年 1 月 31 日以前售出。（3）所有发售债票的经手费，完全为中国银行之利益。中国银行将包卖债票全数售出，可享受经手费 6%，其经手费于交款时扣除。此项经手费，除中国银行转包于其他银行或经纪人，可由中国银行酌定给予经手费外，无论何人，不得在此经手费内支取分文。[③]

1925 年，北京政府中央财政日趋枯竭，从前所赖以周转之关盐余款已抵拨无余，当时紧急政费及使领经费均告匮乏，在此情况下，北京政府只得再次发行民国十四年八厘公债（1000 万元），九折发行。此次公债的包卖发行制度又有了改变，从委托中国银行独家包卖改为由中国、交通、盐业、金城、中南、大陆、新亨、中华汇业、中华懋业、北京商业10 家银行，全数承募足额，本息基金委托总税务司保管，以固信用。[④]

---

① 千家驹编：《旧中国公债史资料（1894—1949 年）》，中华书局 1984 年版，第 78—79 页。
② 同上书，第 87—89 页。
③ 《中国银行与财政部订立包卖十一年公债合同》，《银行周报》第 6 卷第 41 号（1922 年10 月 24 日）；贾士毅：《国债与金融》，商务印书馆 1930 年版，第 24 页。
④ 贾士毅：《国债与金融》，商务印书馆 1930 年版，第 25—27 页。

公债发行方式的一改再改，说明北京政府的财政确实已经到了山穷水尽的地步，公债发行异常艰难。

第三，拓宽发行渠道，借国库券之名行公债之实。就财政学理而言，公债与库券截然不同，有着严格区分。公债系政府预算不足所发生之长期债务，当政府预算中支出大于收入时，可借债弥补，发行政府公债，分若干年清偿。库券则在一会计年度内，收支相抵，但因税收尚未到期，而政府亟待支出时所发行之短期债务，以资融通。因此，发行公债将增加人民负担，库券则否。各国惯例，公债必须经立法机关通过，因立法机关代表人民，有监督财政之权。库券则可由行政机关处分，不必经立法机关之通过。[①] 同时，国库券的发行规则也不同于公债：（1）收回时期不得逾一年度。（2）发行额不得超过岁入的预算额，以确保年度财政的收支平衡。（3）发行价格不得与票面价格相差。（4）利息周年计算不得过 7.5%。[②]

北京政府正是利用了国库券的发行手续比公债更为简单，只需政府行政机关通过，不需要经过立法机关批准这一有利条件，在 1921 年以后公债发行极度困难的情况下，将库券等同公债发行，使得库券与公债界限不清。据此，我们通过研究 1922—1926 年北京政府所发行的库券条例，[③] 发现这一时期的库券基本上没有遵守库券发行原则，而是借库券之名，行公债之实：

（1）发行期限较长。从库券期限来看，时间最短的是 1922 年财政部发行的特种库券，从 1922 年 2 月 20 日到 1923 年 9 月 20 日，也有 1 年零 7 个月；最长的是 1923 年的八厘特种库券，从 1923 年 12 月 1 日到 1932 年 11 月 30 日，长达 9 年之久，其次则是 1924 年八厘特种库券，从 1924 年 6 月 1 日到 1932 年 11 月 30 日，为 8 年半时间，1926 年的春节库券从 1926 年到 1934 年，为期 8 年，1926 年的秋节库券从 1926 年 4 月到 1931

---

① 马寅初：《统一公债之检讨》，《马寅初战时经济论文集》，作家书屋 1945 年版，第 63—64 页。

② 沧水：《国库证券之本质及其与银行之关系》（上），《银行周报》第 3 卷第 42 号（1919 年 11 月 11 日）。

③ 以下内容根据千家驹主编《旧中国公债史资料（1894—1949 年）》，中华书局 1984 年版，第 84—101 页。

年 3 月，为期 5 年等。有的库券仅规定了发行日期，对于归还日期却并未具体规定，如 1924 年德国庚子赔款余额担保库券就只规定了库券从 1924 年 10 月 1 日开始生效，具体何时还完则没规定。

（2）用途五花八门。总计这一时期，北京政府所发行的国库券种类特多，主要有：特种库券、教育库券、四二库券、一四库券、秋节库券、治安库券、二四库券等。这些库券有以盐余、关余为担保。有以崇文门税收为担保，有以停付庚子赔款为担保。其用途有的是应付使领馆经费，有的是清发积欠学校的薪金，有的是充北京政府节关的政费或治安维持费，每逢过年过节都发行一次，发行额从 100 万元、200 万元到 300 万元不等，最高额是 1922 年财政部特种库券 1400 万元。

（3）发行价格除少数外，大都采用折价发行。通观 1922—1926 年北京政府发行的库券，除少数初期发行的库券是实价发行，无折扣外（如几种特种库券），其余大部分都是折扣发行，如德国庚子赔款余额担保库券为九四折发行，十五年春节库券及奥国赔款担保二四库券均为八二折，十五年秋节库券为八八折等。

以上可见，这一时期实际发行的国库券与国库券发行规则多有出入，国库券的发行，以调节本年度中每月收支不适为目的，通常期限不超过 1 年，且其用途并不指定以该会计年度预算案内之支出为准，而其基金也并非以该会计年度旺月之收入为限。而以上这些库券，不仅期限长，绝大部分都超过了 1 年，甚至长达 8—9 年之久，发行利息又比较高，基本上确定在周息 8 厘，且名目繁多，还折价发行，名为库券，实系公债性质，大都皆系北京政府财政当局为免去烦琐之立法程序，假借名义，便宜行事，遂使公债与库券本质之区别不复存在。

公债只可作为财政的调剂，而不可作为财政的依靠，借债须能偿还，债券不能滥发。而北京政府时期的财政基础十分薄弱，不得不靠举债度日。大量的内债发行又促使中国银行业畸形发展，当时出现不少专以做公债投机为主要业务的银行，这类银行多不设在产业中心的上海，而设在政治中心的京津一带，有些是北京政府财政部官员出资设立的。财政是维持统治阶级权力的工具，1921 年的公债整理已预示着政府债信的破产，正是因为政府公债信誉低下，公债不受欢迎，此后政府才不得不改发变相的公债——国库券，而这些名目繁多的国库券的发行则更显示出北京政府的财政是破落户的财政，债券的滥发也预示着北京政府最终的垮台。

二　南京国民政府时期的公债思想与制度建设

1927—1937年，大量发行内债不仅是国民政府的一项重要国策，更是国民政府弥补财政赤字的唯一手段，而此时国民政府公债政策的制定与制度的建立无不与当时的财政部部长密切相关，体现出他们的公债思想与主张。当时主持财政部的先后为：钱永铭（1927年5月9日为财政部次长主持工作，5月28日—10月11日任代理部长）、古应芬（1927年5月11—27日任代理部长）、孙科（1927年10月12日—1928年1月2日）、宋子文（1928年1月3日—1931年12月30日，1932年1月30日—1933年10月29日）、黄汉梁（1931年12月30日—1932年1月30日）、孔祥熙（1933年10月29日—1944年11月）。其间，宋子文和孔祥熙任职财政部部长的时间最长，在宋、孔两人担任财政部部长的时期内，其内债政策有所差异：宋子文在任期间实行了比较温和的内债政策，即以有限的政治让步换取民族资产阶级的经济支持；而孔祥熙任内在发行内债的方法上则对民族资产阶级采取了比较严厉的强制措施。但总体而言，其公债思想和政策还是一脉相承的。对此，我们将结合宋、孔二人的公债思想与主张，对这一时期南京国民政府的公债制度建设进行研究。[1]

（一）国民政府公债思想及其特点

在"党国多事之秋、财政困难之际"出任的南京国民政府财政部部长，将承担起紧急筹款的艰巨任务。其中，发行公债便是历任财政部部长增加中央财政收入的一大举措；宋子文[2]、孔祥熙及这一时期的其他几

---

[1]　有关国民政府统治时期债券的发行与管理情况，在拙著《近代上海华商证券市场研究》一书中第152—179页已有相应的论述，为避免重复，在这里就不全面展开，主要以担任财政部部长的宋子文与孔祥熙的公债思想为主线，归纳出这一时期的国民政府在公债制度建设方面的特点。

[2]　在论及宋子文的财政思想时，吴景平教授在其专著《宋子文思想研究》（福建人民出版社1998年版）中，专门论述了宋子文的"理债与借债的观点"，本书在论述有关宋子文举借内债思想时也借鉴了该书的部分观点。

位财政部部长，为尽快筹得款项，采取了以下办法，较好地利用了商人的心理和各种利害关系，并局部整顿了财政，建立起了政府与江浙资产阶级的良好关系。

首先是收回公债基金的管理权，重树债信。

北京政府大量公债的发行是通过内国公债局进行的，而内国公债局的董事会却是由"华洋"人员共同组成的，其中，由控制中国海关的总税务司出任会计协理，所有该局收存款项及预备偿本付息及支付存款，均需经总税务司签字。有关公债款项的出纳事务，除总经理签字外，亦须经总税务司副署才能生效。这样，北京政府就把公债的发行权与基金的保管权交给了以总税务司为首的帝国主义者手里，总税务司变成了北京政府的太上财政总长，在一定程度上影响和操纵着中国公债的发行与价格。

国民政府建立后，为了取信于民，由财政部主持维持旧有公债信用。经中央财政委员会决议，设立内国公债临时登记所，对还本付息之各项公债办理登记，凡已登记之债票，一律准照原案办理，财政部公债司还特派上海中央、中国、交通三银行国库券主任沈祖诒、程慕灏、毛士键为委员，办理内国各项公债证券登记事宜。登记办法：凡百元以下之票，无须登记，认为有效，百元以上之票另给登记证一纸，以凭对照，于原票上并不加以签注，亦不征收其他手续费。唯须另购盐余库券十分之一，以为交换条件。①

同时在新公债的发行中，逐步收回公债基金的管理权。1927 年 5 月 1 日，江海关二五附税库券正式发行。国民政府特制定了《江海关二五附税基金保管委员会条例》，该条例规定江海关二五附税全部收入，由江苏兼上海财政委员会通知各征收机关，自指定之日起，逐日全部拨交基金保管委员会。基金保管委员会，由财委会（2 人）会同中央特派员（3 人）、银钱两业（各 2 人）与商会（上海商业联合会 2 人，上海总商会、上海县商会、闸北商会各 1 人）等推举代表组成，共 14 人，设常务委员 5 人。基金收入及库券本息支出情况，每月结算一次，陈报财委会，并登

---

① 《财政部设置内国公债登记所》，《银行周报》第 11 卷第 30 号（1927 年 8 月 9 日）。

报公布。① 不难看出，基金保管人由原北京政府的内国公债局及总税务司兼管且隶属于财政部，改为由上海金融界、商界人士组成的委员会保管，"政府发行内债，而委任商业团体保管基金，事属创举，其机关之性质，完全独立"②，这是国民政府内债发行制度中的一个根本性改变，一改北京政府时期政府公债基金为列强所控制，公债价格受外人操纵和影响的局面，形成了以上海银行家为主体的独立的债券基金保管委员会。

1928 年 1 月宋子文出任财政部部长后，即主持修改了《续发江海关二五附税国库券条例》，除将总额由 2400 万元增为 4000 万元，月息 7 厘增为 8 厘，期限由 1931 年 12 月底延长至 1933 年 4 月底外，更加强调增加每月基金拨付额，改变关税增收方法，令江海关监督在关税增收项下每月照数拨足，以确保库券基金的确实。1 月 12 日，以财政部部长名义颁发劝募续发二五附税国库券的布告称："此项库券，利息既已增加，基金尤为确实，还本付息绝无愆期。……凡属国民，自当勉尽义务，踊跃应募，以期早集成数，接济要需，幸毋观望迟延，是为至要。"③ 这次债券基金确实，保管稳妥，还本付息按期，逐渐解除了民众对新政府发行的公债债信的疑虑。可见，基金保管委员会的建立与有效运作，既收回了基金保管权，又保障了债权人的利益，为南京国民政府内债债信的树立作出了不可磨灭的贡献，从而间接地为政府解决财政困境开辟了新的途径。

由于江海关二五附税基金保管委员会（以下简称"基金保管委员会"）得到了公众和政府的充分信任，1928 年 7 月，宋子文主持下的全国财政会议决定将该委员会的管辖范围扩大到其他公债、库券基金的保管。此后，到 1931 年，国民政府发行的历次公债、库券，除个别外，还债基金都交由基金保管委员会保管，而从现存的 1928—1931 年基金保管委员会的会议记录中，我们更可以看到基金保管委员会的工作是卓有成效的，体现在：④

　① 千家驹编：《旧中国公债史资料（1894—1949 年）》中华书局 1984 年版，第 149—150 页。
　② 洪葭管主编：《中央银行史料（1928.11—1949.5）》（上卷），中国金融出版社 2005 年版，第 157 页。
　③ 吴景平：《宋子文政治生涯编年》，福建人民出版社 1998 年版，第 60—61 页。
　④ 以下两段内容的材料均引自洪葭管主编《中央银行史料（1928.11—1949.5）》（上卷），中国金融出版社 2005 年版，第 159—174 页。

　　基金保管委员会由江浙资产阶级组成，并独立行使其职权。从其委员会会议记录中可见，到会委员除谢作楷（卷烟统税处处长，后为统税署署长）、张景文（内地税局局长）为财政部代表外，其余如李馥荪、王晓籁、王伯埭、吴麟书、林康侯、徐静仁、叶扶霄、朱吟江、虞洽卿、谢蘅甫、吴蕴斋等均为上海金融界和工商界的头面人物。财政部人员主要是报告税收情况及协助基金保管委员会对各项担保税收款项的及时到位，如 1928 年 5 月 17 日的第十次会议上，谢作楷即承诺："现在卷烟统税处每日所收税款已不解财政部，可直接拨交本会，与英美烟公司接洽等事，无不尽力办理，以固库券信用。"基金保管委员会对每一笔财政部交付保管的基金都认真清理、切实保管，对于有损债信、违背基金保管原则的事都据理力争，勇于抗争。对于保管的基金事事公开，深得社会信任，一改过去"内国公债基金由外人保管，国人于基金内容，难于明了"的局面。如 1928 年 7 月 27 日的第十三次委员会就针对以煤油特税全部收入作为还本付息的善后短期公债基金提出了 6 项具体条件以确保基金的落实，主要内容：要求煤油特税处切实行使自己的权力，及时通知美孚、亚细亚、德士古等公司每月底将煤油特税税款按月送交基金保管委员会，同时由于煤油特税处处长一职与该公债基金关系綦重，未经基金保管委员会的同意不得随意更换，基金保管委员会还将随时派员稽核煤油特税处逐日收数。在同年 11 月 26 日的第十六次会议上，财政部要求未发行的善后短期公债 2000 万元剔除已中签的 200 万元外，余下的 1800 万元将于 12 月 1 日继续发行，且加拨芜湖、九江、浙海三关所收二五内地税及常关税全部为基金，但是这一决定却遭到了基金保管委员会委员们的反对。叶扶霄认为："以三关收入作基金，似与该公债条例不相符合。"林康侯认为："三关关税明年恐有变更，且觉鞭长莫及。"李馥荪则提出，卷烟税收入每月平均 100 万元以上，除付卷烟税库券本息约 60 万元外，余款足敷善后短期公债基金，且性质相同，建议以此充作该项公债基金。此后又征求了在沪财政部次长张寿镛的意见，虽然张次长表示异议，但最后基金保管委员会还是决定：从 1929 年 1 月 1 日起，每月拨足卷烟税余款 33.5 万元添作善后公债基金，并"请张次长陈明财政部照办，本会为债票信用计，不得不如此郑重也"。1930 年 5 月 5 日的第三十四次会议，则针对当时报载津海关税收除抵偿外债之五厘外，余款悉数由津截留一事进行讨论，认为"截留数目虽属不多，然各海关五厘以外之税款首先指只本会所保管各种内债之基金，故无论截留之数若干，必含有大部分基金在内，其为破坏基金制度则一。此等宽例一开，恐日后不免发生危险。且同一国债，而保护外债不保护内债，本会为国家债信、民众债权起见，不便缄默"。并做出议决三条："（一）电致财政部请其维护；（二）通电平津银行公会，请就近向当局切实陈说，一致进行；（三）在沪上各报披露，俾众咸知，并推定叶扶霄君吴蕴斋君王晓籁君三人审定电稿，分别施行。"1931 年 8 月 14 日的第四十四次会议，在讨论通过勉为同意保管二十年盐税短期库券基金的同时，还函告财政部，要求其嗣后发行债券，须于提案之前将预算大概先行通知该会，以加强对政府发行债券的监督。

以上可见，基金保管委员会确实是一个能够独立行使职权的机构，江浙资产阶级在国民政府债券的发行中占据着主导的力量，他们对债券基金的保管尽心尽职，对政府债券的发行实施监督，从而确保了政府债券的信用，正是基金保管委员会的有效运作才使这一时期国民政府债券的发行得以顺利进行。到 1932 年 4 月 5 日国民政府在公布内债整理延本付息办法时，决定将江海关二五附税国库券基金保管委员会改组为国债基金管理委员会，并在上海正式成立，到会委员有总税务司梅乐和，公债司司长郑莱，关务署署长张福运，全国商联会林康侯，银行公会李馥荪、叶扶霄、吴蕴斋，钱业公会王伯垣，持票人会虞洽卿、杜月笙、徐静仁、朱吟江、司蒂尔曼，华侨代表薛武元、李清泉等 15 人，选出总税务司梅乐和、市商会王晓籁、银行公会李馥荪、持票人会虞洽卿、钱业公会谢毁甫等 5 人为常务委员，李馥荪为主席，具体负责政府债券偿还与基金的保管。

总之，基金保管委员会是南京国民政府自 1927 年公开发行第一笔内债起便成立的内债基金保管机构，主要由上海银钱业公会及商会的代表组成，到 1932 年改组为国债基金管理委员会为止，陆续保管了 21 种公债库券的基金，基金来源包括关税、盐税、统税、内地税、煤油特税以及庚子赔款退还部分，与相应的征收机构甚至财政部有着直接的关系；更与基金存放机构、还本付息经理机关、华商证券交易所往来密切。应当指出，基金保管委员会不仅对内债基金负有保管之责，还在不影响还本付息的前提下，适当运用基金现款贷放与金融同业。随着债项的增加，基金保管委员会与国民政府之间的分歧和矛盾也时有发生。在 1932 年 1 月停付公债库券的风潮中，基金保管委员会主要成员以"头可断，基金绝对不可动摇"的原则相勉，公开以此昭告国人，终于使当时的孙科政府不得不放弃挪用内债基金的打算；但当上海银钱业公会决定接受宋子文的展本减息整理方案后，基金保管委员会又表示"应以一般持票人之意思为意思"，同意了整理方案。① 总体上看来，基金保管委员会的存在和运作，维护了金融工商界持票人的利益，使内债发行有所节制，对国民政府债信的维持起到了一定的作用。

其次是"统一发行"，将债券发行权收归财政部，确定了中央银行在政府债券发行与交易中的调控权。

宋子文执掌财政后认为，民国成立以来，中国的公债问题成为历届中央政府十分头疼的难题，也是南京国民政府必须认真解决的财政问题。而为了使债务问题不至于更趋复杂、恶化，就必须对债券的发行权作出明确的限定。1928 年 7 月，在宋子文发起并主持下的全国财政会议通过了《发行公债及订借款项限制案》10 条，明确了公债的发行准则：凡属国家债务，专由财政部明确用途，指定确实基金，提呈国民政府议决办理，政府其他各部不得自行举办。省市债务，由省市政府详确用途指定基金，分别函转财政部核明，并提呈国民政府议决办理，其他各厅局不得自行办理。举债用途专限建设有利事业，不得用于消耗途径。国债及省债均将接受监督用途委员会的监督。② 依据此原则，国民政府立法院制定了《公债法原则》草案 11 条，于 1929 年 4 月 22 日第 20 次会议通过。此项草案由立法院呈请国民政府提送中央政治会议，最后于 1929 年 6 月 26 日第 184 次政治会议审查修正通过。③《公债法原则》进一步规定了公债发行的用途，凡政府所募长短期内外债及政府借款或发行库券，均照此办法执行。

---

① 中国第二历史档案馆编：《中华民国史档案资料汇编》第五辑第一编（财政经济）（三），江苏古籍出版社 1994 年版，第 516、519 页。

② 财政部财政科学研究所、中国第二历史档案馆编：《国民政府财政金融税收档案史料（1927—1937 年）》，中国财政经济出版社 1997 年版，第 154 页。

③ 贾士毅：《国债与金融》，第六编，商务印书馆 1930 年版，第 57—58 页。

以上提案及《公债法原则》的通过，对地方政府举借新债的权力加以了限定，使之受制于中央政府，而中央各职能部门的举债权则统一归于财政部，以达到限制中央及地方各级政府财政部门滥发公债的目的。

北京政府时期规定偿付公债本息的款项须交列强在华设立的外国银行存储，当时主要由总税务司于关税项下，拨存汇丰银行。而南京国民政府建立后则将债券本息的保管及收回权收归为本国银行，最初财政部委托中国、交通、江苏三银行代为收付。当 1928 年 11 月中央银行建立后，财政部即将所有国库收付，委托央行办理，"至善后公债及其他各项公债，亦专函该行代理。中国、交通二行，虽仍继续一部分之代理业务，但江苏银行，已由财政部令饬取消其代理权矣"。[①] 到 1935 年 5 月，国民政府公布实施《中央银行法》，其中规定："国民政府募集内外债时，交由中央银行承募，其还本付息事宜，均由中央银行经理。但于必要时，得由中央银行委托其他银行共同承募或经理之。"[②] 这样，改变了前期由中央、中国、交通三行共同承销的局面，中央银行在法律上获得了独家经理公债的特权，其他银行经理公债，不过受中央银行之委托而已。据统计，从 1928 年到 1936 年 2 月统一公债发行前，中央银行经付本息的公债共 32 项，119500 万元，150 万镑。[③]

不仅如此，中央银行还保有大量政府债券，到 1929 年 7 月 15 日开业不到 1 年，中央银行自有、接受抵押及保证准备各种公债就达到了41324660 元，超过了交通银行保有的 9867100 元，仅次于中国银行保有的 43951400 元。[④] 正是因为央行掌握了大量的政府债券，它才能肩负起调剂债券二级交易市场的责任。中央银行在债券市场上自行买卖债券主要体现为以下两种形式：[⑤] 第一，受财政部控制，直接进行债券买卖。

---

① 洪葭管主编：《中央银行史料（1928.11—1949.5）》（上卷），中国金融出版社 2005 年版，第 135 页。

② 中国第二历史档案馆、中国人民银行江苏省分行、江苏省金融志编委会合编：《中华民国金融法规档案资料选编》（上、下），档案出版社 1990 年版，第 599 页。

③ 洪葭管主编：《中央银行史料（1928.11—1949.5）》（上卷），中国金融出版社 2005 年版，第 135—136 页。

④ 同上书，第 138—139 页。

⑤ 以下资料来源于洪葭管主编《中央银行史料（1928.11—1949.5）》（上卷），中国金融出版社 2005 年版，第 139—146 页。

1932 年 12 月 9—23 日，中央银行即根据财政部部长宋子文的指令，在债券市场上买卖"二十年短期金融公债"。第二，委托机构买卖债券。1933—1935 年间，虚做行市，委托华丰号与国货银行等机构互相买卖债券，还委托中国建设银公司、国货银行等代做债券套息。

最后是"诱以厚利"，吸引江浙资产阶级购买政府债券。

南京国民政府建立以后，公债遂成为政府的一大财政工具，是抗战前政府弥补财政赤字的主要手段。仅 1927 年 5 月 1 日—1928 年就发行了 6 笔共 1.45 亿元。[①] 截至 1931 年年底，政府发行的公债总数已达 10.58 亿元之巨，几乎是北京政府 16 年发行总额的一倍。[②] 从 1927 年 5 月—1936 年，南京政府共发行了 26 亿元以上的内债，[③] 比北京政府时期的发行数多 3.2 倍，即 4.2 倍。

如此巨额的债券发行，在国民政府成立初期，任意认募尚不能顺利执行，于是常有兼用强制摊派之法。其法为酌量各省人民富力，拟定数额，责令募足，报告摊之于各省，各省摊之于各县，各县按照分配行销数额，乃就一县之富商地主而进行摊派。此外，强制盐商或他种商人认募，依其纳税款，加缴几成，作为认募；强制地方商会摊派于各商家，强制募集。由商会和各业行会经手，即小铺小店须购买债票。例如上海北部每米店平均购置 49 元公债票，每油麻店平均购置 67 元。[④] 但是这种强行摊派收效甚微。宋子文在出任财政部部长以后，逐渐将强制发行改为许以厚利，吸引资产阶级特别是江浙资产阶级购买债券，在 1937 年抗战全面爆发前的 10 年时间里，主要体现在以下几个方面：

第一，颁布各种奖励办法鼓励应募。减价发行的折扣更大。北京政府时期的公债折扣一般维持在八折、九折以上，国民政府的公债折扣幅度起伏相对更大，据条例的规定，高者九八折，低者有至六折实收者。库券每月还本一次，使持券人每月获得收入。公债每季抽签一次，中签者既收回本金，又获贴利。设置偿付本息之特别基金，以为担保。对于

① 《国民政府发行之债券概观》，《银行周报》，第 12 卷第 34 号，1928 年 9 月 4 日。
② 千家驹编：《旧中国公债史资料》，中华书局 1984 年版，第 19 页。
③ 同上书，第 23 页。
④ 章伯锋、李宗一主编：《北洋军阀 1912—1928》第一卷，武汉出版社 1990 年版，第 516 页。

独立认募一定数者，依数额之加大，给予各种奖章，如《十七年善后公债条例》规定，对于各机关团体商民，认募巨额公债，并缴款迅速者，给予奖章或匾额，除此而外，根据财政部《债券褒奖条例》具体规定，对于缴款迅速者，交款时得预扣利息，如十七年善后库券，凡于最初第一个月内缴款者，按九二实收，第二个月内缴款者，九三实收，第三个月内缴款者，九四实收，以此类推。再如二五库券，准予扣两个月利息，裁兵公债等，预扣半年利息。[①]

　　第二，由财政部成立劝募委员会直接劝募推销。该委员会办事处设在上海四川路香港路转角 216 号 4 楼。1929 年，国民政府发行编遣库券7000 万元，即由劝募委员会邀集各商业银行团体或领袖联合各团体、各同志扩大组织，广为宣传劝募。[②] 1930 年，在发行十九年关税短期库券时，财政部除要求劝募委员会分别致函沪埠各商业殷富劝募认购外，还进而要求各劝募委员特抄其名单，分赴各处，切实劝导，务使咸知此项库券攸关国用，基金极稳固，利息尤为优厚，按月拨还本金，期限甚短。[③]

　　第三，先抵押而后出卖的方法。由于人民储蓄少，社会金融又不活动，资本缺乏，国民政府处于两难之间，一方面须保持条例中规定之低利，另一方面想迅速获得资金，只好采用先抵押而后出卖之法。后来依靠的是抵押借款方式，通常先以所发债票（债票未印就前甚至以预约券形式）向上海的银行或钱庄订立借款合同，规定抵押条件，进行抵押借款。合同规定用作抵押品的政府债票一般按票面价格的 5—8 折抵借现款，利息为 8 厘到 1 分不等，时间一般限于半年以内。[④] 同时，由财政部命令上海华商交易所将债券"上市"，使其可在市面流通，一俟押款到期，即照到期日交易所开出的此项债券的行市和押款行庄结算，还清本息。为了讨好行庄，便利续做交易，财政部对行庄的结价往往比交易所开的行市低半元或 1 元。这样一来，行庄承受债券，除照市价折扣外，还可以便宜半元或 1 元，实际所获利息甚优；债券既有市价，需用款项

---

① 胡善恒：《公债论》，商务印书馆 1936 年版，第 346—347 页。
② 中国第二历史档案馆馆藏南京国民政府财政部未刊档案：档号三（2）-5001。
③ 中国第二历史档案馆馆藏南京国民政府财政部未刊档案：档号三（2）-4960。
④ 吴景平主编：《上海金融业与国民政府关系研究（1927—1937）》，上海财经大学出版社2002 年版，第 134 页。

随时可以在证券交易所卖出，对于资金调拨甚为便利，一举数得，行庄当然愿意。当时公债库券一般利息为周息 8 厘，证券交易所新开的市价为票面的七折或八折，即票面 100 元，市价只需 70 元或 80 元就可以买进，而还本要照票面价值十足偿付，利息也照 100 元计算，是一种变相的高利贷。[①] 这种诱以厚利的公债政策，是宋子文不用强制手段而能开辟滚滚财源的关键所在，上海的各银行很快成为南京国民政府借贷的重要源泉，它们从政府的公债政策中获得了极大的收益，同时也将自己的利益同南京国民政府连在了一起。为此，政府债券也就通过证券交易所或银行钱庄而流入商人或银行家手中。这是国民政府在抗战前 10 年时间能发行大量债券的主要原因之一。

（二）1932 年与 1936 年公债整理的比较

国民政府的公债发行政策在 1932 年和 1936 年分别采取了不同的方式，进行了两次变动与整理。1932 年是减息延期的方式，而 1936 年则未敢采用减息办法，仅采取延期的方式。这两次公债整理之所以产生如此大的差异，除了当时的政治经济背景不同之外，也体现出执掌财政大权的宋子文与孔祥熙的不同公债思想与理念。

1931 年"九·一八"事变的爆发对公债市场造成剧烈冲击，人们纷纷抛出政府债券以求变现，证券市场上各公债库券价格急剧跌落。债市剧跌引起债信动摇，直接威胁到政府财政的稳定，政府把公债发行作为筹款途径的方法已难以继续推行。于是，财政部部长宋子文于 10 月 8 日在上海召集银行界会商，会议决定，必要时各银行应竭力垫款，由各交易所和银行尽量收买公债，以维持债价，并同时决定将取消交易所现品提交的限制。[②] 由于债价跌势过猛，局势失控，虽然出现过短暂回升，但总体仍呈日趋下跌之势，到 10 月份交割日止，债券市价与 9 月 18 日前相比，每种平均各跌落近 20 元。[③] 公债价格的持续跌落使持有大量政府债券的上海金融业损失惨重，银行、钱庄此时皆采取紧缩政策，严格限制

①　戴铭礼：《孔祥熙出长财部时的财政与金融》，寿充一主编：《孔祥熙其人其事》，中国文史出版社 1987 年版，第 45 页。

②　吴景平：《宋子文政治生涯编年》，福建人民出版社 1998 年版，第 195 页。

③　厥贞：《国难当前国人对于国家债券应有之认识》，《钱业月报》第 11 卷第 11 号（1931 年 11 月 15 日）。

押放，宋子文的要求一时无法实现。财政部随后制定了各种维持公债的办法，以谋求进一步与上海金融界合作，恢复其对政府财政政策的信心。

　　然而，就在这关键时刻，南京政坛风云突变，宁粤对峙被打破，12月15日蒋介石宣布下野，林森为国民政府主席，孙科任行政院院长，准原行政院下各部部长总辞职，包括财政部部长宋子文及实业部部长孔祥熙。孙科上台后，即任命与其有私交的和丰银行（上海银行公会会员）经理黄汉梁为署理财政部部长，上海银行公会会长林康侯为财政部常务次长，为缓解政府面临的财政危机，在12月22日的国民党四届一中全会上，拟将公债应还本息一部分展期拨付。消息传出，全国震惊，全国各种工商团体纷纷致电四届一中全会，坚决反对该项提案，要求政府维持债信，不得变更。12月23日，上海市银钱业同业公会、交易所联合会及市商会分别电呈全会请维持库券公债信用，"以安定人心而维金融市况"。同日，由上海金融界发起并正式成立了"中华民国内国公债持票人会"（以下简称持票人会），设办事处于香港路4号，并致电四届一中全会，请按期偿还公债本息。[①] 面对来自各方的强大抗议浪潮，孙科政府被迫自动将提案收回，由此引发的抗议风潮暂告平息。

　　可是，一波未平，一波又起，1932年1月12日，孙科等在沪决定准备暂时停付公债本息6个月，挪用公债还本付息基金以敷军政费用。消息一出，引起上海各界强烈反对，迫使政府撤销停付公债本息之提案。紧接着，1932年1月28日，日本侵略者又在上海制造了"一·二八"事变，人心恐慌，上海全市停业。上海的证券交易所停止公债交易，债市遂失流通。

　　债市低落造成的金融恐慌，引起各界广泛关注，提出不少建议，其中章乃器提出要以公债自身之力量来救济债市的两项办法：其一是运用现有基金以提高债市，建议由财政部、基金保管委员会、持票人会、银行钱庄同业公会及市商会组织债市平准委员会，由政府授权其利用每月偿还之内债本息之款约1600余万元，向市面收买债券，按当时的债市情况，则可得4000万元至5000万元，认为此法"必能使疲弱之市价提高至六折以上盖无疑也"；其二是减少库券的"虚浮额面"（即库券按月付还

---

　　① 任建树主编：《现代上海大事记》，上海辞书出版社1996年版，第496页。

本息之后，额面并不减少），建议政府按照实际对于"虚浮额面"的库券一律换给新公债，此项替换之新公债，仍可保持每月还本付息之原则，唯还本方法则改为每月抽签，以后票额可逐月减少。[①]

为了稳定金融，保护银行和持票人利益，同时恢复公债的流动性，作为中国银行总经理的张公权也建议政府及早确定一个公债还本付息的整理办法，安定人心，稳固债信。通过与基金保管委员会主席、中国银行董事长李铭商议，提出减息展本的方案，具体内容如下：（一）所拨基金不得少于原拨本息之半数，即每月 860 万元，至本息还清之日为止。（二）公债库券本金一律先付半数，将还本期限延长，库券利息减为月息五厘，公债统改为年息六厘。（三）基金保管委员会改称国债基金管理委员会，负责债券以旧换新工作。所有应付基金应由总税务司尽先照数直拨基金管理委员会，由该会全权管理，如有不足，由政府指定一种中央税收，按数补足。（四）这次减息展本之后，无论政府财政如何困难，不再牵动基金和变更这次所定办法。（五）政府应彻底整理财政，完全公开，吸收各团体参加财政委员会，在收入范围内确定支出概算，并不再为内战及政费向各银行和商业团体举债。这一方案得到持票人会、市商会、银钱业两公会一致同意。[②]

此间，政局再次发生变化，1 月 22 日，蒋介石重回南京，宋子文重新出任财政部部长。李铭、张公权将整理公债办法向复职后的财政部部长宋子文作了说明，获得谅解。于是，借此国难沉重的时刻，国民政府开始了对公债的整理，经过与上海金融界协商，对公债还本付息问题很快达成一致。2 月 24 日，国民政府颁布命令："自辽变发生以来，各种公债价格因之暴跌，国家财政社会经济，多受其困，政府丁艰屯之会，对于还本付息，从未愆期，迫上海事变继起，债市骤失流通，金融亦陷停滞，政府与民众本是一体，休戚相关，安危与共，际兹国难当前，财政奇绌，与其使债市飘摇，毋宁略减利息，稍延偿还日期。俾社会之金融，

---

① 章乃器：《债市之救济方法与金融财政之前途》，《银行周报》第 16 卷第 1 号，1932 年 1 月 19 日。

② 中国银行行史编辑委员会编：《中国银行行史（1912—1949）》，中国金融出版社 1995 年版，第 296—297 页。

得免枯竭，御侮之财力，借可稍纾，迭饬财政部与各团体从长讨论，就原颁之条例，重拟适当标准，并经决定，每月由海关税划出 860 万元，作为支配各项债务之基金，其利息常年六厘，还本期限，按照财政部拟定程表办理。"同时还宣布："此乃政府与民众维持债信调剂金融之最后决定，一经令行，永为定案，以后无论财政如何困难，不得将前项基金稍有摇动，并不得再有变更，以示大信。"紧接着，持票人会发表宣言表示支持："至本年（1932 年）一月二十八日，日军在上海开衅，商会通告罢市，近日战事益烈，交易所因人心极度紧张，在未停战以前，不易复业，夫以常理论之，公债条例，皆由立法院议决，票面有财政长官署名盖印，若在平日，无论国家财政如何困难，万不容稍有变更，惟当此存亡危急之秋，百业停顿，税收奇绌，默观大势，恐将来政府虽欲暂维债信，或为事实所不许，为今之计，惟有由持票人与政府共同协商，将各种公债库券还本期限酌量延长，并酌减利率，俾政府财力，得以稍舒。一方面提出条件，对于此后债券基金，更得进一步之保障，是持票人实际所牺牲者，仅在利息之一部，而国家之债务，易于履行，即人民之债权，较为巩固，要之，持票人为国难而甘受牺牲，必求达所以牺牲之目的，政府因国难而稍轻债负，不可不存维持国信之决心，帮人君子，幸共察焉。"对于持票人的牺牲，宋子文也发表声明表示承认："无可讳言，持券人怵外侮之侵凌，国势之颠危，愿捐个人之私益，以纾国家之危难，提出减轻利息延长还期保障基金各项办法，与政府互相妥协，业经命令公布，不独于政府财力及持券人利益，面面顾到，尤足以表现我民众爱护国家一致团结之精神，本人至表赞同，政府与民众本为休戚相关，持票人既为国难而牺牲，则政府对于债信之维持责无旁贷，自当尊重而履行之。"当然，持票人会也向政府提出了要求，除了要求政府维持债信外，还明确提出两点：第一，政府应将财政彻底整理、完全公开；第二，政府嗣后不再向商业团体举债，为内战及政费之用。[①]

这次公债整理，是金融界与政府的一次"正和博弈"，获得了双赢的局面。减息展期后，政府每月偿付的公债本息数减少了一半，财政困境

---

① 《内债改订还本付息办法》，《银行周报》第 16 卷第 8 号（1932 年 3 月 8 日）。

得以稍纾；金融界和持票人也避免了可能遭受的更大损失。5 月 1 日，公债恢复交易，债市稳定，各项债券价格均较停市前有所回升，债券买卖重趋活跃。

1933 年 4 月孔祥熙出任中央银行总裁，11 月兼任财政部部长，到 1937 年 7 月抗日战争爆发，政府的公债措施除 1936 年的统一公债外还是比较顺利的，也没有太大的变化。其顺利的原因，主要由于宋子文时期打好了一定基础，在这基础上逐步得到发展。

其实，对于统一公债的发行，早在 1933 年就有人提出来了，认为："迫经一二八之变，税收奇绌，债信动摇，乃由政府与各团体公司讨论，重加规定，将各种债券利息，除少数特例外，统改为月息五厘，并将还本期限，酌量展长，至于全部债券基金，悉数改由海关税每月划出 860 万元，以供支配。实施以来，逾一年，债市日趋巩固，人心渐持乐观。惟当此旧券行将更换之际，窃以为不如乘此时机，更行通盘筹划，将各种债券，择其还本年限相差无多者，合并换发一种公债或库券。"① 只是这一建议在当时并未得到重视。此后，由于关税收入状况逐年下降，到 1935 年关税收入仅 31500 万元，较 1931 年的 37000 万元实际短少 5500 万元，② 对内债的发行产生了巨大的影响。因为国民政府所有内国公债及库券种类达 30 余种之多，本息之支付几皆以关税为基金。名义如此，实则不然，如盐税库券、统税库券、卷烟库券等，顾名思义，盐税库券应由盐税收入支付，统税库券由统税收入支付，卷烟库券由卷烟税收入支付，实际上，盐税、统税、卷烟库券等皆由关税收入拨付，并非由盐税、统税或卷烟税等收入支付。即北京政府时代所发行之公债，如整六公债、春节库券等亦由国民政府承袭偿付，加其负担于关税之上。关税对内债负担虽如是之重，但关税之收入对外债赔款尚有优先清偿之义务，必须外债赔款偿付有余，始得用以清偿内债。所以，偿付内债基金之关税收入，非全部之关税收入，乃关余收入，故关税收入如有短少，首先受影响的是内债。

1936 年统一公债的发行原因就在于财政收入短绌。当时的财政部深感困难，如借外债，亦因条件苛刻，未必有成，在此种情况下，只能在内债

---

① 菊增：《统一债券发行刍议》，《钱业月报》第 13 卷第 4 号（1933 年 4 月）。
② 马寅初：《统一公债之检讨》，《马寅初战时经济论文集》，作家书屋 1945 年版，第 58 页。

上想办法了。然而，对于内债问题，在1932年公债整理时，政府曾信誓旦旦地宣称：今后无论财政如何困难，都绝不再变更公债兑付办法，以维债信。此时政府虽有意想整理公债，却不得不有所顾虑，当1935年年底到1936年年初，上海公债市场频传"减息"、"换发新券"、"延长还本期限"等种种流言，引发债市大跌时，1936年1月15日，沪市商会致电行政院、财政部求证，财政部在批复中只能不置可否，措辞闪烁。

政府最终下决心进行公债整理，是与当时特定的形势密切相关的。南京国民政府成立初期，主要靠公债、库券弥补不足，在财政入不敷出的时候，政府只好接受银行、钱庄的苛刻条件，致使公债、库券发行与抵押的折扣很大。1935年实行法币政策以后，由中央、中国、交通、中国农民四银行发行法币。财政上款项不足可向四银行借垫，不再完全依靠银行、钱庄，这样，财政部就有了可以灵活提出整理公债的资本。于是政府于1936年2月1日在沪召集持票人会、地方协会、上海市商会、银钱业公会暨金融界领袖等共同讨论整理的办法。统一公债，政府本欲像1932年一样，将延期与减息同时并用，但经各方讨论，最后决定只是延期而没有减息，主要因为减息利少而害多。对此，当时著名经济学家马寅初先生作了颇有见地的分析：1932年的减息主要是因为，在"一·二八"之后，政府具有实行减息延期的有利机会，当时上海处于罢市状态，交易所亦停拍债市，80余元市价之公债骤跌至30元，本金能否收回，须视战争之进展状态如何为断，不能预知，更不能计较利息矣。再加之当时尚在战意浓厚之时，人民为爱国心所冲动，民族存亡所关，敌忾同仇，义无反顾，区区利息，何足道哉。这些都是有利于政府实行减息的有利因素。然而1936年并无战争之刺激，虽国势之严重不下于"一·二八"，然外表尚称平静，人民同情心之强弱，迥然不同，因此，1932年时减息可行，而1936年则很难办到。此外，减息在1936年还存在以下诸多的不利因素，如减息足以动摇慈善团体或学术团体之基础，减息之利益不如延期之大，减息足以扩大外国银行之存款等。[①]

统一公债为无办法中之办法，借统一旧债之名行减轻负担之实，对

<hr/>

① 马寅初：《统一公债之检讨》，《马寅初战时经济论文集》，作家书屋1945年版，第62—63页。

旧债利息虽不减轻，而各债偿付期限则一律延展。统一公债发行前（1936年2月1日）政府每年偿付外债本息约1亿元，内债本息1.9亿余元，合计2.9亿元左右，依统一公债办法整理后，全年支付公债本息减至2.3亿元，每年可少付6000万元，即每月可少付500万元左右，此数与关税亏短之数足可相抵，此即统一公债发行之原因也。①

就这样，国民政府的第二公债整理政策宣布了。这个改革的结果，把过去陆续发行的33种公债，合并成为一种"统一公债"，总额计14.6亿元，其偿还期限，根据原有债券的期限，分为甲、乙、丙、丁、戊五种。甲种含债券6种，偿还期限为12年；乙种含债券5种，偿还期限为15年；丙种含债券9种，偿还期限为18年；丁种含债券8种，偿还期限为21年；戊种含债券5种，偿还期限为24年。这一改革，在利息上讲，大致并无变更，不过偿还期间，平均都已延长了10年以上，同时，将过去利随本减的"库券"一律改成为一次还清的"公债"，而公债的还本付息，划一为每6个月一次。在此统一公债以外，又再另发行"复兴公债"一种，计额3.4亿元，合计当时中国国债债额，已达18亿元。这两种新公债的条例，先后由立法院通过，《统一公债条例》12条，于2月7日通过，《复兴公债条例》11条，于2月14日通过。这次公债的大整理，我们从《持票人宣言》中可以看出它的动机，宣言中说："昨年（1935年）7月以后，国税逐月减少，除偿还外债及赔款外，内债本息基金，每月平均不足约400万元，此数皆以政府之临时支出填补之。"② 足见这次改革，其动机虽在于救济财政难关，但随着物价的飞涨，这次公债大整理却是对债权人的一次大劫掠。而且，在这次旧债整理的同时，又发行了一笔新债，旧债整理后节省的基金，难免就已为新债所占据了。

经两次整理，公债债信已荡然无存，从此政府已无法再运用公债这一有效的财政工具，特别是抗日战争爆发后，当政府十分需要发行公债来募集抗战经费时，应募者寥寥，政府只好饮鸩止渴，走上通货膨胀的道路。随着恶性通货膨胀的加剧，国民政府也很快结束了在大陆地区的统治。

---

① 马寅初：《统一公债之检讨》，《马寅初战时经济论文集》，作家书屋1945年版，第60页。
② 孙怀仁：《二月份中国经济杂记》，《申报每周增刊》第1卷第9期（1936年3月8日），第210页。

三 中国近代地方公债发行制度

近代中国的地方公债开始于晚清光绪、宣统年间，清光绪三十一年（1905年）二月的直隶公债为地方公债发行之嚆矢。宣统年间（1909—1911年），湖北、安徽、湖南等省，均有地方公债之募集。迨及民国元年（1912年），江苏、浙江、福建三省，因省库支绌，无从调拨，加以应付军政经费，为数甚巨，亦有地方公债之发行。江苏公债100万元，曾经江苏省会议决，年利7厘，债券额面为5元，指定全省租税收入作保，期限5年，前2年付息，后3年分年平均摊偿本金，但自举行以后，并未足额，仅募得20余万元。浙江公债共计募得499280元，利息为7厘，以浙西丝捐为担保。福建公债开募后共募得307225元，预定四年偿清，利息结至偿还，照本年加半。[①] 到20世纪20年代前后，各省因军政经费膨胀，或以水旱灾荒歉收，如直隶、浙江、湖北、江苏、江西、湖南、安徽、河南等省，也有地方公债之募集。

由于资料所限，难以将全国各地所发行的地方公债详细整理，在此仅以浙江、上海的地方公债发行为例进行探讨，以窥其大概。

浙江地方公债的发行开始于1912年，以下是1912—1931年浙江省地方公债发行情况统计表（见表2—1）：

表2—1　　　　　1912—1931年浙江省地方公债发行情况统计表

公债名称	发行时间	发行金额	发行情况
爱国公债	1912年	500万元	九五实收，以浙西盐课厘收入作抵，年息7厘，分5年抽签偿还，截至1913年6月底，实募票额499209元
第一次定期借款	1920年	150万元	还本付息基金原定九八实收，后改九七，利息按月1分2厘，至1921年12月底止，如数募足
第二次定期借款	1923年	200万元	九八实收，以全省契税及牙帖捐税为还本付息基金，利息按月1分2厘，至1923年9月止，共募票额79500元

① 徐沧水：《各省地方公债考略》，《东方杂志》第20卷第15号（1923年8月10日），第144页。

续表

公债名称	发行时间	发行金额	发行情况
第三次定期借款	1924 年	150 万元	发行手续及利率等，大致与前两次无殊，至 1925 年 3 月止，共募票额 1410410 元
第四次定期借款	1924 年	200 万元	以全省丝捐作抵，发行手续并同前案，至 1925 年 5 月底止，共募票额 1608500 元
浙江善后公债	1925 年	300 万元	年息 1 分，以盐斤加价为还本基金，并制定屠宰税收入为保息，随时拨交中国银行专款存储，至 1926 年 2 月，照额募足
浙江整理旧欠公债	1926 年	360 万元	年息 1 分，以新增盐斤加价为还本付息基金，随时拨交中国地方二银行，专款存储，至 1926 年 12 月 1 日，照数募足
偿还旧欠公债	1928 年	600 万元	年息 1 分，以新增盐斤加价每年 30 万元，绸捐项下拨银 30 万元，作为保息，自第四年起，所有新增盐斤加价，仍一并充作本息基金
公路公债	1929 年	250 万元	年息 1 分，以本省田赋项下带征建设一成附捐为偿本付息基金，特设基金委员会专款保管
浙江建设公债	1929 年	1000 万元	年息 8 厘，以田赋项下建设特捐收入作抵，另组委员会专款保管
浙江赈灾公债	1929 年	100 万元	年息 8 厘，制定于牙帖捐税项下，每年提拨银 16 万元，充作本息基金，并组织保管委员会，专款保管
浙江二十年清理旧欠公债	1931 年	800 万元	年息 8 厘，每年于契税及营业税项下，提拨银 120 万元，作为还本付息基金，由基金保管委员会专款保管

资料来源：马寅初：《浙江公债之史的观察及今后举债之方针》，《银行周报》第 15 卷第 33 号（总第 714 期）（1931 年 9 月 1 日），第 2—5 页。

　　根据表 2—1 可见，浙江自民国以来，到 1931 年共举债 12 次。总计债额为 4610 万元。省民平均每人约应负担债额 2 元。就发行公债用途言，从爱国公债、四次定期借款到善后公债，均为弥补岁计不足之用，不符合理财原则。因为就一般情况而言，地方财政的经常费之不足，应筹经常收入抵补之，临时费之不足，应筹临时收入抵补之，而临时费之不足，必须有三种情形，方可发行公债，一是对于生产事业之投资，此因事业本身有偿还之能力，故可发行公债；二是事变猝发，如战争灾害等事关系公共团体本身之存在与健全，不得不发公债以应急；三是因整理财政之需要或借新换旧或补税制改革时之不足，使财政此后可得较合理的进行。而浙江省在北京政府军阀统治时代，其所发公债时越常轨。但南京国民政府兼理后，浙江省的公债发行用途渐归正途，如偿还旧欠公债及清理旧欠公债均为整理财政之需要而发行者，公路公债及建设公债则为应投资生产事业而发行，赈灾公债则是为应非常事变而发行。

就发行公债之各项办法言，浙江公债渐由粗疏而至周密，例如关于公债还本付息基金，爱国公债发行时，空泛指定一收入作抵，其基金之不稳固，可想而知，以致还本付息，时有延期之举，到善后公债发行，对于基金，始规定由商界推代表监视，其办法虽较前稍进，终未能保债信之确实，至偿还旧欠公债，始特组基金保管委员会，专司保管基金之责，并另订保管办法，缜密周详，公债信用之基础相对稳固。

浙江公债之利率，除爱国公债有特殊情形外，其余定期借款之利率，均为按月 1 分 2 厘，合年利为 1 分 4 厘 4。其后偿还旧欠公债及公路公债，均减为年利 1 分，至建设公债、赈灾公债及清理旧欠公债，均降为年利 8 厘，就此利率渐减之事实，足见浙江公债信用在南京国民政府时期较之北京政府时期有了较大的增强。

不过，总体而言，民国以来的中国各地方财政之困难绝不下于中央财政，特别是 20 世纪 30 年代，如 1935 年山东财政赤字达 200 万元，除中央补助 60 万元，其余尚一无办法。1936 年，山西的军费膨胀至每年需 600 万元，而中央所能补助者，仅 200 万元。福建从 1936 年 3 月至 6 月末止，预算不足达 180 万元。[①] 因此，以公债政策来整理地方财政，也就成了地方政府补救地方财政困难的方法之一。

在浙江方面，其困苦状况更甚。到 1936 年年初，历年旧债负担已达 5500 万元，但财政仍然困难，于是，只得决定发行整理公债 6000 万元，开始以低利借换旧债，并延长偿还期限，分甲、乙、丙、丁四种，最长为 20 年，4 月 11 日经行政院通过，新债于 5 月 1 日发行，除偿还旧债外所余之 500 万元，即以弥补 1934 年与 1935 年的地方财政赤字及地方行政费。

四川为了弥补地方财政，1936 年 3 月 3 日经行政院通过，发行四川省二十五年善后公债 1500 万元，[②] 紧接着，8 月立法院又通过了四川省二

---

① 孙怀仁：《三四月份中国经济杂记》，《申报每周增刊》第 1 卷第 17 期（1936 年 5 月 3 日），第 399 页。

② 同上。

十五年建设公债 3000 万元，定于 10 月 1 日开始发行，规定以 1000 万元整理旧债，以 2000 万元为交通建设事业。[①]

广东财政的整理，也和其他各地一样，仍然采取以地方公债整理地方财政的办法。1936 年 9 月 4 日，经立法院通过发行 1.2 亿元的广东整理金融公债，此外，9 月 15 日的行政院会议中，又通过了发行北平市政公债 200 万元，廿五年青岛市建设公债 600 万元。9 月 18 日的立法院会议中，还通过了发行江西省土地整理公债 300 万元。[②]

这些地方公债的发行，都表明了地方财政的贫乏。而地方政府的公债发行，与中央政府的公债发行一样，多采用强制摊派的方式进行，再加之民国以后内战频仍，各省常成割据的形势，地方政府大多存着自私自肥的想法，其所发行的地方公债信用比中央政府的公债更低，也就不可能在当时相对较大的证券市场如上海、北京等的证券交易所上市交易，只有少数建立有地方证券交易所的省份才能将自己的地方公债上市交易，其他没有建立证券交易所的地方政府公债，其买卖就很难实现了。

抗战爆发后，财政部依照国民党五届八中全会改进财政收支系统之决议，于 1941 年 6 月召开第三次全国财政会议，提议接收省公债，并制定接收省公债办法，呈奉核准施行。其实施分两步骤：第一，停止省新公债之发行，规定自 1942 年起，各省不再发新债，已经呈准尚未发行之公债，亦一律停止发行，如因事业上确切需要，则另行核办，计停发之公债，有江西省三十年建设公债第二期债票 1500 万元、四川省兴业公债第二期债票 4000 万元、甘肃省三十建设公债第二期债票 400 万元，所有截至 1941 年年底，尚未发出之余剩债票，并须悉数缴存国库保管，以资清理。第二，接收整理旧公债，自 1942 年起，所有省公债到期应付本息，均由国库按期核实拨付，以固政府之信用。同时派专员分赴各省办理调查接收，财政部接收之省区计有川、湘、桂、

---

① 孙怀仁：《八月份中国经济杂记》，《申报每周增刊》第 1 卷第 35 期（1936 年 9 月 6 日），第 833—834 页。

② 孙怀仁：《九月份中国经济杂记》，《申报每周增刊》第 1 卷第 39 期（1936 年 10 月 4 日），第 927 页。

粤、浙、赣、陕、晋、豫、甘、鄂、皖、苏、康、闽等 15 省，由财政部统一整理方案。[①] 这样，近代中国的省地方公债自此结束。

相比之下，近代上海发行的地方公债却颇具特色，值得关注。从 1906 年上海开始发行第一种地方公债到 1934 年，近代上海地方政府一共发行了 9 种地方公债。这些公债同近代中国中央政府以及绝大多数地方政府发行的公债相比，均存在较大差异，更符合近代地方公债的规范运作，体现了严格意义上的近代地方公债性质。

由于近代中国历史的特殊性，近代上海包括租界与华界两部分。外国列强在上海建立的租界自成一套管理体系，而租界当局也在租界内发行过公债。从严格意义上讲，近代上海地方公债应该包括租界公债在内，但租界公债与华界公债事实上存在着很大的差别，因此，本书所讨论的上海地方公债仅指近代中国政府管辖的上海地方政府所发行的地方公债，主要包括晚清时期、北京政府时期及南京国民政府时期（尽管抗战时期汪伪上海地方政府也发行过公债，但由于性质完全不同，暂不计在内），其大体发行情况如下。

晚清时期，上海一共发行了 3 次地方公债[②]：

上海华界第一次发行地方公债是在光绪三十二年（1906 年），当时南市的上海城厢内外总工程局因兴办工场需要款项，由董事禀准道台，发行公债 3 万两，以大达公司租银作抵押，偿还期限为 3 年 6 期，本利完全偿清。

第二次公债也是由南市的上海城厢内外总工程局发行，时间是在光绪三十四年八月（1908 年 9 月），也因举办市政工程需要费用，续发公债 3 万两，利息 8 厘，期限 3 年，仍以大达公司租银作抵押。

第三次公债是宣统二年（1910 年），由上海城厢内外总工程局改组的上海城厢自治公所发行。因地方自治需要款项，预备发公债 10 万两，利息按年 8 厘，期限 5 年，以大达公司的租息和船捐、车捐作抵押，实际仅募得 38189 两。

---

① 中国国民党中央执行委员会宣传部编印：《抗战六年来之财政金融》，《抗战建国六周年纪念丛刊》（1943 年 7 月 7 日），第 14—15 页。

② 凡未注明出处的市政公债均来源于上海通讯社编《上海研究资料续集》，中华书局民国二十六年（1937 年）印行，第 731—734 页。

进入民国以后，在北京政府统治时期，上海又发行了3次地方公债：

第一次是民国元年（1912年）9月，由自治公所在上海光复以后改组的机关——上海市政厅发行，因为政费支绌，发行公债4万两，利息8厘，期限5年，以大达公司租息作抵押，但因以前自治公所发行的公债还有两期未曾偿还，信誉受影响，结果仅募得2.2万余两。

第二次是沪北工巡捐局发行的整顿路政公债，主要用于整顿闸北的道路，民国十一年（1922年）6月呈准江苏省省长和淞沪护军使发行，计划发行公债20万两，分两期募集，第一期10万两，1922年6月底交齐，第二期在同年12月底交齐，利息1分，限期5年，以总捐作抵押；因受时局的影响，第二期始终不曾发行，就是第一期的1万余两本银也不曾还清，直到1929年才由市政府将它整理清楚。

第三次是民国十四年（1925年）发行的桥路公债，也是由沪北工巡捐局发行，用于添建苏州河及曹家渡的桥梁，20万两，限期10年，利息1分，其基金由捐税项下每月拨2000元存在广东银行作为担保。这项公债结果也只募得83600两。

1927年南京国民政府成立后，上海特别市政府宣告成立，此后曾发行3次市政公债：

第一次是民国十八年（1929年）上海特别市市政公债。1928年5月，市政府第六十七次会议决定发行公债100万元，后因债额不敷应用，再增100万元，共计200万元，呈奉中央，12月4日，获行政院第六次会议通过。以上海市房捐收入为担保，于房捐款项按月拨款2.4万元，尽先提存指定银行，为偿还公债本息之基金。正当筹备发行时，因张定璠市长辞职而搁置。后来张群继任市长，为举办市政，于1929年7月6日成立发行市公债筹备委员会，积极进行，债额增至300万元。同年9月，条例经国民政府核准公布，组织基金保管委员会，请上海市绅商为助募委员，分区劝募。这项公债用于下列市政事业：建筑干道；建筑市中心区域；创办市立银行；整理旧公债。利息常年8厘，期限8年，到1937年10月本利还清。[1]

---

① 《沪市公债条例修正案》，《中行月刊》第2卷第10期（1931年4月）。

第二次是民国二十一年（1932年）上海市战后复兴公债。"一·二八"事变后，闸北、江湾、吴淞、真如一带，所有市政建设差不多完全被毁，市政府鉴于上海为全国文化商业中心，欲设法恢复，1932年10月决定发行复兴公债600万元，按照票面八折实收，计洋480万元，利息7厘，以本市码头捐作抵押，期限20年，用抽签法分期偿还。这次公债从1932年11月4日开始发行，由英商上海利安洋行承销，并委托汇丰银行经理还本付息事宜，至于利安洋行照承销金额缴款后如何推销，市政府不予过问。[①] 而实际上，除400万元由银行团购外，其余200万元仍委托中央、交通、汇中、中国四银行于12月21日代为发行，购者十分踊跃，2小时内售出公债378万余元，超出原定额178万元。[②]

第三次是民国二十三年（1934年）7月15日正式发行的上海市政公债。因为位于市中心的市政府新屋于民国二十二年（1933年）10月10日落成，12月20日起，各局及市府先后移入，但市中心应办的建设很多，于是采取公债政策，主要用于改善闸北道路桥梁，建筑公众体育场、博物院、图书馆、医院、屠宰场及发展市中心区域其他事业。债额共350万元，按票面九八折发行，利息7厘，指定本市之汽车、机器脚踏车、人力脚踏车之牌照捐，全部收入为还本付息基金，期限12年，用抽签法偿还。[③] 此次公债不仅委托国债基金管理委员会代为保管基金，而且另以上海市财政局局长、工务局局长、教育局局长、国债基金保管委员、承销人代表、市临时参议会、上海市银行业同业公会代表，组织监督委员会，并以财政局局长蔡增基为主席委员，监督公债的用途。[④] 由外商新丰洋行承担发行以后，中外人士索取申请书认购者十分踊跃。在上海仁记路中国银行信托部公开认购发行的第一天，从上午10时起至中午12时止，仅2个小时，认购总数即达2000余万元。最后，认购总数超过定额6倍，认购者之众多，为历来公债发行所罕见，开创了中国证券界的新纪录。[⑤]

从近代上海地方公债发行的情况看，晚清与北京政府时期的市政公

---

① 《上海市复兴公债发行经过》，《中行月刊》第5卷第6期（1932年12月）。

② 任建树主编：《现代上海大事记》，上海辞书出版社1996年版，第533页。

③ 《上海市政公债正式发行》，《中行月刊》第9卷第2期（1934年8月）。

④ 《沪市政府公债监督用途会成立》，《中外商业金融汇报》第1卷第9期（1934年9月）。

⑤ 章乃器：《上海底两个证券市场》，《社会经济月报》第1卷第7期（1934年7月）。

债发行相对困难一些，常出现发行不足额的现象，而南京国民政府建立后，上海市政公债的发行则更加成熟与规范，也更有成效。总体而言，与近代中国中央政府及其他地方政府发行的公债相比较，上海地方公债呈现出以下显著特征：

其一，债券的用途主要用于市政建设，而不是弥补地方财政赤字以及地方军政费用。

近代中国政府发行的公债绝大部分用于弥补财政赤字，主要消耗于军政开支，以致扰乱金融，引起社会经济全面衰退。而从近代上海地方公债的用途可见，除 1910 年和 1912 年发行的公债主要用于政费支出外，其余 7 次主要用于支持城市的基础设施建设，恢复战争破坏的公共工程，如道路、桥梁、公众体育场、博物院、图书馆、医院、屠宰场等，应该属于典型的建设公债性质。

其二，上海地方公债的发行额度比较适当，担保相对确实，债信良好。

与近代中央政府的滥发公债相比，上海的市政公债额度有限，并没有造成滥发的局面，而且每次公债的担保都比较确实，虽然在晚清与北京政府时期，也曾因受政局动荡与债信影响，出现发行未足额的现象，但从总体上看，上海市政公债的发行额度并不太大，对地方经济也未造成不利影响，相反还为地方经济发展提供了良好的条件。特别是南京国民政府统治时期的三次市政公债，其发行更具有典型性，不仅担保确实，而且还建立了基金监理委员会与公债用途监督委员会，从而使公债的还本付息与用途得到了充分保证。

其三，注重利用外商洋行承募发行市政公债。

由于中央政府大量滥发公债，而且上海银钱业又是中央债券的主要承购者，当时中央政府发行的各种国内债券，在华商证券交易所的开盘价格最高不过七八折左右，通常情况下仅四五折，显示出中央财政的膨胀早已经超过市场的需要，且中央政府发行的内国公债几乎都以上海为主要的筹募市场，这也增加了上海地方公债的发行困难，华商银钱业更无余力承销地方公债，于是，地方公债的发行只好另寻他途，这就是利用上海的外商洋行。

采取由外商洋行承办的形式，更多的还是为了确保市政公债的顺利发行。如 1932 年上海复兴公债发行时，市政府最初要求华商银行承担，而华商银行一方面因受"一·二八"战事影响，更主要的原因在于中央政府内债的债信不佳，没有允诺，于是市政府才转商外商安利洋行。当安利洋行同意承销，且英商上海汇丰银行还出面管理还本付息时，华商银行又转而纷纷以 82.5 元甚至 85 元的价格向安利分销，因此，致使复兴公债表面上承受方是安利，而大部分债券购买人依然是中国人，安利在一转手间，就赚取 2.5%—5% 的手续费。① 此后，1934 年的上海市政公债则由外商新丰洋行承销。在近代中国，内债由外商承销，实不多见，上海市的这一举措，不仅维护了市政公债的债信，确保其顺利发行，实际上也开创了间接利用外资的一种新形式。

其四，将市政公债交由外商证券交易所——西商众业公所挂牌上市，这也是确保市政公债债信与顺利发行的另一个有效途径。

20 世纪 30 年代的上海有两个证券交易所，一个是以远东及在华外商企业股票、债券及租界当局发行债券为交易主体的资本市场——西商众业公所，另一个是以交易中国政府公债为主体的"财政市场"——上海华商证券交易所。前者市场相对稳定，后者则风潮迭起。1932 年复兴公债发行后，上海市政府即选择将其在西商众业公所迅速上市交易，由于债信良好、担保确实，市场运行表现甚佳。据记载，市价最高达 108 元（每百元），最低的也有 99 元，大多数在 104—106 元之间。与此相较，年息 6 厘的中央裁兵公债在华商证券交易所的行市，1932 年后达到所谓空前的高价，也不过仅有 83 元（每百元）。② 由此可见，1934 年上海市政公债的认购之所以非常踊跃，且认购总数最后能达到超过定额 6 倍的惊人程度，西商众业公所中复兴公债的市场表现是一个极为重要的原因。

总之，洋行的介入与市政公债在西商众业公所中的不俗表现，增强了人们对市政公债的信心，并积极努力地参与认购。如此一来，上海地方公债虽仍属折扣发行，但其折扣的比例同中央政府发行公债的比例相较并不太大，都在八折及以上。以较小的折扣，实现了相当不错的发行

---

① 章乃器：《上海底两个证券市场》，《社会经济月报》第 1 卷第 7 期（1934 年 7 月）。
② 同上。

成效。

当然，近代上海地方公债在发行过程中，依赖、利用洋行与外商证券交易所，且更由于利用我国人对外商银行之信任，使外商银行得以操纵我国金融市场，这不单表明中国民族资本的落后，也表明中国金融资本的殖民地化，不免被打上屈辱的烙印。但不可否认，它的成功发行与运用，部分解决了上海城市建设的经费困难，使上海城市公共设施的建设有了经费上的保障，对上海城市建设的快速近代化起到了积极的促进作用。

第二节　政府的制度供给与证券监管制度的建立与发展

在抗战前，尽管北京政府与南京国民政府认为，发行政府公债的目的是为了解决财政赤字而筹措资金，但如果这些公债不能进入二级交易市场流通，其发行与推销必然受到极大影响。从制度安排的潜在收益角度看，当政府对市场的潜在功能和收益有较高的共识时，就可能主动承担制度供给的成本，提供制度安排。1922—1937 年，当政府公债成为证券市场的交易主体之后，政府认为设立和规范交易市场可以为政府公债的发行提供更广泛的融资渠道，于是也就加强了对这一市场的制度供给。其一是通过法制建设，规范交易所；其二是建立交易所监理官制度以加强对市场的监控。从而使证券市场监管制度得以建立和发展起来。

一　华商证券市场的法制建设及其特点

证券法规范的对象是有关证券的各种活动，综观近代中国证券市场的法制建设，大体由以下几部分组成：（一）针对证券市场的专门法规：1914 年北京政府农商部颁布施行的《证券交易所法》及次年颁布的施行细则；1929 年南京国民政府工商部颁布施行的《交易所法》；1935 年南京国民政府实业部颁布施行的《修正交易所法》。（二）规范公司股票与债券发行的公司法规：1904 年清政府颁布的《公司律》；1914 年北京政府颁布施行的《公司条例》及其施行细则；1929 年南京国民政府制定施行并于 1946 年进行重大修订后颁行的《公司法》。（三）规范政府债券发行的法规：集中体现在每一种政府公债库券发行时的单行法规与规范整个政府债券发行的通行法规。（四）规范各级证券交易所的行业自律规则：近代各个时期成立的各证券交易所制定的章程、业务规则、交易所经纪人公会章程、临时简章等等。（五）各种相关配套法规：《交易所监理官条例》、《交易所监理员暂行规程》等监管法规，1921 年《交易所税条例》、1929 年《交易所交易税条例》、1946 年《证券交易税条例》、1948 年《交易所税条例》等税收法规。

　　以上可见，中国近代有关证券的各种法规大部分都是在民国以后制定的，而证券市场立法制度的主体建设时间则集中在 1921—1937 年抗战爆发前的这一段时间。"信交风潮"使政府真正认识到，对于风险性和能量都很大的证券市场，必须要有完善的法制建设，这是防范金融风险的直接屏障。同时，在风潮中，北京政府在工商界、金融界及租界当局配合下，从中央到地方积极采取补救措施，使风潮终于得到平息，实际上就是对近代中国早期证券市场自下而上自由发展模式的修正，也证明了在证券市场的博弈均衡过程中，一定的政府干预和制度设计是必要的。南京国民政府建立后，针对证券交易中存在的问题和矛盾以及旧有立法体制中的缺陷进行了补充和完善，最终形成了近代中国的证券法制体系，其突出成果是 1929 年《交易所法》及其施行细则和 1935 年《修正交易所法》。[①]

　　1929 年《交易所法》及施行细则，是在华商证券交易所开办 10 年以后，由以经济学家马寅初为首的立法院商法起草委员会，在广泛征求金融界意见的基础上重新制定的，是在总结北京政府时期证券、物品交易法规的基础上修正而成的。其条例比 1914 年颁布的《证券交易所法》更趋完善，许多方面都是针对证券交易实际运作中的具体问题而提出的法

---

　　① 有关证券立法问题，作者已有专文论述，详见拙文《旧中国的证券立法研究》（《档案与史学》2003 年第 5 期）及拙著《近代上海华商证券市场研究》，学林出版社 2004 年版，第 67—84 页，且与证券立法相关的各种规章制度也分别在不同的章节中均有研究，为避免重复，本书对于立法的详细过程与内容从略，主要归纳分析近代证券法制建设中呈现出的不同特征。

律解决方案，也使当时中国的证券立法更加适应市场管理的需要。① 如针对上海同时存在两个证券类交易所的实际情况，强调同一物品在同一地区只准设立一个交易所，以 10 年为限，满期需呈请工商部核准续展。如同一地区有两个或两个以上经营同类物品的交易所，自该法施行起 3 年内合并。规定交易所"得用股份有限公司组织或同业会员组织"。这对于证券交易所来说，其组织形式较前有了新的发展，应该说是一个进步，更有利于证券交易的规范化。在经纪人问题上，取消了带有歧视妇女的浓厚封建色彩的条文——妇女不能作为经纪人或交易所职员；规定经纪人或会员分为自然人（即个人经纪人）和法人两种，增加了中华民国法人可申请为经纪人或会员，更有利于社会公众参与证券交易的活动。而明令交易所不得买卖本所股票，这是吸取"信交风潮"教训的结果。同时对违法处罚的规定更加具体，除保留原有的行政处罚外，还增加了违法行为的刑事制裁，即使是罚金也比原来更重。

1935 年年初，立法委员史维焕、刘振东、卫挺生、陈剑如、张志、韩狄鹰、刘通、梅恕曾、王秉谦、邓公玄、周一志等，为取缔投机交易，提议修正《交易所法》条文，② 得到国民政府立法院的支持，决定对实施 5 年的《交易所法》进行重新修订。在修订前，经由蒋介石、荣宗敬、张公权、顾孟馀等政府及工商界、金融界、专家学者组成的财政委员会与马寅初等组成的商法委员会两会议决。3 月，派委员陈剑如、史维焕、郑洪年赴上海实地调查，召集各交易所理事长及经纪人公会负责代表谈话，征求意见。③ 4 月 27 日，实业部颁布《修正交易所法》，其突出的变化在于针对公务员投机，特别强调对内幕交易和操纵市场的管制，加大对证券投机操纵的打击力度。

总结起来，近代中国证券立法体现出以下新的特点：

第一，近代各种证券法律规章相对齐备。证券市场包括发行市场和交易市场两个部分，完备的证券法也应以规范两个市场为主要内容，成

---

① 以下内容参见《交易所法》、《交易所法施行细则》，上海市档案馆编《旧上海的证券交易所》，上海古籍出版社 1992 年版，第 294—306 页；郑爱谞编《交易所法释义》，上海世界书局 1930 年版。

② 《修正交易所法提案》，《交易所周刊》第 1 卷第 6 期（1935 年 2 月 11 日）。

③ 详见拙著《近代上海华商证券市场研究》，学林出版社 2004 年版，第 77—78 页。

为规范证券发行与证券交易法律关系的总和。综观近代中国证券的立法内容，在近半个世纪的时间里，各个时期的政府分别制定和颁行了有关证券发行与交易的基本法规、主管机构的行政规章及证券交易所制定并经政府主管机构批准施行的营业细则等大量法规和规则，涉及了证券市场的方方面面。随着证券市场的发展，证券法规前后衔接，既有所继承、改进和发展，更使证券法律规范日趋合理、丰富和严密。近代证券立法最终虽并未臻于发达与完善，但却处于不断发展的进程之中。

第二，立法体例上并未形成一部完整的《证券法》。在这为数众多的证券法规中。证券市场的根本大法体现在《证券交易所法》、《交易所法》及《修正交易所法》中。这些规范证券市场的证券专门法规则重交易轻发行，集中于对证券二级交易市场的载体——证券交易所的管理。近代不仅没有形成一部完整的《证券法》，最终还将《证券交易所法》同《物品交易所法》合为一体，制定成一部统一的《交易所法》。当然这部法律的制定也有其合理性，由于证券交易所和物品交易所同为交易所，在其性质、内部组织、经纪人和交易方式等方面有共同之处，因而为立法上的统一提供了可能。于是，南京国民政府将北京政府时期的《证券交易所法》和《物品交易所法》合二为一，实现了交易所立法的统一，这种立法体例的好处是避免了分别立法所造成的因交易所的不统一而带来的管理上的不便。但其主要不足则是，由于证券交易所和物品交易所在运作规则上毕竟存在很大差别，立法上就很难考虑周全，难免挂一漏万。故而法律条文显得笼统，不便于交易所的具体操作，[①] 致使近代证券市场到结束也没有形成一部独立的《证券法》。

第三，证券立法中逐渐加重了对证券交易所及经纪人的违法责任的处罚力度。目的是遏制华商证券市场的投机操纵。近代中国的交易所采取的是股份公司组织形式，因此，各交易所均发行股票，而依照1914年《证券交易所法》，并无禁止本所股票不得上场买卖之规定，故而本所股票的买卖并非违法。"信交风潮"已充分证明本所股票的上场买卖危害极大，甚至交易所尚未成立，股票尚未发行，仅凭一张认股收条，居然亦

---

① 李本森：《中国近现代证券立法的特点及启示》，《法学》1996年第3期，第37页。

有买卖之市价，成为诱发投机风潮的一大祸源。对此，不仅北京政府在"信交风潮"发生的当时深感其危害，给予了坚决的取缔，而且以后的南京国民政府也很注意从中吸取教训。1929年颁布《交易所法》时，就明确规定了本所股票不得在本所交易买卖，到1935年《修正交易所法》第29条仍保留此规定。此后这一政策一直得以贯彻执行，直至近代上海华商证券市场发展的终结，再也未发生本所股票在本所交易的事情。

北京政府的《证券交易所法》对证券交易所及职员的违法行为只有经济处罚与行政处罚，而无刑事处罚。而1935年的《修正交易所法》除了加重对证券违法的经济与行政处罚之外，明确规定"其涉及刑事者，依刑法处罚"，且还严禁公务人员参与证券交易及操纵市场的行为，如遇此类事件发生，均由政府派员调查处理。

第四，规范了各证券交易所的自律性法规。由于《交易所法》的颁布及修正，给各地成立的证券交易所提供了法律的范本，这些证券交易所大都制定了交易所章程和营业细则。这些自律性法律规范因为有了《交易所法》作参照，因此渐趋完备，其内容涉及开市、闭市及休假日，经纪人及代理人，经纪人公会，受托，交易，保证金及交易证据金，公定市价，经手费及佣金，交割，计算，违约处分及赔偿责任，公断，制裁等。这些相对完备的各证券交易所制定的章程和营业细则，几乎都呈请政府主管部门批准。实际上即是政府将证券市场的业务规则等授权给证券交易所来制定，这些规则多属于长期以来形成的商事惯例，或借鉴外国证券交易所的现有规则，因而更具操作性，这些规则成为近代华商证券市场正常运行不可或缺的具体规范。

第五，证券市场税收制度的建立迟缓。制定完善的《证券税收法》可以很好地发挥政府对证券市场的宏观调控职能。然而作为政府制度安排的直接收益——证券税收制度在近代却未能起到有效的作用。晚清时期，由于证券市场的无序性，政府缺乏对市场的管理，也就无从加强对这一市场的税收管理了，北京政府时期开始有了《证券税收法》，实行的是统一税率，且只征收交易所税，并未对买卖双方进行征税。南京国民政府开始沿袭了这一做法，但随着证券及物品交易市场的发展，国民政府认为有必要对交易双方征收交易税以增加政府财政收入。于是从1934

年末到 1935 年，围绕对交易所中买卖征收交易税问题，上海金融业与立
法院之间又展开了一场争论，最后修正通过的《交易税条例》，明确规定
政府发行之公债、库券交易免税。由于当时的证券市场主要以政府债券
为主，实际上对证券交易仍然是免税。直到抗战结束后的 1946 年 9 月颁
布《证券交易税条例》规定，交易税按买卖约定价格征收，这才使证券
交易征税得以实现。这样一来，整个近代，政府均未能有效地发挥利用
税收杠杆调节证券市场的作用。

二　华商证券市场监管制度的建立与发展

所谓证券市场监管，是指证券市场的管理机构依照相关证券法规，
对在证券市场中进行证券发行与交易的行为主体及其活动进行监督管理，
维护市场有序运行，防范市场风险，保护投资者利益的各种活动的总称。
这里的管理机构既包括政府机关，同时也包括行业自律组织在内。在中
国近代，政府监管机构主要是指中央政府主管部门及其派出机构与地方
政府主管部门；自律组织则是指证券交易所和经纪人公会。由于中国近
代证券市场自律组织主要为证券交易所及其下属的证券经纪人公会，而
对于这部分内容，作者曾在《近代上海华商证券市场研究》一书中有专
章论述，且在本书中也有分别论述，在此从略，仅探讨政府对证券市场
的监管问题。

晚清时期，由于中国华商证券市场完全处于无序状态，具有明显的
自发性，清政府对华商证券市场是缺乏管理的。进入民国后的很长一段
时间，北京政府对证券市场的管理一直比较混乱和松散。尽管 1914 年
《证券交易所法》明确规定了政府对证券交易所的管理机构是农商部，但
由于当时还没有建立证券交易所，几乎没有真正行使职权。20 世纪 20 年
代前后，交易所设立之初，农商部的监管仅局限于登记、审核等，基本
上未对证券交易市场的其他方面进行过管理。尽管《证券交易所法》中
有"农商部认为必要时，得派临时视察员"的规定，上海交易所成立后，
政府也设立了视察员一职常驻上海，但实际上仅起到与北京政府农商部
之间的联络作用，偶尔奉命视察，也属临时性质，人员既少，所起的监

督作用自然有限。直到 1921—1922 年"信交风潮"爆发，管理层才认识到统一监管势在必行，北京政府与租界当局采取了一系列整顿措施，使这场风潮得到了有效而迅速的遏制。

"信交风潮"结束后，北京政府并未立即建立起对华商证券市场高效严格的管理体系，再加之当时股票交易已逐渐沉寂，代之而起的是政府内国公债的交易。为了政府公债的顺利发行，有必要放任对华商证券市场上公债交易的管理，但随着政府债信的丧失，公债基金无着，还本付息欠期，致使公债投资者遭受损失，华商证券市场上再次风潮迭起。如在北京证券市场上，自 1925 年"九六"公债狂涨不已，引发风潮。1926 年年初，针对证券市场投机盛行，北京警察厅介入证券交易所监管，随即北京警察厅派检查员常驻交易所以资调查。由警察厅规定取缔章程，发出布告，取缔经纪人私做便交："查北京证券交易所，原为维持公债，活泼金融，迭经整顿，由本厅规定取缔章程，并派专员随时检查各在案，乃近来查各经纪，竟有在交所私做期货，所成交易，往往不登账簿者，只知希图课纳证据金，殊不知不登账簿，则交易量数之多寡，无从查悉。且交易量膨胀其资金倘有不足以保证时，势必仍踏往年之覆辙，显与原定办法附属规则第十一条不合，实有本厅维持之至意，亟宜查禁，自布告后，倘该各经纪，再有私做期货，不登交易所账簿情事，一经查出，定必依法惩办，绝不宽贷。再据检查员报告，该交易所时有因口角，发生揪打，以致扰乱秩序者，查该所乃交易市场，为观瞻所系，凡交易之人，自应各守商人本分，如再有此种行为，一并惩罚。合行布告周知，切切此布。"① 由此可见，为制止证券市场的投机交易，防止证券市场交易风潮的发生，北京市地方政府还是采取了相应的措施加以监督与管理。

有鉴于此，北京政府为了防止类似风潮的再次发生，同时也为了政府公债的顺利发行，决定加强对交易所的监督，于 1926 年 9 月由政府直接向各地交易所派驻交易所监理官，开始实施对证券市场的严格管理。

1926 年 9 月 9 日，北京政府颁布《交易所监理官条例》，规定农商部

---

① 《警厅取缔私做公债期货》，《银行月刊》第 6 卷第 6 号（1926 年 6 月 25 日）。

在各区域设交易所监理官，向各交易所派驻委员一人，负责稽核交易所账目、征税及其他监督事项。[①] 此事遭到上海各交易所的联名反对，上海证券物品交易所理事长虞洽卿，纱布交易所理事长穆湘玥，华商证券交易所理事长孙铁卿，杂粮交易所理事长顾履桂，面粉交易所理事长王震，金业交易所理事长徐凤炜会同致电国务院、农商部、平政院以及江苏省官厅省部表示反对，认为该条例从法律与事实两方面均有窒碍，根据 1914 年《证券交易所法》以及 1921 年《物品交易所条例》的规定，仅设视察员，现改为监理官，违法实甚；商人开设行号，官厅不应加以严厉干涉，交易所贸易尤繁，每所派驻委员一人，逐日稽查，于市场秩序妨碍滋多，因此恳请收回成命。[②]

此时，交易所监理官的设立之所以会遭到如此坚决反对，主要是因为在北京政府统治的绝大部分时间里，政府奉行"无为而治"的经济哲学，金融制度是自由市场型，工商界和金融界普遍反对政府对市场的干预，一般舆论对政府的证券监管也没有任何支持。

尽管遭到上海各交易所的联名反对，农商部仍于 9 月 15 日，特派谢铭勋为上海交易所监理官，专门负责对上海交易所事务的全面而直接的监督与管理。9 月 27 日，谢铭勋走马上任，在闸北恒通路 38 号组织公署开始办公，署内分总务、会计、审计三科，并派委员五人分驻各所，代表执行查核事务。[③] 交易所监理官制度的建立，表明北京政府建立上海华商证券市场监管体系的开始。然而，由于各交易所拒不接受其指令和所交办的一切文书文件，致使上海交易所监理官无法行使其职权，未能正常实施其监管职能。

1927 年国民政府定都南京后，政府中央一级的证券管理机构大体如下：最初将交易所的管理权划归财政部金融监理局执掌。但是，在政府各部的组织法中，对交易所的管理权却职责不清，既属于财政部也属于工商部，如《财政部组织法》中规定，财政部有监督交易所、保险公司、储蓄会及特种营业之金融事项，《工商部组织法》中也规定了关于交易所

---

① 《交易所监理官条例》，《银行周报》第 10 卷第 36 号（1926 年 9 月 21 日）。
② 《交易所反对监理官》，《银行周报》第 10 卷第 37 号（1926 年 9 月 28 日）。
③ 《交易所监理官正式就职》，《银行周报》第 10 卷第 38 号（1926 年 10 月 5 日）。

之立案及监督事项。这样一来，对交易所的管辖权既不分明，监督也无专责。后经财政部与工商部的反复会商，于 1929 年 8 月间，由财政部将交易所设立注册各案卷，悉数移转于工商部接收管理。但与金融有关之事项，如上海证券、标金市场之合并，比较交割标准之核定，以及证券、金业交易实况之考核监督，则由财政部主持，会同实业部（工商部、农矿部归并为实业部）办理。交易所税仍由财政部专项稽核征收。① 1935 年《修正交易所法》改以实业部为主管机关。1937 年 10 月经济部成立之后，其主管权又改属于经济部，证券交易所的注册登记和监督检查事项统由经济部主管。抗日战争时期，上海沦陷，1943 年 9 月，汪伪政府饬令上海华商证券交易所复业，以伪财政部与实业部主管证券市场。抗战结束后，国民政府改由财政部和经济部共同主管。在管理权限上，以财政部为业务主管，经济部则只负责注册登记事宜。

在中央主管机构的直接领导下，设立专门的证券监管机构，逐步建立起中央政府对华商证券市场的监管体系。

南京国民政府建立初期，1927 年 8 月中旬，蒋介石因在政治较量中失意而宣布下野。鉴于政局的不稳定，当时的上海交易所监理官王晓籁于 9 月 14 日向财政部电辞交易所监察一职。② 9 月 20 日，孙科出任财政部部长。11 月 1 日，国民政府召开第十二次会议，决议在上海设立国民政府财政部金融监理局，任命蔡增基为局长，财政部钱币司裁撤。同日，蔡增基宣誓就职，在上海外滩 15 号三楼设局办事。③ 与此同时，孙科即下令将上海交易所监理官、江苏银行监理官、全国特种营业稽核稽征特派员等一律裁撤，归并金融监理局办理，以统一事权。④ 该局在上海设事务所，专门负责对上海证券市场的管理。1928 年 1 月上旬，蒋介石复任总司令职务，宋子文也取代了孙科，出任财政部部长。在召开了全国经济会议和财政会议后，8 月 31 日，财政部撤销了金融监理局，复设钱币司管理金融事宜，证券管辖权归入该司。同时，在《工商部组织法》中，

① 财政部财政年鉴编纂处编：《财政年鉴》（上），商务印书馆 1935 年版，第 1852 页。
② 《王晓籁电辞交易所监察职务》，《申报》1927 年 9 月 16 日。
③ 《国府政务会议》，《申报》1927 年 11 月 2 日。
④ 《财部统一金融监理事权》，《申报》1927 年 11 月 3 日。

也有管理交易所立案及监督等规定,只是管辖既不分明,监督也无专规。1929 年 8 月,财政部、工商部会商决定,由财政部将交易所设立注册案卷全部移往工商部接收管理,但与金融有关事项仍由财政部负责。后工商部与农商部合并为实业部,管辖权归实业部。到 1931 年又重新恢复了交易所监理官制度,同年 4 月,孔祥熙任部长的实业部与宋子文任部长的财政部共同决定,在上海设立交易所监理员办公处,由两部各派监理员 1 人,随时检查交易所及经纪人的营业状况和有关簿据文件等,每月将情况上报两部。5 月 19 日,实业部派出陈行、财政部派出许建屏为首任上海交易所监理员。1932 年 1 月 20 日,两部又派王晓籁、何秀峰为上海交易所监理员,接替陈行、许建屏之职。[①] 这是国民政府旨在加强对交易所管理的一项措施。

即使到抗战时期,1943 年 9 月,当汪伪华商证券交易所"复业"后,汪伪政府对上海证券市场的监管仍然沿袭前制,由伪财政部与实业部建立交易所监理委员会具体负责。1943 年 9 月—1944 年 9 月,主要由汪伪财政部钱币司与实业部商业司共同实施领导,由两部会同设立证券监督管理委员会进行具体的监督管理。[②] 1944 年 9 月,伪财政部与实业部会同呈奉伪行政院核准,将保险公司及证券交易所的监督指挥权划归财政部专管,具体业务归钱币司,并在该司原设三科之外,另添设第四科专负其责。[③] 于是,1944 年 10 月—1945 年 8 月战争结束,汪伪政府将上海华商证券交易所的监督管理权直接划归伪财政部主管领导,由伪财政部设立的证券交易所监理员具体监督管理。

战后,当上海证券交易所正在筹备复业时,财政部、经济部分别于1946 年 9 月 4 日及 7 日训令上海证券交易所筹备处,派王鳌堂、吴宗焘为上海证券交易所监理员,同时重新颁布了《修正交易所监理员暂行规程》。10 月 1 日,财政部、经济部上海交易所监理员办公处正式办公。[④]

南京国民政府在不同时期颁布的这些规则构成了上海交易所监理官

---

①　中国第二历史档案馆馆藏南京国民政府财政部未刊档案,档号三 (1) - 2150。
②　杨德惠:《上海的华股市场》(下),《商业月报》第 22 卷第 2 号 (1946 年 6 月)。
③　中国第二历史档案馆馆藏汪伪国民政府行政院未刊档案:档号 2003 - 3563。
④　上海市档案馆馆藏上海证券交易所未刊档案:档号 Q327 - 1 - 48、Q327 - 1 - 5。

或监理员派出机构的法律依据。该派出机构在上海华商证券市场的管理方面发挥着重要作用，是南京国民政府统治时期包括中央和地方在内的最主要的证券市场管理职能部门。这一体制成为了国民政府对华商证券市场重要的监管制度。

需要说明的是，上海作为近代中国证券市场的核心与主体，自然成为中央政府直接监管的主要对象，但是，上海地方政府也对上海证券市场负有监管之责，上海在未成立特别市之前由江苏省实业厅主管，之后则为上海特别市社会局行使对证券市场的管理，配合交易所监理员办公处工作，在维护治安、取缔非法营业等方面发挥作用。

虽然北京是近代中国华商较早成立证券交易所的，但随着南京国民政府的建立，经济中心的逐渐南移，北京（1928 年已改称北平）的证券交易已失去了往昔的重要地位，因此，国民政府将交易所的监管重心放在了上海，对北平的交易所及证券市场的管理权直接下放给了北平市地方政府。为维持北平特别市金融市场的正常发展，预防紊乱，由北平市财政局设立北平特别市证券交易所登记所。凡在北平特别市证券交易所买卖或委托买卖各种有价证券，无论现期及定期均须照本简章每日在证券交易所登记所登记。凡每日在证券交易所买卖登记之各种证券，每票面额 1 万元应由买卖双方各纳登记费 1 元，其不满 1 万元者按照成交票面额扣算。在证券交易所交易之证券应由证券交易所每日将交易证券之种类数目按照本局制定买卖证券表格式填列两份，送于证券交易所登记所。证券交易原为流通金融，关系市面至深且巨，若无统计稽核，为害殊多，应由每日交易开场时，由证券交易所登记所轮派专员切实调查，详细登记，编制统计表，逐旬公布，俾众周知。凡有暗中操纵证券价格，任意亏涨者，一经查出立即送交地方法院或公安局以扰乱金融者论。[①]

而对于各地相继成立的地方证券交易所，通常情况下，也照北平一样，由地方政府对交易实施监管。一般情况下，各省以实业厅或建设厅为主管机关，也可由地方政府自行设立监管机构进行管理，其职责为负责转呈备案，协助中央监管机构进行工作，维持地方证券市场稳定。如

---

① 北京市档案馆馆藏新华银行未刊档案，档号 J46－1－54。

1932 年重庆证券交易所成立后，即由驻防重庆的四川军阀刘湘的国民革命军第二十一军军部特派唐华为该所监理官，重庆市市政府也派出余子立为监理官，共同实行对该所的管理。而证据金代用品检查委员会主席，则由总金库经理娄仲光充任。[①] 当 1934—1935 年因申汇市场发生风潮时，重庆证券交易所在汇兑买卖中出现买空卖空行为，扰乱市场，国民政府实业部立即派出四川财政特派员与四川财政厅、建设厅等会同查处，认为"该所设立，既未呈经本部核准，且又违法兼营汇兑，殊属不合"。且做出决定，取消其经营汇兑的资格。[②]

总之，"信交风潮"成为了近代华商证券市场制度建设的转折点，引发了中国近代证券监管历史最重要的变革，一改早期证券市场的无政府状态。此后历经北京政府与国民政府的努力，逐渐建立了统一的证券监管机构，构建了相对集中统一的证券监管体系，标志着近代中国华商证券市场制度从自由放任型向政府监管型的转变。其间，中央政府在对证券市场的监管中起着重要的作用，政府对市场机制的认识也在制度变迁的过程中通过"干中学"的过程得以积累，监管制度也表现出由简至繁的演进过程。不过，政府对华商证券市场的监管制度主要还是集中针对上海，至于各地的其他地方性证券交易所，政府主要通过委托地方政府代为监督管理，派驻了到各交易所的监理官。然而这种监管却遭到了很大的挑战，即便是在对上海华商证券市场的监管中，仍发生了政府部门及其工作人员监守自盗的严重腐败，导致证券市场上的投机操纵行为屡禁不止，进而产生了监管政策与制度的无效性。

第三节 华商证券交易所制度的发展与各地证券交易所的建立

经历了 1921—1922 年"信交风潮"的冲击之后，在中国大地上幸存下来 3 个证券交易所，分别是北京证券交易所、上海证券物品交易所及

---

① 《重庆证券交易所概况》，《四川月报》第 4 卷第 1 期（1934 年 1 月），第 52 页。
② 重庆市档案馆馆藏四川省建设厅未刊档案，档号 0024 - 1 - 456。

上海华商证券交易所。而到 20 世纪 30 年代，随着国民政府中央及地方公债的广泛发行，在全国许多地方又纷纷涌现出了地方性的证券交易所，可以说是中国近代证券交易所建立最多的时期，集中反映了中国近代证券市场的发展状况。

一　从北京证券交易所到北平证券交易所

北京证券交易所于 1918 年成立。1928 年 6 月 20 日北京改称为北平，1929 年北京证券交易所改为北平证券交易所。1936 年 7 月，因扩大业务范围，添办物品交易，交易之物品包括有价证券、杂粮、金业、煤炭等，奉行政院指令准予暂行营业，再次更名为"北平证券物品交易所"。然而，正值办理换照手续时，"七七"事变爆发，受战事影响，1939 年 6 月即停止营业。此后，北京证券物品交易所在战时的沦陷期内，并未在敌伪机关有变更或设立之登记。①

由于得天独厚的政治条件，北京证券交易所成为了北京政府公债的最直接的销售市场，其公债交易异常活跃，1922—1928 年，是北京证券交易所的黄金发展阶段。北京证券交易所安装有直拨电话同北京各家银号相通，以通信息，掌握行情。当时北京是北京政府所在地，商贾众多，占了"地利"优势，加之币制不一，市场流通的货币种类十分复杂，因此交易所业务一度红火。

北京证券交易所的公债交易种类主要还是现期交易与定期交易两种。

现期交易，即于买卖契约缔结之后，立为代价及货物授受的交易，又称现货买卖，这种交易在任何一个证券市场中都颇为盛行，凡涨落过甚、捉摸无定的证券以及交易不多、买卖不大的证券，证券交易所一般都暂时将该项证券不做期货而只做现货，如遇整个市场或一种证券呈现出不稳的景象时，证券交易所也往往改做现货，因此，现期交易在证券市场中所占的位置十分重要。

根据《北京证券交易所期货办法简章》的规定，北京证券交易所的

---

① 北京市档案馆馆藏北平市社会局未刊档案，档号：J2-4-685。

期货交易分为本月期、下月期两种。本证据金每额面万元预缴现金 400
元，代用品 400 元，合计 800 元。每一经纪人每月份期货交易余额以 30
万元为限，如欲逾额，应按照业务规则第十八条之规定，先缴特别证据
金，每万元现金 200 元，每过 10 万元递增 300 元，如遇特别情形，由本
所临时约定公布之。每一场内根据开盘行市，俟追金清了再行开市，如
有未能依时履行者，即停止其在场交易，并一面限时清了，如再逾限照
章处分之。凡有转卖买回者，须根据现有余额顺序冲销之。每日后场及
次日之前场合为一计算界限（如遇假期在 2 天以上，本所认为必要时，
其假期前后两场各作一计算界限，收付差金之时间临时规定揭示之）。约
定价格与记账价格比较所得之差金，须于每下次计算界限第二场内送交
本所（譬如一日后场与二日前场为第一计算界限，其差金应于第三日上
午交到，由此类推），如不交齐即照本所业务规则第六十二条以违约论。
期货经手费佣金每公债额面万元共收 5 元，本所收经手费 3 元，经纪人自
收佣金 2 元。[1] 根据 1927 年的情况，在场交易的证券全部为公债：如九六、
七长、整六、整七、五年、十四年等。因为时局不靖，内债有动摇之势，
买卖稀少，因而全年几乎未做定期交易，只开现期买卖。据 1927 年的营业
报告，当年的经手费及利息等收入计算，仍有纯利 5 万 7 千余元。[2]

　　1927 年，国民政府在南京成立，公债发行中心也随之南移，北京证
券交易所经营公债失去往日的“地利”优势，但其营业仍分为现期交易
与定期交易 2 种。现期交易与过去情况一致，而定期交易与北京政府时
期相比有了一些改变。据 1930 年的档案显示，定期交易分为普通定期及
特约定期 2 种，期限分为本月期、下月期 2 种，实施定期交易的证券买卖
种类为以下 11 种：七长公债、整六公债、续发江海关二五库券、善后公
债、续发卷烟库券、关税库券、金长公债、编遣库券、裁兵公债、“九
六”公债、春节库券。证据金定率为现金 400 元，代用品折价 200 元，但
“九六”公债交易只缴现金 400 元，免缴代用品，代用品种类及价格，交
易所随时揭示之。证据金缴纳时间为前场于当日午后二时半以前及后场

　　① 北京市档案馆馆藏金城银行北京分行未刊档案，档号 J41-1-182。
　　② 杨荫溥：《中国之交易所论》，金融史编委会编：《旧中国交易所股票金融市场资料汇编》
（上），书目文献出版社 1995 年版，第 126—127 页。

于收盘后开具次日支票。而特约定期交易交货地点指定沪、津二处。定期交易每种债券行市在 4 折以上，每额面万元共收经手费及佣金 6 元外，加登记费 5 角。[①] 此后，业务日渐萧条，经营每况愈下，1933 年上半年现期经手费总收入只有 1677 元，[②] 已不能维持营业，陷入停顿状况。到 1936 年年初，北平证券交易所鉴于市场债券期货交易久未开成，对北平市金融殊多影响，经商洽定于 2 月 1 日起恢复交易，开做各种债券现货与期货交易，且规定各种债券现货买卖除"九六"公债外，其余每种以千元票面为单位，每千元票面收取佣金 2 角，经纪人得 1 角 2 分，交易所得 8 分。当时现货交易的债券种类很少，只有春秋库券、秋节库券、二四库券、一四盐余库券、崇文门库券、赈灾公债、整七公债等几种及平市官钱局铜元票。[③] 而期货交易则分为本月期、下月期 2 种，其债券种类与交易时间由交易所根据当时情形随时核定并揭示之。[④]

　　无论是北京证券交易所还是北平证券交易所，依据其业务之规定，均要求组织成立证券经纪公会作为交易所的自律组织。在北京政府时期成立的北京证券经纪公会，会员入会资格以北京证券交易所之经纪人为限。凡取得经纪人资格后非加入本会不得在交易所执行业务。经纪公会以确保商业道德、维持交易信用、联络同业感情为主旨。公会设干事、评议各 5 人，由会员公选之，任期 1 年，但仍可公选连任。干事之职权主要是：执行干事会议决事项；办理本会一切事物；经管会内经费、出纳，并造具预算及决算报告；缮拟文牍稿件。评议之职权是：议定各会员所提出之意见书或建议案；议决筹集会费方法并审查预算及决算报告；研究交易上关于应有之学识及一切改良方法，互相讨论以供参考。会员均有充任公断委员之权利，公断委员由会员中公推。公会每月经常费由会员分任之。公会开会以常务干事为主席，公会会议分为职员会、全体会两种。公会会员交易时，须遵依交易所各项规则及本会规约与商业习惯为公平之受理，并须请委托人填写委托书。公会会员倘有违背规定者，

---

① 北京市档案馆馆藏金城银行北京分行未刊档案，档号 J41 - 1 - 183。
② 财政部财政年鉴编纂处编：《财政年鉴》（下），商务印书馆 1935 年版，第 1923 页。
③ 北京市档案馆馆藏金城银行北京分行未刊档案，档号 J41 - 1 - 187。
④ 同上。

由公会议决罚以相当之责任金或要求交易所取消其经纪人资格。凡公会会员遇有买卖争执或受屈之事得行向本会陈述情由，要求评断。[1]

　　北平证券交易所的经纪人在取得经纪人资格后也必须参加经纪人公会才能从事证券交易。根据 1930 年制定的《北平证券经纪公会规约草案》，证券经纪公会办理下列诸种事务：调查各项证券实况；提倡证券效果；调解会员间之争执纠纷事项；保护会员之正当交易；陈述意见于证券交易所，如改良交易方法、调查证金实况、限制或停止某种证券交易；参加证券交易所公断委员会；矫正同业一切弊害；编制证券统计等事项。选执行委员 5 人，监察委员 3 人，由执行委员中公推 1 人为主席，均为名誉职。且具体规定了执行委员、监察委员的职责。[2] 该公会一直存续到 1939 年 7 月宣告结束，"本会自事变后，交易所未做公债买卖，因之经费收入无着，两年以来由交易所陆续支用已属不资，长此以往，实难支持，是以暂将本会务结束，以节靡费，其一切文件装箱保存，下余一部分家具暂留钱业公会，一俟公债开做，再行成立"。[3]

二　上海统一华商证券交易所的建立

　　1921—1922 年的"信交风潮"，使上海 140 多家交易所和信托公司在半年多的时间里纷纷破产倒闭，最后仅剩下 6 家交易所，其中经营证券的交易所仅幸存上海证券物品交易所与上海华商证券交易所。

　　"信交风潮"后的上海证券物品交易所，虽然没有倒闭，但其业务却一蹶不振。1923 年 2 月，不得不成立临时整理委员会清理所务，主要办理银行钱庄及各经纪人欠款事项，但收效甚微。除少数欠账归还外，其余大部分或因倒闭而无法清偿，或因债务人潜逃而无从寻找，即使是找到债务人，也有不少因为风潮之后业务停顿，损失巨大而要求优待免除，[4] 致使上海证券物品交易所无法开展业务。此后一段时间，曾开展物

① 北京市档案馆馆藏金城银行北京分行未刊档案，档号 J41－1－182。
② 北京市档案馆馆藏金城银行北京分行未刊档案，档号 J41－1－183。
③ 北京市档案馆馆藏金城银行北京分行未刊档案，档号 J41－1－187。
④ 上海市档案馆编：《旧上海的证券交易所》，上海古籍出版社 1992 年版，第 125—128 页；上海市档案馆馆藏上海市证券物品交易所未刊档案：档号 S444－1－6。

品交易，主要上市品种为标金、棉花、棉纱三种，根据该所第十四期决算报告，从 1926 年 12 月 1 日到 1927 年 5 月底止，经手费之收入虽达 17.5 万元，但仍属亏折，其纯损为 1.33 万余元，后来该所从 1929 年 6 月起，已停拍纱花，改开证券。① 南京国民政府建立以后，上海证券物品交易所除 1928 年上半年有盈余 3317.33 元外，其余年份均无盈余。②

然而，上海华商证券交易所经过"信交风潮"之后的短暂整顿，业务很快恢复起来，成为上海华商证券市场交易的主体，其经营很快就出现了盈利。根据 1924 年 8 月股东常会的报告，该所营业颇为发达，以 1924 年前 6 个月计算，营业项下盈余 18.3 万余元，资产项下盈余 11.4 万余元，而股东半年官红利每股分派 3.8 元。③ 再据 1927 年上期营业报告，经手费收入达 3.28 万余元；而营业费用则达 5.37 万余元，故有 2.09 万余元的营业损失。④ 但 1928—1934 年的上海华商证券交易所盈余除 1932 年因沪战爆发停业半年而略有下降（为 45183.98 元）外，其余年份均呈逐年上升，1928 年为 18673.03 元、1929 年为 380032.33 元、1930 年 544828.45 元、1931 年 762837.09 元、1933 年为 694137.79 元、1934 年 1097846.52 元。⑤ 从 1928 年 4 月开始，增加对国民政府发行的二五库券、卷烟库券等的开拍，不仅使公债交易的品种得以拓展，也使市场交易逐渐活跃起来，其市场交易的种类仍承继以往，分为现期交易与定期交易两种。只是其规定比过去更加严格与规范。1928 年 1 月 1 日起实行之"现货买卖暂行办法"规定：（1）买卖单位，规定各种公债至少票面 1 千元，各种股票至少 10 股。（2）为过度交易之防止，各经纪人现货买卖之成交数，本所如认为过巨时，得预向经纪人征收交割准备金，或准备交割物件后，方许登入场簿。（3）交割时间规定为，现货买卖之交割，前场成交者，限于当日下午 2 时前；后场成交者，限于次日上午 12 时前，

---

　　① 杨荫溥：《中国之交易所论》，金融史编委会编《旧中国交易所股票金融市场资料汇编》（上），书目文献出版社 1995 年版，第 124 页。

　　② 财政部财政年鉴编纂处编：《财政年鉴》（上），商务印书馆 1935 年版，第 1161 页。

　　③ 《华商证券交易所股东常会纪》，《银行周报》第 8 卷第 31 号（1924 年 8 月 12 日）。

　　④ 杨荫溥：《中国之交易所论》，金融史编委会编《旧中国交易所股票金融市场资料汇编》（上），书目文献出版社 1995 年版，第 125 页。

　　⑤ 财政部财政年鉴编纂处编：《财政年鉴》（上），商务印书馆 1935 年版，第 1161—1165 页。

双方将货价或物件缴纳于本所为之交割；如双方同意，得自行交割，但须报告于交易所。（4）规定经手费征收现货买卖，双方应各缴经手费；各种公债票面每千元洋1角，各种股票每十股洋2角；于交割时照缴于交易所。① 以上可见，交易规则的厘定颇严。

1929年《交易所法》公布后，强调同一物品在同一地区只准设立一个交易所，以10年为限，满期需呈请工商部核准续展。如同一地区有两个或两个以上经营同类物品的交易所，自该法施行起3年内合并。这样，上海区域内的上海证券物品交易所与上海华商证券交易所，所做证券交易系属同种营业，于是证券交易乃各有两个市场。依《交易所法》的规定，其合并就势在必行了。

1931年6月28日，上海证券物品交易所正好营业期满10年（1921年6月28日领到北京政府农商部颁发的营业执照），当该所理事长虞洽卿分别向财政部、实业部及行政院呈请准予续展存立年限时，行政院借机训令该所依法合并后再行核办。② 于是，财政部一面电令证券物品交易所暂行停止证券部交易，一面电令上海交易所监理员从速拟议划一办法。并由财政部与实业部会商决定，训令上海证券物品交易所，限两个月内，依法将该所证券部营业，提前与华商证券交易所合并，即由上海交易所监理员督促进行，并经会呈行政院备案。上海交易所监理员遵令拟议上海证券市场划一办法，"证券物品交易所之证券部，与华商证券交易所应先行合并，惟两所俱有悠久之历史，与相当之根据，欲谋合并，必求双方满意，权利均等，未能稍涉偏畸，拟请令饬各举仲裁若干人，呈请认可后，由监理员召集从中调解，共商合并办法，庶于法律事实，得以兼筹并顾"。后经两部会呈行政院，行政院第27次院议通过照办。当即分令该两所遵限合并，由交易所监理员督促进行。③ 6—9月，虽经上海交易所监理员的调解，两所的合并问题仍因分歧太大而未有结果。此后，"九·一八"与"一·二八"事变相继爆发，此事被暂时搁置下来，直到1933

① 郑兆元：《我国证券市场与金融市场之关系及其市价涨落原因之分析》，《汉口商业月刊》第1卷第3期（1934年3月10日），第106—107页。
② 中国第二历史档案馆馆藏南京国民政府财政部未刊档案，档号三（1）－2736。
③ 财政部财政年鉴编纂处编：《财政年鉴》（下），商务印书馆1935年版，第1853页。

年才终于得以解决。1933 年 4 月 11 日，经两所理事会代表直接磋商，签订合同，6 月 1 日正式合并。经两所股东会议决，上海证券物品交易所的证券部于 5 月 31 日停止营业，同时上海华商证券交易所进行改组，合并后由证券物品交易所出资 20 万元，资本由原来华商证券交易所的 100 万元增加到 120 万元，计分 6 万股，每股票面为国币 20 元，经纪人名额由原来的 55 人，再增加 25 人（其中华商 15 人，物品 10 人），共计 80 人。①

　　这样，自 1933 年 6 月 1 日起，上海地区所有的证券交易，即由上海华商证券交易所一家办理，两家交易所同时经营证券的局面宣告结束，从而实现了上海华商证券市场的统一。统一以后的上海华商证券交易所内部组织除股东会与理事会外，设总务、场务、计算及会计四科，每科设主任 1 人，主任由理事长委任，受理事长指挥；各科下设若干股，以分事权。② 1934 年，华商证券交易所将汉口路 422 号的原有房屋改建为八层大厦，这是当时国内唯一进行证券交易的专门建筑，逐渐成为了当时中国乃至远东著名的证券交易市场。

　　上海华商证券交易所在实现统一之后，营业逐渐有了起色，统一前的 1931 年，每月平均成交票额达 27800 万元；1932 年因沪战停市数月，交易总额稍形减色，到 1933 年实现统一后得到恢复，每月平均成交数 26500 万元。而 1934 年前 5 个月的每月平均成交票额竟在 32400 万元以上，打破从前纪录。③ 另据统计，1934—1936 年，上海华商证券交易所的债券成交额分别为：4773410 元、4909980 元、2335275 元。④ 除 1936 年因统一公债发行前后市场震荡较大而成交额略有下降外，1934 年后上海华商证券交易所的营业还是十分旺盛的。这从每日的经手费收入也可以得到印证，1934 年平均每日公债成交额约达 2000 余万元，每日经手费收入平均约达 7000—8000 元，而每日开支平均仅 2000 元左右，故每日除去开支外，盈余颇为可观。估计 1934—1936 年间，每年约可盈余 100 余万

　　① 《华商与物品两交易所定期合并》，《中央银行月报》第 2 卷第 6、7 号（1933 年 7 月）。
　　② 吴钟煌：《证券交易所实务论》，《银行期刊》第 3 号（1936 年 1 月 31 日）。
　　③ 余英杰：《我国内债之观察》，《东方杂志》第 31 卷第 14 号（1934 年 7 月 16 日）。
　　④ 魏友棐：《上海交易所风潮所见的经济病态》，《东方杂志》第 34 期第 15 号（1937 年 8 月）。

元，至于股息亦颇优厚，在营业鼎盛时，每年每股可得官红利 11—12 元，约合周息 5—6 分。正因为如此，到 1937 年 6 月 11 日，上海华商证券交易所决定增加资本 180 万元，连原有资本共计 300 万元，并将开拍各项公司债券。① 6 月 20 日，举行临时股东会，到会股东 256 户，42012 股，由董事长张慰如主席，报告增资动机为"开拍公司股票债券及在国外发行之金币公债等有价证券，以增进业务……拟将本所资本增加 180 万元，合成 300 万元，其新资 180 万元之中，拟以 120 万元欢迎金融界投资，其余新资 60 万元，由本所各旧股东分认"，经投票公决，获得通过。② 但因"八·一三"战事爆发而未果。③ 上海华商证券交易的兴旺状况一直持续到抗日战争爆发，1937 年 8 月 13 日日军侵入上海之前，上海华商证券交易所奉命停业。

统一后的上海华商证券交易所，既是具体管理上市证券、证券经纪人和交易市场行为的第一线监管机构，又是受政府管制当局控制的主要对象，这种特殊性使得证券交易所同时具备管理者和被管理者的双重性质和职能，居于承上启下的市场中枢地位。证券交易所是证券市场上最主要的自律管理机构，证券交易所的自律管理主要集中在三个方面：一是实施证券上市管理和上市后的持续管理；二是实施对证券经纪人的管理；三是对交易市场行为的管理，作为市场第一线管理者担负监视和查处各类不正当交易行为，在一定权限范围内维护市场稳定的职责。

三　20 世纪 30 年代的其他地方证券交易所

随着南京国民政府的建立，中央政府公债与各地方公债的大量发行，在全国除上海、北平之外，在重庆、汉口、宁波、青岛等地又相继建立了一系列的地方证券交易所，它们的情况如下。

重庆证券交易所：

① 沈雷春主编：《中国金融年鉴》（1939 年），美华印书馆 1939 年版，第 E26 页。
② 《华商证券交易所通过增加资本》，《金融周报》第 3 卷第 26 期（1937 年 6 月 30 日）。
③ 王相秦编：《华商股票提要》，中国科学公司 1942 年版，第 2 页。

优越的地理位置是近代重庆商品市场形成的基本条件，作为长江上游最大的河道枢纽，重庆以其较为发达的航运交通体系吸收吞吐着川东以至四川各地的物资，贩进卖出。商品市场的规模随着交往的频繁、空间范围的延伸而日益扩大。1891年重庆正式开埠后，长江航运进入轮船时代，国外商业机构在重庆设立，商品交换关系也逐渐突破国界，以世界范围为活动空间。在重庆的经商贸易者来自五湖四海，他们往往以地域关系组成会馆（或行帮），或以营业相约组成公所。商人之间、商业团体之间相互利用、相互补充的业务联系，构成了重庆商品市场的基本骨架。它们各据实力，汇集天南海北各地商品于重庆，而以价值规律为主体的市场机制则制约和调节着各地商品、各类商品的价格与产销比例，使其发展成为长江上游最大的商品市场。随着金融业筹集、融通资金范围的日益扩大，金融业务机制的市场化也逐渐加深，在此基础上逐渐形成了长江上游最大的金融中心，金融市场日趋活跃。

20世纪30年代初，为了加强对渝市金融市场的管理及解决地方财政问题，刘湘部二十一军财政处处长刘航琛认为有必要组织交易所，致函重庆银行公会，拟于重庆设立交易所，邀约公会推人加入发起共同组织。于是，1931年11月26日，由重庆银行公会主席康心如召集，在四川美丰银行召开第四次公会执行委员会会议，讨论议决，推银行公会会员7名银行经理人加入发起组织。[①]经过筹备，重庆证券交易所在四川善后督办公署呈准立案，发给临时营业执照，经营有价证券交易。第一届理事长为聚兴诚银行总经理杨灿三，常务理事均为重庆金融界的头面人物。川康银行协理康心之，平民银行经理张子黎，重庆钱业公会主席、安定钱庄经理卢澜康及一般股东中的邹侠舟。其余理事、监事人选则有美丰银行的康心如、周见三，川盐银行的吴受彤，川康银行的刘航琛等。[②]于1932年4月20日正式营业，重庆证券交易所采用股份制组织形式，资本总额原定国币20万元，分为4000股，1932年开幕时，收足10万元，在第二届股东会后即将20万元全数收足。交易所下设总务、会计、场务、

<hr/>

①　重庆市档案馆馆藏重庆市银行商业同业公会未刊档案，档号0086-1-117。
②　卢澜康：《重庆证券交易所的兴亡》，全国政协文史资料委员会编：《文史资料选辑》第149辑，中国文史出版社2002年版，第77页。

保管 4 股，每股各设主任 1 人，负责进行一切所务。该所有经纪人 45 名，每名缴纳保证金 5 千元。营业种类：除专营各种有价证券外，善后督办公署还将管理申汇之权暂令其兼办，于是又有了兼营各处汇兑票买卖的业务。其中经营的各种公债、库券及有价证券，主要包括地方债券，如田赋公债、军需短期库券、短期盐税库券、整理川东金融公债、第一期整理重庆金融库券、第二期整理重庆金融库券、第一期整理川东金融公债、第二期整理川东金融公债；各种中央政府债券，如军需债券、盐税库券、印花烟酒库券等；部分产业证券，如中国银行股票、美丰银行股票、北川铁路公司股票、川康殖业银行股票、民生实业公司股票、重庆自来水公司股票，及各埠各国短期定期汇票与其他债券等多种。每日分前后两市营业，前市由午前 10 点至 12 点，后市自午后 3 点至 5 点。成交数目每日约数十万元，最多时竟达 288 万元。该所的收入状况：自 1932 年 4 月开幕至年底，除各项杂用外，共获纯利 6.6 万余元，1933 年上半年，收营业经手费 13 万余元，下半年因减收手续费，故仅收 8.6 万余元，利息收入约，200 余元；统计经手费利息两项，有 24.4 万余元。除该所缴用及股息外，并照交易所税则，以 1/10 缴呈善后督办公署，并补助重庆市政府建设费。入付两抵，盈余计 10 万余元。至 1933 年营业合计，约 6000 余万元。①

　　1933 年 2 月成立了重庆证券交易所经纪人公会，作为经纪人自律管理的机构，并分别获得国民革命军第二十一军司令部及重庆市政府的批准。制定《重庆证券交易所经纪人公会章程》（共 7 章 31 条），规定"凡在重庆证券交易所注册牌号领有经纪人执照者皆得为本会会员"，并"以维持增进同业之公共利益，矫正营业之弊害为宗旨"。②

　　正是由于重庆证券交易所兼营汇兑，因投机暴利，1932 年 12 月 3 日及 1935 年 1 月两度奉令停拍。其间与重庆钱业公会酿成了"钱交争执"，到 1932 年 8 月 1 日竟发生了重庆钱业公会与交易所的"钱交风潮"，钱业公会请求取缔交易所。自石建屏投机申汇失败后，交易所与钱业公会协

---

① 《重庆证券交易所概况》，《四川月报》第 4 卷第 1 期（1934 年 1 月），第 51—55 页；重庆市档案馆馆藏四川省建设厅未刊档案，档号 0024 - 1 - 456。

② 重庆市档案馆馆藏川盐银行未刊档案，档号 0297 - 2 - 3789。

议，对于申汇，钱业做近期，交易所做远期。但钱业中仍有做远期的，而交易所又搞投机，业务矛盾日深。此后经军方多次干预，允许钱业入所，又在 12 月 3 日申汇暴涨至 1000：1400 时下令交易所停拍，才告解决。① 1934 年申汇市场再次发生巨变，申汇飞涨，川钞锐跌，受此影响，重庆证券交易所蒙受重大损失，受到社会各界的抨击。该所鉴于前途之危机，于 1935 年 1 月底实行停止申汇交易，并自动呈请督署，将申汇管理权奉还政府，督署照准，将渝市申汇申票交易事宜，另饬银行公会及钱业公会，会同组织申汇交易处继续办理。2 月 1 日后，重庆证券交易所宣布停拍申汇业务，实行对证券交易的专营业务。然而，自交易所停拍申汇后，政府虽有责成银行、钱业两公会合组交易处，却因各商帮从中作梗，而并未成立，而申汇之善后处置，亦长此迁延。受此影响，重庆证券交易所的业务无形中陷于停顿，证券交易十分平淡，难以维持，到 2 月底，只得宣告停办，完全结束，并将所有股本退还股东，房产也售与银行公会，作为该公会会所。② 其间，2 月 20 日，财政部电令取缔重庆证券交易所。而此前，重庆地方当局也已下令将该所撤销。③

　　然而不久，重庆证券交易所便又恢复了。1935 年 7 月 1 日，财政部宣布民国二十四年四川善后公债 7000 万元如数发行，除一部分用作善后建设外，另一部分即按六折收换四川金融公债（即四川金融公债 10000 元，可以掉换善后公债 6000 元）。④ 为了便于四川善后公债顺利推行，1935 年 8 月 18 日，银钱业筹备恢复证券交易所，认为（1）四川证券交易渐繁，无交易机关之整理，将有周转不灵之苦。（2）现营证券业者，多属以少做多而无保障，且极少真实交易。推定康心之、张子黎、杨灿三等为筹备员，负责具体办理，地点仍设于原处，唯其交易，应以促进

　　① 田茂德、吴瑞雨、王大敏整理：《辛亥革命至抗战前夕四川金融大事记（初稿）四》，《西南金融》1984 年第 9 期，第 38—39 页。

　　② 《重庆证券交易所停拍——汇兑管理所撤销》，《四川经济月刊》第 3 卷第 2 期（1935 年 2 月），第 75—76 页；重庆市档案馆馆藏四川省建设厅未刊档案，档号 0024 - 1 - 456。

　　③ 田茂德、吴瑞雨、王大敏整理：《辛亥革命至抗战前夕四川金融大事记（初稿）五》，《西南金融》1984 年第 10 期，第 35 页。

　　④ 《四川最近之公债与房捐问题》，《四川经济月刊》第 4 卷第 3 期（1935 年 9 月），第 9 页。

资金流通、活动金融为主。不得投机赌博，再蹈前辙。① 重庆证券交易所的恢复，还得到了军事委员长行营当局的积极支持，"鉴于四川金融恐慌，欲于救济，必须四川公债得能流通市面。而证券交易所，即为重要之流通机关。饬速组织"。这样，在政府与重庆市金融界的双重推动下，8月24日筹备委员会正式成立，到9月初，重庆证券交易所就重建起来，9月3日在银行公会举行会议，预选理事、监察，9月4日再次在银行公会举行复选，结果选出潘昌猷、康心之、卢澜康等3人为常务理事，重庆银行的潘昌猷为理事长。该所采用股份有限公司组织形式，资本总额定为20万元，分为2000股，每股100元，所有股份，先收半数10万元，均由发起人40人认齐，收足开始营业。余下的10万元在第二次股东大会决议后，于1936年3月底全数收足。经纪人名额暂定50名，每名拟取保证金5000元。② 1935年10月21日，重庆证券交易所开幕正式营业。后经四川省建设厅转呈，1935年12月，获得国民政府军事委员会委员长行营核准发给的临时执照。③ 1935年10月19日，经理事会召集会议对办理登记手续的经纪人进行公开审查，审定合格的正式经纪人为42家。④ 然而，其间有不少经纪人因经营不善而申请歇业，据1936年的调查，重庆全经营证券业的商号实际仅有15家，资本共175553元。其中以盛记、裕昌、胜利、鸿庆等四家资本较为雄厚，四家资本为90000元，占整个资本总额的51.27％。⑤

　　再度成立的重庆证券交易所在组织制度与市场交易规则的建设方面渐趋完善。根据《重庆证券交易所股份有限公司章程》（8章43条）⑥ 可知，重庆证券交易所是一个以四川省为营业区域的地方证券交易所，采取股份有限公司的组织形式，明确规定股东以有中华民国国籍者为限，股票不得转让或出售给非中华民国之人民或法人，违者无效。其最高权力机构为股东会，分常会与临时会两种，议决一切重大事项。执行机构

---

　　① 《重庆金融近讯》，《四川经济月刊》第4卷第2期（1935年8月），第109页。
　　② 《一月来金融业之动态与静态》，《四川经济月刊》第4卷第3期（1935年9月），第12页；重庆市档案馆藏美丰商业银行未刊档案，档号0296-14-216。
　　③ 重庆市档案馆藏四川省建设厅未刊档案，档号0024-1-456。
　　④ 重庆市档案馆藏美丰商业银行未刊档案，档号0296-13-35。
　　⑤ 《本市证券业概况》，《四川经济月刊》第6卷第3期（1936年9月），第15页。
　　⑥ 重庆市档案馆藏四川省建设厅未刊档案，档号0024-1-456。

为理事会，设理事 7 人、监察人 3 人，均由股东会选任。在理事中互选理事长 1 人，常务理事 2 人，常驻所主持各种工作。同时还设立评议会，除以本所理事长或理事中共推一人为评议长外，主要由理事会从商业上具有经验及声誉之人士且非本所经纪人中，聘请 5—7 人为评议员，凡交易中发生事故或出现异议，均由评议会进行评议。

对于证券交易的具体规则，则是通过制定《重庆证券交易所股份有限公司营业细则》（16 章 94 条）① 进行规范，对市场、交易、保证金、交易证据金、经纪人及其代理人、经纪人公会、买卖委托、计算、交割、公定市价、违约处分及赔偿责任、经手费及佣金、公断、制裁等均制定了详细规则，成为了规范市场交易的基本准则。重庆证券交易所的证券交易种类主要集中于中央及地方发行之公债、库券及其他合法有价证券，分现货与期货两种形式。在成立之初的交易物品种类名称及买卖额预算清册中，主要计划经营三种地方债券：二十四年四川善后公债、行营清理四川省政府短期借款凭证、四川省库券等。两种地方公司股票：民生实业公司股票、四川商业银行股票。然而，在其后的市场中，公司股票几乎没有开出，政府债券则主要以四川善后公债为主，1937 年 2 月后又增加了四川建设公债。

以上可见，重庆证券交易所的建制与各种规章制度与北京、上海等地的证券交易所并无二致，是一个组织机构健全、交易制度相对完备的西部地区的地方证券市场，抗战之前，其证券市场运行良好。

汉口证券交易所：

1923 年以后，在汉口证券业又一次发展起来，据统计，当时经营证券的证券商号有 15 家，证券交易还没有集中的场所，也无固定的时间，证券的价格参照上海等城市的电报行情及本市的供求变化而定。② 1928 年后，由于湖北省、汉口市发行的地方公债逐渐增多，有十七年长期金融公债等 8 种，发行额约 5000 万元，再加之各种中央公债，使汉口市的证券买卖较前旺盛起来，到 20 世纪 30 年代初期，汉口已逐渐形成了证券市

---

① 重庆市档案馆馆藏四川省建设厅未刊档案，档号 0024 - 1 - 456。
② 中国人民银行总行金融研究所金融历史研究室编：《近代中国的金融市场》，中国金融出版社 1989 年版，第 112 页。

场，1931 年由证券商胡云程、郭浩然、陈荣山等发起组织汉口证券业公会，会址设在生成里。1933 年 5 月间，汉口钱业经营证券的有 20 余人参加公会，使会员剧增至 50 余人。[①] 证券业公会后来附设交易市场，专以买卖现货为限，不做期货，会员可自由买卖。除星期日和例假外，每天午后 1 点钟，都在这个市场里集合交易一次，完全限定为现货交易，开盘至收盘，涨跌差额不出半元，每天成交额不多，总计 1934 年一年里没有超过 10 万元。证券买卖分现货、期货两种。现货现买现卖，期货当时不进行交割，按议定日期到期交割。证券交易所成立后，公会交易市场即告停歇。当然，也有不少通过中间人利用电报工具，到上海证券市场做期货的。

经过一段时间的发展后，证券商人陈荣山、唐星三、孙坤山、胡云程等人为谋求证券流通的便利和价额标准的公平，希望发展证券业务并能调剂金融，于是筹备组织汉口市证券交易所，起初准备以同业会员为组织中心，因为事实上有困难，改为组织股份有限公司，邀集金融业沈诵之、龚榕廷、沈长明、杨树谦、徐悦安、张承谟、李德霁、关英监、刘殿青等为发起人，集股 30 万元，并于 1934 年 5 月 25 日召开筹备会，经过长期的努力，得到实业部核准。交易除现货买卖外，还有期货买卖，但限定中央政府发行之各债票，其余一切均仿上海华商证券交易所成例办理，每日前后市和上海市场同一时间，独立拍定盘价，推举理事组成理事会，下设文书处及总务、会计、计算、场务 4 科，推举上海银行经理周苍柏为理事，总理财务事宜。[②] 并规定，进入交易所从事交易的仅限经纪人。经纪人接受买卖委托时，向委托者取得买卖契约及证据金，至交易终了时，收受应得之佣金。佣金的支付、债券买卖按实际交易额的 1‰—2‰计算，股票买卖按实际交易额的 2.5‰—5‰计算。[③]

---

① 武汉地方志编纂委员会主编：《武汉市志·金融志》，武汉大学出版社 1989 年版，第 115 页。

② 《本市证券交易所业经核准立案》，《汉口商业月刊》第 1 卷第 12 期（1934 年 12 月 10 日），第 106—107 页。对于汉口证券交易所建立的时间，在中国人民银行总行金融研究所金融历史研究室编《近代中国的金融市场》第 112 页中，则认为是 1935 年 4 月，未标注资料来源。现根据《汉口商业月刊》中的资料显示，我们认为这个时间是不准确的，应该是 1934 年 5 月。

③ 中国人民银行总行金融研究所金融历史研究室编：《近代中国的金融市场》，中国金融出版社 1989 年版，第 112 页。

　　汉口的证券市场上主要交易的是湖北的地方公债：一期市政、一期善后、二期市政、二期善后等，其次兼营中央政府发行的部分公债如"九六"公债、一九关债、整理金融等，其他省区的公债如河南善后等及湖北的地方钞票如湖北官票、中国汉钞等也有交易，偶尔也有少量湖北地区的企业股票如水电股票上市。① 1935年6月以后，汉口市场银根紧缩，证券交易每况愈下，6—7月，交易更少，10月份全月无市，到11月3日交易所因亏损宣告停业清理，共亏损8.2万元。②

　　证券交易所停业后，市场买卖价格漫无标准，交易不便。1936年1月，证券公会又将交易市场恢复，证券商号27家，比1933年的50多家减少将近半数，交易市场规模也不大，营业范围极小，由同业公会会员轮流主持，参加交易的仅限于公会会员，只做现货，不做期货，每天营业至多两小时，交易证券经常不过四五种，成交票面金额有时还不及千元。5月30日成立整理委员会，并将开盘时间提早，开办期货交易。③ 不过，市场只负责市价开拍，至于买卖业务、证券交割等则由交易双方的会员商号自行办理，但终因营业范围狭小，证券市场仍然沉寂，每月仅开拍5—10种地方债券；到1938年武汉陷落，证券商号全部歇业。

　　四明证券交易所：

　　四明证券交易所由沪上证券同业巨子所发起，④ 于1933年3月呈实业部申请设立（设于鄞县，今宁波市）。同年8月核准登记给照，9月7日开始营业，以公债、库券、其他有价证券为交易对象。⑤ 据《四明证券交易所股份有限公司章程》（7章39条）所载，交易所采用股份有限公司的组织形式，定名为四明证券交易所股份有限公司，设于宁波商埠，以鄞县政府行政区域为营业区域。资本总额定为宁波通用银元20万元，分为1万股，每股20元，一次收足。所发股票用记名式，分5股、10股、

---

　　① 各月期的湖北证券市价表，分别见《汉口商业月刊》第1卷第6、7、8、9、10期（1934年6月10日、7月10日、8月10日、9月10日、10月10日。）

　　② 武汉地方志编纂委员会主编：《武汉市志·金融志》，武汉大学出版社1989年版，第116页。

　　③ 同上。

　　④ 钱承绪：《中国金融之组织：战前与战后》，中国经济研究会1941年版，第170页。

　　⑤ 财政部财政年鉴编纂处编：《财政年鉴》（下），商务印书馆1935年版，第1920页。另据叶笑山、董文中编《中国经济年刊》（中外出版社1936年版，第108页）称，该所成立于1932年。

50 股、100 股 4 种，由理事长、理事 5 人签名盖章发行之。且规定非中华民国人民不得持有本所股票，否则无效。本所营业范围为各项证券之现期买卖与定期买卖。最高决策机构为股东会，分常会与临时会两种：常会于年终结算期后 2 个月内由理事会定期召集之；临时会由理事会或监察人认为必要或有股份总数 1/20 以上之股东声明理由，请求开会时召集之。最高的管理机构为理事会，设理事 7 人，监察人 2 人，均由股东会议选任之。凡持有本所股份 30 股之股东得被选为理事，持有 10 股之股东得被选为监察人，理事当选后即组织理事会，并互选理事长 1 人，常务理事 2 人，常驻本所，经理各种事务，理事、监察人任期均为 3 年，任满被续选者均得连任，凡补充缺额之理事或监察人均以补足前任未满之任期为限。理事会每月开常会一次，遇有重要事项得开临时会先期由常务理事将议题通知各理事。[①]

四明证券交易所从 1933 年 9 月营业后，至当年年底结账，各项库券票面买卖总额为 4833 万元，营业盈余总额为 15582.55 元。经营的证券种类以国民政府中央发行的三种库券：二十年关税库券、二十年统税库券、二十年盐税库券为主，另外有极少数北京政府时期的"九六"公债。[②] 由于资料的缺乏，该所的详细运营情况不得而知，到 1936 年 3 月，该所经国民政府财政部核准正式解散，其所缴之营业保证金亦经财政部令饬由宁波的中国银行发还。[③]

青岛物品证券交易所：

青岛物品证券交易所于 1934 年 8 月成立，经营棉花、土产、杂粮、公债。[④] 其交易品之种类虽与交易所法规定未符，但设立之初系因应付需要，并经青岛市政府咨明实业部呈奉行政院令准设立，当即核准登记在案。该所采用股份有限公司组织形式，资本 40 万元，市场分为：（1）土产甲部，即花生油部。（2）土产乙部，即花生仁部。（3）棉纱部。（4）证券部。从 1934 年 11 月开始营业，但证券尚未开拍。[⑤] 由于资料的缺

---

① 宁波市档案馆馆藏宁波市商会未刊档案：档号 13－156。
② 财政部财政年鉴编纂处编：《财政年鉴》（下），商务印书馆 1935 年版，第 1920—1921 页。
③ 《一月来本省经济短闻》，《浙光》第 2 卷第 7 号（1936 年 4 月 1 日），第 14 页。
④ 叶笑山、董文中编：《中国经济年刊》，中外出版社 1936 年版，第 108 页。
⑤ 财政部财政年鉴编纂处编：《财政年鉴》（下），商务印书馆 1935 年版，第 1922—1923 页。

乏，有关该所更为详细的组织情况与运营情况不得而知。

　　除上述证券交易所外，在国内一些地方还出现了短暂买卖证券的场所，如在 20 世纪 30 年代的杭州就有不少人专门从事捎客性质的证券买卖。据调查，1932 年杭州市有鸿源、致丰、惠通、同盛等 4 家小钱铺兼营这一业务。① 1935 年 8 月 1 日，在杭州柳翠并巷钱业会馆成立浙江省公债买卖集议所（前称浙江省证券评价交易所），即日开始评议市价，专拍本省证券，每日评价一次，凡持票面 500 元，即可入场集议，只拍现货，不拍期货。后因省政府以浙江省目前是否需要是项集议所，须待考虑。且该所买卖公债、抽收佣金，性质与交易所无异，故依法应呈准后，始得组织成立。遂由建设厅令饬商务管理局查复，该所闻此消息，即停止集议，同时积极进行商办合法手续，但终以窒碍难行，未得浙江省政府批准。② 此后省债停发，国债都通过上海进行交易，浙江的证券交易遂告停止。③ 1936 年，由林慕仁、蔡重光等人发起组织厦门证券交易所，并已募集 10 万元，每股 100 元，计分 1000 股，依部章规定须缴纳财政部保证金 35％，要求试办一年，地点预定设在中山路，每日下午开拍一场，终因在筹备过程中募集之资本不足，最后未正式开张营业。④

　　总之，在这一阶段中，地方政府对证券交易所制度潜在收益的认识和当地市场的发育状况，决定了各地证券交易所制度的创设。也正是由于各地证券交易所处于分裂状态，缺乏统一的制度安排，使各地证券交易所各自为政，并未形成全国统一的证券市场。再加之信息传播不畅，使不同地区之间的证券交易价格存在差异，于是导致了各地证券市场的套利行为，特别是北京证券交易所与上海证券交易所之间的套利行为最为普遍。

---

　　① 中国人民银行总行金融研究所金融历史研究室编：《近代中国的金融市场》，中国金融出版社 1989 年版，第 222 页。

　　② 《一月来本省经济短闻》，《浙光》第 1 卷第 11 号（1935 年 8 月 1 日），第 11 页；《一月来本省经济短闻》，《浙光》第 1 卷第 12 号（1935 年 9 月 1 日），第 9 页。

　　③ 浙江省金融志编纂委员会编：《浙江省金融志》，浙江人民出版社 2000 年版，第 610 页。

　　④ 中国人民银行总行金融研究所金融历史研究室编：《近代中国的金融市场》，中国金融出版社 1989 年版，第 335 页。

本章小结

制度的竞争性一方面是由其在特定的环境中交易费用的高低决定的，另一方面则受到政府偏好的影响。经历了 1921—1922 年"信交风潮"冲击的中国华商证券市场，在 1922—1937 年的时间里，中国公债市场制度对股票市场制度近乎完全的替代，就是受政府对公债强烈偏好影响所致，从而改变了证券市场制度自然演进的路径，表现出其在特有环境下的制度优势。而以政府公债为主体的证券市场有关的各项公债发行与交易市场制度和市场规章逐渐得以建立与完善起来，完成了从过去的诱致性制度变迁向政府强制性制度变迁的转变。而在政府主导型制度变迁中，政府为市场发展提供制度性安排，使得这一时期的证券市场制度呈现出如下的特征：

1. 政府在证券市场制度的建设中扮演了十分重要的角色，证券市场的各项制度均由政府通过强制性制度变迁而建立。考察 1922—1937 年抗战爆发前的中国华商证券市场的历史，我们不难看出，市场发展的过程也就是政府干预和主导的过程。特别是在公债的发行过程中，制度的框架由政府搭建，政府的指令和权力安排成为了整个公债发行的主线，这就使得政府在证券市场发展中的角色定位发生了错位，不可避免地出现政府既是裁判员又是运动员的双重身份，丧失了政府经济"守夜人"的角色。

2. "信交风潮"后，经过北京政府与南京国民政府的不断努力，证券市场的监管制度逐渐建立、发展和完善起来，对公债的交易市场逐步形成了相对严密和规范的监管规则，构建了相对集中统一的证券监管体系，标志着近代中国华商证券市场制度从自由放任型向政府监管型的转变。对后来的证券市场发生了重大而深远的影响。但由于政府部门及其工作人员监守自盗的严重腐败，也给尚不健全的监管体系提出很大的挑战。

3. 证券交易所制度在全国许多地方得到推行，到 20 世纪 30 年代，随着政府中央及地方公债的广泛发行，在全国许多地方也纷纷涌现出地方性的证券交易所。除上海、北平之外，在重庆、汉口、鄞县、青岛等地又相继建立了一系列的地方证券交易所，然而，此时的证券市场与证券交易所的功能却并没有充分展示出来。为了维持自身的生存与发展，不得不把自己定位于中央及地方政府公债发行的辅助机关，成为调剂政府财政盈虚的财政市场，因而难以适应整个国家宏观经济发展特别是产业发展调控的需求，无法使社会资源得到最佳而有效的配置。

第三章 近代中国华商证券市场制度的演变与终结(1937—1949 年)

　　1937 年"七七"事变,标志着中国抗战的全面爆发,战争也给中国的华商证券市场造成了极大的动荡。在战事的影响下,8 月 11 日,上海华商证券交易所奉令停业,全国其他各地的证券交易所也先后停止营业,此后的中国华商证券市场经历了一段艰难曲折的历史。

　　抗战的爆发打乱了中国华商证券市场原有的发展历程,国统区的重庆,随着战事的发展,国民政府的内迁,以重庆为中心的大后方经济迅速发展起来,后方的金融业得到相应发展,引发了一场持续数年的有关是否建立后方证券市场的争论。虽然,由于种种原因,战时的后方证券市场并未真正建立,然而,这场争论使证券市场的建设从战前的以政府公债为主转而以发展产业证券为主,在思想上完成了中国证券市场从公债向产业证券发展的转型。与此同时,沦陷区的上海与天津的证券交易市场随着局势的发展、演变而出现了巨大的变化,战前盛极一时的政府公债交易渐趋冷落,而沉寂了 20 多年的企业股票交易却因缘逢时,逐渐兴盛,进入畸形发展的"黄金时代",从实践上完成了从战前政府公债向以企业股票为主体的产业证券交易的转型。正是这种战时华商证券市场从思想到实践的转型,为战后中国证券市场的发展指明了方向。战后重新建立的上海证券交易所与天津证券交易所,无一例外地将企业股票作为主要交易品种,成为名副其实的产业证券市场。在这种变迁中,随着国民政府金融垄断的不断加强,华商证券交易所的组织制度也发生了变化,战后重新成立的上海与天津两个证券交易所从原有的民营性质演变为国家控股的国营与民营合营性质。本章将对华商证券市场从政府公债市场制度向股票市场制度的思想与实践的转型以及华商证券交易所制度的演进展开详细的探讨与深入的研究。

第一节　从政府公债市场制度向股票市场制度的思想转型

抗战爆发前，由于东西部经济发展的区域性差异很大，中国近代化的工商业及金融业主要集中在东部沿江沿海地区，证券市场也不例外，主要集中在上海（上海华商证券交易所）、北平（北平证券交易所）。同时，在全国一些重要城市，20 世纪 30 年代也相继出现了一批证券交易所，如 1932 年 4 月建立的重庆证券交易所、1933 年 9 月成立的四明证券交易所、1934 年 5 月成立的汉口证券交易所、1934 年 8 月成立的青岛物品证券交易所等。其中，只有重庆证券交易所是唯一设在西部地区的证券交易所，抗战爆发以后，该所与全国其他证券交易所一样，经历一番动荡之后也无形中停顿下来。

1937 年抗战全面爆发后，随着淞沪抗战的失利，国民政府首都南京成为日军进攻的主要目标。11 月 9 日，国防最高会议决定迁都重庆；11 月 20 日，国民政府发表宣言，正式宣布迁都重庆。接着，12 月 1 日，国民政府正式在重庆曾家岩新址办公。1938 年，上海、南京、武汉相继沦陷，国民政府全部迁往重庆，1939 年 5 月，定重庆为行政院直辖市，1940 年 9 月定重庆为陪都。随着国民政府的内迁，以重庆为首的中国西部地区，逐渐成了战时全国政治、经济、军事、文化中心。

随着国民政府的内迁，以重庆为中心的大后方经济迅速发展起来，后方的金融业也得到相应发展，引发了一场持续数年的有关是否建立后方证券市场的争论。虽然战时的后方证券市场最终并未真正建立，但这场争论却从另一个角度反映了西部经济在抗战时期的迅速发展，使得自近代以来的中国证券市场建设思想更加成熟，为战后中国证券市场的发展指明了方向。有关这一问题，目前学术界还未有深入的论述，本节将重点对此进行探讨与剖析。

一　抗战初期的重庆证券交易所

1937年"七七"卢沟桥事变发生后，全国各地金融市场均受到影响。重庆位居长江上游，踞西南诸省金融枢纽，其金融市场顿成恐怖状态，特别是四川善后与建设两公债各下跌一折，影响债券巨大。为稳定证券市场，四川财政特派员公署电令重庆证券交易所，要求对该所各经纪号从7月5日到20日内的买卖成交数额及远近期交易数额等严加统计考查，并于3日内列表送转来署以凭查考。①

7月27日，鉴于局势的紧张，重庆市银钱业特别召集临时联席大会，共议维持金融办法。出席的银钱业代表有潘昌猷、康心如、康心之等30余人，财政厅厅长刘航琛希望各界人士对于公债价格不要发生疑问，为维持国家信用计，无论如何困难，均应尽力维护。因为全四川8200万元税款中，除地方税300万元受到一定影响外，与公债基金相关的田赋、盐税，以及营业税、禁烟税等，均无动摇可虑。之后，经商定，由银行方面的吴受彤、康心如、潘昌猷、张茂芹与钱庄方面的戴矩初、王伯康、陈思可等7人，组成银钱两帮之联合机关——金融讨论会，拟具办法8项，分电财政部、行营、省政府，申请救济，并推吴受彤、王伯康等银钱业两公会主席分谒行营顾祝同主任、贺国光副主任、关吉玉特派员、刘航琛厅长请求协助。② 其中特别请求行营、省政府，颁订《取缔交易所投机买卖办法》5项及其施行细则14条。7月31日，由财政特派员关吉玉及四川财政厅厅长刘航琛为首组成的重庆市公债买卖临时管理委员会（以下简称管理委员会）正式成立，对战时特殊环境下的买卖公债实行监督与管理。该委员会设委员7人，由军事委员会委员长行营指派财政部四川财政特派员为主任委员，四川财政厅厅长为副主任委员，中央银行重庆分行经理为保管委员，重庆市银行业同业公会主席为副保管委员，财政监理处副处长、重庆市钱业同业公会主席、重庆证券交易所股份有

---

① 重庆市档案馆馆藏聚兴诚商业银行未刊档案，档号0295-1-1654。
② 《重庆金融近况》，《四川经济月刊》第8卷第2期（1937年8月），第14—16页。

限公司理事长为委员。委员会还专设审查委员 3 人，公推中央渝行经理、重庆银行业、钱业两公会主席为审查委员，负责审核调查各经纪人所交之寄存证、抵押证是否实在。该委员会暂借廿四年四川善后公债基金保管委员会地址办公，并详细规定了经纪人不得违反规定而代人抛售公债的具体办法，违者将被取缔交易并被取消经纪人资格。① 此后，管理委员会即肩负起对重庆证券市场的监管工作。

随着局势的日趋紧张，重庆市面上廿四年四川善后公债价格及四川建设公债价格继续狂跌，人心浮动，投机者也乘机操纵其间，为了稳定市场，8 月初，财政部四川财政特派员公署、四川财政厅驻渝办事处联合发出训令，决定比照中央五种统一公债的限价政策制定四川善后公债与四川建设公债的最低限价，所有廿四年四川善后公债应即比照统一甲种债券，规定每万元最低限价为 7600 元，四川建设公债应比照统一丙种债券，规定每万元最低限价为 7150 元，于 8 月 9 日起施行。自经此次限制规定之后，重庆证券交易所买卖以上两项公债，均应切实按照所定最低标准实行，如在该限度以下私行交易，一经察觉均作无效，并严予惩处。②

由于交易市场的停市，公债期货交易的了结成为当时市场善后最棘手的问题。"八·一三"战事爆发后，8 月 14 日，国民政府军事委员会委员长行营紧急命令重庆、成都、万县、泸州、内江、自流井、遂宁、三台、南充等各银行钱庄总分行着即比照沪、汉两市办法从当日下午到 16 日停市两天半，重庆市证券交易所也奉令停市，然而，到 8 月 17 日又续奉行营电令自 17 日起至 19 日止，继续休业 3 天，自 20 日起照常营业，③从此，重庆证券交易所再也没有得以恢复。致使市场中的 8 月半、8 月底、9 月半、9 月底四个比期的公债期货交易无法进行了结，此后，围绕着这一问题，交易所、重庆市公债买卖临时管理委员会进行了一系列善后处理。为了尽快解决公债的了结问题，9 月 27 日，管理委员会在遵令限制提存及绝对维持限价之原则下，援用沪市 8 月交割先例，参照渝市

---

① 重庆市档案馆馆藏美丰商业银行未刊档案，档号 0296 - 13 - 42。
② 同上。
③ 重庆市档案馆馆藏聚兴诚商业银行未刊档案，档号 0295 - 1 - 1654。

情况，拟具了《交易所八九月期交易延期交割办法》10项，请示行营批准，规定："所有八半底九半底四个比期之期货一律延期至10月15日交割，其延期交割之交易由买方照买入价格之数按月息一分五厘计算贴给卖方，在10月15日以前如有自愿抵账了结者，准其向交易所冲抵，除冲抵之外，不得在所外私行暗盘交易，破坏限价"[1]，并责成交易所及经纪人严行查禁，否则一经察觉即行呈请行营查处。

在战局动荡、市场停顿、债券价格一路走低的冲击下，此前的限价已经难以抵挡，10月初，四川省政府财政厅呈准财政部再次降低四川省债券的最低限价，四川善后公债照票面六折、四川建设公债照票面五折计算抵押，至于四川省赈灾公债票面则按照四五折计算贴现。[2] 这一变动增加了公债交割的困难，为了使交割得以顺利进行，在交割期限前一日即10月14日，管理委员会正、副主任——财政特派员关吉玉及四川财政厅厅长刘航琛，亲临交易所召集交易所与经纪人公会双方代表了解情况，会同解决。[3] 然而，由于银钱业限制提存与公债限价的再次调低直接影响交割巨大，交易所与经纪人间、经纪人与委托人间的种种纠纷难以弥合，延期至10月15日的交割未能顺利进行，被迫再次延期。

交割问题延搁成了当时管理委员会面临的主要难题，关特派员、刘厅长为了谋求一根本的解决之道，要求交易所和经纪人公会将交易所内各经纪号买卖数额及抵押情形开列数目详细陈明，作为拟具办法的凭据，于是经纪人公会于10月31日上午9时召开全体经纪人紧急会议，交易所派出经理莅会说明情况，对买卖两方收货交货数目及本已应付交割并抵押情况做了详细了解和登记，列报交易所并转呈管理委员会核查规定办法。[4]

尽管交易所与管理委员会分别劝导各委托人及早了结，对于未能了结各债项一再展延期限，然而，到12月初，证券市场已停市4月之久，市场并未因此而完全办理完了结事项，总计，渝市证券交易所自8月初奉令停拍时，善后、建设两公债之交易票面额共计1400余万元，嗣经官

---

①　重庆市档案馆馆藏美丰商业银行未刊档案，档号0296-13-42。

②　重庆市档案馆馆藏聚兴诚商业银行未刊档案，档号0295-1-1654。

③　重庆市档案馆馆藏美丰商业银行未刊档案，档号0296-13-42。

④　同上。

厅一再劝导，自动了结，截至 12 月 11 日，官厅宣布了结时为止，共计善后公债余额 159 万元，建设公债余额 201 万元，总计未了结的票面额为 360 万元，[①] 致令债券市场陷于停顿，整个金融受其影响。于是，管理委员会在维持现定价格、不违背安定金融办法、不抵触迭次命令与顾全事实环境之原则下又一次拟定《了结渝市证券交易所未能依期交割债券办法》8 项，规定所有截至 12 月 10 日尚未在交易所了结之 8 月半、8 月底、9 月半、9 月底四个比期之善后公债与建设公债期货，一律限于 12 月 14 日下午 6 时止照规定办法了结清楚。且对拒不交割者制定了处罚规定，如至 14 日下午 6 时委托人有不遵办者，责成经纪人开具其委托人姓名、职业、住址交由本会处理，经纪人有不遵办者，责成交易所开具经纪人牌号号数、负责人姓名送由本会处理并即取消其经纪人资格。[②]

　　为了促使四川金融问题尽快顺利解决，财政部次长徐堪亲自来渝，于 12 月 21 日午后，召集渝市银钱业同人举行茶话会，其中，在公债了结问题上，要求遵照业经宣布之办法办理，不便再有变更。[③] 正是在财政部及管理委员会会同重庆证券交易所的督促下，重庆证券市场中的公债期货交割问题得以最终解决。由复兴、仁裕、益友、永庆、美丰、友康、和济等钱庄，川盐银行川平商行，怡记、正大、和胜等证券号，特组织交货团，向政府要求救济，旋经推出温少鹤、邓子文、王伯康、陈德恕、潘昌猷、康心如、李仲咸、李锡九、李量才 9 人为调解人，实行调办。在各方均表示让步的情况下，政府亦不过分追究，交易所为求此事迅速解决，特遵照财特署所颁 8 条办法，对善后公债每万元允贴补 280 元，建设公债每万元贴补 180 元，建设、善后两公债，平均每万元约贴 230 元，交易双方对此办法多数表示接受，而双方自动商洽了结者亦不在少，观望未决者为数甚微，数月纠纷，终得以彻底解决。[④] 此后，虽然四川善后

---

① 《徐堪来渝解决金融问题》，《四川经济月刊》第 9 卷第 1、2 期（1938 年 1、2 月合刊），第 11 页。

② 重庆市档案馆馆藏聚兴诚银行未刊档案，档号 0295 - 1 - 1654。

③ 《徐堪来渝解决金融问题》，《四川经济月刊》第 9 卷第 1、2 期（1938 年 1、2 月合刊），第 10 页。

④ 《交易所公债纠纷解决》，《四川经济月刊》第 9 卷第 1、2 期（1938 年 1、2 月合刊），第 15 页。

与建设两公债的公开交易停止了，但市面常有暗盘交易。据资料记载，直到 1939 年 4 月份，因市息低小，投资划算，购买两公债的人增多，两公债市价均见上涨，善后公债每百元 75.2—75.3 元，建设公债每百元 51.1—51.2 元，唯每日成交有限而已。[①]

应当说，这一问题的解决意义深远，它稳定了抗战初期的重庆金融市场，为战时后方经济与金融业的恢复与发展奠定了基础，同时也为以后筹备建立后方证券市场保存了实力。

需要指出的是，国民政府在迁都重庆后，对于后方证券交易所的恢复还是持肯定和支持态度的。国民政府经济部遵照政府命令于 1938 年 1 月组织成立，同年即核准发给重庆市证券交易所营业执照。只是鉴于该所在抗战发生后已经停业，因此，饬令该所如要恢复营业，应先行呈部核准。至于该所各经纪人则须补行注册以符规定。[②] 3 月 30 日，国民政府军事委员会委员长重庆行营以渝市交易所，自 1937 年 8 月 13 日停拍以来，市面金融颇现呆滞之象，为活泼后方金融，有助前方军事，特令饬该所恢复营业。该所奉令，即积极筹备复业。初步确定于 4 月中旬开始复拍，除拍四川省善后公债、建设公债外，并拟开拍统债。[③] 同时，在筹备过程中，1938 年 4 月，重庆证券交易所鉴于该所资本过少，经各方之赞助及该所股东之同意，曾筹划补增资金为 200 万元。[④] 可见，当时政府和重庆证券交易所双方对筹备复业都是积极主动的，只是在战时的特殊环境中，这一愿望和目标由于种种条件的限制而未能实现（具体情况将在以下部分予以阐明）。

二　建立后方证券交易所现实性之讨论

抗战进入相持阶段后，随着局势的相对稳定和大后方经济的发展，

---

① 《各地金融概况·重庆》，《交通银行月刊》7 月号（1939 年），第 134 页。

② 中国第二历史档案馆编：《中华民国史档案资料汇编》第五辑第二编（五），江苏古籍出版社 1994 年版，第 112 页。

③ 《金融零讯》，《四川经济月刊》第 9 卷第 5 期（1938 年 5 月），第 17 页。

④ 《证券市场近讯——渝证券交易所增资》，《四川经济月刊》第 9 卷第 4 期（1938 年 4 月），第 8 页。

产生了一场是否建立以重庆为首的大后方证券市场的争论，这场讨论大体可分为三个阶段：

第一阶段，从 1940 年春问题的提出到 1942 年上半年。主要集中讨论是否应该恢复或建立后方证券市场。

1940 年春，游资在后方及上海充斥，后方即以重庆一市来说，就有 3 亿元以上的游资，而当时西南各省投资总额不过 5 亿元，重庆的游资即占了西南各省投资总额的大半。① 上海游资充斥则群趋于外汇及物品之投机，如不设法疏导，将影响我国币制及后方经济。同时上海外股市况飞黄腾达，其利息虽甚低微，而国人购者极多，再加之后方各省因人口增加及战事需要，亟须从事大规模经济建设，然其所需资本，则无合理之办法筹措，于是有人提出，以我有限之民族资本，反供外人利用，不若建立后方证券交易所，以利用上海及沦陷区内之游资，导之投入于后方生产事业，于国防民生，均甚有益。重庆证券交易所总经理潘昌猷先生，更有呈请政府准许增资复业之要求。② 于是重建后方证券市场问题，遂引起朝野人士之关注。

1941 年 4 月 18 日《大公报》称，重庆市证券交易所准备恢复营业，该所业已筹备就绪，资本 100 万元，现正以各项管制问题，谋与当局作通盘筹划。俟商定后，即可宣告成立。③ 1942 年 4 月 5 日重庆《大公报》登载"政府准于重庆开办证券物品交易所"，接着，4 月 12 日《大公报》又载："行政院会议顷已决定为推行本年度发行之美金公债及储券起见，准予成立证券交易所，但不准物资在该所开拍，以免扰乱市场。"④ 6 月出版的《西南实业通讯》也进一步报道："重庆证券交易所，由潘昌猷等筹备，大致已告就绪。该交易所资金，为国币 100 万元。刻以各种管制问题，正谋与当局作通盘筹划，俟商定后即可宣告成立。"⑤ 此后，有关后

　　① 时事问题研究会编：《抗战中的中国经济》，中国现代史资料编辑委员会翻印，北京大学印刷厂 1957 年印刷，第 174 页。

　　② 邹宗伊：《证券市场》，《金融知识》第 2 卷第 2 期（1943 年 3 月），第 130 页。

　　③ 邹宗伊：《当前之内地证券市场建立问题》，《中央银行经济汇报》第 4 卷第 2 期（1941年 7 月 16 日），第 66 页。

　　④ 詹显哲：《后方开办证券物品交易所问题》，《金融知识》第 1 卷第 4 期（1942 年 7 月），第 32 页。

　　⑤ 《渝证券交易所成立可期》，《西南实业通讯》第 3 卷第 6 期（1941 年 6 月），第 24 页。

方证券交易所是否应该恢复或建立，一时成了人们主要争论的焦点，随之而来的是在后方引发了一场关于如何建立后方证券市场的大讨论，不断涌现出关于恢复建立后方证券市场的论文与相关报道。

这一阶段论争的焦点主要集中在大后方是否应该建立证券市场以及证券市场的交易证券如何确定。

首先，对于战时环境下应否设立证券市场的问题展开了讨论。从当时杂志所登载的文章来看，有不少人对于在战时这种特殊环境下建立证券市场表示质疑，认为，从理论方面而言，交易所纯为自由经济之产物，而当时后方却厉行战时统制经济，从体制上讲似不宜开放交易所；再加之当时正处于抗战的艰难时期，社会经济活动受到多方严格管制，从时间上讲也不宜开放交易所。[①]"战时资金之运用，应以统制统筹为原则，方可以按照国防民生之需要，为合理适应之分配。"从世界各国的情况来看，"一至战时，莫不对于证券市场之活动，严加限制，以冀减少不急不需之需要，而达到政府推销公债，动员人民资金之目标。今我国……乃反其道而行之，思设立证券市场，以自由金融市场时代之方法，活动金融，实违反战时金融之原则，利未显而弊必随之"。[②]但赞成者对此却充满了信心，他们从多方面论证了建立或恢复后方证券市场不仅是必要的，而且还是可能的。主要认为，抗战以后，随着国民政府西迁重庆，物价高涨，游资作祟，政府重建证券交易所之提议，其目的主要在于为游资开辟一正常出路，转移商品投机于证券投机，并提倡期货买卖，使囤货之商人，得一正式抛售期货之机会，且希望以期货之行市，压低现在之物价。同时，建立后方证券市场，可使后方各省逐渐繁荣的工商百业、各大规模公司企业所发行之股票能有一公开买卖之交易场所，促进企业发展，增进抗战建设力量。对于政府发行的公债，如有一市场流通，也能增加民间销纳量，使战时财政及节省法币获得相当裨益。此外，还可诱致海外华侨、沦陷都市及后方之游资内移，纳入正轨，稳定物价。也就是说，通过恢复或建立证券市场，可以达到"吸收游资"、"推销公

---

① 朱偰：《重建后方证券及物品交易所问题》，《金融知识》第 1 卷第 3 期（1942 年 5 月），第 93—94 页。

② 邹宗伊：《证券市场》，《金融知识》第 2 卷第 2 期（1943 年 3 月），第 131 页。

债"、"稳定物价"、"发展后方生产"的目的。

而对于物品交易所的开设，普遍认为，在抗战时期，由于战时交通运输困难，物资缺乏，不具备开设物品交易所之条件，不宜开设。

其次，围绕后方是否具备建立证券市场的产业、金融环境与条件展开了激烈争论。反对者认为："真正名副其实的证券市场，在今日后方，不易建立起来，即使勉强建立起来，也必不能得到好的结果。"因为建立真正名副其实的证券市场，不仅需要有发达的产业，更需要有很长的时间进行培植孕育，逐渐演进而成。战前的上海是公认的中国产业中心和金融枢纽之所在，然而战前的上海证券交易所除了开拍少数已卓有信誉之企业的股票外，所做的大半是公债的投机交易，并没有尽到证券市场的使命。其根本的原因就在于上海的产业发展尚未达到必要的程度；上海尚且不能建立真正的证券市场，"以言今日的后方，实更无此可能"。"假如以人为的方式，在后方建立起证券市场……不但不能得到利益，反须受其累。"①也就是说，当时大后方产业经济的发展达不到建立产业证券市场的要求，大后方不具备建立证券市场的产业条件。支持者则认为，抗战时期的大后方，特别是以陪都重庆为中心的西南地区，经过几年的发展，已经具备了开设证券市场的金融、产业环境与条件。②由于在各银行业务中，证券既是其资产中的一部分，又是其放款中的一部分（可以证券为抵押），还是余资中短期投资的主要对象，在纸币的发行中，更是国家规定的准备金之一，可见证券市场在平时为金融市场余资活动之地，而在金融恐慌时又为金融市场之现金供给地，为金融市场之准备库及储蓄库。因此，银行是证券市场中的主要活动者。这样，一个地方能否建立证券市场，不仅需要大量的可供交易的证券存在，还必须要有银行的存在。从抗战以来的西南地区可见，社会经济已有极大之变化，两者都已具备。首先是四川、云南、贵州、广西等西南诸省的重要城市已建银行达20余家之多，如中央、中国、交通、中国农民、中央信托局、

---

①　胡铁：《建立后方证券市场之检讨》，《新经济》（半月刊）第6卷第8期（1942年1月16日），第169—170页。

②　以下观点参见丁道谦《西南证券市场之我见》，《新经济》（半月刊）第6卷第3期（1941年11月1日），第63—64页。

中央储蓄会、邮政储金汇业局、金城、上海商业储蓄、四川美丰、聚兴诚等。其次，西南诸省自抗战以来，新兴的官商合办或商办或官办之企业，在川、滇、黔、桂诸省均有长足进展，这些厂矿以公司组织者为多。然而，由于没有证券市场，企业所需资金之获得，只能采用透支、抵押等方式，而不能以新增股票或公司债券获得所需资金。因此，在以重庆为中心的西南大后方已经具备了建立证券市场的必要条件。

再次，对当时各种证券能否在市场中开拍进行了集中论证。证券市场上的证券主要包括以中央、地方公债为主体的政府债券与以股票公司债为主体的产业证券两种。对证券交易所的营业范围，人们一致认为产业证券的开拍是有利无弊的。争议的焦点是政府公债的开拍，公债又分为战前公债、战时国币公债、战时外币公债及粮食库券等四种，对战前公债（以复兴公债、统一公债为主，省公债暂且不计），一种观点认为战前所有旧债，因在津沪各埠已有非正式之公开市场，在后方证券市场开拍尚无大碍；[1] 而另一种意见恰好相反，认为正是因为此种公债在沦陷区流通颇多，若一旦开拍，势将倒流至后方，而后方之持票人亦将纷纷持债票至交易所抛卖。结果势将放出法币，收回旧债，不仅不能达到吸收游资、推销公债、稳定物价之目的，甚至可能增加后方之发行，影响极为恶劣。故战前公债绝不宜开拍。[2] 战时国币公债，主要包括救国公债、国防公债、金公债、振济公债、二十八年建设公债、二十九年建设金公债、军需公债、三十年建设公债及军需公债等。对此，人们普遍认为不能开拍，因为这些公债或采取强制摊派，或采取劝募推销，在1940年后虽曾采取低价发行制度，然折扣也是九八或九六。持有这些公债的人，本已有无法变现之苦，若在交易所开拍，势必一齐涌至，竞求脱售，政府不维持则已，若欲加以维持，势必放出大量法币，收回公债，而大量法币之放出，必将刺激物价，这与开放证券市场

---

① 邹宗伊：《当前之内地证券市场建立问题》，《中央银行经济汇报》第4卷第2期（1941年7月16日），第69页。

② 朱偰：《重建后方证券及物品交易所问题》，《金融知识》第1卷第3期（1942年5月），第95页。

以吸收游资、推销公债、稳定物价的宗旨相违背。① 至于外币公债（如政府为吸收游资发行的 1 亿美元同盟胜利金公债），由于有确实外汇为担保，还本付息，极为可靠，故其发行以后，购买者必较以前踊跃，可以开拍。至于粮食库券，由于以实物为对象，以斗石为单位，各地稻谷品质不齐，难以标准化，且其还本付息，视田赋征收实物之成绩以为断，因此，粮食库券介乎证券与实物之间，未具"标准化"之条件，是否可以开拍而收成效，一时遂难加以解答。②

以上可见，对于建立后方证券交易所的问题，国民政府从一开始即采取支持的态度。只是政府与民间各自所关注的侧重点不同而已。政府方面更多强调的是开放公债市场，想借此解决其财政上的困难，稳定物价，抑制通货。在民间的讨论中，与政府的初衷并不完全一致。认为由于特殊的战争因素，后方不适宜开设物品交易所，但可以开设证券交易所，能在证券市场上进行交易的证券主要是战时的外币公债与企业股票和公司债，战前的政府公债与战时的粮食库券可以试拍，但战时发行的公债则不能开拍。

第二阶段，从 1942 年下半年到 1943 年年底。主要集中于讨论如何建立产业证券市场以适应后方产业经济的发展。

随着讨论的深入，人们逐渐将认识的目光投向了产业经济的发展与建立后方证券市场的关系上，认为建立后方证券市场的根本目的和首要任务不是为政府公债寻找出路，而应该是为发展后方的产业经济筹措必要的资金。于是讨论的重心逐渐转移到如何建立后方产业证券市场这一问题上。

对于前期政府所提倡的建立证券市场以推销政府公债，人们进行质疑："对于现时开放公债市场，以便自由买卖政府公债，能否有何利益，颇感怀疑。盖各国政府推行战时公债，从来不能出于劝募或强派两种方式，古今中外，莫不皆然，以我国现状而论，政府发行之各项战时公债，

---

　　① 邹宗伊：《当前之内地证券市场建立问题》，《中央银行经济汇报》第 4 卷第 2 期（1941 年 7 月 16 日），第 69 页；朱偰：《重建后方证券及物品交易所问题》，《金融知识》第 1 卷第 3 期（1942 年 5 月），第 95 页。

　　② 朱偰：《重建后方证券及物品交易所问题》，《金融知识》第 1 卷第 3 期（1942 年 5 月），第 95—96 页。

莫不借重'劝募'方式",企图用"劝募"方式以推行战时公债,即不免发生下列问题:一是公债利息与市场利率及工商利润难以平衡;二是市场波动难以控制,在这种状况下,"欲图以证券交易所推销公债,恐无多大成效"。① 而"政府公债之推销,重在利用政治力量,向资产阶级强迫摊派,或利用人民爱国心理,使其自由认购,故此种债券,并无使其在市场上流动之必要,且亦不应使其在市场上流动"。② 再加之,当时的"重庆市场之利率,已经高昂,短期存息,在月息2分以上。放款利率,则竟高至月息5分。在此高利之金融市场……我国公债利息,最高年息6厘,而市场利率竟至年息5分以上,则公债市价,最好亦不过等于面额30%—40%。公债市价低落,损害国家信用,甚或动摇人心,并影响以后公债之推销。故在利率高昂之情形下,设立公债市场,必对于政府财政之筹措,有害无益"。③ 由此对于政府公债市场设立之企图进行了根本性否定,政府公债,无论为国币公债或外币公债,亦无论为战前公债或战时公债,均以暂不上市开拍为宜。

"至于公司股票或公司债,则并无强迫摊派之权能,故应开放证券市场而予以自由活动之机会。"④ 也就是说,证券交易所应该"着眼于产业证券之推行与倡导,负起资本市场之使命",而且,抗战以来,后方工矿事业,在政府积极奖助下,内有战时急迫需要,外无舶来品竞争,正处于发展的大好时机,因此,也正是设立资本市场的适当时机。⑤ 著名经济学家章乃器更是直接指出,"解决工业资金问题之目的,并不需要新奇玄妙之方案,而唯须建立产业证券市场及票据市场。"并进而提出了建立产业证券市场的具体方案,工业家需要长期资金,不必自行募集股份或请求押款,而只需向工业金融机关提出计划书(事业之在经营中者并须附

---

① 谢敏道:《论资本市场之设立及其运用》,《金融知识》第1卷第4期(1942年7月),第27—28页。

② 杨博如:《由后方产业资金的艰困申论建立证券市场问题》,《金融知识》第1卷第5期(1942年9月),第123、128页。

③ 邹宗伊:《证券市场》,《金融知识》第2卷第2期(1943年3月),第132页。

④ 杨博如:《由后方产业资金的艰困申论建立证券市场问题》,《金融知识》第1卷第5期(1942年9月),第123、128页。

⑤ 谢敏道:《论资本市场之设立及其运用》,《金融知识》第1卷第4期(1942年7月),第28页。

会计报告）申请承受（或代募）其股份或公司债（统称产业证券）。关于产业证券之来源，可以国营工矿事业之办有成效者，改组为有限公司，以股份 49％招商承募，民营工矿事业也可发行新股份，解决流动资金之困难。这样，证券市场成立后，股票之发行，当可蔚为风气。①

更有学者提出，建立真正的证券市场必须要有完善的法律制度相配套："证券市场是一种有继续性的第二买卖市场。其成交的多寡和交易的活跃与否，端赖原始发行市场是否已上健全的轨道而定。所谓原始凭券发行市场，即为产业机构向社会人士所抛售的新发行证券市场，其构成须视两种重要元素，一为健全的企业组织，拥有招募股本及发行公司债券的能力，另一则为严密的承销机构系统，为沟通产业证券的抛售及引导社会资金购买证券的中间人。假若原始市场对于该两种条件，不十分具备，证券市场所借以活动的源泉，就会大受影响。"中国以往的证券市场仅仅重视了二级交易市场，而没有重视一级发行市场，现在大后方需要建立的真正证券市场就是这两者的有机结合，为此，"站在筹设证券市场的观点来看，《公司法》之应加相当修订"，增补《公司法》对于公开发行手续及承销手续，公司债券的发行额度，优先股票，无票面价值股票及记名股票等方面的规定，这是建立一个现代化的证券市场所必须解决的法律问题。②

有人还指出"产业证券化"为现代生产事业进步之表征，并分析"产业证券化"在我国虽经多年提倡，但仍成效不大的主要原因是缺乏资本市场的配合。"为扶植证券上市……可由交通银行开办股票银行业务或投资信托业务，乃至组织银行团包销，或代理发行产业证券等……与证券交易所开拍证券，相互表彰，共同合作，则生产资金，自可渐入于证券化之途。"③ 由此可见，人们对建立证券市场的认识有了进一步的提高，不仅要建立作为二级市场的证券交易所，还需要建立新证券的一级发行市场，这样，才能真正实现产业的证券化。

---

① 章乃器：《对于工业资金问题之管见》，《金融知识》第 1 卷第 3 期（1942 年 5 月），第 122—124 页。

② 项冲：《筹设产业证券市场与修改公司法》，《新经济》（半月刊）第 9 卷第 4 期（1943 年 6 月 16 日），第 77—80 页。

③ 詹显者：《后方开办证券物品交易所问题》，《金融知识》第 1 卷第 4 期（1942 年 7 月），第 37 页。

只是在战时计划经济占主导地位的情况下，资本市场的开设有别于自由经济原则下的资本市场，"产业证券之发行与流通，必须完全符合国策之要求，听受政府之指挥"。应有适当控制办法：股票债票须先经最高经济计划机关核准，始可在资本市场发行或流通；股票债票不得于市场外进行买卖；国防民生重要工矿业之股票债票由政府保息发行；日用必需品工业之股票债票由四行及信托局分别经募；设立股票债票价格平准基金以制裁投机应付风险；应具保育产业精神；开放国营省营事业吸收民资；广事宣传造成人民购买股票债票之兴趣与信心。①

1943 年 6 月 1—9 日，以国家总动员会议秘书长及经济、农林两部部长为主席团，聘请农、矿、工各业代表、各机关主管长官及各省政府代表共 260 人，举行了第二次全国生产会议。② 在这次会议中，关于产业资金的议案就达 100 余件，参加该小组讨论的人数也是最多的，足见此问题之重要。其中主要问题有三：一为产业资本额之调整，二为生产贷款之改进与扩大，三为产业证券之发行与买卖。大家一致认为，产业证券的推行，才是解决产业资金最根本的治本办法。而且，在后方设立产业证券市场，为此次全国生产会议明确决议之一。③

紧接着，财政当局及国营金融机关，即开始了具体的筹备工作，鉴于当时市场物价高涨，利率上升，产业证券向少流通，决定以试办性质，先行由中国、交通、中农三行，及中信、邮汇两局联合其他金融业及产业团体共同组织重庆市产业证券推进会，然后该会附设证券市场。并拟定资本总额为 3000 万元，三行两局共承担 1000 万元，余数拟向外界征求。④ 此证券市场，将不经常开放，而系定时集合。买卖交易，暂以现货为限。加入交易之各种产业证券，必须先经该会理事会审查通过，再由该会将其价格按日公布。各会员银钱行庄及产业团体，将各派代表一人

---

① 谢敏道：《论资本市场之设立及其运用》，《金融知识》第 1 卷第 4 期（1942 年 7 月），第 29—31 页。

② 中国第二历史档案馆编：《中华民国史档案资料汇编》第五辑第二编（五），江苏古籍出版社 1994 年版，第 322—323 页。

③ 吴承明：《产业资金问题之检讨》、章乃器：《生产会议与工业资金》，《金融知识》第 2 卷第 5 期（1943 年 9 月）第 15、28 页。

④ 重庆市档案馆、重庆市人民银行金融研究所合编：《四联总处史料》（下），档案出版社 1993 年版，第 597 页。

到场，经理买卖事务，遇必要时，始酌设经纪人办理。该会得向买卖双方收取手续费，以其五成作为佣金，其余五成，拨充该会经费。倘此五成手续费不足支应该会开支时，则由基本会员担负。上述原则，业由财政部函达四联总处，依经订定之重庆市产业证券推进会组织规则，该会附设市场交易规则及该会附设市场产业证券申请审查规则，以凭办理。并为迅赴事功起见，已由有关机关会同派员组织筹备委员会，共策进行。[①] 1943 年 10 月 22 日，其筹备委员人选，经财政部部长孔祥熙指定，由刘攻芸、戴铭礼、郭景琨、徐广迟、沈青山、周守良、钟锷、刘建华、王志莘等人担任，由刘攻芸负责召集，并派刁民仁兼任筹备委员会秘书。此后，到 12 月 23 日，该筹备委员会经过商讨，决定将重庆市产业证券推进会改为联合产业证券推进会，其附设的交易市场名称改为产物证券交易所。以指定之国家五行局为基本会员，其他银钱行庄、信托公司及产业组织均得申请加入为普通会员。[②]

可见，整个这一时期，关于后方证券市场的建立问题，已由前期的建立以推销政府公债市场和产业证券市场并重，转而倡导建立产业证券市场以促进后方产业经济发展；从倡设证券的二级交易市场，到提倡证券的发行机构，建立新证券的发行市场。

第三阶段，从 1944 年到 1945 年抗战结束。由于战时后方证券市场的建立已非可能，转而讨论如何进行战后资本市场的建设。

1943 年 10 月以来筹组的产业证券市场，到 1944 年 1 月 12 日，重庆市商会召开第一次各业理事长联席会议上，还提出为筹备成立证券市场与票据承兑机构呈请财政部，希望允准商会也能参加为筹备人员，不过，此事并未得到政府批准，其答复是"已由财政部会同四联总处分别派定人员进行，并即将筹备完竣，所请应毋庸议"。[③] 此后，为了进一步扩大市场范围，筹备组还决定将市场改为产物证券市场，将产物和证券拟分为两个市场，产物市场拟暂以黄金交易为限；证券市场除公司证券交易

① 《中外财政金融消息汇报·筹备证券票据市场》，《财政评论》第 11 卷第 1 期（1944 年 1 月）。

② 重庆市档案馆、重庆市人民银行金融研究所合编：《四联总处史料》（下），档案出版社 1993 年版，第 587、592—593 页。

③ 重庆市档案馆馆藏重庆市银行商业同业公会未刊档案，档号 0086-1-98。

外，可包括政府公债、库券及各行局所发债券等。[①] 由于种种原因，后方证券市场最终并没能得以建成。

不过，在抗战即将结束的 1944 年年底，不少有识之士认为，中国战后即将展开大规模的工业建设，而要实现工业化，将需要大量的资金，因此必须建立完备的证券市场，并且对比欧美各国证券市场的经验，认为在欧美各国，一个完备的资本市场，至少包括两个具有不同职能的构成部分，第一个构成部分是最基本的，也是资本市场的核心，那就是发行新证券的市场；第二个构成部分，是旧证券市场，以证券交易所的形式出现。新证券市场的主持者，常须负担由一般投资者能否充分供应其代募资金而生的风险，因此为了促使一般投资者注意，又须负起很多繁重的推销工作，这些风险和劳务，乃由委托企业偿以佣金，或其他方式的报酬。而中国最缺乏的就是新证券的发行市场，"战后工业化的加速推进，必须有巨额长期资本的供给。供给最终来源不外国内外人民的储蓄。可是要吸收这种储蓄转为生产资本之用，必须有一迅捷便利的运输工具，在现代生产组织下最适当的就是产业资本的证券化，而要发挥这工具的效力须有一运用这项工具以便利资本运用运转的机构"。所以，战后我国资本市场的构成必须以银行为核心，而且须以国家银行为核心，主要应由交通银行来实施。并由交通银行领导国内各大商业银行合组永久性的产业投资公司。[②]

三　后方经济的发展与建立产业证券市场的思想转型

在战时有关后方证券市场建设的论争中，人们对后方证券市场建设的主张，逐渐从以开拍政府公债和股票、公司债并行的证券市场转变为强调发展以企业股票、公司债为主体的产业证券市场。为什么会有这一认识上的重大变化？如果深入考察一下当时的经济背景，便不难得出结论：发生

---

① 重庆市档案馆、重庆市人民银行金融研究所合编：《四联总处史料》（下），档案出版社 1993 年版，第 597—598 页。

② 宋则行：《战后我国资本市场的建立问题》，《金融季刊》第 1 卷第 1 期（1944 年 10 月 1 日），第 78、81、86 页。

这一转变最根本的原因在于，大后方产业经济的迅速发展与产业资金的严重短缺的矛盾到太平洋战争爆发后显得更加突出与尖锐。因此，建立产业证券市场的思想，是抗战时期大后方产业经济迅速发展的产物。

抗战爆发以前，中国东西部经济发展很不平衡，近代化的工商业主要集中在东部地区，而西部地区的近代工商业均十分薄弱，几无体系可言。以工业而论，全国工厂的70%簇聚于江苏、浙江、安徽三省，上海、武汉、无锡、广州、天津五市占了全国工厂总数的60%，并且，在全国民族资本工业中，全厂数的50%，全资本额的40%，全年产额的46%，还集中于上海一地。① 另据中国经济统计研究所1933年的调查，全国共有纱厂136家，其中64家在上海。全国卷烟厂约60家，其中46家集中于上海。以全国来比较，当时上海工厂几占全国50%；上海工业资本占全国40%；上海工人数占全国43%，产值占全国50%。而1933年全国共有现代工厂约3000家左右，其中设于上海者达1186家，若再将冀、鲁、苏、浙、闽、粤沿海各省包括在内，总共有2241家之多，约占全国92%。② 与此同时，根据经济部1932—1937年的工厂登记统计数据显示，西部各省的产业经济则是十分薄弱（见表3—1）：

表3—1　　　　　　　1937年西部各省工业分布统计表

省别	厂数	百分比	资本数（千元）	百分比	工人数	百分比
全国总计	3935	100.00	373359	100.00	456937	100.00
四川	115	2.92	2145	0.58	13019	2.85
云南	42	1.07	4216	1.13	6353	1.39
贵州	3	0.08	144	0.04	229	0.05
广西	3	0.08	913	0.14	174	0.04
陕西	10	0.25	2757	0.74	4635	1.01
甘肃	9	0.23	295	0.08	1152	0.25
西部总计	182	4.63	10470	2.80	25562	5.59

资料来源：李紫翔：《抗战以来四川之工业》，《四川经济季刊》第1卷第1期（1943年12月15日），第20—21页。原资料计算有误，本表依据原资料的具体数经作者重新统计而成。

① 陈真、姚洛合编：《中国近代工业史资料》第一辑，生活·读书·新知三联书店1957年版，第78页。
② 沈经农：《现阶段的中国工业》，《贵州企业季刊》第1卷第1期（1942年10月），第14、17页。

由表 3—1 可见，到抗战爆发前夕，西部 6 省的工业在全国所占比重是十分有限的，工厂 182 家，占全国的 4.63％，资本额 1047 万元，占全国的 2.80％，工人 25562 人，占全国的 5.59％。

然而，抗战爆发后，中国经济相对发达的东中部地区相继沦陷，国民政府步步退缩，到 1939 年，上海以及长江下游的工业，除少数得以迁入后方外，其余均为敌人所霸占或摧毁，损失十分惨重。作为国民政府战时统治基础的西部地区，战前工业十分薄弱，为了迅速将西部各省建成战时后方的工业基地，国民政府在迁都前后，即将发展后方工业作为当时政府支持长期抗战的国策。首要的是对江浙沿海及华中地区的内迁工厂积极扶植，使其尽快恢复生产，以便为战时后方工业奠定基础。抗战初期的几年里所设立的工厂，主要都是从战区迁移来的，据经济部的统计，厂矿内迁工作，截至 1940 年年底，总计由政府奖助，迁到后方的厂矿共有 454 家，器材重量达 12 万吨；工业界移民达 10 余万人（见表 3—2）。

表 3—2　　截至 1940 年年底沿江沿海迁入后方的主要工厂统计表

省份	厂矿数
四川省	250
湖南省	121
陕西省	43
广西省	25
其他省份	15
总计	454

资料来源：沈经农：《现阶段的中国工业》，《贵州企业季刊》第 1 卷第 1 期（1942 年 10 月），第 24 页。原资料中内迁厂矿总数为 452 家，统计有误。

在这些内迁工厂中，迁往四川的最多，达 250 家，占 55.06％。另据经济部的统计资料显示，经政府协助内迁的工厂为 448 家，机器材料 70900 吨，技工 12080 人。其中以机器工业为最多，占 40.4％；纺织工业 20.7％；化学工业 12.5％；电器工业 6.5％；饮食品工业 4.9％；矿业 1.8％；钢铁工业 0.24％；其他工业 12.1％。其地域分布，以四川居第一

位，计四川占 54.1％，湖南 29.2％，陕西 5.9％，广西 5.1％，其他各省
5.7％（该项统计资料中，内迁工厂的行业分布合计为 99.14％，原文如
此——作者注）。[①] 这些具体数字虽有出入，但在厂矿内迁数量与地域分
布上大体还是一致的，特别是四川为内迁工厂的主要集中之地。而四川
省政府对这些内迁工厂也提供了大量帮助，在运输方面，由川江资务管
理处负责办理，由四川省政府商请中央信托局按 15‰ 收取川江保险费，
鉴于各厂商在迁移之余，无力负担，实行津贴办法，厂商只负担 4.05‰
之保险费，其余概由省政府津贴，此外组设评价委员会协助迁川工厂收
买厂址以便兴建厂屋，至于周转资金、使用电力等问题，无不尽力予以
便利，使迁川工厂均能逐渐开工。[②] 工厂的内迁，为战时西部地区的工业
提供了便利条件，使全新之工业基础在后方迅速成长起来。

　　正是在这些内迁工厂的带动下，在国民政府与大后方人民的积极努
力下，短短五年中，后方西部地区新建的工厂日渐增多，技术及设备日
益改进，产品数量日渐增加。在这素称落后的西部，工业的发展速度已
在中国工业史上创造出惊人的纪录，是敌寇连做梦也想不到的，直接或
间接增加了抗战的力量。据 1941 年秋的统计，我国大后方厂矿已有 1300
余家，平均每 46 小时即有一新厂出现。举凡各种矿产、钢铁、电力、机
械、电工器材、化学工业、纺织、面粉、煤油、酿造等，均齐头并进，
应有尽有。然而，工业之数量与种类在迅速扩充的同时，却严重缺乏资
金的支持。固定资产与流动资金之总额，据估计不过 15 亿元。以 15 亿元
的资金，分配于 1300 多家工厂，每厂所得平均数十分有限，仅 110 多万
元。以一般认为资本雄厚、人才集中、数量最多的四川省厂矿情形作一
代表分析：四川省内较大的工厂有 390 余家，资本总额合计仅 3.44 亿元。
其中，1.2 亿元者 1 家；2000 万元以上者 1 家；1000 万元以上者 2 家；
800 万元以上者 1 家；600 万元以上者 2 家；500 万元以上者 1 家；400 万
元以上者 7 家；300 万元以上者 3 家；200 万元以上者 17 家；100 万元以

　　① 中国人民抗日战争纪念馆、重庆市档案馆合编：《迁都重庆的国民政府》，北京出版社
1994 年版，第 124 页。
　　② 《二十九年度四川全省经济建设概况》，《中央银行经济汇报》第 4 卷第 8 期（1941 年 10
月 16 日），第 80—81 页。

上者 21 家；100 万元以下 10 万元以上者 154 家，由此可知，小资本工厂的比率最大，约占总数的 38.89%。① 可见，后方产业固有资本之贫困与分散了。

解决产业资金不足问题，最初主要依靠的是政府当局的贷款和一般商业银行的资金融通，然而政府的工矿贷放与银行的投资却少得可怜。先看四联总处的工矿贴放：从 1937 年 9 月起至 1939 年年底止，四联总处核准的工矿贴放为 3000 万元，占同期该处贴放总额的 5.6%。1940 年度的工矿贴放有所增加，计 10900 万元，占该年贴放总额的 19.3%。1941 年度在绝对数方面虽然有所增加，计 31000 万元，但在相对数的总额百分比方面，却反而降为 13.9%。太平洋战争爆发后，由于形势的需要，政府对于工矿生产的停滞，已不得不加以重视，因此 1942 年度的工矿贴放又有增加，百分率虽已增为总额的 38.6%，可总数依然也不过只有 34400 万元。此数如与当年后方物价上涨倍数相较，实际上也未见有何增加。而各银行的工矿投放情形更不容乐观。据有关方面估计，1940 年度后方各银行对工矿业的投放，计商业银行约占总额 1% 强，钱庄和银号不及 0.1%，省地方银行也不过仅占总额 0.6%，但同期各行庄的商业放款，却保持在总额的 80%—90% 间。② 另据调查，重庆 60 家商业银行截至 1942 年 3 月，放款总数为 27437 万元，其中贷给工业与矿业之款，仅占总数的 11.32%；1944 年重庆所有商业银行放款之总数为 493727.6 万元，但工业与矿业的贷款仅占总数的 13.7%。③ 再以四川 12 家银行 1941 年度的情形为例，其资本合计为 247162378.69 元，而其投资及放款于农工矿及公用事业总数仅 65037583.36 元，仅占 26% 强。这其中还包括对农业之投资及放款在内，实际上投入工矿业的数字更少。④ 可见，无论是政府还是商业银行对于工矿业之资金融通，犹如杯水车薪。

① 石年：《当前工业资金问题展望》，《贵州企业季刊》第 1 卷第 1 期（1942 年 10 月），第 4 页。

② 陈真编：《中国近代工业史资料》第四辑，生活·读书·新知三联书店 1961 年版，第 75—76 页。

③ 罗炯林译：《中国工业发展的过去现在与将来》，《金融汇报》第 8 期（工商专号）（1946 年 5 月 29 日），第 11 页。

④ 石年：《当前工业资金问题展望》，《贵州企业季刊》第 1 卷第 1 期（1942 年 10 月），第 5 页。

　　自太平洋战争发生以后，对外交通几濒于断绝，物资来源更感困难，后方工业生产之地位亦见重要。唯因工业资本尚未充分发展，生产数量不敷市场需要，遂致物价高涨，囤积炽盛，形成经济上之严重问题。于是，随着后方工业经济的发展，产业资金的缺乏成了当时十分重要且亟须解决的问题，生产的继续已感困难，而产业界人士已在大呼危机业已降临。为此，社会各界与政府再次考虑到筹设证券市场，不过以往所议的证券市场包括公债在内，而此时社会各界所考虑的证券市场则仅以产业证券——股票公司债为限，初步原则为：由中国、交通、中农三行及中信、邮汇两局联合金融业及产业个体共同组织重庆市产业证券推进会。并附设证券市场，在市场中只开拍现货，同时市场上开拍的证券，须先经该理事会核定；市场不经常开放，只定期集合；至于开支不足时，则由基本会员负担；并不设经纪人。产业证券市场的设立，以活动产业资金为唯一目的，否则便没有意义。①

　　进而人们还认识到，企业资金募集困难的原因，又是与公司组织不健全和人们的投资观念陈旧有着密切联系的。因为公司组织不健全，使股东亦多未能尽监督之责，所以私人的小资本，亦只能根据于亲友间的信任以为投放；同时，在商业银行方面，则因为所收到的大部分是短期存款，又不能用作长期投资。对此，有观点认为，中国应当设立一种投资合作银行或投资信托银行，作为长期投资的居间者，收集零星款项，投于各种企业，取得大股东之权，并任监督之责，以保护其存款者（或私人股东）的利益。②

　　证券交易所作为市场经济和金融市场的核心组成部分，必然与经济增长和发展密切联系。上述可见，一方面战时后方生产事业迅速发展，另一方面却由于固有资本之薄弱，及受物价高涨之影响，其资金之艰困，已达不能维持现状之境地。政府及银行贷款数量有限，尚不足以发挥活泼工矿业金融之效能。正是在这样的情势下，人们自然将解决问题的目

---

　　①　徐建平：《证券市场与产业资金问题》，《中央银行经济汇报》第 8 卷第 11 期（1943 年 12 月 1 日），第 100 页。

　　②　吴大业：《当前产业资金问题及其解决》，《金融知识》第 2 卷第 3 期（1943 年 5 月），第 11 页。

光转向了后方证券市场的设立，关于这方面的主张和要求一浪高过一浪，认识层面也不断深化，人们希望通过证券市场，给予产业界公开募集资金之机会，以促进产业资本之发展、促使公司组织之健全。这是战时后方证券市场倡设产生之最根本的原因。

正因为如此，随着抗战时期大后方产业发展及其对资本的迫切需要，人们的投资观念才产生了明显变化。尽管由于种种原因，后方证券市场最终未能建立起来，但围绕建立后方证券市场的这场讨论，却有着重要的意义，产生了一系列影响。

首先，提高了对证券市场重要作用的认识，深化了人们对证券市场制度的认识。"证券市场之机构，就广义言，实含有二个重要部门，一为发行机构，二为流通机构。前者如投资公司、证券商号之类是；其目的，在扶助企业公司发行股票债票及其他长期有价证券。此种机构之主要任务，在规划事业之创立，设计证券之发行，组织承销代销之团体，为股票债券之实行接受分销，还本付息之经理，担保财产之执行管理，以及为投资者提供买卖保管证券，并受托管理收益之便利等；后者如证券交易所之类是；其目的，在使发行机构便于推销其所经募承受之有价证券，同时使投资者能将其投资手段，随时转变成现款，因而乐于为证券之购置。以上二种机构，有一残缺，则证券市场不能认为完备。"①

其次，推动了整个投资理念的进步。一是拓宽了投资视野。证券投资非但可以把人们的长期储蓄以购进证券的方式而流入产业界，而且可以使得人们的短期储蓄变成产业界的长期资金。二是改变了战前证券市场主要为政府财政服务的观念。抗战胜利后，人们在总结战时中国经济的得失时，有些观察家明确指出："中国战时的工业未能在资本市场的情形下配合发展，所以不能供给工业设施必需的资金，不能引导游资与储蓄入于生产与工业部门，在繁荣的时期，工业能直接吸收一部分有心工业的存户的储蓄，但等到商业贷款的利率比工业贷款的利率高时，这种资金的来源便告中断，资金的来源中断，工业即

---

① 邹宗伊：《证券市场》，《金融知识》第 2 卷第 2 期（1943 年 3 月），第 124 页。

刻遭遇危机，我国经济上的多数困厄实都由于未能开辟国内资本市场而致。"① 因此，开辟国内资本市场是战后发展工业、实现工业化的主要途径。

总之，通过战时对于后方证券市场是否应该建立、怎样建立等一系列问题的讨论，使人们认识到证券交易所的成立，不能代表证券市场的全部完成。建立证券市场就应该建立整套的制度，应该包括代理证券机构的树立，信托机构以及承销、分销机构等的设置。讨论还使人们进一步清楚地知道证券市场的功能，认识到证券市场与产业发展之间的真正关系。最重要的是这场大讨论促使人们更加注意发挥证券市场的融资职能，希望在中国真正建立一个推进产业经济发展的资本市场。明确了战后中国证券市场的发展方向，为战后证券市场的发展奠定了思想基础。

第二节　战时华商证券交易所与股票市场制度建设

自"信交风潮"到全面抗战爆发前，除北京、上海外，在重庆、汉口、宁波、青岛等地也相继建立了一批地方性的证券交易所，虽然有了一批证券交易所，但证券市场却并没有成为企业融资的主渠道。1935 年，金融界为适应一般工商业者要求工商贷款的要求，曾有少数银钱业者发起组织了工商复兴委员会，希望金融业能从买卖公债、地产转到工商投资方面来。他们曾发动组织贴现市场和公司债券市场，想沿着新兴时期的西欧资本主义的道路前进，工商贷款委会员前后也曾有 100 万元放出，不过还是收效甚微，并没有改变当时注重公债甚至地产的局面。② 这种局面的出现，主要在于当时的政府将公债发行作为解决财政困难的主要途径，证券市场也就自然成为了政府公债的销纳市场，工商业的发展也就

---

① 罗炯林译：《中国工业发展的过去现在与将来》，《金融汇报》第 8 期（工商专号）（1946年 5 月 29 日），第 10—11 页。

② 中国经济情报社编：《中国经济年报》第二辑（1935 年），上海生活书店 1936 年版，第157 页。

不可能得到有力支持。

1937年全面抗战爆发后，受战事的影响，上海华商证券交易所及全国其他各地的证券交易所相继停业，证券交易陷于停顿的局面，此后，在战时的重庆，虽出现了恢复建立证券交易所的呼声，但终因各种原因而未能得以实现。在战时的特殊时期里，仅有沦陷的上海与天津的证券市场仍在运行，并相继建立了两个伪证券交易所。

抗战时期，不仅上海的证券交易市场出现了政府公债交易的冷落与企业股票交易的逐渐兴盛，而且在北方金融中心的天津，以企业股票为主要交易物的证券市场也逐渐发展起来，到1945年建立了伪华北有价证券交易所。战时南北的这两个证券市场，虽然是处于敌伪统治时期，其发展不可避免地受到日伪政权的控制和操纵，然而，在客观上，它们却在证券市场的制度建设上完成了从公债市场向股票市场的实践转型。

一　上海证券市场从公债市场向股票市场的过渡

自1937年"七七"事变后，国民政府为稳定上海金融市场，对统一各种债券曾规定最低限价，统甲为76元、统乙为73.5元、统丙为71.5元、统丁及统戊为70元。截至"八·一三"事变发生，各债券市价均在限价左右徘徊，极少变动。而"八·一三"沪战发生后，国民政府为避免投机，进一步命令各交易所一律停止营业，此后在整个抗战时期都未明令复业，致使公债交易成为了非法行为，转入了地下。当1937年11月沪战西移后，上海的公债暗盘黑市开始出现，最初系由同康、裕和、天生、天兴、德孚等6家证券号所发起，仅限于同业间互做现货交易，范围极小，实不过少数人互为议价，私相授受而已。后以营业日兴，范围日渐扩大，每日集会人数，多至数十百人，每日成交数，多达百十万元，少则数万元。其集议地点，初在证券交易所七楼，旋迁至三马路绸业银行四楼，名为"茗谈处"，实则专为内债之暗盘交易。到1939年3月，经证券交易所彻查而宣告中止，但不久又在证券交易所七楼出现暗盘市场，营业亦相当旺盛，每日成交数额，不下数十万元，除假期外，以每日上午9时3刻至10时1刻，下午2时至2时半为交易时间。至于各经纪人向顾客征收费用，并无一定之标准，普通每百元为两分半至五分不等。①

　　尽管公债暗盘市场在抗战初期上海的特殊环境中一直存在，并时有兴旺，但从总体而言，这已经无法与战前红火的公债市场相提并论了，其市价更是江河日下，统一五种公债的市价在 3—6 折之间徘徊。因为1937 年 11 月沪战结束后，国民政府退出了上海，国民政府新发行的公债既不可能在上海发行，也不可能成为交易对象，而旧有的政府公债随着时局的发展已无利可图，吸引不了大银行与钱庄的重视。加之各银行战前所购存的相当巨额之公债，其购进价格均在现有价格水准之上，照现行价格事实上均不能脱手，因此，银行业即将手中持有的公债一部分作价 70 元抵押于四行贴放会，一部分则照政府规定的 70 元之价格抵押于中国、交通等银行，一部分则抵押于联准库及作为新汇划之准备，如此一来，各商业银行前存之公债现均成为一种向政府银行照财政部规定价格调拨头寸之工具，极少参与当时的公债暗市交易。而从事公债的活动者，多数均为"职业上"之公债投机旧户在小范围内的活动，对于整个金融活动影响极微。② 这样，曾经盛极一时的公债交易日趋冷落，从此以后，在抗战时期的上海证券市场上，公债交易即失去了它往日的辉煌，代之而起的是华、洋股票交易的复苏、兴盛与繁荣。

　　当上海作为"孤岛"，其政治、经济形势得到相对稳定后，上海工商业也迅速得以恢复与发展，上海周边江浙地区不少工厂迁入租界复业经营，工业生产力日渐恢复，据统计，沪战后半年时间，租界内已开工工厂 1861 家。到 1939 年，在上海公共租界内所设工厂 3310 家，西区界外马路区域内所设工厂 940 家，共计 4250 家。③ 而"孤岛"时期上海的商业也空前繁荣，仅百货店在 1938—1940 年间就增设了 500 家。而在 1938年新设的 491 家工厂和商店中，饮食商店达 129 家，日用品商店有 85 家，衣着商店有 58 家，文化商店有 53 家，医药店有 31 家，娱乐场所有 27

---

　　① 王海波：《上海之公债市场》，《日用经济月刊》第 1 卷第 10 期（1939 年 12 月），第304—305 页。

　　② 中国第二历史档案馆编：《中华民国史档案资料汇编》第五辑第二编（财政经济）（三），第 186 页。

　　③ 董文中编：《中国战时经济特辑续编》，中外出版社 1940 年版，第 101 页。

家，装饰品店有 26 家，其中新设的商店占到总数的一半以上。^① 这些工厂、商店大部分采用股份公司制，纷纷发行股票。有了股票的大量发行之后，必然产生股票流通的需要，在一定意义上，股票的交易制度是发行制度的补充性或配套性的制度安排。然而，上海华商证券交易所却于 1937 年 8 月 11 日，已奉令停业。^② 此后虽曾风传交易所将恢复营业，但终因国民政府的制止而未能得以实现，直到 1943 年 9 月在汪伪政权的控制下重新宣布伪上海华商证券交易所复业前，整整 6 年的时间，上海的证券市场一直处于各自为政的混乱时期。在此期间，股票交易市场制度在汪伪政府制定出相应规则之前，随着自发股票交易市场活动的发展，形成了民间的自发交易规则。

　　1940 年，伴随着华股市场的复兴，7 月 1 日，中国股票公司在上海九江路 316 号开业，它以专门经营华商股票业务相标榜，一改过去华股交易的厄从地位，独树一帜，与外股鼎足而立。继中国股票公司以后，以专门买卖华股为业务的组织进一步增多，其中以中国股票推进会势力最强，该会于 1940 年 12 月 16 日由上海信托业同人联欢会所组织成立，目的在于奖励正当投资，创造资本市场，参加会员计 10 家，即中一、上海、久安、中国、和祥、通易、华丰、环球等 8 家信托公司及新华、永大 2 家银行，地址设在北京路中一信托公司大楼五楼信托业同人联欢会内，买卖之股票，计有 78 种，金融业 22 种，新药业 7 种，纺织制造业 9 种，公用事业 3 种，印刷书纸业 5 种，化学工业 6 种，交易所 5 种，烟草火柴业 4 种，百货公司 7 种，其他 10 种。^③

　　中国股票推进会产生后，交易亦日见增多，一般拥有资金者，均争相搜购华商股票，致使华商股票交易日趋旺盛。截至 1942 年上半年，上海虽无正式华商股票市场的成立，但经营华商股票之公司却相率设立。据调查，上海先后成立之经营华商股票公司，统计有 100 多家，其中成立较早者计有 18 家，其情况详见下表（表 3—3）。

---

　　①　魏达志：《上海"孤岛经济繁荣"始末》，《复旦学报》1985 年第 4 期。
　　②　任建树主编：《现代上海大事记》，上海辞书出版社 1996 年版，第 673 页。
　　③　若君：《上海之华商股票市场》，《中央经济月刊》第 2 卷第 3 号（1942 年 3 月）；另据陈善正《八年来的上海股票市场》的统计，最初参加会员 11 家，以后陆续加入 13 家，经由该会介绍买卖的华商股票有 85 家，见《银行通讯》新 3 期（总第 28 期，1946 年 2 月）。

表3—3　　　1941—1942 年上海主要经营华商股票的 18 家公司情况表

名称	地址	主持人	
长城企业公司	宁波路 47 号	郑家驹	
永昌股票公司	九江路证券大楼 4 楼 245 号	穆壮武	张孝贤
中华股票公司	九江路证券大楼 5 楼 344 号	胡光武	
亚洲股票公司	外滩汇丰大楼 301 号	孙文呈	戴敏琯
贸大股票公司	九江路证券大楼 2 楼 1 号	袁汉良	
富康股票公司	河南路祥誉公内	王雨亭	王福田
南洋股票公司	江西路 246 号	胡铁盒	
中国股票公司	江西路 316 号	郑学诰	王永霓
五丰股票公司	北无锡路 73 号	王瀛生	
众益股票公司	北京路 270 号	王掫升	孙汉翘
新丰股票公司	中央路 24 号 607 号	姚兆瑭	
永安股票公司	北京路 266 号 2 楼 75 号	朱颂恒	张实甫
上海股票公司	汉口路 441 号同安大楼 4 楼 324 号	王敦夫	
华商股票公司	中央路 24 号	周伦棣	
东方股票公司	爱多亚路中汇大楼 607 号	方善枢	
大生股票公司	北京路 522 号	童显庭	
国华股票公司	中央路 24 号 304 号	胡静秋	蒋廷文
兴业股票公司	九江路证券大楼 22 号	俞明时	

　　资料来源：王相秦编：《华商股票提要》，中国科学公司 1942 年版，第 195—196 页。

　　对于华商股票的交易方法，各家股票公司虽制定有各自的《代客买卖华商股票简章》，但内容大体一致，主要仿照过去公债的交易。交易时间平时定于上午 9 时至 12 时，下午 2 时至 3 时，每逢例假及星期六下午均无市，如遇有其他特别情形时，则由同业议决通告变更交易时间。每日开市时，顾客如欲买卖华商股票可直接到各股票公司，或以电话通知股票公司，托其代买或代卖，各股票公司均悬挂有华商股票市价牌，顾客可照市价买进卖出。顾客如不愿照市价买进或卖出时，则可采用"限价"之法，即顾客与股票公司以价格上之限定，至何价始愿购进，或至何价始愿售出。而当时的各种华商股票买卖均为现货交易，隔日交割。交割后，顾客须即持购进之股票向发行该股票之公司办理过户，亦可委托股票公司代为过户，但过户费及印花税等由顾客自付。各股票公司代为买卖股票之手续费，均按成交价收取5‰，但最低为5元。① 至于交易的单位，各种股票并不一致，大致票面金额愈高，交易单位愈小，如票面10元的股票多以100股为单位，而票面100元者则常以10股为单位。②

面对上海华商股票市场买卖的日趋火爆，太平洋战争后，被日本侵略军取缔的众业公所的原有洋商经纪人按捺不住了，他们迫不及待地另行筹建组织参与华股市场的交易。1942年10月，由众业公所洋商股票捐客35人联合组织一专营华股的公司——众利股票公司，其性质为采取洋股交易方式之华股捐客同业组织，其经营华商股票业务之办法与众不同，对于奇零数额之股票，本为一张而不能分割者，该号可代为划分交割，而由永大银行出具证明，此项收据，可与正式股票同样流通，以便利持股人。该号地址在中央路华侨大楼，负责人为戴君、董君两人。每日交易时间为上午10时至11时，其交易方式，须先由顾客与该号会员接洽，再由会员与该号负责人说明欲买卖之数量，即可成交。③

1940年3月建立的汪伪政权，由于主要依靠日本主子的贷款维持生存，因此对证券交易活动异常恐惧，生怕搞乱其十分脆弱的经济。汪伪工商部曾几次对上海特别市政府下达指令，要设法取缔各种交易所。在上海沦陷后，各种势力更是乘虚而入，特别是日本军方和经济界的各种势力都想插足上海，控制证券市场。而汪伪政府从自身利益考虑，也想把上海的证券交易市场纳入自己的管辖范围，于是，1942年8月26日，汪伪政权公布《买卖华商股票规则》，开始管制股票交易。1943年年初，由于物价的波动和上涨几达于顶点，造成大多数人民日常生活的莫大威胁，为了抑平物价和制止投机，日伪当局开始实施物品限价办法。2月20日，在日军操纵下的工部局与法租界也采取相应的措施，配合汪伪政府对华商股票市场进行取缔，宣布暂时停止华股交易。④ 在日伪政府及租界当局的严厉打击下，紊乱的华股市场开始收敛，股票商们不得不向伪

① 王相秦编：《华商股票提要》，中国科学公司1942年版，第197—198页。
② 汤贤宝：《投资华股常识》（下），《华股研究周报》第6卷第3期（1943年10月25日），第9页。
③ 《众利股票公司开业》，《华股研究周刊》第1卷第2期（1942年10月19日），第5页。
④ 《华股暂停交易》，《华股研究周报》第2卷第8期（1943年2月22日），第2页。

政府进行登记。据统计，1943 年 3—6 月，陆续向伪上海市经济局申请注册的股票公司共 267 家，5 月 19 日，首批获准注册的永昌等 15 家股票公司正式复业，到 5 月底，经伪上海市经济局审核合格颁发注册执照者共计 35 家，其余已申请而未核准之股票业商 232 家。[①]

　　此后，媒体又不断传出众业公所将要恢复营业的消息，致使上海的华股市场受此刺激而不断上涨。到 1942 年年底及 1943 年年初，《华股研究周刊》更是分别以《众业公所将复业》[②] 为题进行了两次较为详尽的报道：众业公所不仅积极准备恢复营业，而且复业后新的众业公所将以华股交易为主。并且声称将绝对禁止投机行为，即（1）上市华股仅限于经主管官署核准注册之公司，至于新设之空头公司股票，禁止上市交易。（2）严格审查经纪人资格，经纪人必须信用素著及有殷实之资产，同时缴纳身份保证金以为保证。此外还妥拟防止投机之对策，彻底限制买空卖空。由于众业公所过去经营证券的良好声誉，在上海华商股票市场极度混乱的时候传出这样的消息，人们自然对其寄予厚望。在此消息的影响下，华股市场不断上涨，如 1942 年 11 月 2 日的华股市场，即因有众业公所将复业并有经营华股买卖之说，涨幅很大，中法药房突破 100 元大关，升至 110 元高峰。[③] 到 1943 年年初，又有报道称众业公所不仅准备复业，而且还对经纪人进行了登记与审定。前往登记之股票商共有百数十家，但经审定合格者只有数十家，即为将来该公所之正式经纪人。而且该所已决定新公司所发之股款收据，将来一概不得上场开拍，一切交易均须以正式股票为准。[④] 这也是迫使汪伪政府与日本占领当局不得不考虑恢复原华商证券交易所的一个问题。

　　这时正好有一日本经济要员到上海考察，认为资金无正当出路，囤积之风弥漫的经济病态，只有建立广泛的证券市场，疏导游资，才能得到改善。日方的表态，促使汪伪政府有所响应，于是汪伪实业部一面宣

---

　　① 中国第二历史档案馆馆藏汪伪国民政府实业部未刊档案：档号 2012 - 2165。

　　② 《众业公所将复业》，《华股研究周刊》第 1 卷第 9 期（1942 年 12 月 7 日）及第 2 卷第 3 期（1943 年 1 月 11 日）。

　　③ 《华股一周瞻望》（1942 年 11 月 2 日至 11 月 6 日止），《华股研究周报》第 1 卷第 5 期（1942 年 11 月 9 日），第 3 页。

　　④ 《众业公所审定经纪人》，《华股研究周报》第 2 卷第 3 期（1943 年 1 月 11 日），第 7 页。

布废止不久前颁布的"取缔规则",一面会同财政部饬令上海华商证券交易所筹备复业。

1943年7月,停业已届六载的上海华商证券交易所,接奉汪伪实业、财政两部命令,筹备复业。为此,该所理事会决定三种具体方针:一、增加资本;二、修改章程;三、补选理事。7月24日下午2时,假借银行俱乐部举行股东临时会。由理事长张文焕主席、监察人王本滋报告6年来收支账略,该所自1938年起至1943年6月份止,收支相抵,亏损721993.24元。理事会提出增资方面,由原资本120万元增至中储券2000万元,分20万股,每股100元,其增资办法由交易所房地产增值项下充拨,每一老股升股11股,尚余560万元,作为同人酬劳,当时虽有股东不满,但因票决多数赞成而告通过。[①]经过两个月的筹备,到9月29日举行复业典礼,11月8日正式营业。同时明确宣布,专营华商股票,洋股不包括在内。[②]复业的华商证券交易所以日本人大友为顾问,经纪人名额为200人,第一批核准上市的股票即有108种,其中6/10为新开办的纺织印染业公司。[③]

同时,还修正通过《上海华商证券交易所股份有限公司章程》(共8章38条),作为基本的自律管理原则。[④]在此原则下,制定了股票交易的具体规则。

在交易方法的确立问题上,主要依据和借鉴了当时世界上主要资本主义国家的证券交易方法,认为连续交易制及个别交易制均值得借鉴,前者如纽约市场及原上海众业公所均采用之;后者如东京交易所之长期交易采用之。连续交易制是每种股票由买卖双方出价还价,而连续进行交易,故市价临时有变动及涨跌。个别交易制则为每种交易于每盘开做一次,如此一次轮流做及各种,故每种股票每盘只做一次,错过一次即须等待下次。这两种方法各有其特点,前者活络自如,而后者秩序井然。但根据上海当时的市场情形,主张采取连续交易制为宜,因为投资实业

---

①　《上海华商证券交易所》,《华股研究周报》第5卷第2期(1943年8月9日),第8页。
②　倩君:《证交复业后洋股不开拍》,《华股研究周报》第6卷第2期(1943年10月18日),第9页。
③　马长林:《孤岛时期的交易所黑幕》,《上海档案》1995年第1期。
④　上海市档案馆藏日伪上海特别市经济局未刊档案,档号R13-1-1336。

尚不发达，兴趣多集中于少数股票，如采个别交易方法，不免有偏颇不及之处。[①]

股票现货交易规则：当时股票交易的主要形式为相对（继续）买卖或竞争买卖，前市开盘时，照股票名牌，顺次由场务科人员呼唱。凡准买卖一种股票之双方经纪人，互相叫价，互相竞争，增减价格，俟叫价接近双方同意时，拍板人拍板一下，作为开盘成交价格。俟全部唱完，所有双方经纪人即继续进行买卖。价格各自标出于黑板上，价格一经标出，如有对方接受，必须成交一单位，不得误盘或悔盘。成交股份由卖方登记于三复写小场账上，注明对方经纪人号数、股票名称、数量、价格、日期等，由买方签字，一纸交还卖方，一纸投入市场小木箱中，另一纸由卖方经纪人留存。当日上午交易，次日下午4时前办理交割。至当日下午交易，第三日方能交割。所以投机者可利用成交至交割间的空隙时间，予以买回或转卖，了结原有交易，博取差益。[②] 同时还规定了股票的交易单位与涨跌限度，上市华股交易单位为10股、100股、500股3种。涨跌幅度：1000元以上，在10元以内；1000元以下500元以上，在5元以内；500元以下200元以上，在2.5元以内；200元以下100元以上，在1元以内；100元以下50元以上，在0.5元以内；50元以下，在0.25元以内；10元以下，在0.10元以内。[③] 1944年7月，针对股市行情的暴涨暴跌，伪证券交易所又重新修订了限制涨落幅度的办法，即凡市价在10—20元的，涨落以上日收盘价的30％为限；市价在20—100元的，涨落以25％为限；100元以上的，涨落以20％为限，超过这一限度，该项股票即应停拍，也就是俗称"涨停板"和"跌停板"。[④]

股票的期货交易规则：此种交易称为"便期交易"，于1945年1月4日开始开设，其具体办法为，交易自上星期四开做至本星期三上午为止。每周交割一次，定星期五上午10—12时、下午1—3时收货，星期六上午

① 《证交之交易方法》，《华股研究周报》第6卷第4期（1943年11月1日），第2页。

② 王雄华：《上海华股市场的过去及将来》，《中央银行月报》（复刊）第1卷第1期（1946年1月）。

③ 刘仲廉：《上海之交易所》，汤心仪等编：《战时上海经济》第一辑，上海经济研究所1945年版，第105页。

④ 洪葭管、张继凤：《近代上海金融市场》，上海人民出版社1989年版，第176页。

10—12 时发货。所有交割价银，概在星期五收付清讫。参加这种交易的股票最初确定为永安公司、荣丰纱厂、信和纱厂、美亚织绸、景福衫袜、新亚药厂、康元制罐、永安纱厂、新新公司、大通纱厂、中国丝业、中法药房、世界书局、大中华火柴等 14 种。便期交易鼎盛之后，证交当局又于 3 月 22 日起，加添统益纱厂、公和棉织、新光内衣、中华电影等 4 种便交股票。严格说来，这种交易不是正规的期货交易，只能算是变相的期货买卖而已。①

值得一提的是，在战时上海华商股票市场的发展过程中，当时的经济研究机构还创建了华商股票价格指数，主要约有两种：一为中国经济研究会编，公布于《中国经济月刊》；一为环球信托银行设计处所编，公布于《银行周报》。

中国经济研究会所编指数，系以 1942 年 6 月为基数（即 6 月份价格等于 100），所包括股票，原为永安公司、新新公司、中国国货、中国内衣、永安纺织、大生一厂、大生三厂、新亚药厂、中法药房、华商电气、闸北水电、商务印书馆、中华书局、世界书局、南洋烟草、大中华火柴16 家；1943 年 7 月，增选中国纺织、信和纱厂、久安实业、新亚建业、新益地产、康元制罐、美亚绸厂 7 家；1944 年 4 月起，又增选荣丰纺织、景福衫袜、中国丝业、信谊药厂、永兴地产、联华地产、中国投资、国华投资、信义机器 9 家，前后一共 32 家。

环球信托银行设计处所编指数，则系 1943 年 11 月 8 日华商证券交易所复业开始，以是月平均价格为基价，所选股票为中国投资、久安实业、利亚实业、国华投资、新中实业、新亚建业、环球企业、永兴地产、新益地产、联华地产、中法药房、新亚药房、新星药厂、大中华火柴、森茂化工、永安公司、新新公司、国货公司、丽安百货、中华电影、中华书局、世界书局、商务印书馆、晋丰造纸、大通纱厂、永安纱厂、中纺纱厂、信和纱厂、荣丰纱厂、中国内衣、仁丰染织、大中华织造、景纶衫袜、景福衫袜、中国丝业、美亚织绸、美纶毛织、南洋烟草、中国钟表、公用电机、信义机器、康元制罐、华一工程等 43 家。

---

① 王雄华：《上海华股市场的过去及将来》，《中央银行月报》（复刊）第 1 卷第 1 期（1946 年 1 月）。

以下是两种股票指数的统计表（见表 3—4、表 3—5）：

表 3—4　　中国经济研究会编上海华商股票价格指数（基期：1941 年 6 月）

时间	华股价格指数
1942 年 6 月	100.0
7 月	128.7
8 月	112.7
9 月	114.1
10 月	136.9
11 月	158.5
12 月	168.2
1943 年 1 月	166.7
2 月	236.1
3 月	245.7
4 月	361.4
5 月	343.5
6 月	348.7
7 月	675.8
8 月	915.7
9 月	782.0
10 月	1028.3
11 月	1076.6
12 月	1357.6
1944 年 1 月	1437.7
2 月	1373.0
3 月	1062.7
4 月	979.8
5 月	880.8
6 月	751.3

资料来源：贤宝：《华股市价指数》，《华股研究周报》第 10 卷第 7 期（1944 年 9 月 18 日），第 4 页。

表3—5　环球信托银行编上海华商股票价格指数（基期：1943年11月）

时间	华股价格指数
1943 年 11 月	100.0
12 月	135.5
1944 年 1 月	132.4
2 月	124.9
3 月	91.6
4 月	83.4
5 月	74.3
6 月	65.1
7 月	67.3

资料来源：贤宝：《华股市价指数》，《华股研究周报》第 10 卷第 7 期（1944 年 9 月 18 日），第 4 页。

上述两种股票指数，十分清楚地展示了自 1942 年 6 月到 1944 年 7 月，上海华股市场的走势与变化情况，为我们研究战时的上海华股市场提供了不可多得的宝贵资料，同时股价指数的编制本身也说明上海的华股市场制度建设在逐渐地规范与完善。

以上股票交易制度的建立，既反映出股票市场发展的客观需要，同时也是政府加强市场管理的需要。如"涨停板"与"跌停板"制度的出现，主要在于汪伪政府管理层为防止股市动荡引发种种问题，而对价格波动重新管制，通过这种涨跌幅度限制的制度安排来对市场进行干预，这是汪伪政府在市场化进程中针对市场中出现极度不均衡及秩序混乱的情况采取的一种适应性调整措施，以寻求发展和稳定两者间的平衡。但这一管制并未达到预期的效果，在各种涨跌幅度的限制下，很少有人愿意以柜台挂牌价抛售，结果导致柜台交易更加"有行无市"，而股票的黑市交易更加火爆。

然而，随着日伪在军事上的节节败退，证券市场上的投机色彩日趋严重，上海的华商证券市场根本达不到吸收游资、平抑物价、稳定金融的作用，反而助长了投机的狂澜。由于军事局势逐渐明朗，日本战败已成定局，金融市场上的股票行市猛腾猛跳。此后，汪伪财政当局又设法以发行金证券方式来抽紧银根，但也只能使股票市价处于暂时的徘徊状态，而股市的猛烈涨风无法改变。这种涨风持续了 3 个月，直到 8 月 10 日日本宣布无条件投降后，突然由一片吸进转而为一片抛出，8 月 17 日，交易所最后一场交易，在 199 种股票中只有 2 种成交。

二　战时伪华北有价证券交易所

天津是近代中国北方地区的经济与金融中心，在 1917—1918 年间，继北京、上海之后，曾由天津市商会发起组织证券交易所，筹集股本 50 万元，因未取得银钱业的支持而未开业。受上海筹设交易所的影响，1921 年 2 月，又由市商会及银行等筹资 250 万元成立了天津证券花纱粮食皮毛交易所，以本所股期货为主要交易对象，但因管理不善、内部亏累而于 1922 年 2 月停业。[1] 从此以后，虽有银行设有证券部、信托部等机构代客买卖证券，也有证券经纪人或证券行从事证券买卖，然而，直到抗战结束前夕华北证券交易所的成立，天津一直没有再成立过证券交易所。

1944 年 12 月 1 日，伪华北政务委员会经济总署下达命令，由北京、天津、青岛、济南四市各银行发起，先在天津设立有价证券交易所，定名为华北有价证券交易所，限 1945 年 1 月 31 日以前成立，将来视情形需要，再于北京、青岛、济南等处，次第设立，除令北京、天津、青岛、济南四市银行钱业等公会与商会遵照执行外，并责成天津市银行业同业公会负责进行筹备。[2]

根据《华北有价证券交易所设立要领》可知，该所为华北全区内新设的一个有力之有价证券交易所，新交易所系股份有限公司组织形式，资本额为伪联银券 2000 万元，股份由北京分担 500 万元，天津分担 1000 万元，青岛、济南各分担 250 万元，一次收足。由各地银行公会、钱业公会、市商会及由工业家组织之团体分担之。发起人则由各地分担股份的团体推荐组成，北京 6 名，天津 8 名，青岛及济南各 4 名，于 12 月 31

[1]　中国人民银行总行金融研究所金融历史研究室编：《近代中国的证券市场》，中国金融出版社 1989 年版，第 67 页。

[2]　北京市档案馆馆藏交通银行北京分行未刊档案，档号 J32 - 1 - 1909。

日以前呈报经济总署。各发起人应于 1945 年年初召开发起人会，至迟须于 1 月 31 日以前成立交易所。新交易所市场暂定天津一处。①

接着，天津市银行业同业公会制定了《收股办法大纲》，规定由北京、天津、青岛、济南四市商银钱各会分担之股额由各会自行负责代收，北京、天津、青岛、济南四市银钱两公会所收股款，自收齐之翌日即 1 月 16 日起，至交易所正式开业以前，即托由各市银钱两公会各自负责，暂代转存，其转存之范围以存于两会内经政府核准之银行银号为限。② 据此，各地各公会纷纷采用摊派方式对承担的股份进行分配担负，如天津负担的 1000 万元，由银行公会承担 340 万元、钱业公会承担 330 万元、商会承担 330 万元，各公会也是以摊派方式分配担负，钱业公会每一会员摊认 28800 元，共 114 家，尾差 16800 元由豫慎茂寄庄承担。③ 银行公会分担 340 万元，也照平均分担原则，每行 10 万元，唯中原、东莱、殖业三行，只认缴 5 万元，其余数 15 万元，经董事会议决，由其他会员行平均分摊 5000 元。④ 其他各地，济南的银行业承担股款 83 万元，分别由鲁兴摊 11 万元，中国、交通、大陆、农业、幅顺德、聚义各摊 9 万元，东莱、上海、华北储蓄各摊 6 万元，并推定银行方面发起人为大陆银行经理曹敏士。⑤ 北京银行公会承担 200 万元，除聚兴诚、四行储蓄会各担任 6.25 万元外，其余中国、交通、盐业、新华、金城、中孚、中国实业、浙江兴业、中国农工、大陆、中南、上海、兴中、河北、冀东、信诚、华北商业、华北储蓄、福顺德、聚义、同德、华北工业等 25 行各担任 7.5 万元。⑥ 经过努力，最终，2000 万股款由北京、天津、青岛、济南四市分认收齐，实际承担股额与预定略有出入：北京承担 500 万元，由北京市商会、钱业公会各认 150 万元，银行公会认 200 万元；天津市原承担 1000 万元，后又代青岛市承担 50 万元，共计 1050 万元，由商银钱三

①　北京市档案馆馆藏交通银行北京分行未刊档案，档号 J32 - 1 - 1909。
②　北京市档案馆馆藏北平市商会未刊档案，档号 J71 - 1 - 414。
③　周志久、吴树元：《天津证券行业的兴起和消亡》，中国人民政治协商会议天津市委员会文史资料研究委员会编：《天津文史资料选辑》第 25 辑，天津人民出版社 1983 年版，第 146 页。
④　北京市档案馆馆藏交通银行北京分行未刊档案，档号 J32 - 1 - 1989。
⑤　同上。
⑥　同上。

会各认 350 万元；济南市承担 250 万元，由商会认 84 万元，银钱两会各认 83 万元；青岛市承担 200 万元，由商会认 100 万元，银钱两会认 100 万元。①

北京、天津、青岛、济南四市推出发起人 22 名：北京 6 名：邹泉荪，腾子超，王毓霖，周维蕃，王振亭，王弼华。天津 8 名：邸玉堂，于震江，焦世卿，顾小林，张蕴白，杨天受，资耀华，王毅灵。青岛 4 名：殷露声，王正平，时品三，王子谦。济南 4 名：苗兰亭，曹敏士，张冠三，胡伯泉。② 华北有价证券交易所于 1945 年 1 月 18 日借天津票据交换所举行创立会，出席股东代表 220 人，代表北京、天津、青岛、济南四市商银钱三会股东 418 人。主管官署派员指导：华北政务委员会经济总署代表、中联津分行经理唐卜年，天津市政府代表、经济局局长里叔平，天津市银行公会书记长郑世芬。票选王毅灵、于震江等 15 人为理事，王泽民等 4 人当选为监察人，张君度等 5 人当选为候补理事，张冠三等 2 人当选为候补监察。最后邸玉堂、周维蕃、王毅灵、焦世卿、杨天受等 5 人当选为常务理事，王毅灵（其身份是金城银行经理、天津银行公会会长）当选为理事长。③

创立会议后，开始了积极筹备开幕，首先确定了《上场证券审查规则》，主要内容：一、上市公司一律为在华北政务委员会管辖区域内或于华北地区有分公司或事务所的华人公司，资产金额在国币 100 万元以上。二、公司业务已经过两个会计年度决算期，公司业务或财产基础状况良好。三、曾在市面已有公定行市交易之证券，其行市并曾在北京、天津或青岛、济南各市通行，日报刊布经本所之调查审核合于规定者。四、过去无行市交易之证券，由公司自行申请，在本所市场上场，经本所审查合于规定者。五、上市公司须提出下列文件备查，即公司章程，股东名簿，董事监察人履历书，经理人履历书，业务报告，财产目录，政府许可营业执照照片，该项证券初次上场。六、凡经本所审查合格之证券，均须由本所呈奉经济总署核准，始得在本所上场实行交易。凡业经核准

---

① 天津市档案馆馆藏天津市政府未刊档案，档号 j2-3-2-1499。
② 北京市档案馆馆藏北平市商会未刊档案，档号 J71-1-414。
③ 同上。

交易之证券，无论何时如发现其所属之公司有自行操纵买卖之事实，或有其他违法之行为时，本所得中止其上场或呈请经济总署备案。①

其次，规定只做现货，暂不做期货。因为伪华北有价证券交易所的成立，其目的是为了吸收游资，安定物价，稳固金融市场，而当时京津青济四市的金融情形不容乐观，1944 年 10 月华北四市票据交换总额每日平均为 6.2 亿元，其中天津占 60％，11 月每日平均为 8.2 亿元，其中天津占 5 亿元，12 月底即天津市一处票据交换已达 9 亿数千万元，天津金融为华北重心，稍有疏虑即有牵动全局，因此，各发起人再三审议，最后决定交易范围，先做现货，对于期货则暂行从缓。②

从中不难看出，这个交易所是伪经济总署仓促部署、限期成立的。该所后购置原法租界承德道六国饭店的房产为所址，着手大修，但因理事长王毅灵等人态度较消极，工程进度迟缓，到同年 8 月日寇投降之际才竣工。③ 所以，伪华北有价证券交易所直到 1945 年 8 月 27 日才正式开业（一说是 8 月 22 日），总所设在天津，其他三地设立分所，其中北平分所也于同日开业。开业前，额定经纪人名额为 100 名，由商会和银钱两公会各分配 40 名，实际吸收的经纪人达 170 多名，但真正有业务的经纪人大约只有 60 名左右。佣金改为从价 5‰，交易所与经纪人各占一半。④为了规范对经纪人的管理，专门制定了《华北有价证券交易所经纪人暂行办法》（12 条）：作为交易所的经纪人其资本必须在国币 50 万元以上，经两家以上殷实公司商号介绍，由本所审查后，呈请经济总署核准注册才能取得营业执照。经纪人必须遵守交易所章程、市场公告及一切指示，不得任意违背。经纪人对于交易所应负由其买卖所生之一切责任，在市场从事买卖应设置代理人。⑤

在战时的北方，虽然伪华北证券交易所在 1944 年 12 月才开始筹备组建，但是，北方的证券交易在战时仍接连不断，如天津特别市为了规范

① 北京市档案馆馆藏北平市公用局未刊档案，档号 J13－1－1201。
② 北京市档案馆馆藏北平市商会未刊档案，档号 J71－1－414。
③ 林榕杰：《1948 年的天津证券交易所》，《中国经济史研究》2008 年第 2 期。
④ 周志久、吴树元：《天津证券行业的兴起和消亡》，《天津文史资料选辑》第 25 辑，天津人民出版社 1983 年版，第 147 页。
⑤ 北京市档案馆馆藏交通银行北京分行未刊档案，档号 J32－1－1989。

该市的证券业，解决其纠纷，便于监督管理，在 1944 年 12 月，由伪市政府参事室召集社会、经济两局参加商讨并经市政会议通过《天津特别市政府管理证券业暂行办法》，规定对于该市的证券业主要由社会与经济两局实施具体的监督与管理。凡经营证券业者无论专营或兼营均须依照商号开业程序向社会局请领营业执照，由经济局查验登记后方准开业；凡经营证券业者，无论专业或兼业其资本金须在 30 万元以上且信用确实，对于证券只准代客买卖，不许自行买卖；债券买卖应缴付现货现价，不得有欺买欺卖行为，经营证券情况应按日造账送交同业公会存查，如若违反，将视情节轻重给予处罚，或处 3000 元以下之罚锾，或停业 3 日至30 日，或撤销营业执照勒令歇业。① 这一管理办法拟定后，在分别呈咨伪华北政务委员会及经济总署核准时，却没有获得通过。

1945 年 4 月 25 日，伪华北政务委员会经济总署下达咨文，认为，关于交易所平时营业之监督，依照国民政府《修正交易所法》的规定，应由实业部（而战时的华北则主要为华北政务委员会经济总署）委派之监理员负责办理，华北有价证券交易所即将在天津成立，华北政务委员会经济总署已经令派唐卜年为该所监理员，具体负责对该所的监督与管理。至于天津市政府与交易所之关系以及交易所营业发生风潮时应采取何种措置，当依法由华北政务委员会经济总署直接派员管理，如遇该所营业有影响及于地方金融时，天津市可随时咨商本总署设法处置，或与该所监理员商讨急切处置办法。正是由于证券交易所业务已经由华北政务委员会经济总署派员直接加以管理，因此，地方官署也就无另订管理证券办法的必要了，于是对该办法进行了否定，至于对交易所经纪人的管理，则要求主要依据华北有价证券交易所拟定的《华北有价证券交易所经纪人暂行办法》进行管理。要求凡在该证券交易所未经成立前，已经地方官署核准营业之商号以经营证券为业务者应速取得交易所经纪人资格，如其不能取得经纪人资格，则应饬令立即停业。②

伪华北有价证券交易所从 1945 年 8 月 27 日开始运行，到 11 月 3 日由国民政府财政部下令接收，经营仅两个多月的时间。伪政权在穷途末

---

① 天津市档案馆馆藏天津市特别市政府未刊档案，档号 j1-3-6-8469。
② 同上。

路的形势下限期成立交易所，其主要目的在于：

（1）为吸收游资。当时物资紧张，物价上涨，由通货膨胀带来市场上游资充斥，为减轻对于伪联银券的压力，利用市场上流通已久的股票筹码去吸收资金。为了吸收游资，1944年，伪中国联合准备银行在北京成立"华北储蓄银行"，并在天津、青岛、济南、太原设立分行，然而，由于当时物价飞涨，联银券不断贬值，人民手中的货币大多用于购买实物，储蓄银行开业后，营业萧条，以储蓄银行券吸收游资的办法宣告失败。[①] 而1943年伪上海华商证券交易所的建立，对于吸收游资较有成效，于是天津方面准备效仿上海建立证券交易所，以达到吸收游资的目的。

（2）为严密控制华北的金融市场。日军占领天津后，逐渐加强了对天津金融市场的控制，日本的银行和伪中国联合准备银行以及外围银行，对于信贷资金和内外汇兑的资金，层层控制，管制极严。其中天津股票市场在日本人支持下从1938年开盘以来，更是作为吸收中国资金以供应其开发大陆之用。同时，开办证券交易所还可成为一个产业证券的资金市场，先以华资的厂商为前导，然后逐渐推出敌伪出资的厂子，以至于发展到公司债券等，为伪政权发行公债创造有利条件。

（3）为规范天津的证券交易市场。1938年以后，天津的股票交易十分活跃，行市不断上涨，出现了专门经营股票买卖的华商证券经纪行，主要有：隆泰行、大众信托公司、联兴行、久安信托公司、新华银行证券部、广安行、中华平安公司等。1941年春，新华银行、久安信托公司、大众信托公司、隆泰行、联兴行等五家，成立联合营业处，地点设在新华银行二楼，约定每家各派去一人联系业务，办理货款交割手续，五家之间互不出佣金，对客户则统一按成交额的25‰计收佣金。以上各家都兼营上海众业公所的洋商股票交易。[②] 与此同时，英租界之英商永盛洋行改设为交易所，开始棉纱、棉布、证券及昔日之公债交易，极为繁盛。但不久太平洋战争爆发，天津英租界被日本人接收，此交易所亦告停业。[③] 此

---

① 中国人民银行总行金融研究所金融历史研究室编：《近代中国的证券市场》，中国金融出版社1989年版，第68—69页。

② 宋士云：《近代天津证券交易市场的兴起与消亡》，《南开经济研究》1995年第1期。

③ 《三十三年度华北经济年史》，《中联银行月刊》第9卷第1—6期合刊（1945年6月），第249页。

后，天津的股票市场逐渐成了游资投机的场所，当时天津的证券行发展到 40 多家，到 1945 年更是多达 98 家，其中最具代表性的有宏孚公司、惠安行、祥泰义、万生行、义记行、新茂行、乾康行、永诚行、中大行、万有行、裕律银行证券部等十余家，当交易剧增时，各经纪人便在今大沽路、哈尔滨道至安东路口的文兴里一带，逐渐形成了一个自发的股票市场，各证券行都派人在此下场，进行面对面的直接交易，且从附近的永诚、惠安、广义等行，通过直线对讲电话与本单位联系。在场交易的经常达 20—30 家。有的借不到地方，就在大沽路安东路口的颐和园饭店开了长期房间，作为临时的派出点办理交易。甚至还有的投机户自己到该市场随同经纪行的下场人一起进场交易，所以该处每天经常聚人很多。此外，各证券行还根据天津证券市场一向以上海证券行情的变化为依据这一特点，特派出专人长驻上海，随时用长途电话通报上海市场行情，因此极大地推动了天津证券业务的开展。它的极盛时期大致是在 1943—1944 年，一直到 1945 年华北证券交易所开场时为止。[①] 总之，沦陷时期天津的证券交易极为活跃，分散各处的证券行和各银行所属的证券信托部多达 160 余家。[②] 这些证券行及银行信托部各自靠电话联系，分散经营，无论是买卖交易的方式、手续，以及登录上市流通的企业股票种类，都没有一定的法律或成文规定，它是依据习惯而进行，是民间的一般商业行为，日伪当局很难控制和管理。而交易所的开办，涉及经纪商的组织登记、上市股票种类的确定、现贷、期货及交割手续的制定等，具备了法律的、成文的效力，可以用行政手段加强伪政权的统治作用。

　　综上所述，在战时沦陷的上海和天津，伪政权恢复华商股票市场的主要动机在于益补其财政空虚，吸收游资，控制上海与华北的金融市场。而且华商股票市场的迅速发展与空前繁荣，也并非完全就是上海与华北地区工商业发展繁荣的表现，相反，在沦陷时期，由于日伪敲骨吸髓的盘剥，上海与华北的工商业陷入极度的衰退与崩溃的边缘。华商股票市

　　① 周志久、吴树元：《天津证券行业的兴起和消亡》，《天津文史资料选辑》第 25 辑，天津人民出版社 1983 年版，第 142—143 页；周至久：《旧天津的证券交易内情》，《文史精华》1995 年第 2 期。

　　② 周至久：《旧天津的证券交易内情》，《文史精华》1995 年第 2 期。

场的繁荣主要是工商业无路可走，游资充斥而出现的极度投机狂热，即使是在那些新兴的企业中，金融投资及地产公司增设极多，这些公司都是不能直接生产的，而且富于投机性。这一时期，股票市场的建立是畸形的，并没有真正发挥其资本市场繁荣工商业的作用。然而，客观而论，这一时期无论是上海还是天津的华商股票市场，单就对证券市场制度本身而言，确实取得了一些重要的值得肯定的经验和成效。

第一，使证券市场产生了根本性的转轨，把交易对象从战前以公债为主转为以华商企业股票为主，这是突破性的飞跃，实现了从政府财政市场向资本市场的转型，是近代中国华商证券发展史上的一个巨大转变。

第二，建立了一整套股票交易规章制度，极大地完善了股票市场的管理体制，从政府对股票市场的监管，到股票的上市与交易和对经纪人的管理等，都作了较为详尽的规定，其中尤其是有关股票上市与交易方面的制度，是创造性和开拓性的，虽然其管理的诸多方面还存在不少缺陷，而且由于受政治、军事、经济形势的制约，其管理规章形同具文，不能充分发挥其应有作用，但从这些规章制度的本身看，基本是合理的、符合市场规律的，并为战后新的证券市场的恢复与发展奠定了一定的基础，提供了有益的借鉴。

第三，改变了人们的观念，也历练了人们从事股票交易的实践和市场意识。

第三节　战后的华商证券交易所及其制度变迁

抗战结束以后，上海的伪上海华商证券交易所与天津的伪华北有价证券交易所均被取缔了，两地的证券市场重新进入混乱的黑市交易。

上海当时的股票买卖中形成了所谓的永安纱厂与美亚绸厂"两大热门股"，景福袜厂、勤兴衫袜厂、新光内衣厂"三小热门股"，股票的投机买卖十分猖獗。与此同时，上海的公债暗市也谣言四起，传说政府将计划发行"孙票"兑付战前公债本息，或将按照关金兑付公债本息，还传说财政部对战前公债将另定办法。于是投机抬价日趋激烈，一时公债买卖价格黑市提高，相互激荡，其中民国二十五年所发统一公债甲乙丙丁戊五种债券，价格均相继提高，尤以统丙公债为甚，其最高峰每单位（票面 100 元）曾到 7800 元之巨。当 1946 年 6 月 15 日中央通讯社发布财政部消息，战前战时各种内债，即将于本年 7 月 1 日起普遍照常偿付，其本息暂由国库拨付，并经官方证实时，公债黑市价格狂跌，甚至退缩至1000 元关内，各证券号无法支持，到 6 月 18 日止正式宣告清理者，已有飞达、同庆永、鼎丰永等 3 家。[①] 天津在伪华北有价证券交易所停业后，证券交易恢复到各经纪行间直线电话的方式，成交量有很大比重转移到了各银行的证券部，因银行可为客户垫款收货，也可垫货收款，实力充裕，致使黑市证券交易日甚一日。

面对此种地下证券交易，国民政府既禁止不住，又取缔不了，转而采取重新设立证券交易所的政策，企图运用证券市场，以控制金融活动，抑制通货膨胀和刺激经济的振兴。于是，1946 年 9 月，新的上海证券交易所建立，1948 年 2 月，天津证券交易所正式营业。

当然，在战后国民政府统治的 3 年时间里，申请恢复证券交易所的除上海证券交易所、天津证券交易所之外，还有北平证券交易所，由于北平证券物品交易所完全商股，虽在战时宣告停业，但直至抗战结束后也未被任何机关接收，负责保存者为理事长李介如，理事沈舫、吕汉云等，他们曾为恢复交易，由理事长李介如赴南京与各关系当局商洽而未果。[②] 据 1947 年 6 月 17 日的《北平市政府第一零六次会报记录》所载，市长交议了由当时社会局签署的北平证券交易所呈请注册问题，经核签，认为该所依公司组织办理复员登记，尚无不合，似可准予依法注册，至该所过去业务包括有价证券、杂粮、金业、煤炭等项，在实施经济紧急措施方案期间，除证券交易外，其余业务均应加以限制。但最后的决议则是，交参事室财政社会两局会同审核后再行提会。[③] 而这一交议就再也没有了下文，直到国民政府最终退出大陆地区也没有成立。此外，还有

---

① 《公债黑市狂跌沪证券号相继倒闭》，《浙江经济》（月刊）第 1 卷第 1 期（1946 年 7 月 31 日），第 25 页。

② 北京市档案馆馆藏北平市商会未刊档案，档号 J71 - 1 - 491。

③ 北京市档案馆馆藏北平市警察局未刊档案，档号 J181 - 1 - 244。

一些地方虽然没有形成证券交易所和固定的证券交易市场，但却仍然存在零星的证券交易，如抗战胜利后的武汉，1946 年曾有 65 家证券号复业，当年 11—12 月间，有裕华、大兴、大华、既济水电公司、新市场、第一纱厂及源华等 7 种股票上市，均系证券商随时兜揽做成，并无一定行情，这种情况一直持续到 1948 年以后，由于法币和金圆券急剧贬值，证券商号相继停业。[①]

战后重建的证券交易所仅上海证券交易所与天津证券交易所两个，不过它们也与战前及战时的证券交易所有了显著的变化，经历了由单纯民营股份制到由政府控股的官商合营股份制的转变，下面将分别对此进行分析。

一　战后的上海证券交易所[②]

经历了抗战时期对如何建立大后方证券市场的充分讨论和战时上海、天津证券市场的发展，抗战结束后，经济思想界对如何建立证券市场已经有了比较一致的认识，人们逐渐认识到证券发行机构与证券流通机构是构成资本市场的两大基石，只有二者密切合作，才能推进产业金融，完成经济建设的使命，于是要求参照各国资本市场发展的先例，在中国建立完整的资本市场。然而，1946 年重设的上海证券交易所，却成了国家垄断金融资本在证券行业中扩张的产物。

1927 年南京国民政府成立后，即开始全面推行国家垄断资本主义，到抗战爆发前，通过建立四行二局，已顺利完成了对金融业中银行业的控制和垄断。对于证券市场，在战前，国民政府即已认识到它的重要性，它能为政府发行的公债提供流通场所，有助于政府通过发行公债筹集资金，解决财政赤字，因此，在抗战之前，国民政府即通过各种手段加强了对公债市场的监管与控制。战后，虽然公债政策已不是国民政府这一

---

① 中国人民银行总行金融研究所金融历史研究室编：《近代中国的金融市场》，中国金融出版社 1989 年版，第 113 页。

② 对于上海证券交易所的组织结构与各种规章制度建设在拙著《近代上海华商证券市场研究》（学林出版社 2004 年版）一书中已有详尽论述，不再赘述，在此仅补充部分前书未有的内容。

时期解决财政困难的主要政策，但证券市场的另一功能，即它能为工商企业发行的股票、债券提供交易场地，有助于战后工商企业通过发行股票、债券筹集资金，用于恢复和发展生产，这样，政府可以通过证券交易所干预和控制国民经济发展的意义又凸显出来了。于是，国民政府在战后重建证券市场的过程中也就想方设法加强对证券交易所的掌控，如此一来，上海证券交易所不可避免地成为国家金融垄断、资本扩张的对象。

战后国民政府控制上海证券市场的第一步就是宣布其为敌伪资产，将其列入接收的对象。尤其是在伪上海华商证券交易所理事长张慰如、常务理事长沈长庚，以汉奸罪被扣押起来以后，证券市场之接收也就成为理所当然了。但最终该交易所并没有以逆产资格被接收，其原因在于该所老理事杜月笙的匆匆返沪，经他多方接洽与设法，最终得以挽回。在形式上没有被接收的上海华商证券交易所，归还给了战前的上海华商证券交易所，由原理事会负责对其进行清理。然而，正当交易所准备向政府请求继续给予营业特权的时候，政府提出官方参股证券交易所的意见，后经宋子文与杜月笙数度洽商的结果，为了容纳各方，减少摩擦，决定对原有华商证券交易所实行改组，另创一个新的机构，资本总额定为 10 亿元，除 60％仍保留给老股外，其余 40％新股则由国家行局共同投资。① 这样，新的上海证券交易所就在政府接收—退还—改组的控制下，走上了官商合办的道路。再加之 10 亿元总资本中，虽然原上海华商证券交易所的股东占了 60％股份，但由于商股股东人数众多而股权分散，相反，中国银行、交通银行、中国农民银行、中央信托储蓄局及邮政储金汇业局等 5 个国家行局虽仅占 40％股份，但都属国有或国家控股性质，股权十分集中，政府遂成为第一大股东。所以，战后的上海证券交易所实际上是将战前由民资商办的证券交易所改造成了政府高度控制的证券交易所，从而也实现了国民政府对证券交易所从间接的监管到直接的控制，使其成为政府实施经济政策和调剂金融的重要手段和工具。

从新的上海证券交易所的成员构成来看，其阵容十分可观，由黄炎培和张嘉璈一手提拔起来的王志莘，被行政院院长宋子文委任为证券交

---

① 《证券市场斗法记》，《工商天地》第 1 卷第 1 期（1947 年 4 月 10 日），第 24 页。

易所的总经理，元老派的杜月笙，被推为理事长。王志莘虽还未脱书生本色，但却很有信心地说："我对证券交易所是外行，但有决心和毅力办好。"于是他又推荐了写过《交易所论》的杨荫溥，到过美国的顾善昌、华文煜以及自始着手整理筹备的陈绩孙等为筹备人员，这样一个阵容与布置，可以说是面目一新。证券市场的交易场所，由于顾善昌的设计，将原有的黑板制度，改为柜台制度。据顾善昌解释，这种柜台交易，在美国小城市里很流行，所以又被称为美式配备。但实验的结果却不太理想，经过反复改革与补充，才可勉强开拍交易。[①]当时，上海证券交易所的这套市场交易制度是完全模仿了纽约证券交易所的买卖方法（相对继续买卖）和市场布置（分柜交易制度），其中分柜的最主要目的，在于分散交易地点以增加交易面积，以环形代替直线，以分柜代替集中。然而，据当时人的记载，事实上这套美式制度和美式配备并非理想，反而增加了许多交易的困难：第一，是交易的紊乱和呆滞，经纪人在交易柜前喊叫，疲于奔命，而且往往顾此失彼，交易反没有从前老法的灵活。第二，这套美式配备的装置费用贵，但在中国却并不适用，因为美国纽约证券交易所上市的股票在 1940 年年底即有 1230 种之多，自然非有分柜买卖制度不可；但上海证券交易所上市的股票只有 20 种（其中大部分又都是无可再冷的冷门股，一天难得有几笔交易）。[②]

　　1946 年 9 月 9 日，上海证券交易所在政府当局督促下正式开业。股票交易由散漫而归于集中，由秘密而变为公开，但是因为场内交易方式的改变，采取美式柜台制度，致使一般经纪人深感不便，不能灵活成交，同时，场外交易再趋活跃。加之经济的恐慌，工商业的不景气，股票既为企业界资产的代表，在如此经济危机的处境下，当然不会被看好。而场外交易的不断抛空，又正面威胁着证券交易的市场。在这多重因素作用下，交易所营业十分清淡，收益寥寥，而开支却十分浩繁，其中市场美式配备装修费 6 亿元，系临时透支而来，而 10 亿元资本又未全部收足，加上拆息支出，3 个月中账面曾亏蚀达 18 亿元，每日收入 400—500 万元经手费，与实际开支相比较，距离颇远，经纪人之保证金，又奉令解入

　　① 《证券市场斗法记》，《工商天地》第 1 卷第 1 期（1947 年 4 月 10 日），第 24 页。
　　② 子枫：《三个月来的证券市场》，《中国建设》第 3 卷第 5 期（1947 年 2 月 1 日）。

国库，不准动用。① 为了渡过这个最困难危险的时期，王志莘不得不四处张罗，经借鉴伦敦交易所的办法，拟具递延交割制度，经多次赴京请求，才于 11 月 14 日得以实行，指定永安纱厂、信和纱厂、美亚绸厂、新光内衣、景福衫袜等 6 只股票为递交股，每星期交割一次。② 递延交割开拍后，交易增加，市价上涨，佣金加多，证券交易所因此才得以将负债全部清偿，并且每日收入略有盈余。据估计，每日经手费收入约在 2000—3000 万元之间，开支则每天为 1000 万元。③ 1947 年的上海股市逐渐走上了正轨，从表 3—6 中可以得到充分反映。

表 3—6　　　　　　　　1947 年股价总指数及股票成交金额

日期	股价总指数		股票成交金额	
	总指数（以 1946 年 9 月第 3 周为 100.0）	各月对上一月上升率	总金额（10 亿元）	平均金额（10 亿元）
1947 年 1 月	107.0	—	238.5	9.6
2 月	238.1	+1.22	990.9	41.3
3 月	390.9	+0.64	1952	78.2
4 月	731.9	+0.87	3404	130.8
5 月	1129.9	+0.53	4717	174.7
6 月	1134.6	+0.004	2719	118.2
7 月	1336.1	+0.17	2822	112.2
8 月	1154.1	-0.13	2055	82.3
9 月	1250.0	+0.08	2423	93.1
10 月	1535.0	+0.23	3479	133.7
11 月	1716.9	+0.11	3796	158.1
12 月	2325.1	+0.35	5172	213.2

资料来源：傅润华、汤约生主编：《中国工商要览》，中国工商年鉴编纂社 1948 年版，第 84—85 页。

综观 1947 年股市一年走势，年初、年终均极为活跃，唯第三季度则较为呆滞。年初，由于 2 月 17 日因政府实施经济紧急措施方案，禁止金

① 《证券市场斗法记》，《工商天地》第 1 卷第 1 期（1947 年 4 月 10 日），第 25 页。
② 杨德惠：《一年来股市漫谈》，《商业新闻年刊》（1947 年元旦版），第 32 页。
③ 《证券市场斗法记》，《工商天地》第 1 卷第 1 期（1947 年 4 月 10 日），第 25 页。

钞买卖，股市顿趋繁荣。1—2月股价指数上涨一倍余，成交金额亦增加一倍。2—5月中旬股价继续上涨，尤以5月上旬股市因受物价上扬之刺激，上涨甚巨，成交金额亦为前后各月之冠。5月中旬后因受证据金改缴美债之影响，股市略平。自7月中旬至11月中旬，因政府命令证据金改缴现金五成，客户负担加重，加以美国特使魏德迈来华，众议以为美贷有望，致使股市疲莫能兴，中间虽有9、10两月之物价涨风，终因场外空头猖獗，股市压力重重，颓势难改。自9月初至10月底物价平均上涨一倍有余，而股价上升则不及两成，由此可见股市沉闷之一斑。自11月中旬至12月底，股市复转兴旺。其最重要原因是由于11月底政府企图平抑物价，因而命令停止放款，严禁金钞买卖，取缔商品囤积，此种措施之效力与当年2月实施经济紧急措施方案之情形略有相仿。因金钞、纱布等买卖一时不便，反观股市则已疲数月，价廉买易，于是游资暂时转入股市，造成年终股市繁荣局面。

　　然而好景不长，进入1948年后，上海证券市场遭受一系列的打击，处于动荡飘摇之中。1月，国民政府财政、经济两部令上海证券交易所个人经纪人增资，由5000万元资本增至5亿元，经纪人身份保证金，从5000万元增至2亿元。4月，取缔"递延交割"，致使18种股票惨跌，5月，又令上海证券交易所开拍"三十七年短期国库券"，但成交稀少。8月19日，金圆券正式问世。为"取缔投机"和"安定市场"，上海证券交易所同日接奉财政部通知，宣告"暂行停业"，"非经行政院核准，不得复业"。随后，证券交易所方面虽两次进京请示大计，证券同业也随之作同样的请求，然至月底，财政、工商两部负责人公开表示："证交复业，要在全国物价稳定，以及股票价格的波动不刺激物价的情形下，才可加以考虑。且各上市股票的厂商，须依法办理增资，重新申请登记，将各股票票面额改为金圆券，才可重新开拍。"①

　　1949年2月21日，国民政府财政、工商两部下令上海证券交易所正式复业。复业后的上海证券市场，除民营企业股票外，还新增黄金短期公债与国营事业股票两项业务。这样，战后重新建立的上海证券交易所

---

　　① 邢若其：《命途多乖的上海证券市场》，《工商天地》第3卷第9期（1948年10月20日），第13页。

的营业范围，以本国企业发行的股票为中心，而兼及政府发行的公债券，正向着真正的资本市场转化。然而，由于国民政府军事上的节节败退，资金外逃日益严重，证券交易日趋平淡，开业不到两月，5月5日，上海证券交易所宣告停业。

战后上海证券交易所建立的目的之一是为了消弭证券黑市交易，然而综观上海证券交易所存续的这些日子，证券黑市交易反而愈演愈烈，甚至成为股票交易的主流。其表现主要为以下两方面：一方面是非法经营证券业务的证券字号长期存在。战时经营证券业务的字号，在上海交易所建立后，在未取得批准成为合法经纪人之前，为了生计而进行证券交易。从1946年年底上海社会局会同警察局对非法经营证券6家字号的查处情况可知，除宝诚1家并非经营股票买卖外，其余5家泰来证券号、萃丰炳记号、三泰证券号、无牌号、新华等，均从事证券交易。[1]另一方面是场外黑市交易屡禁不止。上海证券交易所成立以后的场外黑市交易，主要是统一公债、未上市的华商企业股票和外商企业股票三大类。这三大类虽均无正式交易场所，但经常有非正式的成交交割，国民政府于1936年年初发行的统一公债之所以还会有黑市买卖，原因是由于人们相信经过多年的通货膨胀会有合理的偿付办法，因此有人以比面值高数十倍的代价购买此项公债，结果到了1947年6月初，国民政府财政部正式声明，对于战前公债仍按票面偿还，即一元面额偿还一元，那时物价已比战前上涨数千余倍，照票面偿还无异于赖债。至于未上市的华商股票中，也有上涨达七八十倍的。外商股票方面的怡和纱厂等股票的黑市买卖都相当活跃。这些股票中，有的已改以港币为单位，避免了法币贬值对其的影响，其市价实施已与港币相联系了。

面对抗战胜利后上海证券市场愈演愈烈的黑市交易，国民政府虽对此采取种种严厉措施予以打击，却总是屡禁不止，这一现象产生的原因虽是多方面的，但从制度上可以作如下分析：

首先，抗战结束后到上海证券交易所建立之前的证券市场猖獗，作为一种自愿交易，肯定是利益驱动的结果，然而政府取缔了汪伪时期的

---

① 上海市档案馆编：《旧上海的证券交易所》，上海古籍出版社1992年版，第239—242页。

证券交易所，使上海的证券市场出现了制度的真空，这时的证券黑市交易说明建立证券市场的必要性。

其次，在上海证券交易所建立后，证券黑市交易在政府的严厉管制下，反而成为市场主流，则主要是由当时的证券交易制度缺陷所决定的，具体存在以下两个方面的因素：一是新建的上海证券交易所引进了美式柜台交易制度，人们一时难以适应。二是上市股票种类太少，越来越多的企业股票要求上市交易，却又受到市场组织形式的限制，而柜台交易的市场扩容空间有限，黑市交易则以其方便和快捷弥补了柜台交易成本高昂的不足，形成了一定规模，致使场外交易现象十分红火，造成了资金的大规模、非正常流动。

总之，正是证券市场制度的不完善，才给证券黑市交易提供了空间。黑市交易的盛行既暴露了当时交易制度的不适应性，也反映了投资者对新的交易制度的需求，然而，当时的制度制定者与执行者既没有对所引进的制度进行反思和修正，更没有去思考如何推出更加适应市场发展的新的制度，致使这一制度伴随着证券市场的消亡而结束。

二　战后的天津证券交易所

抗战结束以后，1945 年 11 月 3 日，国民政府财政部令接收冀鲁察热区财政金融办公处派出特派员张果接收天津伪华北有价证券交易所。但鉴于该所虽筹设于沦陷期间，开拍则在抗战胜利之后，且只做现货，不开期货，主要在于安置游资，借以稳定市面，而且，该所是天津市重要金融机关之一，为安定市场，财政部在决定对其接收时，仍决定由原负责人暂行维持一切，照常营业，并召集该所课长以上人员谈话，表示一切应照常推动，将来对人事或须改组，总期能潜移默转不致影响市面。[①]于是，该所在接收之后仍继续营业，直到 1946 年年初，奉财政部令停止营业，并指定天津中央银行接收清理。[②] 在华北有价证券交易所的停业清理期间，天津市政府为进一步稳定金融市场，经第 24 次市政会议的讨

---

①　北京市档案馆馆藏北平市商会未刊档案，档号 J71-1-414。

②　天津市档案馆馆藏天津市政府未刊档案，档号 j2-3-2-1499。

论，认为华北情势特殊，证券市场集中了一万万元的游资活动，颇具稳定本市金融，掌握游资，调剂经济，抑制物价之效果，决议对证券交易所"由市府派员监督营业报请财政部予以备案"，派出天津市政府财政局局长李金洲兼任交易所监督员，于1946年3月15日到所视事，在安定金融、稳定市面原则之下，严格监督该所，谨慎营业，勿任助长投机恶风，将该所交易数额价格详表逐日报核。①

在伪华北有价证券交易所被接收与管理的时期里，天津经营证券业的各行号仍在进行着各种交易，为了各行号之间便于交易，1946年2月12日，由隆泰银行林凤钧，宏孚公司林绍怡，广安行周志久，大众公司杜韵笙，乾康行沈季琴，祥泰义记任序园，大来行徐为勋，大生义记张巨川，万生行郭克念，成安公司唐鸿枢等人联合发起组织天津证券商业同业公会，向天津市社会局恳请鉴核俯准，其发起理由如下："华北有价证券之交易，天津市向居重要地位，故本市之证券行，虽数经巨变，尚存者仍有五十四家之多。同业间之交往联络，自属甚繁；华北有价证券交易所成立后，其未来发展，当可预期。同业等有鉴于此，特谨遵政府加强调整同业公会之法令，集会发起，创组天津市证券商业同业公会，比便同业之联络，而期矫正营业之弊害，借求共同福利之增进。"② 经天津市社会局批准后，天津市证券商业同业公会于3月2日召开了成立大会，天津市社会局派员莅临指导，并选出理监事，理事长为林凤钧，但由于其奉中央银行指派为外埠经纪人，按章不得兼营他事而辞去理事长职务，经召集理监事联席会议，决定公推常务理事任序园为理事长，并以原理事徐为勋递补常务理事，原候补理事张杰云辞职，以陈志刚递补理事。③ 经统计，到1947年上半年，正式加入天津证券商业同业公会的证券行有万生行、源丰行、瑞隆行、乾康行、裕民行、新隆行、中国实业银行证券部等共计48家。④

1946年6月，鉴于原伪华北有价证券交易所仍属非法成立开业，并

---

① 天津市档案馆馆藏天津市政府未刊档案，档号 j2-3-2-1518。
② 天津市档案馆馆藏天津市社会局未刊档案，档号 j25-2-2-2506。
③ 同上。
④ 联合征信所平津分所调查组编《平津金融业概览》，联合征信所平津分所1947年版，第G13—15页。

有汉奸股份，财政部派出接收员与经济部冀热察绥区特派员办公处驻津办事处会同接收伪华北有价证券交易所股份有限公司，不过，经过经济部冀热察绥区特派员办公处的调查，认为该所虽有汉奸投入股本，究为民营公司性质，与现由处理局处理之敌伪产业不同，与普通民有商号之中发现有汉奸投入股本者并无二致，依据法律立场而言，自不能由政府接收处理，于是，天津市政府即令社会局对该交易所之措施亦仅限于查封扣押其财产以防变动，并未接收，国民政府最后也将对该所的政策从接收改为了监督清理。[①] 在此清理期间，天津市政府呈请财政部、经济部，要求尽快设立天津证券交易市场，认为，天津为华北经济中心，有价证券系人民所有财产之一种，未便久行封闭其交易，且为吸收游资，免向物价方向奔放，亦有恢复交易所必要，拟请准即恢复，不过，证券交易所的组织形式，应该采用在政府监督之下的民营为宜，不宜加入官股。[②] 经国民政府行政院饬令财政、经济两部查核之后，认为天津市当时尚无成立证券交易市场之必要，不过，如将来当地情形安定，确有成立证券交易所之必要时，同意在官督商办及不准买卖期货之原则下，由天津市政府选派当地工商业及金融界人士成立证券市场筹备委员会筹备进行设所，并参照沪市组织由天津市财政局、社会局具体拟办。[③]

　　然而，自该所停业以来，游资出路断绝，彷徨歧途，不仅助长囤积，而且还刺激物价，影响利率，同时，一般证券交易不仅没有停止，反在暗中操纵投机，扰乱金融。为抑制通货膨胀，急应引导游资转移方向，于是，天津市政府宣布平抑物价紧急措施办法，并决定恢复建立证券交易所，再次电奉行政院准许，援照上海市办法，由市府选派当地工商业及金融界人士，1947 年 3 月 6 日，在天津市银行公会召开了证券交易所筹备委员会第一次会议，正式成立筹委会。会议在借鉴上海证券交易所经验的基础上，认为证券交易所并非投机市场，因为游资如不加以管理，使无归宿。故证券交易所恢复后，（一）政府可以收税，（二）可以调剂市面金融。于是，推定王君韧、李钟楚、陈亦侯、杨天受、资耀华、郑

---

① 天津市档案馆馆藏天津市政府未刊档案，档号 j2 - 3 - 2 - 1499。

② 同上。

③ 同上。

诵先、袁绍瑜、孟栋丞、梁子青等 9 人为天津市证券交易所筹委会起草委员，由梁子青负召集之责。①

1947 年 3 月 11 日，即由梁子青（天津市政府秘书长）召集郑诵先（原证交秘书，现任银行公会秘书长）、陈亦侯（银行公会会长）、杨天受（中国农工银行经理兼久安信托公司董事长）等人，举行天津证交章则大纲起草委员会议，并决定由郑诵先、李钟楚、袁绍瑜等 3 人依大纲，草拟细则。② 证券交易所起草委员会讨论决定了筹组天津证券交易所的基本原则：依据《交易所法》规定，采用股份有限公司组织方式组织天津证券交易所，并按照有限公司应办手续，呈由社会局转请天津市政府分咨财政、经济两部核办；其内部组织采理事会制，理事会设理事 21 人，常务理事 7 人，理事长 1 人，监事 7 人，常务监事 1 人，本所设经理 1 人，由理事会聘任，因业务需要得设副经理，所内设秘书室，置主任秘书 1 人，又设业务、财政、事务三处，各置主任 1 人，因需要并得置副主任；交易所资金定为国币 10 亿元，由国家银行局投资 40％，其余 60％由天津市银行、银行公会、钱业公会及商会四单位分担之；经纪人名额以 150 名为限，分下列三种，即（1）个人经纪人；（2）法人经纪人；（3）外商经纪人，须各取保证金 6000 万元，其中现金 2000 万元，房地产 2000 万元，股票 2000 万元，至于佣金及手续费拟照上海办法办理（按沪市系股票收 3‰，公债票 2‰，交易所股票 75‰）。③ 实际上，据 1948 年 4 月的调查，天津证券交易所真正从事有买卖行为之经纪人只有 100 户，其中法人经纪人金城银行信托部天津分部等 19 户；合伙组织个人经纪人陈明五等 36 户，独资组织个人经纪人周慰曾等 45 户。④

天津证券交易所的建立主要依照上海证券交易所的成例进行，天津市社会局会同财政局拟具设立证券交易所筹备委员会章程草案并拟进行办法，首先，按照上海市办法确定天津证券交易所的资本募集分配方案仍为国家银行占 40％，工商界占 60％。而国家银行应占的 40％，主要由

① 天津市档案馆馆藏天津市政府未刊档案，档号 j2－3－2－1499。
② 《天津证券交易所酝酿复活》，《经济评论》第 1 卷第 3 期（1947 年 4 月 19 日）。
③ 天津市档案馆馆藏天津市政府未刊档案，档号 j2－3－2－1499。
④ 天津市档案馆馆藏天津市政府未刊档案，档号 j2－3－2－1518。

中国、交通、中农、中信、邮汇等五行局分别认购。工商界应占的 60％，则由天津市银行及商会、银行公会、钱业公会分担。其次，天津证券交易所资本总额及其筹集办法、组织章程等由筹备委员会援照上海市办法及资本分配比率办理。再次，原有证券交易所旧址清理资产如何估价运用，由筹备委员会办理。最后，经纪人的确定，拟照上海市办法须为天津市开设之公司行号，其资本雄厚、信用卓越，经主管机关依法登记证明其营业期间在五年以上者，可依照《交易所法》第九条及《交易所法施行细则》第十七条办理。①

1947 年 3 月 25 日召开的天津证券交易所筹备常务委员会议，再次明确了证券交易所股款认募分配及发起人名单。股款除由国家五行局认募 40％外，余 60％暂由市银行、银行公会、钱业公会、商会四单位均分认足，进行登记，同时决定将股款的 10％进行公开募集股款，当募足后，由商股的四个单位按比例让出。发起人由筹备委员 28 人充任。② 根据其招股章程可知，股份已由发起人认定 90 万股，计国币 9 亿元，其余 10 万股计国币 1 亿元，公开招募。招股期限定为三天，自 1947 年 4 月 28 日起至 4 月 30 日止。③

经过一系列的筹备，1947 年 5 月 18 日，天津证券交易所召开创立会，该所设于天津市第一区承德道 5 号（原伪华北有价证券交易所旧址）。其资本总额为国币 10 亿元，由国营三行两局承担 40％即 4 亿元，市民银行及商银钱三会承担 50％即 5 亿元，又公开招募 10％即 1 亿元，合为 100 万股，每股 1000 元，均经招募足额，当即依照《交易所法》及《公司法》的相关规定，于到会股份总数 958498 股，已超过 2/3 以上，并经天津市市长杜建时、社会局局长胡梦华等莅会监视，通过章程，选举理事、监察人。5 月 19 日召集理监联席会议选举理事长、常务理事及常驻监察人，交通银行天津分行的李钟楚为常务理事兼理事长，王君韧等 7 人为常务理事，杨天受、资耀华等 18 人为理事，常驻监察为李金洲、王国桢等 8 人。并由天津市社会局依法代呈财政、经济两部核准。9 月 5

① 天津市档案馆馆藏天津市政府未刊档案，档号 j2-3-2-1518。
② 天津市档案馆馆藏天津市政府未刊档案，档号 j2-3-2-1499。
③ 天津市档案馆馆藏天津市政府未刊档案，档号 j2-3-2-1518。

日，国民政府财政、经济两部正式核准，同时强调"关于期货买卖及具有期货性质之迟延交割及套息等，均不得开做"。[①] 1947 年 10 月 29 日，天津证券交易所第一次理监联席会议，议定于 1947 年 12 月 1 日为本所开业日期。[②] 以买卖各种证券的现货为营业范围，其种类有公债、公司债、股票。[③] 12 月底，财政、经济两部发给该所特许营业执照。

在天津证券交易所正式成立前，天津的证券交易并未停止，据调查，当时营业之证券行号共有 44 家，均系经伪华北有价证券交易所登记，营业状态每日交易共约在 40 万—50 万股左右，如遇大户活动，每日交易甚至超过百万股以上，若以启新洋灰股票计算约达 150 亿元。佣金标准则按照伪交易所时期规定抽买卖各 4‰，自交易所停办后扣取 2‰或 1.5‰，后均以 2‰为准。有鉴于此，天津市社会局认为，为避免波动金融及游资趋流歧途，在天津证券交易所筹备成立之前，将营业及申请新设立之证券行号一律予以登记，以便管制。凡经过登记之证券行号均由社会局、警察局及交易所筹备处会同随时监视营业。[④]

1948 年 2 月 15 日，天津证券交易所正式开幕，天津市副市长、市政府秘书长、议长、金融管理局局长及天津市各机关、金融工商界人士 200 余人参加。16 日开拍，资本总额为 10 亿元，由四行两局认购 4/10，市民银行、市商会及银钱两业公会认购 5/10，其余 1/10 则公开招募。经纪人包括个人及法人两种，经核准营业者共 98 名。[⑤] 开业之初，实际核准上市的证券仅股票 13 种：启新洋灰、滦州矿务、江南水泥、东亚企业、济安自来水、天津造胰、中华百货、仁立实业、丹华火柴、寿丰面粉、耀华玻璃、永兴洋纸、滦州矿地等股票。[⑥] 但根据《天津证券交易所股份有限公司营业计划书》当初的估计，每年的营业收入按照成交公债、公司债、股票约计总额达 40 亿元，照收手续费 1‰，则每月约可收入 400 万

---

① 天津市档案馆馆藏天津市政府未刊档案，档号 j2-3-2-1518。

② 天津市档案馆馆藏中央信托局未刊档案，档号 j20-2-2-839。

③ 天津市档案馆馆藏天津市政府未刊档案，档号 j2-3-2-1499。

④ 天津市档案馆馆藏天津市政府未刊档案，档号 j2-3-2-1518。

⑤ 丁洪范：《天津金融市场概况》，《资本市场》第 1 卷第 10—12 期（1948 年 12 月），第 23 页。

⑥ 中国人民银行总行金融研究所金融历史研究室编：《近代中国的金融市场》，中国金融出版社 1989 年版，第 465 页。

元，每月以 24 天计，共收入国币 9600 万元。而除去员工薪津、膳食费、水电费等各种必要开支 6360 万元，每年收支两抵计获盈余国币 3240 万元。① 由此可见，其最初的估计恐怕难以实现。

不过，天津证券交易所也有短暂的繁盛，从 1948 年 6 月中旬开始，大量游资涌入股市，证交乃空前活跃，启新月初每股尚为 195 元，至 16 日以 245.5 元涨停；开滦月初为 79 万元，15 日以 96 万元涨停；其余各股，一致上升，且有数日全部股票涨停，市场外要价较场内更高，股市之繁荣为交易所开幕以来所未有。如此涨风至 7 月中旬始现疲态。总计 6 月首尾对照启新、开滦上涨 2.9 及 2.8 倍，东亚 3.4 倍，其余一致跃进 2 至 3 倍不等。② 然而，好景不长，7 月中旬以后逐渐回落，此后，8 月 12 日，天津证券交易所又奉国民政府命令开拍了"民国三十七年短期公债"，但购买者却并不踊跃，上市仅一个星期，到 8 月 19 日，国民政府实行币制改革，推行金圆券，天津证券交易所奉令停业，此后再未复业。

本来，国民政府建立上海证券交易所与天津证券交易所的最主要的目的之一在于吸收游资，稳定金融。全面内战爆发后，国统区政治、经济形势急剧恶化，导致大量资本经上海外流于香港或国外，据邮政储金汇业局上海分局统计，1946 年 10 月、11 月，由内地汇沪的款项较由沪汇内地的为多，10 月份由内地汇沪汇款为 150 余亿元，而汇至内地的则仅为 16 亿元，11 月份由内地汇沪汇款达 250 余亿元，而汇至内地的则仅为 12 亿元。③ 到 1946 年年底，上海逃往香港的资本，已超过 500 亿元。④ 1947 年开始，国内资金更是大举向南流动，其主流有两股：一股是受战火的影响，东北游资逃到平津，华北的资金又南来上海；另一股是华中华南的游资，以上海、广州两地为中心，用收买侨汇、出口走私或携带现钞的方式，逃避到香港。到 1948 年上半年，各地游资蜂拥到广州，据

---

① 天津市档案馆馆藏天津市政府未刊档案，j2-3-2-1518。
② 丁洪范：《天津金融市场概况》，《资本市场》第 1 卷第 10—12 期（1948 年 12 月），第 24—25 页。
③ 浦卿：《资金的逃避与集中》，《北方经济》第 1 卷第 18 期（1946 年 12 月 22 日），第 3 页。
④ 介如：《资金逃避与产业逃避的趋向》，《北方经济》第 1 卷第 18 期（1946 年 12 月 22 日），第 2 页。

估计，4 月上半月流入广州的资金不下数万亿元，因此广州的金融物价，半月内平均猛涨了 80％左右。① 仅就香港的汇丰银行存款的变化即可知南流香港的资金是如何巨大，战前国人在香港汇丰银行的存款在 1000 万元（港币）以上者仅 1—2 家，400 万元以上者仅 10 多家，100 万元存户仅 100 余家。而到 1948 年 6 月，情形大变，1000 万元以上之存户，达 1000 余家，500 万元以上存户，达万余家，100 万元以上者不可胜计。其他投资及其他方式流入香港者达 3 亿元之巨。②

在这些疯狂向南奔窜的资金中，不仅仅是一般意义的"游资"，而且还包含已在国内发展的民族工业资本。1948 年以后，不断传出许多关于国内资本在香港设厂的消息，不少拥有资产和地位的工业家也一批批赴港考察。例如上海著名的景福衫袜厂，已将九龙棉艺棉织厂以 150 万元港币的代价买下。太平洋、义生、新华等搪瓷厂，有的已经在港开工，有的则已勘定厂址。上海绸厂迁港者亦有两三家。就是著名的南通大生纱厂也因苏北局势不靖，已考虑将向国外订购的印染厂设备改设于香港。据香港某经济刊物的估计，1948 年 5 月，由国内移往香港的工业资金约达 5000 万港币。照申汇合法币就要 6—7 万亿元。③

还有不少资金逃往台湾，到 1948 年年底，上海迁台工厂以纱厂为最多，包括申新纱厂、大华纱厂及国营中纺公司等数家。纱锭总数约达 9 万枚，较台湾原有纱锭为 9∶1，各厂在台湾忙于建筑厂房或装置机器，正式开工估计在一年以后。如此众多的工厂及人员迁往台湾，致使台湾居住的问题颇为严重，于是上海方面若干土木建筑工程师，也纷纷到台湾承办各种建筑工程，盛况空前。④

随着战后国内经济全盘紊乱与国民政府政治上、军事上的节节败退，

---

① 季崇威：《工业资本南流的前途》，《公益工商通讯》第 3 卷第 3 期（1948 年 5 月 15 日），第 7 页。

② 《资金南流惊人统计》，《公益工商通讯》第 3 卷第 6 期（1948 年 6 月 30 日），第 23 页。

③ 季崇威：《工业资本南流的前途》，《公益工商通讯》第 3 卷第 3 期（1948 年 5 月 15 日），第 7—8 页。

④ 《迁台工厂以纱厂最多》，《公益工商通讯》第 4 卷第 6 期（1948 年 12 月 1 日），第 24 页。

国民政府企图依靠证券交易所来达到其吸收游资并阻止游资外流的目的完全成了一相情愿，这样，战后国内资金的逃避便一发不可收拾，证券交易所也在通货无限膨胀与资金疯狂外流的声浪中宣告结束，从而加速了国民政府经济上的崩溃。

本章小结

近代中国证券市场虽然是从股票市场开始的，但股票市场的发展却历经磨难。当证券交易所建立后不久就经历了"信交风潮"，股票交易市场制度还未真正建立就让位给了政府公债市场，此后在政府的强力干预下，政府公债市场成为了证券市场的主体并得以迅速发展与完善起来。抗日战争的爆发虽然打乱了近代中国华商证券市场的原有进程，然而，却给证券市场以机会，引发了证券市场制度建设的再次变革，扭转了证券市场偏离的轨道，使抗战时期及其战后的证券市场与产业发展再次联系起来，虽然这种联系是初步的，而且也存在着不少的缺陷和问题，但的确取得了一些重要的值得肯定的经验和成效。

1. 抗战时期，通过在大后方那场持续数年的有关是否建立证券市场以及如何建立证券市场的论战，使人们认识到了证券市场与产业经济发展的密切关系，从而在思想上推动了中国华商证券市场从以政府公债为主体的财政证券市场向以企业股票、债券为主体的产业证券市场的转变，统一了经济理论界与社会经济界对建立完备证券市场的思想认识，更加明确了战后中国证券市场的发展方向，为战后证券市场的发展奠定了正确的思想基础。

2. 这一时期证券市场制度建设集中体现在股票市场制度的真正建立与不断规范。战时及战后中国华商股票市场的发展历程也是不断进行股票市场制度建设与变迁的过程。新股的发行，股份公司的增资扩股，股票市场的交易规则，股票价格指数的建立，经纪人公会等，在这一时期都一一规范和制度化了。

3. 证券交易所制度在这一时期的发展被政府金融垄断所吞噬，近代中国的华商证券交易所的组织形式，在抗战胜利以前的各个历史阶段中一直是一个由商人控股的股份有限公司，而战后新建的上海证券交易所与天津证券交易所均成了政府控股的官商合办证券交易所，进一步丧失了证券交易所应有的独立性，难以履行其经营职责，最终成了国民政府随意摆布的一个棋子。

总之，在战时特殊环境下，由于以重庆为中心的西部大后方及沦陷区的上海、天津等地产业经济的发展，股份制企业的不断建立与股票市场的兴起，处于基层的行为主体，因为发现股票市场的潜在获利机会而先有制度需求，直至影响决策者对股票市场制度的安排，从而促使了证券市场从政府公债交易向企业股票交易的再次转变与发展，这一转变一直延续到抗战胜利后，上海证券交易所与天津证券交易所的相继建立，近代中国的股票市场自下而上，才最终完成了从非正规制度向正规制度建设发展的制度变迁，形成了相对完善的股票市场制度的建制。

下编

近代中国华商证券市场的经济与
社会功能实证分析

　　证券市场是指各种有价证券包括公债、股票、债券等发行和交换的
市场。而近代中国华商证券市场，至少与企业股票与政府债券两个方面
发生着联系，这也就决定了，证券市场的产生、发展、演变的兴衰历程
与产业发展和政府财政有着密切关系。而证券业又是金融业的一部分，
它与金融业同样存在着不解之缘，同时，证券市场从它的产生开始就与
投机相生相伴，因此风险与证券市场的发展相始终。对于这些错综复杂
的经济与社会关系，本编将主要运用实证分析的研究方法，对其进行系
统的考察与研究。

第四章　华商股票市场与产业成长的实证分析

　　早在19世纪60年代，马克思在《资本论》中就指出，随着生产社会化程度提高，"生产规模惊人地扩大了"，需要与之对应的巨额资本为之服务，而股份制使大规模资本集聚成为可能，促进了产业的集中与生产规模的扩大，"假如必须要等待积累去使某些单个资本增长到能够修铁路的程度，那么恐怕直到今天世界上还没有铁路。但是，集中通过股份公司转瞬之间就把这件事完成了"。[①] 恩格斯在1883年3月7日致奥古斯特·倍倍尔的信中更进一步谈到："交易所正在把所有完全闲置或半闲置的资本动员起来，把它们吸引过去，迅速集中到少数人手中；通过这种办法提供给工业支配的这些资本，导致了工业的振兴（绝不应把这种振兴和商业繁荣混为一谈）。"[②] 在此，马克思、恩格斯对股份制和股票市场的形成、运行和作用等作了科学的研究与阐述，揭示了产业发展对资本积累的依赖以及股票市场对资本积累的作用等有关股份制和证券市场的一般规律，从他们的论述中可知，推动产业成长是证券市场最基本的作用。

　　由此可见，产业成长与证券市场的关系是证券市场研究课题中最重要的内容之一。因为在经济发展到一定阶段，证券市场与大规模资本积聚相适应，将有利地推动产业的发展，从而成为产业成长的助推器。同时，证券市场发展也依赖于产业的发展，缺乏产业发展的基础，证券市场将成为无水之源，无本之木。从学理上言，证券市场制度为资本主义成熟时期的产物，当产业发展到相当程度后，证券市场制度才渐形发达，只有产业发展了，证券市场才有稳固的基础。其实，在某种环境之下，

---

　　① ［德］马克思：《资本论》第1卷，人民出版社1975年版，第688页。

　　② 《马克思恩格斯〈资本论〉书信集》，人民出版社1976年版，第409页。

证券市场与产业资本发展之关系，实为"相互为因"的关系，证券市场的建立，足以促进产业资本之发展，证券市场为产业发展提供资金保障，并在产业发展中获得自身的发展。因此，推动产业成长是证券市场的基本职能，产业成长则是证券市场发展的基础。而近代中国的社会经济现状，却因调节失宜，呈现出病态。一方面生产事业以资金之枯涩，隐伏绝大之危机，厂矿为求自身之生存，渴望资金而无法获得，致呈"偏枯"现象；另一方面，一般拥有资金者，鉴于产业投资之利薄而期长，多不愿入此呆滞之途径，相率从事于囤积商货，因此囤积资本致呈"臃肿"现象。何以形成如此现象？本章将通过对近代中国华商证券市场与产业成长之间的关系进行考察，以期对此有所探讨。

第一节　近代华商股份制企业的演变历程

近代中国的公司制度，是在 1840 年鸦片战争以后外来经济制度的影响之下逐渐产生和发展起来的，而股份制度的产生则比公司制度更晚，直到 1872 年轮船招商局的建立，才诞生了中国人自己创办的第一家股份制企业，成为了近代中国企业经营和组织方式转变的重要标志。轮船招商局所采用的新型企业组织形式，突破了封建政权、封建传统观念和守旧势力对兴办近代企业的禁锢，为中国兴办近代工矿、交通企业和投资于近代企业起了开风气之先和示范的作用。此后，一直到 1949 年，股份制企业从无到有，逐渐发展壮大起来，成为了近代中国各种新式企业的主流形式之一，[①] 本节将对近代中国华商股份制企业近八十年的产生、发展的演变历程分阶段进行阐述与评介。

一　晚清与北京政府时期：华商股份制企业的起步

伴随着西方列强对中国的侵略，外国在华企业的创办，19 世纪 60—

---

① 近代中国的股份制企业通常情况下分三种类型：股份有限公司、股份无限公司、股份两合公司，其中以股份有限公司居多数。

90 年代，中国开始兴起了长达 30 年的向西方学习的"洋务运动"。其间，随着洋务企业的诞生，从 70 年代后，出现了首批仿效西方股份公司组织的新式企业。由于在 1904 年近代中国第一部《公司律》颁布前，还没有正式的公司登记注册制度，因此缺乏对在此之前公司数量的精确统计。不过，近年来有关晚清以及北京政府时期的公司制度、股份制企业等已有了相当的研究，下面将根据现有的研究成果以及作者搜集到的相关资料对晚清与北京政府时期的华资股份制企业的发展情况作一归纳和概括。

　　从 1840 年到 1912 年民国建立前的晚清统治的 72 年中，中国历年所设创办资本额在 1 万元以上的工矿企业总共约 953 家，创办资本额总计 203805000 元。[①] 其间，1895 年甲午战争以前中国创办的工厂仅 108 家，商办工厂占 77 家，资本数 7291000 元，官办工厂 31 家，资本数 175312000 元。[②] 于此可见，在晚清近代新式企业的发展中，新式企业的发展主要集中于 1895 年甲午战后，由于受到《马关条约》允许外国人在中国投资设厂的刺激，为了挽回利权，中国再次掀起了投资设厂的热潮，中国的产业经济因此得到进一步发展。

　　而在这些新式工厂中股份制企业有多少呢？由于统计资料的缺失，我们难以找到具体而精确的数字。但我们认为，在最初建立的这些新式企业中，股份制企业是相对有限的。19 世纪 70—80 年代洋务派所创办的新式民用企业中，主要集中于航运、纺织、保险行业以及各地相继创办的矿务企业，如轮船招商局、开平煤矿、保险招商局、仁和保险公司、上海机器织布局、热河承德平泉矿务局、荆门煤铁矿、鹤峰铜矿、黑龙江漠河金矿等。对于洋务时期所创办的股份制企业，朱荫贵教授对《申报》1882 年 6 月 9 日至 1887 年 1 月 13 日间刊载过股票价格的企业进行了统计，共计有 36 家，并以这 36 家企业作为近代中国第一批股份制企业进行了相应的研究。[③] 只是在这批股份制企业中，还包含有一些外商创办的外资企业，但绝大部分还是由华商创办。当然，这一时期的股份公司肯定远不止此数，除了这些

---

　　① 杜恂诚：《民族资本主义与旧中国政府（1840—1937）》，上海社会科学院出版社 1991 年版，第 106 页。

　　② 陈真、姚洛合编：《中国近代工业史资料》第一辑，生活·读书·新知三联书店 1957 年版，第 54、55、57 页。

　　③ 朱荫贵：《近代中国的第一批股份制企业》，《历史研究》2001 年第 5 期。

能够公开向社会发行股票并已有流通行市的股份有限公司外，一定还有其他股票没有进入流通交易的股份公司。甲午战后，民间私营经济得到进一步发展，主要以华资银行与民族工商企业发展最为迅速，如中国通商银行、裕源纱厂、大生纱厂、商务印书馆、江浙铁路公司等。

尽管 1904 年《公司律》颁布之后，对公司的设立有了登记注册，但由于统计口径的不一致，致使对 1904 年以后的公司数量统计略有出入，呈现出各种不同的说法。张忠民先生对此曾作了详细考订，通过比较研究，认为 1904—1908 年间，经清政府农工商部正式登记注册的各类企业以 272 家较为准确，同时认为，真正以公司名义登记的企业不应该包括注册独资企业，这样，正式注册的各类公司不应该是 272 家，而应该是 228 家，其中合资公司 22 家，合资有限公司 48 家，股份公司 5 家，股份有限公司 153 家。由此得出注册独资企业在全部注册企业中所占比例大约为 16%，据此比例，进一步对 1904—1911 年的公司注册数 448 家作了推测，其中真正以公司名义登记注册的企业大约为 410 家。[①] 可见，1904—1908 年间，股份制公司 158 家，占注册公司的 69.30%，占各类企业（包括注册独资企业）的 58.09%。而李玉先生通过对 1904 年《公司律》颁布以后到 1910 年在农工商部注册企业的详细统计与考察，认为这期间共计注册 345 家企业，额定资本 17648.32 万元，其中股份有限公司 197 家，额定资本 16598.881 万元；股份无限公司 2 家，额定资本 18.108 万元；合资有限公司 68 家，额定资本 686.229 万元；合资无限公司 29 家，额定资本 127.147 万元。[②] 其中，股份公司在新式企业中所占的比重为 57.68%，而资本额更是高达 94.16%。

通过以上学者的统计研究，可以看出，在整个晚清时期，股份制企业随着近代新式企业的产生与发展而逐渐壮大，并且成为了各类新式企业中发展最迅速的一类企业，一些规模比较大的企业几乎都采用股份制企业的组织形式。

民国成立后，南京临时政府与后来的北京政府先后颁布了一系列保护、奖励近代工商业发展的政策法令，并采取了一些相应的经济措施，

---

① 张忠民：《艰难的变迁——近代中国公司制度研究》，上海社会科学院出版社 2002 年版，第 246—250 页。

② 李玉：《晚清公司制度建设研究》，人民出版社 2002 年版，第 272 页。

倡导、支持民间资本投资设厂、办矿、开银行。适逢第一次世界大战爆发，西方各国忙于战争，无暇东顾，不仅减少了对中国的商品输出，而且对中国工商业提出了商品需求，而此时由政府主导的国家资本主义还正处在雏形阶段，暂无力控制整个国家的经济生产领域，使得民族工商业的发展具有更多的自由性。民族资本向纺织、面粉、卷烟、火柴、采矿、机器制造、交通运输业、金融业以及其他产业全面进军，兴办了一批近代新式企业。从 1912—1927 年的 16 年中，中国历年所设创办资本额在 1 万元以上的工矿企业总数约达 1984 家，创办资本总额约为 45895.5 万元。无论就创办企业总数或创办资本总额而言，这 16 年都超过了晚清 72 年的一倍以上。其中 1914—1918 年 5 年中，新设企业 539 家，创设资本 11934 万元，而第一次世界大战后的 1919—1922 年 4 年中，新设企业 673 家，创设资本 21235.3 万元，远远超过了前 5 年的数字。1923—1927 年 5 年中，新设企业共 608 家，创办资本额共约 10322.7 万元，新设企业的总数超过了第一次世界大战 5 年间的数字，创办资本额也接近其水平。[①] 可见，中国产业资本在民国以后整个北京政府统治时期呈现出不断发展的势头。

　　那么，这一时期的股份制企业的发展情况又是如何的呢？从以下 1913 年注册工厂的资本组织统计表（表 4—1）与 1912—1927 年国内股份制企业历年开设户数及资本总额情况统计表（表 4—2）中，我们即可看到其发展的大致情况。

表 4—1　　　　　　　　1913 年注册工厂资本组织统计表

资本数	股份	股份有限	合资	合资有限	未详	总计
10000 元以下	12	86	29	47	84	258
10000—50000 元	6	85	26	24	39	180
50000—100000 元	1	22	4	5	9	41
100000—200000 元		29		4	6	39
200000—500000 元	1	23	1		2	27
500000—1000000 元	1	9		1		11
1000000 元以上		7		1	1	9
总计	21	261	60	82	141	565
资本总额	1039520	39244905	1165571	2924551	5500613	49875160

　　资料来源：陈真、姚洛合编：《中国近代工业史资料》第一辑，生活·读书·新知三联书店 1957 年版，第 23 页。

---

　　① 杜恂诚：《民族资本主义与旧中国政府（1840—1937）》，上海社会科学院出版社 1991 年版，第 106—108 页。

由表 4—1 可见，根据 1913 年农商部的统计，全国共有注册工厂 565 家，资本总额 49875160 元，其中股份制工厂 21 家，资本总额 1039520 元；股份有限制工厂 261 家，资本总额 39244905 元；两者加起来共 282 家，资本总额 40284425 元，占全部注册工厂的 49.9%，资本总额的 80.77%。[①] 从比例上说虽略有下降，但新设股份公司数却明显增加，大大超过了晚清，这说明在民初的经济发展中，股份制经济仍持续发展。

表 4—2 1912—1927 年国内股份制企业历年开设户数及资本总额情况统计表

开设或注册年份	股份有限公司		股份无限公司		股份两合公司	
	开设户数	资本总额（元）	开设户数	资本总额（元）	开设户数	资本总额（元）
1912 年	35	11565030			6	1066000
1913 年	45	9977868	2	10000	10	440635
1914 年	74	29493157	14	788809	6	1183141
1915 年	82	45635336	18	953645	7	81671
1916 年	54	44756508	12	5252950	6	367000
1917 年	60	13115514	17	1896165	4	312400
1918 年	66	31392013	19	937487	11	1061000
1919 年	100	67480196	26	2322073	7	857200
1920 年	98	77374283	33	1421978	3	133000
1921 年	132	87155363	18	8396570	7	250000
1922 年	91	36596526	11	3325000	2	56000
1923 年	39	13280873	9	648000	1	36000
1924 年	83	16787000	6	174000	4	103690
1925 年	78	12793475	9	680000	3	（原件缺）
1926 年	122	16831250	19	1065850	5	30000
1927 年	26	14050000	11	4337500	1	50000
总计	1185	528284392	224	31499107	83	5715337

资料来源：上海市档案馆编：《旧中国的股份制》，中国档案馆出版社 1996 年版，第 246—247 页。由于该表是该书编者根据《农商公报》、《政府公报》和部分原始档案编制而成，其数据统计还是相对比较可信的。

---

① 另据洪葭管先生的研究，当时的股份公司资本总额更高，"1913 年以股份公司形式出现的企业为 992 家，实收资本 8600 万元，到 1917 年增至 1024 家，实收资本增为 19100 万元"。参见洪葭管《20 世纪的上海金融》，上海人民出版社 2004 年版，第 79 页。

　　表4—2使我们进一步认识到，从1912—1927年的北京政府统治时期，开设的股份有限公司为1185家，股份无限公司为224家，股份两合公司为83家，合计1492家。通常情况下，当时资本比较雄厚的大企业基本上都是采用股份制企业的组织形式，而根据前引杜恂诚先生的统计，这一时期资本额在1万元以上的工矿企业总数约达1984家，大致可推算出，这一时期的股份制企业大约占75.2%。

　　总之，在晚清与北京政府统治时期的中国近代产业经济起步的时代里，在各类企业中，股份制公司不仅始终占据最高的比例，而且在各类公司总量中所占的比重也呈不断上升的趋势，就公司的规模而言，股份制公司的资本总额占据着整个新式企业资本总额的绝对优势，可见，这一新兴的企业组织形式一经在中国产生就得到了广泛的认同和迅速的发展。

二　国民政府时期：华商股份制企业的发展

　　1927年南京国民政府建立以后，随着国家政权在形式上的统一，社会经济也有了相应的发展，不过，与当时社会局势发展紧密相连的是，社会经济的发展以抗日战争为界分为战前、战时、战后三个阶段，分别呈现出不同的发展特点。据1928—1947年上半年的资料统计显示，此间，国民政府统治的绝大部分时间里，经政府有关部门登记设立的公司总数为8088家，其中1928—1937年的战前为3015家，平均每年设立约302家，1937—1945年的战时为2321家，平均每年设立约290家，1946—1947年6月的战后一年半时间为2752家，平均每年设立约1835家。[①] 通过以上数据显示，在国民政府统治的20多年时间里，公司数量的变化呈现出稳步增长的态势，特别是战后的1946—1947年上半年，由于沦陷区公司的重新登记和战后经济的恢复，登记的公司数量呈现出急剧上升的趋势。虽然战时平均每年设立的公司数少于战前，但这主要是由于抗战时期大片国土的沦陷，重庆政府的公司登记仅限国统区，并不能囊括东北、华北、华东等大片沦陷区所造成，如果将沦陷区的公司

---

　　① 张忠民：《艰难的变迁——近代中国公司制度研究》，上海社会科学院出版社2002年版，第261页。

加入其中，无疑还是呈现上升的趋势。那么在公司发展呈现出不断增长的情况下，股份制企业的发展又是如何的呢？下面我们将具体分时段对股份制企业的发展情况做进一步的分析与研究。

在抗战爆发前的 10 年时间里，随着国民政府对全国形式上统一的完成，国内政治经济局势的相对稳定，以及国民政府对经济发展的支持，民族工商业均有平稳的增长，产业经济得到进一步发展，新式企业的增设也随之不断增加，其中股份制企业的发展更是有了空前扩大，在当时发展最快的纺织、面粉、卷烟、火柴四大传统轻工业中，不仅出现了数百家股份制企业，而且其中有的企业资本迅速扩大，发展为拥有数家企业的集团公司。以下统计资料即可看到这一情况（见表 4—3）。

表 4—3　　　　　　　　1935 年前的公司注册统计表

项别		注册公司家数		注册公司资本总数		每家平均资本（元）
		家数	百分比	资本总数（元）	百分比	
至 1928 年止		716	—	463127560	—	646826
1929 年 2 月起至 1935 年 6 月止	(1) 无限公司	509	25.89	25539780	4.56	50176
	(2) 两合公司	56	2.85	3924200	0.70	70075
	(3) 股份有限公司	1384	70.40	528869035	94.37	382131
	(4) 股份两合公司	17	0.86	2061300	0.37	121253
	合计	1966	100.00	560394615	100.00	285043
总计		2682	—	1023522175	—	381626

资料来源：陈真编：《中国近代工业史资料》第四辑，生活·读书·新知三联书店 1961 年版，第 59 页。

到 1935 年为止，注册公司共计 2682 家，注册资本之总数计为国币 1023522175 元，每家平均资本为国币 381626 元。其中，从 1929 年 2 月起至 1935 年 6 月止，注册公司 1966 家，其中股份有限公司 1384 家，股份两合公司 17 家，两者合计 1401 家，注册资本为 530930335 元，分别占注册公司数之 71% 强，注册资本之 95% 弱。可见，到 20 世纪 30 年代，股份有限公司之组织，已经成为了我国新式公司中最普遍的组织形式了，与其他形式的公司相比，股份有限公司每家之平均资本亦最高，计国币 382131 元。但与 1928 年以前之每家企业的平均资本国币 646826 元相比较，却低落了很多，主要是因为新《公司法》施行以后，小型公司发达的缘故。从1929—1935年的几年中，注册公司家数激增，与1928年相比较，已增加2.5倍以上。

抗战时期，大半个中国沦陷，致使抗战前工商、金融主要集中的上海等东部及中部地区均陷于敌手，给中国的工商金融业以沉重打击。然而，战时的上海在太平洋战争爆发前却呈现出"孤岛繁荣"，到1938年年底，上海租界内的工厂数已达到4700余家，超过战前2倍以上。[1] 到1940年上半年，全上海工厂共有6300余家，除日本人经营和控制的1000余家以外，民族工业实有5000余家。[2] 从总体而言，除橡胶工业外，上海工业在整体上生产均恢复甚至超过战前水平。

自1939年以后，由于国民政府的内迁以及大后方经济建设的全面展开，以重庆为中心的大后方各省新设立的公司数在全国居于领先地位。据国民政府主计处统计局的统计，1939—1943年经国民政府登记注册的公司共计1456家，其中仅重庆一地注册登记的公司就达474家之多，占同期注册登记公司总数的32.56%，西南大后方地区的湖南、四川、西康、广西、云南、贵州、重庆6省1市，登记注册公司总计763家，占同期所有登记注册公司的52.4%。[3] 在这些公司中有多少股份制企业？由于统计资料的缺乏，我们难以得到精确的数据，但据现有研究可知，在经济相对不太发达的云南，抗战爆发后创办的股份制企业也有20余家，其中特别是钢铁、机械、化学工业、轻纺工业等行业的股份制经济有较大发展。冶炼业：由云南省官商股加入经济部资源委员会股本和中国银行股本，成立了云南锡业股份有限公司；由经济部与云南省经济委员会及富滇新银行共同投资并加入商股，合办了中国电力制钢厂股份有限公司。化学工业：由新华制药社加入云南财政厅官股，成立了新华化学制药公司与光华化学工业股份有限公司；由云南省经济委员会发起，招募商股和云南纺织厂、裕滇纺织公司等共同投资成立了利滇化工厂以及大利实

---

① 时事问题研究会编：《抗战中的中国经济》，中国现代史资料编辑委员会翻印，北京大学印刷厂1957年印行，第173、181页。

② 高叔康：《上海的民族工业问题》，《新经济》（半月刊）第3卷第12期（1940年6月15日），第270页。

③ 张忠民：《艰难的变迁——近代中国公司制度研究》，上海社会科学院出版社2002年版，第296页。

业股份有限公司等。机器制造业：由云南省经济委员会与富滇新银行等共同投资成立了裕云机器厂。纺织业：由富滇新银行与云南省经济委员会共同投资创办了云南蚕丝股份有限公司等。造纸业：由云南省经济委员会与国内实业界人士共同投资创办了云丰造纸公司。交通运输业：由富滇新银行、华侨银行、邮政储金汇业局、广西银行等共同投资创办了中国通运公司。制茶业：由富滇新银行与中国茶叶公司共同投资成立了云南中国茶叶贸易股份有限公司。橡胶业：由经济部与富滇新银行加入商股，创办了云南橡胶厂股份有限公司；马来西亚华侨胶业公司与中国茶叶公司合资创办了中南橡胶厂股份有限公司。建筑业：成立了炳耀工程股份有限公司；由富滇新银行、市政府集股并招收商股，成立了昆明营业公司。[①] 从以上云南战时所成立的股份制企业可以窥见当时西南大后方建立股份制企业的一斑：一是企业规模都比以前有很大程度的提高；二是根据战时需要，出现了一些新的工业企业如建筑业、橡胶业等；三是股份制企业由于政府、银行的扶植，取得了前所未有的发展。

战后初期，随着经济中心的再次东移，上海、天津、青岛、广州重新恢复和发展起来，成为了战后中国经济发展的中心，根据国民政府经济部 1947 年发表的 20 个主要城市调查材料，其中上海即集中了 7738 家工厂，占总数 14018 家的 55.2%，工人数 367433 人，占总数 682399 人的 54%。天津工厂数占总数 9%，工人数占总数 8%。此外，青岛厂数和工人数占总数 3%，广州厂数和工人数也占总数 3%。即以这四个沿海城市而论，厂数就占全国 70%，工人数占全国 69%。[②] 1947 年全年经国民政府经济部核准设立登记的公司，有无限公司 179 家，两合公司 18 家，有限公司 604 家，股份有限公司 1752 家，股份两合公司 2 家，共 2555 家，其中股份公司占 68.65%。行业分布以国内外贸易为最多，约 540 余家，次则为金融业约 380 余家，运输业约 290 余家。公司所在地以上海市最多，其次为重庆、天津、北京、青岛、汉口等市，而浙江、江苏、四川等省次之，湖南、河南、陕西、山东、广东、福建、安徽等省又次之，

---

① 王水乔：《试论清末至民国年间云南的股份制企业》，《云南民族学院学报》1994 年第 1 期，第 73—74 页。

② 陈真编：《中国近代工业史资料》第四辑，生活·读书·新知三联书店 1961 年版，第 13 页。

其余各省仅有少数之公司。①

　　总之，股份制企业制度，特别是股份有限公司的出现是近代中国社会经济生活中的一大制度创新。根据张忠民先生的研究，② 在近代中国的各类公司中，股份有限公司不仅始终占有最高的比例，而且在各类公司总量中所占的比重也呈历年上升的趋势；同时，以公司的规模而言，股份有限公司的平均资本额也大大高于其他类型的公司。1904—1908 年间，清政府商部注册公司共计约 228 家，其中股份有限公司有 153 家，占公司总数的 67%。1929 年 2 月—1933 年年底，全国各省区共有注册登记各类公司 1447 家，其中股份有限公司 1016 家，占总数 70.2%。1929 年 2 月—1943 年，全国向国民政府登记注册的公司共有 4166 家，其中股份有限公司 3231 家，占登记注册总数的 77.56%。1928 年 1 月—1947 年 6 月底，全国各省区历年登记设立的公司总数为 8088 家，股份有限公司达 6283 家，占登记总数的 77.7%，每家平均实缴资本达 5454.57 万元，均占各类公司登记数及资本数的第一位。由此可见，股份有限公司在近代中国公司制度的发展演进历程中占据着主流的地位。

三　华商股份制企业在近代中国经济发展中的地位分析

　　在近代中国经济发展的历程中，不同的产业部门对股份制的采纳情况是不一样的。在一些新兴产业部门，中国传统的经济组织无法涉足，因此往往直接引进西方的企业组织形式。在新式公司组织中，股份制发展最集中、最多的要算金融业了，特别是华商新式银行的发展最为迅速。在中国被迫开放的最初 20 年里，到上海等地设立银行分支机构的，基本上是英国对殖民地从事贸易的商业银行，总部不是在伦敦，就是在印度，这类银行一般以股份有限公司的形式组建。于是，当中国本国新式银行

---

① 南京、重庆、北京市工商行政管理局合编：《中华民国时期的工商行政管理》，工商出版社 1987 年版，第 67—68 页。

② 张忠民：《艰难的变迁——近代中国公司制度研究》，上海社会科学院出版社 2002 年版，第 325—326 页。

兴起之时，银行组织形式差不多完全参照外资银行。从 1897 年（光绪二十三年）近代中国最早成立的中国通商银行，到 1916 年尚不过 22 家，至 1925 年则已增至 141 家，以后更是风起云涌。1930 年一年中新创设及恢复营业的银行有 16 家，添设分行及扩充营业者有 30—40 家之多；1931 年以上海一埠计增设新创银行 11 家；1932 年新创银行全国合计增 8—9 家，增设办事处及分行 20 处左右；1933 年据上海《时事新报》所载，新设及筹备中之银行约达 20 家左右，如大沪、华安、惠中、至中、乾一、企业、中国通业、航友、国泰、渔业、中华、强国、新富滇、五华等，又上海银行业新设及筹备中之分支约达 20 余处，即中国兴业 3 处、中国垦业 2 处、中央 2 处、新华储蓄 2 处，绸业、国华、中国农工、金城、中国通商、中孚、浦东、宁波实业、大陆等行各 1 处。① 中国通商银行一开始就采用了官商合办的股份有限公司的组织形式，此后建立的华商银行几乎都采用股份制组织形式，且其股本的增长也非常迅速，从而使银行等金融股票大量涌现，如北京政府设立的中国实业银行等 7 家专业银行，招股集资达 7000 万元。私营银行发展更快，1912—1927 年，新设的私营银行达 186 家，1925 年私营银行资本总额为 15800 多万元。尤其像"北四行"和"南三行"这样实力强大的私营银行的股票，从一开始就备受市场青睐。此外还出现了很多保险公司、交易所和信托公司等新型金融机构，其发行的股票也十分抢手。据统计，1923 年全国银行的实收股本为 1 亿余元，至 1937 年增为 4 亿余元，约增 3 倍。② 然而，依据对抗战前存续的 163 家银行资本的统计，计在 50 万元以下者 75 家，50—100 万元者 33 家，101—300 万元者 28 家，301—500 万元者 10 家，501—1000 万元者 10 家，1001—2000 万元者 6 家，2001 万元以上者仅有 1 家。这种 90％以上的银行资本都在 500 万元以下之事实，一方面说明银行资力的薄弱，除了做点商业金融及投机业务外，实在不足以胜任任何工业的投资；另一方面又说明像银行这样的有利事业，在我国亦不易招集股

---

① 陈明远：《我国金融病态的考察》，《汉口商业月刊》第 1 卷第 6 期（1934 年 6 月 10 日），第 30 页。

② 陈真、姚洛合编：《中国近代工业史资料》第一辑，生活·读书·新知三联书店 1957 年版，第 757 页。

份和累积资本。况且全国163家银行的资本总额才不过4亿余元，尚不及美国一家次要银行的资本，更可以想见我国银行资力的薄弱。与资本微小相连的就是倒闭比开设为更为常见的现象，比如自清末至抗战前，陆续设立的银行共有406家之多，存在的才不过163家，倒闭的银行已占设立总数的60％，而为存在银行的148％。[①]

此外，在20世纪30年代的卷烟业中，股份公司所占的比重也是相对较大的。仅以上海为例，1932年上海有自制本牌卷烟工厂60家，其中采用公司组织的企业49家，占82％，而这些公司组织的企业中有44家均采用股份有限公司组织，占总数的73％。这种组织形式还出现在那些自己并无工厂而仅有产品商标，完全依靠委托其他工厂生产的"卷烟商号"中。据统计，1932年尚有这样的"卷烟商号"约202家，公司组织多达165家，占总数的82％，其中股份有限公司145家，占72％。当然，它们之所以大多采用股份有限公司的形式，并不是因为其经营规模的原因，而是在激烈的行业竞争中，公司组织的有限责任更有利于规避行业经营的风险。[②]

相比较而言，在中国传统的行业里，股份制经济的发展则显得相对落后，这在工业与商业行业中尤为突出。近代中国产业经济的主体——工业行业中，新式工业的产量异常落后，其产值仅占工农业生产总额10％左右，而农业和手工业的产值却占90％上下。当然，根据1914—1935年北京政府农商部及国民政府经济部所登记的公司工厂数与资本额比较，我们可知，这一时期的新式工业的发展同样有了较大的增长（见表4—4）。

表4—4　　　　1914—1935年中国登记工厂之厂数及资本额统计表

年份	公司工厂数	资本（元）
1914年7月止	120	141148205
1920年12月止	418	158582705
1935年12月止	2139	585067624

资料来源：谷春帆：《中国工业化之国内资本问题》，《贵州企业季刊》第1卷第2期（1943年2月），第109页。

---

① 陈真、姚洛合编：《中国近代工业史资料》第一辑，生活·读书·新知三联书店1957年版，第758—759页。

② 张忠民：《艰难的变迁——近代中国公司制度研究》，上海社会科学院出版社2002年版，第289—290页。

从表4—4可得出增值率，第一期从1914—1920年，中国产业资本增值3.85倍，而第二期从1920—1935年则为3.69倍。全部21年，共增加14.2倍。每年约增26000000元。

然而，即便是这10％的近代中国工业，其发展与分布也是极不平衡的，到抗战爆发前，全国工厂的70％簇集于江苏、浙江、安徽三省，上海、武汉、无锡、广州、天津五市占了全国工厂总数的60％，并且，在全国民族资本工业中，全厂数的50％，全资本额的40％，全年产额的46％，还集中于上海一地。[①] 而在这些新式工厂中，股份制企业的发展却并没有占到绝对的多数。以近代中国工业集中的上海来看，据1931年对上海1672家工厂的调查，国营3家，独资580家，合伙700家，股份有限公司295家，其他51家，不详43家。在1933年，又对上海1186家工厂进行了调查，国营4家，独资271家，合伙443家，有限公司332家，其他43家，不详93家。可见，股份有限公司之组织仍不普遍，大多数仍为独资与合伙两种。股份有限公司1931年仅占18％左右，1933年也不到28％。[②] 这一情况从以下统计表中也可得到证实（见表4—5）。

表4—5　　　　　　1935年6月符合《工厂法》工厂资本组织统计表

组织类别	家数	百分比
独资	561	23.04
合伙	994	40.82
公司	682	28.01
政府经营及其他	198	8.13
合计	2435	100.00

注：根据1929年南京国民政府颁行的《公司法》，对所有公司类型分为四种，即无限公司、两合公司、股份有限公司、股份无限公司。

资料来源：陈真编：《中国近代工业史资料》第四辑，生活·读书·新知三联书店1961年版，第57页。

由表4—5可见，全国符合《工厂法》之工厂2435家，其中公司组织仅占28.01％，大多数仍属独资或合伙之性质。而通常情况下，股份公司

---

① 陈真、姚洛合编：《中国近代工业史资料》第一辑，生活·读书·新知三联书店1957年版，第60—61页。

② 陈真编：《中国近代工业史资料》第四辑，生活·读书·新知三联书店1957年版，第27页。

在公司企业中占 70％多的比例，可见，股份制企业在整个近代工业中所占比重大约也就在 20％上下。

以下分行业对抗战前中国新式产业资本的统计又从另一个角度反映出中国工业资本的分布情况（见表 4—6）。

表 4—6　　　　　　　中国在抗战前之新式产业资本统计表单位：（国币）百万元

行业	本国资本	外国资本	共计
制造工业	127.8	1076.7	1204.5
公用事业	—	277.7	277.7
矿业	44.3	88.0	132.3
运输业	315.2	1378.1	1693.3
共计	487.3	2820.5	3307.8

資料来源：谷春帆：《中国工业化之国内资本问题》，《贵州企业季刊》第 1 卷第 2 期（1943年 2 月），第 107—108 页。原资料在统计中有误，本表进行了修正。

由此可知，在新式产业资本中，外国资本占据着重要地位，虽然代表现代资本之股票债券可以随时移转，要分别中外资金难以办到，亦难以准确，但估计虽粗疏，而制造工业与矿业中，外国资本均比本国资本为巨，运输业中之外国资本更大。新式产业资本共 330780 万元，而外国资本却占 282050 万元，合 85.27％，本国资本仅 48730 万元，合 14.73％。不仅如此，在这微弱的新式工业中，其规模很小，据调查，大多数之工业皆由独资及合资经营，股份公司所占比重很少。据 1931 年秋对中国工业集中的上海 1883 家工厂企业的调查，其中独资企业 760 家，合伙企业 793 家，两者占总数的 82.5％，公司组织 330 家，占总数的 17.5％，股份有限公司 281 家，占公司总数的 14.9％。[1] 可见，近代中国私营工业资本组织形式，股份制企业并非主体，大部分是独资和合伙经营。据 1933 年统计，这两种组织形式占总数 66％，这种组织限制了资金大量的筹集。[2]

商业是最能体现传统向近代转化的领域。在传统经济中早已形成各种字号行栈，它们向近现代意义上的市场主体转化取决于市场经济体制的形成，就经济组织形式来说，它们也可以同市场经济相适应。因此，

---

[1]　陈真编《中国近代工业史资料》第四辑，生活·读书·新知三联书店 1957 年版，第 58 页。
[2]　同上书，第 9 页。

在近代化程度最高的上海，仍然有大量商店实际上是传统商业组织的延续。除了永安公司、先施公司等大型百货公司以及部分大商号采用股份有限公司形式以外，大部分中小商店都是独资或合伙经营的，为数最多的是街头巷尾的夫妻老婆店。独资或合伙也是商业经营最古老的组织形式。而这个最古老的组织形式一直到近代还有它存在的空间。据1911年《沪南商务分会报告册》所记，当时仅在上海南市旧城区就有商业行业43种，总户数达886户。据1915年刊印的《上海华商各业行名簿》所记，当时上海商业有163种，店号被记录下来的达3100户。如此众多的商店中，能称之为新式商店的寥寥无几。大部分商店，诸如绸缎庄、皮草行、南货店、海味馆、酱园、竹行、衣庄、书坊、银楼等，都同传统商业一脉相承。1909年，向农商部注册的商业公司只有15家。辛亥革命后，全国形成股份公司热，1915年全国有公司1127个，已缴资本106149万元，但是其中商业公司仅202个，占公司总数的18％；资本1795万元，只占已缴资本总数的1.7％。不用说，即使是称为公司的，许多也是有名无实。例如不管盈亏，先提官利，甚至入股时先扣去官利，股东入股等于放高利贷，这同股份公司的真谛相去甚远。因此，传统的独资或合伙经营的企业仍在商业中占主导地位，在近代上海是如此，在整个近代中国更是如此。[①]

以上可知，在近代中国经济发展过程中，由于传统经济及其组织形式汪洋大海般存在，新兴的公司组织形式与全部经济组织的总量相比，仅是其中一个很小的部分，并不占据整个社会经济的主流地位，至于股份制企业则更显得微不足道了。致使新式公司组织特别是股份制企业仅代表了一种经济发展的方向，而始终未能在整个社会经济中占据优势地位。

第二节　近代中国经济发展中融资结构的变迁

自由市场经济从西方世界发轫以来，共出现过三种主要的融资制度，

---

① 沈祖炜：《近代上海企业发展的特点》，《上海经济研究》1998年第1期，第64—65页。

分别为商业信用融资、银行信用融资和股市融资。这三种信用方式虽在同一时期内可以并存，但它们的先后兴起和此衰彼兴，是融资制度演进的一般历史规律。通常情况下，市场经济早期是商业信用融资制度的黄金时代。商业信用是指企业之间以赊销商品和预付货款等形式提供的信用，是十分古老的信用形式，所产生的信用工具是票据，很快被银行信用融资制度所取代。以商业银行为主要融资中介，以货币资金的借贷为融资方式的银行信用融资制度的兴起，是金融体系的一次伟大的革命性的制度创新。股市融资制度的出现比银行信用融资制度要晚得多，它的确立是融资制度演进中的又一次革命，并逐渐发展为金融活动的重要组成部分。① 而在近代中国，由于特殊的历史原因，这三种融资制度的产生却并非沿着这样的轨迹循序渐进，商业信用融资几乎在近代没有得到很好的发展；银行信用融资的产生晚于股市融资，但在股市融资遭遇曲折时，曾为中国产业发展作出了自己的贡献；而股市融资的形式虽早于银行信用融资，但其发展却异常艰难，经历了从"因友及友"的企业自主募集型融资到证券市场融资前后两个不同的阶段。

　　1840 年的鸦片战争打破了中国传统自然经济的发展轨迹，促成了中国社会经济从自然经济向商品经济的转型与发展，随着商品经济的进一步发展，社会化大生产所需的巨额资金，仅依靠单个的积累难以完成，必须有新的筹集资金的手段才能适应社会经济的进一步发展。纵观近代中国新式产业的发展历程，我们可以看到，新式产业诞生于政府投资创办的洋务官办企业，这些企业的资金来源主要依赖于晚清政府的财政拨款，正是由于官办企业的投资主体是国家财政，而近代以来的中国政府财政又十分拮据，国家财政的注资难以为企业经营注入足够的资本金，无法满足企业的资金需求，官办企业的融资受到极大的限制，在晚清洋务官办企业发展的同时才又产生与发展起来了官督商办、官商合办以及商办的企业。然而，从晚清政府到北京政府再到南京国民政府，无论其财政状况如何，都由政府继续维持和投资创办了各种官办新式企业，这就使近代中国民族资本的新式产业形成了国家资本企业和私人资本企业

---

① 胡继之：《中国股市的演进与制度变迁》，经济科学出版社 1992 年版，第 42—44 页。

两种形式。其发展的大致情况是：

抗战前夕，中国工业资本的总数为 487480000 元，其中国家资本占 189183000 元（38.81%）；私人资本占 298297000 元（61.19%），国家资本投资于各工业部门的比例，计冶金工业 30.99%，化学工业 25.01%，机械工厂 13.36%，纺织工业 13.36%，电器工业 12.27%，印刷文具 0.89%，饮料工业 0.80%，五金工业 0.72%，被服工业 0.10%，其他工业 0.44%，私人资本投资于各工业部门的比例，计化学工业 35.03%，纺织工业 18.63%，机械工厂 10.24%，饮料工业 9.85%，冶金工业 5.74%，电器工业 5.15%，印刷文具 5.14%，五金工业 3.76%，被服工业 1.64%。其他工业 4.82%。[①]

经过抗战八年的发展，国家资本借助于战时统制经济得到了巨大的发展，再加之战后政府对所接收敌伪生产事业，不论性质与巨细，悉数划归国营圈内，使得国家资本在战后不仅没有减少，反而急速膨胀，据估计，按 1936 年币值计，战后 1947 年的中国资本总值为 142 亿元，其中国家资本占 54%，民族资本占 38%。产业资本总值为 65.5 亿元，其中国家资本占 64%，私人资本占 25%。1936—1947 年，无论是外国资本还是民族资本，数量均有下降，只有国家资本保持增长，产业资本年均增长 6.72%，占工业总资本的 43%，交通运输总资本的 91%。国家资本已经占中国经济总量的一半以上。[②]

对于近代的官办企业来说，其投融资主体自然是政府的财政拨款，因而形成了国家单一投资主体的政府财政主导型投资模式，在这种融资体制下，财政包揽一切，企业的一切资金都由财政拨款，企业无须进行自主融资，企业的生产所需的资金主要通过财政无偿供给。这一体制，在我国近代工业化的起步阶段实现了资金的充分动员，为我国从一个落后的农业国向工业化国家迈进奠定了基础，然而，由于近代历届政府财政拮据与赤字，使得这一体制无法满足近代工商业发展的进一步要求，

---

① 罗炯林译：《中国工业发展的过去现在与将来》，《金融汇报》第 8 期（工商专号）（1946 年 5 月 29 日），第 10 页。

② 汪朝光：《从抗战胜利到内战爆发前后》，李新编：《中华民国史》第三编第五卷，中华书局 2000 年版，第 316—317 页。

于是，官督商办、官商合办与商办产业应运而生，特别是股份制企业产生与发展起来，由此，企业的融资结构也发生了相应的变化，除了官的部分来源于政府财政外，其他的私人资本的积聚，则以股市融资与银行信贷融资两种形式为主。其融资结构大致可以分为三种类型，一是"因友及友"的企业自主募集型的融资结构；二是银行信贷主导型的融资结构；三是证券市场主导型的融资结构。本节将对近代中国经济发展中这一特殊的融资结构及其变迁过程进行讨论。

一　"因友及友"的企业自主募集型的融资结构

在近代中国产业经济发展的初期，特别是自 1840 年以后的晚清时期，在中国华商银行诞生以前，"因友及友"的企业自主募集型的融资结构成为了新式企业，特别是股份制企业募集股本、筹措生产建设资金的主要形式，而且即便是在华商银行诞生后的很长一段时间，这种形式仍然是中国新式企业融资所能采取的最直接与最主要的融资方式。

中国近代第一家股份制企业——轮船招商局的 200 万两资本中，徐润一人独占 48 万两，唐廷枢至少有 8 万两，在徐、唐以外，还有一批买办参加了投资，如重要股东刘绍宗、陈树棠，都是洋行买办，其中陈树棠一人就有股份 10 万两，而围绕在徐润周围的人投下的资本不下 50 万—60 万两，估计其中大部分都是买办的投资。[①] 而创立于 1897 年（光绪二十三年）的商务印书馆，最初即由发起人夏粹芳、高凤池、鲍咸恩、鲍咸昌诸君共集股本 4000 元，在上海江西路租屋，购印机两架而成。[②] 1897 年中国最早建立的华资银行——中国通商银行，资本为规银 500 万两，分作 5 万股，每股 100 两。发起时先收 250 万两，其中盛宣怀以轮船、电报两局名义认招股份 100 万两，各总董认招股份 100 万两，仅余 50 万两对外招集商股。[③]

---

① 汪敬虞：《中国资本主义的发展和不发展》，中国财政经济出版社 2002 年版，第 86 页。

② 陈真、姚洛合编：《中国近代工业史资料》第一辑，生活·读书·新知三联书店 1957 年版，第 573—574 页。

③ 谢俊美编：《中国通商银行》（盛宣怀档案资料选辑之五），上海人民出版社 2000 年 10 月版，第 57 页。

从 19 世纪末到 20 世纪初期，大多数中国商人并不热心于组织建设股份公司，虽然有限责任与股份公司的概念至少早在 19 世纪 50 年代就传入了中国，并在 1904 年得到清政府的批准，颁布了近代中国第一部《公司律》，然而，股份公司并没有成为 19 世纪末或 20 世纪初华人企业组织的流行形式，这些不愿建立股份公司的华商，主要认为中国当时还没有这种金融环境，只要中国还缺乏发达的股票交易市场，他们就不敢在股份制安排下通过出售股票来筹集资本。甚至还有人认为，股份公司作为一种西方企业制度，不符合中国的社会和文化价值观念，因此，无论何种情形都不会吸引华人资本。

如近代中国民族工业中规模最大的企业集团，著名的"棉纱面粉大王"——荣氏企业，就没有采用股份有限公司组织，而是选择无限公司这种风险极大的企业组织形式，这是因为，在荣氏企业创办之前，曾投资于采用股份有限公司组织制度的无锡振新纱厂，在该厂获得盈利后，主持厂务的荣氏兄弟建议扩大经营规模，增资创办新厂，而董事会急于分红，不赞成扩充，再加上其他原因，荣氏兄弟得出了"有限公司不可为"的结论。[①]

再如南洋兄弟烟草公司的简照南就坚决反对将南洋改组为合股公司，他提醒兄弟们，将南洋股票在市场上公开出售是愚蠢的，因为它们只会吸引很少的股东，而且是不忠诚的股东。他坚持认为，简氏之外的任何华人购买股票，"有如撑船上山之难"，那些在南洋投资的人会要求短期利润，干预长期扩展计划，干涉管理和削弱简氏的权威。正如他所指出的，这种利己的投资者"借名股东，揽权集党，专为私利，不顾大局，十居其九"。[②] 因此，在南洋最初的发展过程中，虽然也采用了股份公司的形式，然其股本的筹集方式主要采用的是中国传统的"因友及友，辗转邀集"的方式，不愿意外人参与其中。1905 年简照南等成立的广东南洋烟草公司，其资本为港币 10 万元，每股 100 元，其中简家自己投资 482 股，合 48200 元，占 48.2%，其余由越南华侨曾星湖相助，代为招

---

①　张守广：《大变局——抗战时期的后方企业》，江苏人民出版社 2008 年版，第 58—59 页。

②　[美] 高家龙：《中国的大企业——烟草工业中的中外竞争（1890—1930）》，樊书华、程麟苏译，商务印书馆 2001 年版，第 151 页。

募，主要从香港南北行中的几家商号筹得，怡兴泰商号中的人员 30 股，安南简明石的朋友 8 人 62 股，曾星湖及其友人 7 人 125 股，梁澄波及其友人 2 人 70 股，杨辑五及其友人 2 人 54 股，阮焕如及其友人 4 人 52 股，王吉成及其友人 5 人 36 股，其他散户 89 股，合计简家以外的投资为 518 股，51800 元，占 51.2%。[1] 而 1918 年经改组后重新建立的南洋兄弟烟草公司，议定增加资本到 500 万元，分为 25 万股，每股银 20 元，其中除旧股东认定 260 万元，简寅初认购 10 万元外，尚余 230 万元之股份中，划出 80 万元股份归简照南，照票面价额承受，三年内交款，再余之 150 万元，是否公开卖给外人存在争议，另日再议定夺。[2]

综观近代中国最早建立的一批股份制企业，无论是洋务官督商办民用企业还是各华商公司，其募集资本的方式，除官商合办企业可以通过摊派方式进行外，一般华商企业不外采取"因友及友，辗转邀集"的办法招募股份，除洋务派大官僚、知名度较高的社会名流以及洋行买办购买之外，一般很难利用市场募集到资金。虽然 19 世纪 80 年代后采取了仿照洋股募集的方法，在报刊上刊登招股说明书，开始出现了自发、零星向社会公众公开募股集资活动，但从整体而言，股本的主体部分仍然来自企业发起人及其亲朋好友。

这种由股份公司采用"因友及友"的自主招募股本的方式，在进入民国以后仍然继续存续，并成为企业创办和增资扩股时的首要募股方式。如属于北四行之一的金城银行，在 1917 年 5 月成立时，原定股份 200 万元，每股 1000 元，实收 50 万元，其中倪幼丹家占 17 万元，王竹三占 11 万元，徐又铮、段谷香各占 5 万元，吴鼎昌占 3 万元，胡笔江占 2 万元，周作民、任振采、李思浩、陶文泉各占 1 万元，陈星楼、曲荔斋、曹汝霖、陈捷三各占 5 千元，其余 5 户共 1 万元。在这 50 万元中，属于以皖系军阀的计 27 万元，占 54%，属于以皖系为主的官僚的计 18.2 万元，占 36.4%，两者共计 45.2 万元，占 90.4%，交通银行当权人物计 4.15 万元，占 8.3%，买办计 5000 元，占 1%，工商业者计 1500 元，占

---

[1]　中国科学院上海经济研究所、上海社会科学院经济研究所编：《南洋兄弟烟草公司史料》，上海人民出版社 1958 年版，第 2 页。

[2]　同上书，第 10 页。

0.3%。军阀官僚的股本占了绝大部分的比重。此后，资本逐年增加，并将每股调整为 100 元，到 1927 年 4 月共收 700 万元。虽然每次增资时认股都十分踊跃，但股款认购的方式却没有改变，如 1924 年 3 月，经董事会议决增收股本 50 万元，"现计股东续认者四十五万余元，新认者亦近三十万元，逾出原额二十余万元。新认之户多与本行有深切关系者，然以多收若干，于旧股应行增认手续颇觉烦难，拟仍按照原案只收五十万元"。① 由此可知，增资认股的方式除了由老股东优先加认外，剩余股份也是由与银行有关系的人员认购，并未通过市场途径添加新股。南洋华侨马玉山，1921 年在上海创设中华民国制糖股份有限公司，5 月 23 日召开发起人会，资本额原定 1000 万元，但考虑到事属创办，恐艰募集，故先定为 500 万元，当时发起人在场签名认股者占 4/5，其余仅 1/5 采取刊布招股章程向社会公募，7 月 25 日起登报招股，指定由 6 家银行经收证据金，不到 10 天已超过总额 500 万元，8 月 4 日经发起人大会议决扩充资本为 1000 万元，未到一月就已满额。②

　　历来雄踞华北的丹华火柴公司，是华北最大的火柴企业。在 1917 年成立时全公司资本仅 20 万元，到 1931 年时股本总额为 120 万元，分作 24000 股，每股 50 元，以丹凤、华昌两火柴厂旧有的老股 50 万元作为第一次优先股，1919 年以后所招新股 70 万元作为第二次优先股。该公司共辖 3 厂，总公司设北京崇文门外，在北京、天津、安东三地都设有工厂。十几年间资本约增加了 6 倍，发展十分迅速，其规模仅次于上海大中华火柴公司，在民族资本的火柴业中占第二位，然而，它的飞跃发展却与主持人是军阀有密切关系。这些股本主要集中于以下少数股东手中：张秦熏（华昌火柴公司代表）、王郅隆（北洋军阀倪嗣冲之代表人）、陈炳镛（华昌火柴公司代表）、冯麟霈、孙凤藻、吴钜勋、魏长忠、李樾、王季烈、温锡楷等。③ 中国水泥事业中的中国水泥股份有限公司，就是在 1921 年冬，由姚锡单（上海人，姚新记营造厂厂主，

----

① 中国人民银行上海市分行金融研究室编：《金城银行史料》，上海人民出版社 1983 年版，第 14—20 页。

② 陈真、姚洛合编：《中国近代工业史资料》第一辑，生活・读书・新知三联书店 1957 年版，第 505 页。

③ 同上书，第 550 页。

建昌钱庄股东，大通纺织公司经理）联合沪上工商业巨擘陈光甫（上海银行总经理）、朱吟江（久记木材公司店主，买办出身）、吴麟书（江苏吴县人，经营纱业起家，初设益大纱号）、胡耀廷（广东人，买办出身，恰大永记钱庄股东）集股组织设立的，总事务所设于上海，制造厂设于江苏龙潭，该公司创立时的资本50万两全为以上发起人集资所得。[①]

　　这种由企业自主筹募股本进行融资的方式，就是到了沦陷时期的上海，也仍为企业融资所首选。如1942年，由中国内衣织染厂股份有限公司董事会同人，发起组织中国布疋经销股份有限公司，专门经销客货，股额为国币500万元，分为50万股，每股10元，其募股方式首先是由发起人等认募250万元，其余250万元，则由内衣公司各股东优先认缴，故凡持有该公司股票2股者，得认5缴1股。[②] 再如冠生园为食品业的老公司之一，其资本一直未有增资扩充，1943年12月仍为法币160万元，由董事会议决，经临时股东会讨论通过了增资方案：增加资本640万元，合原资本160万元，共为800万元，同时更改票面为10元（原为50元）。增资办法仍为每一老股照票面认缴2股，享受纯益股2股。[③]

　　当然，这种自主募股的方式随着社会经济的发展也有了一些新的变化，由于资本的积聚和集中的加快，在20世纪20年代以后逐渐出现了一些大的资本集团，因此，在企业发展的过程中，各资本集团间的相互投资与参股也成为了近代股份制企业资金来源的主要方式之一，如荣宗敬、荣德生兄弟与上海振华纱厂发起人荣瑞馨、张石君等合办无锡振新纱厂，与南通大生集团创办人张謇等合办左海公司，与穆藕初、穆抒斋兄弟创办上海恒大纱厂，与姚锡舟、陈光甫、胡耀庭等创办龙潭中国水泥厂等等，[④] 至于各企业股东们之间的相互投资则更为广泛。如康元制罐厂为

　　① 陈真、姚洛合编：《中国近代工业史资料》第一辑，生活·读书·新知三联书店1957年版，第559、562页。

　　② 《中国布疋公司招股》，《华股研究周报》第1卷第3期（1942年10月26日），第5页。

　　③ 《冠生园公司增资》，《华股研究周报》第6卷第9期（1943年12月6日），第9页。

　　④ 马俊亚：《规模经济与区域发展——近代江南地区企业经营现代化研究》，南京大学出版社1999年版，第174页。

1922 年项康元独自创办，当时资本仅 2 万元，1928 年增资为 40 万元，
1933 年 9 月改组为股份有限公司，增加的股东有薛笃弼（官僚）、王晓籁
（上海市商会长）、林康侯（银行家）、张公权（中国银行总裁）、王志莘
（新华银行总经理）、唐佛哉、裴德渭、简玉阶（南洋烟草公司经理）、劳
敬修（买办）、童季通、潘仰尧等。增资为 100 万元。① 而这种方式从本
质上说，不过是"因友及友"方式的进一步推广与变形罢了。

二　银行信贷主导型的融资结构

1897 年中国近代第一家华资银行——中国通商银行的建立，开启了
近代中国金融业的新纪元。随着中国华商银行的产生与发展，通过华商
银行为企业进行融资逐渐增多起来，这种形式在民国建立以后，迅速发
展成为企业在原有"因友及友"自主募集方式之外的另一种新的融资方
式，成为近代华资企业资金融通的新渠道。银行融资制度的兴起，是近
代中国的又一次融资革命。

近代华资银行融资制度经历了一个范围不断扩展与功能不断深化的
过程。最初，银行只是提供企业的流动资金，以后逐渐扩大对企业的直
接投资。

进入民国以后，随着银行等金融机构的广泛建立，银行信用制度随
着金融机构网络的延伸得到普遍运用，有效地克服了股份公司在股票、
债票融资过程中的信用局限，扩大了股票、债票发行的范围，缩短了股
份公司的筹资时间。

抗战以前，由于中国产业证券市场并没有得到很好发展，也没有各
种工业投资机构，产业需要的资金一般向银钱业通融。其方式大约分两
种：一为厂基作抵之押款，以厂房及机器等为抵押的贷款通常为期较长；
另一种借款方式则系以原料或产品作抵押，向银钱业借贷，此种借款为
期较短。下面将通过中国银行、上海银行、金城银行的放款情况、统计
情况具体分析这种发展。

---

① 陈真、姚洛合编：《中国近代工业史资料》第一辑，生活·读书·新知三联书店 1957 年
版，第 615—617 页。

表4—7　　　　中国银行、上海银行1931—1936年放款情况统计表　　单位：千元

年份	上海银行		中国银行	
	工业放款	纺织业放款	工业放款	纺织业放款
1931 年	22991	10051	—	—
1932 年	34565	21361	36840	24137
1933 年	34549	24272	49477	24401
1934 年	37000	26217	54441	34243
1935 年	33780	22450	—	—
1936 年	38360	25816	—	—

资料来源：陈真、姚洛合编：《中国近代工业史资料》第一辑，生活·读书·新知三联书店1957年版，第766页。

从表4—7中可见，中国银行与上海银行的工业放款从1931—1936年呈现出逐步增长的趋势，说明对企业的放款逐渐成为了银行所关注的经营业务之一，但是，两银行的放款也并非遍及于各个工业部门，而是集中于获利最快最厚的轻工业部门，从上表中显示出来，两银行的工业放款的60%—70%都是集中投放于纺织工业。

再以金城银行在抗战以前对工矿企业与商业放款情况的比较（见表4—8），更可以清楚地反映出，在抗战以前，银行业务已从以商业放款为主逐渐向以工矿企业放款为主转变：

表4—8　　　　1919—1937年金城银行工矿企业与商业放款统计表　　单位：元

年份	放款总额	百分比（%）	工矿企业		商业	
			金额	百分比（%）	金额	百分比（%）
1919 年	5563674	100.00	834340	15.00	1757400	31.59
1923 年	13334893	100.00	4259080	31.94	2538616	19.04
1927 年	27386314	100.00	6996253	25.55	4316242	15.76.
1928 年	30840394	100.00	6927684	22.46	5536352	17.95
1933 年	62498830	100.00	12172474	19.48	16881925	27.01
1937 年 6 月	96156943	100.00	24154216	25.12	18687117	19.43

资料来源：中国人民银行上海分行金融研究室编：《金城银行史料》，上海人民出版社1983年版，第155、368页。

从表4—8可见，从北京政府统治后期到抗战爆发前，在金城银行的

放款中，工矿企业的放款比例虽然呈现出上下波动的特点，但无论是从放款额还是从比例上来看，还是有一定程度的增加，而商业放款则呈现出明显下降的趋势。由此而知，银行融资制度正逐渐为新式工矿企业所接受。而且到 20 世纪 30 年代，一般商业银行的放款还形成了相对较为固定的投放厂商，对这些企业除了一般的融资外，还进行直接的投资。再以金城银行为例，到 1937 年 6 月，其投资各类企业按照业别统计分别为（见表 4—9）：

表 4—9   金城银行投资业别统计表（1937 年 6 月）   单位：元

行业名称	家数	账面金额	百分比
纺织业	10	2025042	20.24
化学工业	8	738626	7.39
面粉工业	3	132280	1.32
煤矿工业	9	542168	5.42
造船工业	1	125000	1.24
交通事业	8	611815	6.12
公用事业	11	887834	8.88
金融业	19	2005271	20.05
一般工商业及其他	26	852480	8.52
附属事业	4	2083000	20.82
总计	99	10003516	100.00

资料来源：中国人民银行上海分行金融研究室编：《金城银行史料》，上海人民出版社 1983 年版，第 376—379 页。

由表 4—9 可见，在抗战爆发前，由于轻工业与金融业获利能力相对较为容易，金城银行对产业的投资主要集中在纺织行业与金融业，以及以太平洋保险、四行储蓄会基本储金、通成公司和投资证券的丰大号的附属事业中，各占 20％左右。至于其他产业能得到银行融资的机会相对则甚少。

由于当时国内证券市场主要以政府公债占据主导地位，企业发行的股票和债券缺乏流通渠道，来自证券市场的资金也就极为稀少，因此，产业资金的注入就只能局限于自筹或向银行、钱庄等金融机构借款。以上资料则显示出，在抗战爆发以前，华资银行业逐渐加大了对产业部门投资的倾斜，银行融资也就成为了产业融资的发展方向之一。

在抗战的特殊时期里，我国后方的多数工业与采购事业的创办，均依赖国家银行贷款，而来自私人投资者仅占极小部分，按照四行联合办事处公布的统计，四行对工业与矿业贷款，自1937年9月至1939年总计为49322000元，1940年计为103040000元，1941年计为215144000元，1942年计为459000000元，1943年计为6371063000元，1944年计为23821566000元，这批贷款中，国营工业占79.82％，私营工业占20.18％。此外，重庆60家商业银行截至1942年3月止，放款的总数为274370000元，其中贷给工业与矿业之款，仅占总数的11.32％，1944年重庆所有商业银行放款之总数为4937276000元，但工业与矿业的贷款仅占总数的13.7％。①

抗战结束以后，政府为扶植工业的发展，继续由国家银行主持工贷，然而这种贷款是十分有限的，并不是所有的企业都能有机会得到的，企业仍然常常是告贷无门。如上海市面粉工业同业公会在1946年曾向政府申请贷款300亿元，但因种种手续延迟，致失收麦时令，到1947年，为避免重蹈前年覆辙，该同业公会再次讨论关于收购新麦向政府进行原麦贷款事项，并决议分呈财政部、粮食部、四联总处等有关机构，申请贷额3000亿元，期限6个月，并希望以最低利率贷予。② 再如1947年，报载传闻申新纺织公司获得了政府200亿元的巨额贷款，该公司总经理荣鸿元见报载此项消息后，即专函傅斯年参政员说明申新纺织公司从未获得政府之贷款，平时周转所需，均向商业行庄周转，且该公司战前设备，共有60万纱锭，因战时损失，现仅开工30万锭子，仅及战前之半，再加遭遇棉纺织业共同之困难，故处境十分困难。③ 这些事例都充分说明企业向银行贷款的困难。

1947年政府举办之工贷数额统计如下，除1947年1月，上海举办四联紧急生产贷款657亿元外，其余贷款多由中央银行贴放委员会决定，贴放委员会核准工贷数额（1—11月）共计1297.8亿元。按贴放委员会

① 罗炯林译：《中国工业发展的过去现在与将来》，《金融汇报》第8期（工商专号）（1946年5月29日），第11页。
② 《面粉业拟申请贷款3千亿元》，《公益工商通讯》第1卷第4期（1947年5月1日），第25页。
③ 《申新纱厂并未获得政府贷款》，《公益工商通讯》第1卷第4期（1947年5月1日），第25页。

之规定，实际放出数额须照核准数额八折。换言之，1947年实际工贷为977.51亿元，而其所分配之工业则达53种之多。如棉纺织工业仅得54亿元，各类工业工厂商能借得4亿—5亿之数者，仅占24％。[①] 一年之内数百厂家向贴放委员会请求贷款不过900余亿元，这对于企业来说无异于杯水车薪，无济于事。

总之，自近代华资银行诞生以后，虽然银行融资逐渐成为了产业发展的一个融资渠道，但从总体上而言，这一形式在整个企业融资结构中仍不占主导地位，企业真正能通过银行进行融资的还是少数。

虽然如此，在近代中国企业发展过程中，还采用了一种变相的银行融资方式，这就是企业自行设立储蓄部门或机构进行自主吸收社会存款的融资方式。这种方式是由传统筹资习惯在近代特殊时期里演化而来，在近代华资企业发展历程中广泛存在，且成为了企业解决资金困难的一种重要形式之一。据调查，1928—1929年间，上海之普通公司，一般都设立存款部，公开登报招揽存款，其中尤其是上海永安公司之银业部最为发达。其后虽经政府明令取缔，但由于普通公司商号运用自己资本而不收受存款者不到1/10，上海市政当局认为严格取缔将影响商业前途，于是，订定取缔商店收受存款变通办法，凡遵照该项办法办理者，得免予取缔。[②]

三　证券市场主导型的融资结构

抗战以前，在企业融资结构中，除了"因友及友"的融资方式外，就是通过银行进行融资，而真正通过证券市场以发行股票等方式直接向社会融资的方式十分稀少。然而抗战爆发以后，在南方的上海，企业的融资结构逐渐发生了改变，通过股票公司与证券市场向社会进行直接融资的方式产生与发展起来。这种方式虽然并没有成为企业发展的主要融资方式，但自其产生之后，直到1949年国民政府统治退出大陆地区，仍在不断地发展，成为了企业发展的新的融资方式。

---

① 傅润华、汤约生主编：《中国工商要览》，中国工商年鉴纂编社1948年版，第85—90页。
② 陈真编：《中国近代工业史资料》第四辑，生活·读书·新知三联书店1961年版，第59页。

1940 年以后，上海华商股票市场逐渐得以恢复与发展起来，特别是1941 年 12 月 8 日太平洋战争爆发之后，日军进占租界，上海经济局势发生了很大变化，外汇冻结，外股、外币、政府公债均在禁止买卖之列，大量游资为求得归宿，群向中国股票市场集中，于是经营华商股票的公司应运而生，由最初的几家、十几家增至 145 家。[①] 随着华商股票投机的狂热，经营华股公司的增多，而股票流通筹码日益枯竭，依然局限于旧有的数十种老股票，在此供求失衡状态下，新兴厂商、企业公司乘机大肆发行股票或通过增资扩股的形式，将股票流入证券市场，从而促使企业的融资方式发生了很大的变化。在公司的融资中，除了规定的由发起人与老股东认购部分外，对外公开招募的股份比重越来越大，并且主要通过由股票公司、银行等中介机构将股票发行后直接流入证券市场。

一般公司发行股票的方式，分为实价发行、溢价发行、折价发行三种。即发行价格等于票面价格的为"实价发行"；发行价格超过票面价格的为"溢价发行"；发行价格低于票面价格的为"折价发行"。虽然按照当时《公司法》的规定，有"股票之发行，不得低于票面"之规定，所以折价发行为我国法律所不许；但是由于《公司法》中对于市价则并无"不得低于票面"之限制，因之股票于流通市场时，市价或有低于票面者，亦并不违法，实际上此即变相折价。在近代中国的绝大多数时间里，公司股票的发行主要是以实价发行为主，亦有溢价发行，这种形式主要出现在抗战时期的上海。

由于战时的上海华股市场成为了唯一的投资市场，股票成为了唯一的投资品种，一般股票发行很快就被抢购一空，如富民织造厂股份有限公司，素以织造上等西式棉毛衣衫著名，1942 年恢复营业，增资 100 万元股款早经募足，原定于 11 月 16 日将股票上市交易，因复业与第一次增股消息传布后，认股者蜂拥而至，有承接不暇之势，该厂董事会乃举行会议，议定再增资 200 万元，连前所增共计 300 万元，分 30 万股，每股 10 元。所有增资股额，几乎全由股东及其友好如数认足，新股票于 12 月 1 日上市。[②]

---

①　吴毅堂编：《中国股票年鉴》(1947 年 1 月)，第 8—9 页。

②　《富民织造厂股票上市》，《华股研究周报》第 1 卷第 9 期 (1942 年 12 月 7 日)，第 11 页。

1942年，新亚建业股份有限公司集资国币1000万元，以投资于工商实业为业务，同时公告新亚范围内各厂原有股东，可购总额1/5（200万元），其余4/5（800万元）则由发起人认足，并限2日内至中国工业银行认购。而2日内的认股结果是5000万元，溢出25倍之多，认股人只能派得认股额的4％，多数认股人，认购1000—2000股，结果仅派得10股之零头数。[①]

正是由于新股发行时认股的踊跃，才使得股票的溢价发行成为可能。如1942年，康元制罐厂委托中国工业银行暨新亚建业股份有限公司筹募增股总额之一部分，计10万股，溢价发行。每股票面10元，溢收40元，共50元。除由中工、新建分认5万股外，连溢收计250万元，其余5万股公开招募，并公告如认股者超过5万股时，则按照认股人认缴之股款比例分配，如招募不足时，仍由中工、新建认购足额。确定认缴股款日期为11月2—4日。消息一出，在3日之内，认股者达750万股，计3750万元，以5万股250万元之股额，超出740万股3500万元之巨，按比例来分配，每认100股仅分得6—7股弱。[②]

中法药房经公司股东临时会通过增资办法如下：除原资本由旧币500万元折为新法币（即伪中储券）250万元外，再增加资本新法币1250万元，总计为1500万元，票面改为10元。凡老股1股，得认购1股，另赠送2股，该2股由存货准备金名下提拨之。尚有500万元，除由同人分认100万元外，余400万元照票面溢价15元发行之。尚有盈余600万元，归入公积金项下，自11月28日起缴认股款至12月5日截止。[③]

然而，由于证券市场上股票的急剧增加，这些企业均没有实际生产的支撑，难孚众望，发行上市后，其市价频频下跌，溢价股变成了跌价股，就再也维持不下去了。好景不长，从1942年年底到1943年，溢价股的发行仅维持一年就走到了尽头。这从新亚建业的第二次、第三次增资扩股情况就充分体现出来。

1942年12月，新亚建业再次增股至中储券3000万元，除老股升股

①　《新亚建业公司招股》，《华股研究周报》第1卷第2期（1942年10月19日），第5页。
②　《康元制罐厂招股》，《华股研究周报》第1卷第5期（1942年11月9日），第3页。
③　《中法药房增资办法》，《华股研究周报》第1卷第8期（1942年11月30日），第4页。

及认购共 2400 万元外，尚有 600 万元，即 60 万股，作为溢价发行之新股，每股溢价 17.5 元。新亚建业一次发行如此之多的溢价股（60 万股），其胃口之惊人，让投资者难以接受。因此，对于溢价新股，老股东甚少认购，自 12 月 21 日登报公开招认后，代收处为交通、国华、中国工业三银行及新亚建业公司，招募结果是，只有交通银行招股还算踊跃，国华及中国工业均十分冷落，新亚建业也招股不多，此次招股情形，与新亚建业当时之轰轰烈烈形成鲜明对照。①

然而新亚建业并没有吸取教训，不到一年，又准备增资扩股了，1943 年 8 月 18 日下午举行临时股东会，由董事长许冠群任主席，讨论增资方案，经董事会讨论决定增加新资本 6000 万元，增资办法：1. 每一老股，送新股半股，照票面认购半股。2. 溢价发行新股 2000 万元。每股票面 10 元，溢价 12.5 元，共 22.5 元。3. 每二老股，可认溢价股一股。对此，董事长许冠群还郑重声明，此次溢价价格实甚低廉，希望各股东踊跃认购此项便宜之溢价股，不要错过机会。从表面上看，此次增资认股的办法甚为简单，即每一老股，送半股、认半股、购溢价股半股。资本总额所增为 1.5 倍，而照此办法，老股之增股比例亦为 1.5 倍。就股东利益而言，似乎已不算菲薄。实际上，经过了半送、半卖、半优待的办法以后，股东所得到的股份还都是自己出钱去买来的。等于拿了 16.25 元买了 15 元票面的股票，比全部照票面认购还要每股多给 1.25 元。② 这种溢价股的发行结果怎样就可想而知了。

溢价股中除了中法药房之股价能始终在溢价 2 倍以上外，其他有溢价股的股票，都不免竭蹶于溢价关口，而大费其挣扎。主要原因在于，此类股票，溢价过高，而且往往以最高市价为计算溢价的根据，于是增资办法一经宣布之后，投资者既感不满，新买户更见裹足，老股价格锐落之下，新股作价自难站定在溢价之上了。到 1943 年 11 月，当新亚药厂又一次决定增资办法，股东大会在最后通过决定时，放弃了过去的溢价发行的办法，确定为送一股半，照票面认一股半。③ 这次新亚药厂溢价发

---

① 《新亚招收溢价新股》，《华股研究周报》第 2 卷第 2 期（1942 年 12 月 28 日），第 4 页。
② 《新亚建业公司增资》，《华股研究周报》第 5 卷第 4 期（1943 年 8 月 23 日），第 8 页。
③ 《溢价股之尾声》，《华股研究周报》第 6 卷第 6 期（1943 年 11 月 15 日），第 2 页。

行办法之最终放弃，宣告了上海战时从 1942 年兴起的华股市场溢价发行股票的终结。

在战时的上海除了溢价发行外，还有附加承募费发行与包揽发行两种形式。

附加承募费发行。即股票在承募时，除照规定的发行价格外，经手的行家尚须加征若干手续费，此项多付的款项称为"承募费"。它属于承募机关的收益，与归属于公司的溢价，有明显的区别。例如中国投资管理公司承募公和棉织厂股份时，该厂每股票面为 50 元，加征承募费 5 元，共计 55 元，此中多征的 5 元，为中国投资管理公司的手续费，亦即该公司在此次承募中所得之利益。这也是认股者的损失，因为认股时每股多付了 5 元，而这 5 元却并非公和棉织厂所收入，因此与公和棉织厂的财政状况并无关系，该厂实际所收的股款每股仍为 50 元。当时人们之所以采取这种办法来发行股票，主要是这种办法在欧美各国甚为盛行，同时在中国的外商股票公开发行时，也采取了这种加收承募费的做法。如 1941 年 3 月，英商纸业公司招募新股 92 万股，每股票面 5 元，发行价为 5.3 元，由安利洋行经募，每股收取佣金 2 角 5 分。此项手续费，计合票面 5%。再如 1941 年 9 月，英商中纺纱厂招募新股 50 万股，每股票面 10 元，以 12 元溢价发行，也由安利洋行经募，每股取佣金 5 角，亦合票面之 5%。由此可见，5% 之经手费，可为外商股票发行的一个标准额。而中国的投资管理公司当时收取了 10%，多至 1 倍，增加了投资人的投资成本。[①]

包揽发行。即将公司股份中公开招募的部分，全数包给中介机构（股票公司或银行、投资企业等），由该承包机关代为行使发行权，而在此公开招募股份之中又往往半数先由承募机构自行认购。此种发行方式，名为公开，实属包揽。此外，尚有一种假公济私的包揽发行方式，即私相授受。如某厂拟扩大增资，或改为股份有限公司组织，股额除由发起人认购外，其余部分决议向外界招募，发起人私下与某一机关订定，以每股 10 元票面之股票，作价 11 元或 12 元，全部由该公司包销。此一二

---

　　①　江川：《股票发行之新花样》，《华股研究周报》第 1 卷第 8 期（1942 年 11 月 30 日），第 5 页。

元之升价，既非溢价，更非承募费用，仅归发起人所有，饱入私囊，承揽此股票的公司，却又以更高价分包若干股票公司，相互散布利多消息，使不明真相的投资者，愿出高价购进。[①]

除了创办新的股份制企业外，原有的股份制企业还不断进行着增资扩股，其原因主要在于，伪币币值日低，造成企业财产实值大大超过其股票总面额。货币越贬值，企业收益额越增加，但计算收益率时，仍按原账面股本额计算；因而收益率大大提高，而企业所得税是按收益率递增而征收的，即收益率提高，所得税也随之增加。企业为了减少纳税，纷纷进行重估，加大股本金额，以便降低收益率，其增加的股本，就以增发新股票的方式发给股东。此外，在战时华股市场繁荣的影响下，过去的独资企业也有不少改组为股份有限公司，积极发行股票，如中国砖瓦厂，该厂为1938年夏由建筑家孙慕英独资创办，到1942年改组为股份有限公司，资本总额为100万元，当年11月又增资到300万元，其增资办法为每一老股赠与半股，并认购一股半。[②]

总之，沦陷时期的上海，企业机关的设立与增资，弥漫于整个上海经济界，吸收了巨额的资金，使社会资金集中于少数大资本家手中。以下我们将以1942年若干公司工厂增资实例来进一步说明一般增资之倾向（见表4—10）：

表4—10　　　　　　　1942年上海若干公司增资倍率统计表

公司名称	资本增长情况	增长倍率
康元制罐厂	自100万元至1000万元	增资10倍
锦乐织造厂	自30万元至300万元	增资10倍
开利绸缎公司	自10万元至100万元	增资10倍
美纶毛纺公司	自10万元至200万元	增资20倍
新华喷漆厂	自15万元至250万元	增资17倍
大中华织造厂	自25万元至300万元	增资12倍
生生美术公司	自2万元至200万元	增资100倍

资料来源：志刚摘译：《游资与企业公司》（上），《华股研究周报》第1卷第10期（1942年12月14日），第7页。

---

① 以下发行方式系根据吴毅堂编《中国股票年鉴》（1947年1月），第11—12、15页归纳总结。

② 《中国砖瓦厂》，《华股研究周报》第2卷第1期（1942年12月21日），第13—14页。

　　以上所列仅为当时增资工厂的一部分实例，由表4—10可见，这些公司、工厂均实行数倍乃至十数倍、百倍之增资。其增资之方法，或发行新股票，或将股票票面价额提增，使股票买卖较票面价额增高数倍。归纳起来其增资的理由主要有以下几点：（1）各工厂、公司之营业陷于不振状态，通过增资，使资本与损失之比率改变，从而规避营业危机。（2）依据一般物价的涨幅，通过增资扩股对工厂资产设备进行升值。（3）企业因利息、抵押物品、偿还以及原料不足等问题，难以获得银行贷款，故采用发行股票，委托企业公司、股票公司等征募，不仅可以吸收游资，还能获得莫大之利润。（4）在生产不振之际，不论将来生产是否恢复，发行大量股票是确保资产增加、获取利润最便利之方法。（5）新股的大量发行，使新、旧股之价格产生差异，各公司、工厂等为维护旧股东之利益，对旧股采取赠送新股或将票面额改换。

　　正是在这样一种情况下，沦陷时期的上海企业增资扩股之风此起彼伏，大有一浪高过一浪之势。以下即是这一时期不同时段的新设企业及企业增资统计表（见表4—11）。

表4—11　　　　1942年9—12月上海新创设的公司工厂及其分类表

行业类别	家数	行业类别	家数
纺织业	48	食品业	4
企业类	40	化工业	3
银行业	51	饮食业	5
电力机器	11	地产业	4
交通车辆	12	农场畜植	3
新药业	10	百货业	3
文化业	6	钟表业	2
造纸业	5	电影业	1
总计		208	

　　资料来源：江川：《工业膨胀与生产分布》，《华股研究周报》第2卷第1期（1942年12月21日），第6页；江川：《上海企业之总结账》，《华股研究周报》第2卷第6期（1943年2月1日），第7页。

　　从表4—11可知，1942年9—12月的4个月中，新创立及新扩充的公司工厂，共16类208家，其中银行钱庄占51家，纺织业占48家，企

业类公司（指以承募经营公司股票与债券的发行为主要业务的投资公司）
占 40 家，合计 139 家，达总数之 67％，此三类公司之膨胀度可谓极大。
除企业公司及银行属于金融部门，交通车辆属于交通部门，饮食业、百
货业、电影业属于消费部门，地产业属于投资部门外，其余各部分属于
生产部门，也就是说，真正属于生产部门之新工厂仅 92 家，约 44.23％，
不到总数的 1/2。于此可知，所谓新工厂之蓬勃产生，表面上虽似工业
膨胀，而其膨胀程度并不很大，而生产部门中之工厂，实以纺织业（48
家）占 1/2 以上，可见上海的所谓生产工厂，仅以此一业为最多。其
次，银行、企业公司及地产公司，共计 94 家，竟占总数之 1/3，可见
上海游资之多。银行更是游资集中的大本营，是游资的一个稳妥寄托
地。企业公司业务范围广泛，什么都可以做，所以办企业公司比办银行
更活络，可以金融资本做其资力的后盾，而以生产事业做其投资的对
象，承担了金融界联络员的角色。除此之外，其他各类的家数都不多，
甚至很少。

1943 年后，在资金缺少正常出路的情况下，新兴企业的创办更是集
中在如银行钱庄、企业公司、保险公司等金融企业方面。据汪伪储备银
行调查处的统计，1943 年 1—3 月上旬新设立的企业，银行 26 家，钱庄
27 家，保险公司及企业公司 20 家。[①] 此后，在 4、5 两月中，上海的产业
界又兴起了一阵增资潮，据调查，这两月中增资公司共计 42 家，其中银
行 17 家，钱庄 6 家，纺织业 4 家，食品业 7 家，新药业 4 家，企业公司 1
家，百货公司 1 家，其他 2 家。所增收之股款共达 14700 余万元之巨。[②]
在这些增资企业中，银钱业之增资者最多，共 23 家，占全数 1/2 以上，
此外是食品业。7、8 月份，上海又有增资公司 65 家，其原来的资本总额
377535000 元，新增资本 824065000 元，新增后资本总额达到 1201600000
元，增资比例为 220％。[③] 这 65 家增资企业的主要行业分布情况如表
4—12：

---

① 逸盦：《本年来之新创企业》，《华股研究周报》第 3 卷第 2 期（1943 年 3 月 22 日），第 4 页。
② 江川：《最近之增资潮》，《华股研究周报》第 4 卷第 2 期（1943 年 5 月 31 日），第 5—6 页。
③ 江川：《七八月增资综观》（中），《华股研究周报》第 5 卷第 8 期（1943 年 9 月 20 日），
第 5 页。

表 4—12　　　　　1943 年 7—8 月上海增资企业行业及家数分布表

业别	家数	业别	家数
金融业	16	食品业	2
纺织业	13	畜植业	1
投资企业	8	造纸业	1
百货业	7	制罐业	1
新药业	4	杂项工业	9
文化业	3		
总计			65

资料来源：江川：《七八月增资综观》（下），《华股研究周报》第 5 卷第 9 期（1943 年 9 月 27 日），第 5 页。

由此可见，上海的各种企业到这时大都已膨胀到 2 倍以上了。增资之家数最多者为金融业，其次为纺织业，再次为企业公司。各公司到此时，其资本额多已膨胀到了空前未有的高峰，甚至有的公司资本之膨胀已达到了"空前绝后"（见表 4—13）。

表 4—13　　　　1943 年 11 月上海华资企业增资情况表　　单位：（伪中储券）万元

增资企业		原资本	新资本	现资本	增资办法
金融业	中华银行	600	400	1000	2 股认 1 股
	大来银行	100	900	1000	1 股认 4 股（先收半数）
	布业银行	500	500	1000	1 股认 1 股
	裕商银行	600	400	1000	认缴
	光华银行	250	350	600	比例认缴
	易中银行			600	先收 3/4
	煤业银行	500	500	1000	比例认缴
企业公司	中国投资	600	600	1200	升半股认半股
地产公司	天丰房产	500	3500	4000	送 5 股认 1 股，公开招 500 万元
纺织染织业	中国丝业	2000	3000	5000	认购 1 股半
	新丰印染	1600	1400	3000	2 股升 1 股及 4 股认 1 股
	宁波染织	240	560	800	升 1 股认 1 股
	孚昌染织	400	600	1000	升半股认 1 股
	景纶衫袜	2400	2600	5000	每 1 股升 1 股
	南华棉织	250	750	1000	升 1 股认 2 股

续表

增资企业		原资本	新资本	现资本	增资办法
化工业	新亚药厂	3000	9000	12000	升1股半及认购1股半
	新一行	500	1500	2000	升2股认1股
	人和药厂	200	400	600	升1股认1股
	红星橡胶	400	600	1000	升半股认1股
食品业	合众奶粉	200	300	500	升半股认1股
	伟大食品	300	300	600	每股认购1股
交通企业	宁绍商轮	300	1200	1500	升3股认1股
	平安三飞	400	100	500	比例认缴
出版业	联合出版	200	800	1000	升1股认2股
其他	华一工程	1000	2000	3000	每1股认2股

资料来源：江川：《增资升股之"景气"》，《华股研究周报》第6卷第10期（1943年12月12日），第5页。

由表4—13可知，仅1943年11月，上海又一次兴起了增资潮，有25家公司增资扩充，其中除金融业之增资主要是由于资本须在500万元以上的关系外，其他公司的增资几乎都有升股赠股的办法，这是与此前不相同的。以前大多升股少而认股多，甚至有溢价股发行者，但此次则往往升股多而认股少，溢价股更已绝无。升股最多者有1股送5股和1股升1股，完全不用股东出钱。这种办法，显然是企业以升股作为增资来博取股东的欢心，刺激股价之上涨。

表4—14　　　　　1944年1—3月上海新设公司统计　　　　单位：千元

业别	设立数	资本额	最高资本额	最低资本额	平均资本额
投资公司	12	735000	200000	1000	61250
地产公司	19	1215000	300000	5000	63947
纺织公司	20	424000	70000	6000	23555
化学公司	7	180000	90000	5000	25714
食品业	10	248000	50000	1200	24870
金融业	13	87500	10000	1500	5961
其他	16	253200	50000	1200	15825
合计	97	3142700			

资料来源：洪泽：《本年春季中新设公司之统计》，《华股研究周报》第8卷第10期（1944年5月15日），第5页。

　　表4—14为上海工商企业调查委员会调查的1944年1—3月新设公司状况，总数97家，资本总额31亿元。其中纺织业之新设最多，地产公司、金融机关、企业公司等次之。至于资本金额方面，地产公司有12亿元，企业公司有7亿元的游资集中，且地产公司的最高资本额达3亿元，企业公司的最高资本额达2亿元。可见，游资主要集中于地产公司与企业公司这类投资性行业，上海工商业已呈现极不健全的畸形倾向。

　　不过，新股的发行与认购一直是上海战时华股市场的主流，人们认购新股的热情不减，如新华地产股份有限公司，为沪上金融界实业界人士诸文绮、张文魁、丁厚卿、汤国桢、庄振甫、庄芝亮、朱贤生等所发起组织，专营房地产及有关附属事业。1944年1月成立，额定资本总额伪中储券2000万元，分为200万股，每股10元，一次收足。除由发起人认足1700万元外，其余300万元公开招募。其招股日期，原定1月15日截止，然自10日开始招募起，因认购踊跃，3—4间即已招募足额，提前截止。① 正是在这样的状况下，1944年4—6月各行业的新设公司与增资情况仍在不断演绎，不过情况却有了一些变化，以下两表（表4—15、表4—16）可以集中反映。

表4—15　　　　　　　1944年4—6月上海新设公司统计表　　　　　单位：千元

业别	家数	资金总额	最高资本	最近资本	平均资本
企业公司	2	50000			
纺织染织业	2	20000			10000
化学工业	5	29400	10000	2400	5800
金融业	3	46000	30000	6000	15333
食品业	4	40000	20000	4000	10000
其他	15	134500	20000	500	8967
合计	31	319900			10020

　　注：企业公司内有不明者1家，计算时剔除。（原资料在计算中存在错误，本表对此进行了纠正）

　　资料来源：洪泽：《本年第二季中公司新设及增资统计》，《华股研究周报》第10卷第3期（1944年8月21日），第4页。

────────────

　　① 《新华地产公司创立》，《华股研究周报》第7卷第4期（1944年1月17日），第8页。

表 4—16　　　　　　　　1944 年 4—6 月上海各业增资统计表　　　　　单位：千元

业别	家数	原资本	增资额	现有资本	增资指数
投资公司	4	3500	15300	18800	437
金融业	18	53100	64600	117700	121
化学工业	5	36000	98000	134000	272
纺织染织业	3	81000	226000	307000	279
百货业	3	11600	35400	47000	305
食品业	2	10000	25000	35000	250
其他	1	500	1500	2000	300
总计	36	195700	465800	661500	233

注：原资料在计算时存在错误，本表对此进行了纠正。

资料来源：洪泽：《本年第二季中公司新设及增资统计》，《华股研究周报》第 10 卷第 3 期（1944 年 8 月 21 日），第 4 页。

由表 4—15、表 4—16 可见，由于 1944 年入春以来，股市下跌，新公司生不逢时，纷纷处于厄逆环境，而再要开设新公司或增加新资本，也都成为不可能之事，所以 3 月份以后，公司异动渐少。加上银根紧缩，增资的实行也大见减少，据工商企业调查委员会的调查所得，4—6 月，新设之公司共计 31 家，只合前一季度的 1/3 弱；资本总额 31990 万元，只合前一季度的 1/10；而增资者 36 家，只合前一季度的 1/2；增资数共计 46580 万元，只合前一季度的 1/4。其衰落的情形至为显著。

在以上纷纷成立的新公司中，有一类投资公司很值得我们注意，这类公司以承募经营公司股票与债券的发行为主要业务，实际上就是现在投资银行的前身。投资集团在表面上是企业公司，但在实际上是投资公司，而它的性质与单纯的股票公司又有所不同。投资公司是投资于一种或多种企业，购进相当股份，可以操纵该企业的股权，作为上海的投资集团，实为大规模的银公司和股票公司的混合组织。如 1942 年组建的中国投资管理股份有限公司，为吴蕴斋、李祖基等所发起，额定资本为伪中储券 500 万元，分为 50 万股，每股票面 10 元。其业务计有四项：（1）各种企业设计及管理；（2）公司股票及公司债经募及承受；（3）工商企业直接投资；（4）各种证券分散投资。[①]

---

① 《中国投资管理公司招股》，《华股研究周报》第 1 卷第 3 期（1942 年 10 月 26 日），第 5 页。

各投资集团组织的目的，在于搜购某一公司的股票，达到可以左右该公司股权的程度，从此便可以管理该公司的企业。假使某公司的股票市价是每股 45 元，他们就从 45 元起，在市场上搜购。因有此大量的搜求，市价当然冉冉上升。假定他们在市价 50 元时已经收到相当的股额，而其均价不过 47.5 元，再收下去的股额，便统统是"投资"的利益了。他们把某股价格提高到相当水准之后，便可放出大量股票而获利了结，此时便可投资于其他的公司。同时他们也可直接对厂商谈判。新创设的或是要增加资本的，他们都可以购进相当的股额。如此看来，这些投资公司就是华股市场中操纵市场的大户。

到 1942 年 11 月，在上海规模最大、范围最广的投资公司，约有新亚建业、三乐实业、利亚实业、大中华实业、益中企业及兴华实业等 6 家。其中以新亚、三乐及利亚 3 家实力最为雄厚，尤其是新亚居各家之首（见表 4—17）。

表 4—17　　1942 年上海六家主要投资公司所属公司及其事业范围表

名称	新亚建业股份有限公司	三乐实业股份有限公司	利亚实业股份有限公司	大中华实业股份有限公司	益中企业股份有限公司	兴华实业股份有限公司
系统	新亚系	三乐系	利亚系	大中华系	益中系	兴华系
主持人	许冠群	周邦俊	蔡声白	李祖莱	俞恩培	陈滋堂
有关企业	1. 新亚化学制药厂 2. 新亚血清厂 3. 新亚卫生材料厂 4. 新亚酵素工业厂 5. 新亚科学公司 6. 香港新亚药厂	1. 中西大药房 2. 民谊药厂 3. 明星香水厂 4. 公信电气厂 5. 永祥印书馆 6. 平安三飞车公司 7. 宁波染织厂 8. 保权工艺厂	1. 美亚织绸厂 2. 美恒纺织公司 3. 铸亚铁工厂 4. 美兴地产公司 5. 开利绸缎百货公司	1. 大中华织造厂	1. 益中棉织厂 2. 大安五金号 3. 懋华地产公司 4. 益中化学厂 5. 永茂企业公司	1. 一元织造厂 2. 公利车行 3. 晋隆电机厂 4. 国华丝织厂

资料来源：江川：《企业公司系统解剖》，《华股研究周报》第 1 卷第 7 期（1942 年 11 月 23 日），第 6 页。

以上这 6 家公司的主持人可以分成三类：实业家；实业家兼银行家；

银行家。属于实业家的是许冠群、蔡声白、周邦俊、俞恩培 4 人；属于实业家兼银行家的是李祖莱（中国银行副经理）；属于银行家的是陈滋堂（上海工业银行总经理）。

抗战结束后的上海证券市场，在为企业融资方面也做出了一些努力，既承做了国营事业的新股发行，又为上市企业的增资扩股提供了方便。①

以上表明，在 1937—1949 年这一段时间里，证券经营机构、企业、投资者乃至地方政府对股市融资所带来的获利机会已有足够的认识，对如何利用这种获利机会也取得了丰富的经验，企业的上市冲动十分强烈，证券投资出现了大众化的趋势，政府扶植证券交易所及中介机构推荐企业上市不遗余力，证券中介机构的组织扩张和业务扩张亦十分惊人，这说明经济主体和地方政府对股市融资的回报有很高的预期。股市融资在此时已形成了一个较之以前更为庞大的规模。

通过以上分阶段对近代中国经济发展中筹资方式变迁的分析，可以发现，近代中国以股份有限公司为主的新式产业的融资方式，长期以来以自筹资金、向银钱业等金融机构实行借贷以及自设融资机构等多种形式解决资金问题，特别是在抗战以前几乎是绝对的优势，而通过华商股票市场进行筹资的能力虽然在抗战以后曾经历了一个振荡向上、不断增长的过程，但所筹到的资金是极为有限的，而且相比之下，从来就没有占据主导优势。下面将根据现在能看到的当时的一些统计资料对这三种融资结构的比重做一个简要的分析。

首先，对抗战前企业自筹资金与银行贷款比例的分析。这一情况根据王宗培先生搜集的 1932—1939 年 100 家公司资料来研究其资本构成的情况可以得到一个较为清晰的认识。王宗培先生收集的这 100 家公司中，有 73 家属于制造工业，且有 77 家分布于江苏一省，上海一埠更占了 63 家之多。他将公司的资金来源分为两个部分：借款系指由银行钱庄借入的资金，存款则指直接来自亲友及工人的储蓄存款。首先是我国公司企业资本组成中，平均有 40% 以上来自借入资金，而纺织工业更几达 50%；足见我国工业需要借款的急巨。至于其他制造工业中，借入资金仅占

① 此部分内容由于在拙作《近代上海华商证券市场研究》（学林出版社 2004 年版）一书（第 229—249 页）已有论述，在此从略。

30％左右，此非自有资本的充足，而是借债能力薄弱的反映。换句话说，它们并非不愿接受借款，乃是银行钱庄不愿对它们放款所致，比如借入资金对自有资本的比例低到 43.95％，而借款与存款的比例，又为 43.84％对 56.16％，就是一个极好的说明。其次，银行钱庄的放款，在拥有 262206 千元资本的 100 家公司借入资金总额中，平均占到 43.8％，纺织工业的比例最高，为 72.62％，其他工业最低，仅有 19.27％，而在资本构成总额中，银行钱庄放款平均只占 26.06％，其他工业更只占 13.38％，即使在与银行资本关系最密切的纺织工业中亦不过占 36.66％，这就充分说明我国银行资本在工业资本中，实处在较任何工业国家远为低微的地位。再次，最值得注意的现象，就是各种企业袭用原始的筹集资金的方法，直接从各个私人借入或存储的所谓存款，竟还占了极为重要的地位。在这 100 家公司中，直接吸收的存款共达 6300 余万元之多。在整个企业资本的分配中，平均虽只有 14.45％，但在借款与存款的百分比上，却已占 64.32％与 35.68％的相对地位，而在纺织业以外的制造工业中，更占有 43.84％对 56.16％的优势。①

其次，对于近代华商证券市场的融资比例的分析。通过证券市场进行融资，在中国真正的起步是在抗战时期的上海，战时上海通过证券市场进行融资的比例十分惊人，这在前面的资料中已经清楚显示，不再赘述。但我们应该明白的是，战时上海大量涌现的新设企业与企业的增资扩股，主要是投机的结果，与产业的成长和发展关系不大。下面仅就战后成立的上海证券交易所通过上市企业的增资扩股方式筹集企业生产资金的情况进行探讨。据统计，自 1946 年 9 月上海证券交易所开幕以来，到 1947 年年底，上市厂商前后办理增资者 27 家，除升值赠股外，新旧股东实际认缴金额达国币 1386 亿元。② 其中，仅 1947 年上市厂家通过证券交易所实际所获得的生产资金（各厂家升值送股部分除外）为 1385.66 亿元。③ 由此可见，上市厂家通过证券市场所获资金融通是十分便利的，

---

① 陈真、姚洛合编：《中国近代工业史资料》第一辑，生活·读书·新知三联书店 1957 年版，第 767—768 页。

② 上海证券交易所编：《上海证券交易所年报》（民国三十六年度第一年报告），第 36 页。

③ 傅润华、汤约生主编：《中国工商要览》，中国工商年鉴纂社 1948 年版，第 85—90 页。

一年内，20 余家上市厂家通过证券市场所获得的资金即达 1400 亿元，这不能不说在产业资金困难之际，证券交易所发挥了重要的作用，而且厂商增资属于产业长期资金之取得，由证券市场所取得的资金才是真正变游资为生产之用。然而，这种方式仅局限于少数的上市企业，对于大量的非上市企业则是可望而不可即的，因此，证券融资的方式在近代中国直到国民政府统治的末期仍是处于刚开始的阶段。

筹集社会资金，使之成为经营的资本金，是证券市场最原始和最基本的功能。筹资功能的强弱也是衡量一个市场能量和活力的首要标志。从近代中国产业融资结构的分析中可以看到，在近代中国，虽然存在着证券市场，然而这个市场与产业证券的关系在相当长的时期里几乎不发生联系，即便是抗战爆发之后有了一定的改变，但仍不十分紧密，能通过证券市场筹措到的资金是十分有限的，非但如此，即使是在证券市场上，筹资的企业也带有过分的投机心态，企图乘机大捞一把，这样无论对企业自身还是证券市场来说都是杀鸡取卵式的做法，严重影响了证券市场的健康成长。因此，近代中国证券市场对于产业的融资无法起到应有的作用。

第三节　近代华股市场与企业发展的关系

近代中国证券市场的产生是商品经济日渐发达的结果，是生产社会化和企业股份化发展的必然产物，并随着社会经济的发展而不断得到发展。中国的证券市场首先出现在以股票为主体的产业证券交易，产业证券市场的产生和发展与中国民族资本主义的产生和发展是一致的，发端于洋务运动时期。华商证券交易所诞生于 20 世纪 20 年代前后，而从洋务运动到 20 世纪 20 年代，也正值中国民族资本主义从初步发展到步入黄金时期，中国近代工商业的异军突起，第一次为中国证券市场的发展提供了一定的产业经济基础，而 19 世纪末期以来，近代新式银行及其金融机构的兴起与发展，又给中国证券市场扩大规模和功能辐射提供了便利的条件，促进了证券市场的发展，也为证券交易所的诞生打下了一定的基础。

那么，在近代中国证券市场的产生与发展的演变历程中，证券市场对近代中国的产业成长又起到了多大的作用呢？我们以 1937 年抗日战争全面爆发为分界线，把近代华股市场分为前后两个时段，不妨通过对这两个时段在华商证券市场中上市企业的产业分布与结构进行研究，同时在此基础上，还将选择近代中国证券市场和中国产业发展的中心——上海，作为个案来具体考察上海股票市场与上海企业发展之间的关系，以期能对此问题有所回答。

一　1872—1937 年华股市场中的上市企业产业分布与结构特征

从 1872 年近代中国第一家通过发行股票筹集资金兴办的股份制企业——轮船招商局，到 1883 年前后，先后有近 40 家企业通过在市场上发行股票筹集资金得以创办，在上海逐渐形成了华股的交易市场，掀起了洋务运动时期通过发行和买卖股票兴办新式企业的一个热潮。在此基础上，1882—1883 年逐渐形成了一个华股交易的高潮，根据对 1882—1883 年上海《申报》所刊登的中外股票交易行情的不完全统计来看，当时有行市的中外股票大约有 34 种：招商局、仁和保险新股、济和保险、平泉铜矿、开平煤矿、织布、自来水、电气灯、长乐铜矿、赛兰格点铜、公平缫丝、鹤峰铜矿、平和玻璃粉股份（后改中国玻璃粉股份）、牛奶、新造纸公司、旗昌浦东栈码头、叭喇糖公司、上海保险公司、电报、顺德铜矿、驳船公司、三源保险、金州煤铁矿、池州、沙开地公司、荆门煤铁矿、施宜铜矿、承德三山银矿、保险、白土银矿、徐州煤铁矿、贵池煤铁矿、火车糖、烟台缫丝等。由于股票名称的简化，这其中有些股票无法判断其属性，因此，我们只能大概估计，以上的华商股票应该有 20 种左右，这些有行市的企业，主要集中于当时洋务运动时期的交通、纺织、保险以及大量的矿务公司等。在晚清中国华商股份制企业初创的年代里就有这样多的企业股票上市交易，对于其他股份制企业的创立起到了极好的示范效应，说明上海刚刚诞生的华商股票市场与中国近代产业的产生是同步的，它对当时的洋务企业的股份制建设与民间私人股份制企业的发展都起到了应有的促进作用。

此后，经过 1883 年爆发的矿务股票风潮的打击，股票持有者遭到惨重损失，给新兴的华商股票市场以极大打击，也使新式企业的集股筹资活动难以继续开展。直到 1895 年甲午战争后，社会舆论一致呼吁中国要自强，又一次出现投资设厂热潮，之后，这一状况才有所好转，股票的交易行情在《申报》上又重新出现，如 1910 年 6 月 9 日有交易市价的股票为大清老股 168 两、大清新股 108 两、粤路二期 1 元半、信成银行 54 元、通商银行 41 两、招商局 124 两。[①] 这几种股票中，除招商局是洋务运动中创办的老企业外，其他的银行是甲午战争后兴办起来的新式金融机构，而铁路股则是晚清时期为收回利权而发行的一种受众十分广泛的爱国性质的股票。

民国以后，随着民族资本主义的进一步发展，股份制企业的逐渐增多，股票的交易也相继增多。在上海，1914 年成立了"上海股票商业公会"，上市交易的股票有招商局、中华书局、大生一厂、大生三厂、既济水电公司、汉冶萍、交通银行、中国银行等 20 种，后又增加交易南洋兄弟烟草公司等股票。除上海之外，在全国不少地方都出现了零星的股票交易，如民初武汉的证券商号主要经营汉冶萍公司和既济水电公司的股票业务。民初的天津证券交易中，交易的股票主要是北京自来水公司、恒源纱厂、寿丰面粉厂等几家。也顺带买卖外国股票（如济安自来水等）、英租界工部局的债券。

这些股票代表的都是当时中国在航运、纺织、文化事业、公用事业、钢铁、金融等行业中兴办的大型企业，如汉冶萍公司即是从晚清 1908 年直到 1948 年中国华中地区最早的大型企业。当时，各国普遍认为钢铁事业是发展国力的关键。湖广总督张之洞有鉴于此，于清光绪十六年（1890 年）间，在汉阳创建了炼铁厂，继而又在大冶兴办了铁矿。此后接办汉阳铁厂的盛宣怀，在江西萍乡开设煤矿。光绪三十四年（1908 年）经清政府农工商部注册，正式成立"汉冶萍煤铁厂矿有限公司"（简称汉

---

① 《股票》，《申报》1910 年 6 月 10 日。

冶萍公司)。公司统辖汉阳铁厂、大冶铁矿和萍乡煤矿等厂矿,集勘探、冶炼、销售于一身,是中国最早的钢铁联合企业。汉冶萍公司成立后,为解决资金短缺的问题,发行了一套老龙股票,招募新股 1300 多万元。其招股章程明确规定:①凡附本公司股份者,无论官商士庶,均当一律看待,其应得各项利益,亦无等差。②本公司额定股本 2000 万元,分作 40 万股,每股银元 50 元,有头等、二等优先股,合共 1000 万元外,续收股本银元 1000 万元,是为普通股。③本公司不论优先、普通,长年官息 8 厘,均于次年三月发给。这套股票留存至今,在这套老龙股票背面的醒目位置上,还有中英文对照的说明文字:"一、凡附本公司股份者,无论官商士庶,当守本公司呈部核定之章程。二、本公司专集华股自办,不收外国人股份。"[①] 汉冶萍公司的股票从诞生开始不仅在湖北地方证券交易中存续,还成为了上海华商证券市场中少有的股票交易品种。

　　在正式的华商证券交易所建立以前,上海的股票交易情况,我们只能根据一些零星的资料显示了解其大概,据《银行周报》上刊登的 1919 年 8 月 9 日在上海通易公司上市交易的股票市价表(表 4—18)可知当时有行市的股票主要有:

表 4—18　　　　　　　　1919 年 8 月 9 日上海通易公司股票行情表

股票名称	上海通易公司
浙江兴业银行(已缴 4 期)	100 元
中国银行	80 元
交通银行	库银 35.5 两
四明银行	64 两
通商银行	40.5 两
苏路证券(除 12 期)	12.5 元
浙路证券(除 9 期)	13.55 元
招商局航产股	
宁绍航产股	5.72 元
汉冶萍公司(头等)	30 元

①　徐珠、李玉凡:《汉冶萍公司股票简介》,《湖北档案》2000 年第 3 期,第 40 页。

续表

股票名称	上海通易公司
汉冶萍公司（普通）	29.5 元
汉冶萍公司（二等）	28 元
商务印书馆	145 元
通州大生纱厂	148 两
崇明大生纱厂	127 两

资料来源：《上海商情·股票》，《银行周报》第 3 卷第 29 号（总第 111 号）（1919 年 8 月 12 日）。

　　由以上可知，当时能在市场中上市的股票并不是很多，主要是银行股票 5 种，铁路股票 2 种，企业股票 6 种（其中航产股 2 种、纺织股 2 种、钢铁股 1 种，文化股 1 种）。当证券交易所建立以后，其上市的股票有多少种呢？上海证券物品交易所与上海华商证券交易所先后建立后，在这两个市场中上市的股票具体有多少，由于资料的缺乏和不具体，我们只能知道一个大概，上海证券物品交易所中股票交易最多的是汉冶萍及华商电器公司等股票，其次如德律风、老公茂纺织、怡和、公益纺织公司、杨树浦纺织公司、东方纺织公司、招商局、商务印书馆及交通、通商、兴业银行等华洋股票也时有交易，面粉交易所老股于 1921 年 3 月 1 日开始上场挂牌，成交极旺，而最为引人注目的则是交易所自己发行的本所股票的交易。[①]

　　由此可知，当时在中国人办的证券交易所上市交易的股票并不仅仅局限于华商和本地股票，而是既有华商股票与上海本地股票，更有外商股票和外地股票，不过，从总体上来说，上市华股的种类是十分有限的。上海华商证券交易所上市的股票种类，目前还没有找到资料，不过，根据它是由上海股票商业公会改组建立的这一事实，可以推断，它所经营的股票交易应该不会少于上海股票商业公会原来所经营的股票。

　　1921—1922 年的"信交风潮"对上海华商证券市场中的华股交易是一个十分沉重的打击，使得股票交易逐渐沉寂下去，让位给了政府公债。不过，根据《钱业月报》显示的上海华商证券交易所 1926 年的营业状况

---

① 中国第二历史档案馆馆藏南京国民政府财政部未刊档案：档号三（2）－873。

看，股票并没有完全退出市场，不时仍有少量交易，主要上市交易股票种类有：中国银行、交通银行、通商银行，中央信托公司、通易信托公司，南洋烟草，商务印书馆、中华书局等。[①] 只是无法与当时的公债交易相比罢了。

当进入 20 世纪 30 年代之后，随着中国经济的发展，特别是上海工商业的发展，如何建设一个完善的资本市场，也就成为了经济学家和金融实业家们共同追求和呼吁的目标。章乃器先生就曾著《上海底两个证券市场》一文，在这篇文章中，章先生通过对上海当时存在的两个完全不同的证券市场——众业公所代表的外商证券市场和上海华商证券交易所代表的华商证券市场的比较研究，第一次给这两个证券市场进行了定性，认为，"众业公所代表一个资本市场，而华商证券交易所却只能勉强名之为'财政市场'——这是中国所独有的"。[②] 这是两个完全不同性质的证券市场，起着截然相反的作用。中国实现工业化，就必须要改变中国证券市场的现状，即中国自己的证券市场不仅应该是调剂政府财政盈亏的"公债市场"，更应该是发展产业的资本市场，着重强调证券市场对产业成长的推动作用。为此，他认为，上海虽然是近代中国经济发展的中心，然而在这个中心里，外商资本却远远超过民族资本，占据着优势与主导地位，其原因就在于"在华外商，已经建立起来他们的资本市场——众业公所，因而能得着低廉的资金；华商因为没有能够建立起来自己的资本市场，所以依然是呻吟在高利贷资本之下"。[③] 如何才能改变这种状况呢？那就是必须要建立起自己的资本市场。他认为，当时的华商证券交易所变成了一个专做公债买卖的"财政市场"，也并非华商证券交易所不好，主要是"因为事实上市面上没有可供买卖的股票和公司债票哩"！在这种情况之下，章乃器先生进一步向工商业家和银行家们提出了改变这种状况的任务，就是："中国工商业家应该如何去发行股票和债票，银行家

---

① 《华商证券交易所去年营业情形》，《钱业月报》第 7 卷第 1 号（1927 年 2 月）。
② 章乃器：《上海底两个证券市场》，《社会经济月报》第 1 卷第 7 期（1934 年 7 月）。
③ 章乃器：《上海地产之今昔》，章立凡选编：《章乃器文集》（上卷·学术编），华夏出版社 1997 年版，第 444 页。

应该赞助股票和公司债票底发行，以造成一个资本市场；这也是目下的一个大问题。"①

在章乃器等人的大力倡导下，民族资产阶级纷纷向政府建言，要求"建立产业证券市场，使工业能借股票之发行吸收社会游资，以辟自力更生之资金来源。一面并请政府另拨美金借款——部分作为股票发行之保证，以坚社会之信仰。或由政府发行产业投资信托证券，在证券市场出售，由政府与工业界之合力，求其推行尽利：即以所获得之资金，供工业上周转之用"。② 即希望能让华商企业股票重新在证券市场上市交易。这样的呼吁对当时的证券市场现状多少还是带来了一些改变，1934 年 10 月 12 日，上海华商证券交易所决定正式开做各银行公司股票的现货买卖，当天上市的公司股票有 7 种，证券交易所股 74.5 元、纱布交易所股 63 元、中国银行股 72 元、上海银行股 102 元、农工银行股 88 元、中央信托公司股 17 元、柳江煤矿公司股 80 元。③ 以上 7 支股票中，交易所、银行与信托公司等金融类个股就占了 6 家，工业类个股仅 1 家。而股票的成交量相对于当时的公债交易更是微乎其微，如以股票上市后的 1934 年 10 月 22—27 日一周的成交情况相比较，一周公债成交总额达 8830 万元，而股票仅成交 160 股。④ 1935 年，该所又挂牌开拍 29 种华商公司的股票，主要有金融类股票 14 种：中国、交通、浙江实业、浙江兴业、金城、盐业、中南、上海、新华、中国农工、统原、中国通商、中一、通易信托等；交易所类股票 4 种：金业、纱布、面粉、华商证券等；其他工商企业类股票 11 种：闸北水电、中国水泥、光华火油、大中华火柴、内地自来水、汉口既济水电、华商电气、华东煤矿、中兴煤矿、商务印书馆、中华书局等。⑤ 这些上市股票也主要集中于金融类股票，占 62％强，至于工业企业类股票则不到 38％。由此可知，抗战之前的中国华商证券市场

①　章乃器：《上海底金融》，章立凡选编：《章乃器文集》（上卷·学术编），华夏出版社 1997 年版，第 438 页。

②　陈真、姚洛合编：《中国近代工业史资料》第一辑，生活·读书·新知三联书店 1957 年版，第 238 页。

③　《证券》，《银行周报》第 18 卷第 40 期（1934 年 10 月 16 日）及《证券交易所开拍公司证券》，《钱业月报》第 14 卷第 11 号（1934 年 11 月）。

④　《证券》，《银行周报》第 18 卷第 42 期（1934 年 10 月 30 日）。

⑤　陈善政主编：《证券内容专刊》，1946 年 9 月 16 日刊印，第 36 页。

对于华商产业发展所起到的作用实在是微乎其微。1936 年工商界及上海金融界还计划设立股票交易所，以期将国内之游资利用于工商业，但这些都因抗战的爆发而未能实现。整个抗战前的上海华商证券市场，华股交易有名无实，只处于附属地位，成交极其寥落，当时开拍 20 余种股票，以资本额计算，仅 1.36 亿元。其中以商务印书馆的资本额（450 万元）为数额最巨的一种，其余皆在 400 万元以下。① 而从 1937 年 1 月到"八•一三"战事爆发前，上海华商证券交易所仅 1 月份有中一信托公司股票一种 10 股成交。②

近代中国证券市场发展的历史很长，但却始终没有形成一个全国统一的证券市场，在不同时期，全国不少地方均建立有证券交易所，但除上海外，北京、天津、青岛、重庆、汉口、鄞县、大连等地分别在不同时期出现过的证券交易所都较为短暂，其股票交易量更是微乎其微。

北京证券交易所从 1918 年建立以来，虽然以经营政府公债为主，但在其交易所，政府公债与企业股票一直都是证券市场的交易品种。据《银行月刊》登载的《北京证券市价表》可见，直到 1924 年，除政府债券之外，有行市的企业股票有以下 12 种：中国银行、中华汇业银行、五族商业银行、中国农工银行、中华储蓄银行、北京交易所、汉冶萍公司、招商局、北京电灯公司、北京自来水公司及其新股、久大精盐公司、华兴机器垦牧等。③ 这些上市公司也主要以金融类行业为主，另外就是公用事业类企业与当时规模大、效益好的知名企业。特别是 1926 年以后，《北京证券市价表》中就仅有政府公债券的行市，而没有企业股票类的交易行市了，这说明在北京证券交易所中，企业股票逐渐淡出了市场，也成为了政府公债的市场。南京国民政府建立以后，北京证券交易所便日趋冷落，逐渐失去了其固有的重要地位，据记载，1928 年，北京证券交易所只做五年六厘、七年长期、整理六厘、"九六"公债等四种证券，以后便逐步改为物品交易，并于 1939 年年初歇业。④

① 邹宗伊：《如何建立有组织的证券市场》，《财政评论》第 14 卷第 5 期（1946 年 5 月）。

② 沈雷春主编：《中国金融年鉴》（1939 年），美华印书馆 1939 年版，第 C17 页。

③ 《北京证券市价表》，《银行月刊》第 4 卷 3 号（1924 年 3 月 25 日）。

④ 中国人民银行总行金融研究所金融史研究室编：《近代中国的金融市场》，中国金融出版社 1989 年版，第 168 页。

　　而 20 世纪 30 年代相继建立的四明证券交易所、青岛证券物品交易所、汉口证券交易所、重庆证券交易所，虽有少数几家地方企业股票上市，但多有行无市，主要以经营当地政府所发行的地方公债为主，规模不大、交易更不发达。如重庆证券交易所经营的部分产业证券：中国银行股票、美丰银行股票、北川铁路公司股票、川康殖业银行股票、民生实业公司股票、重庆自来水公司股票。① 汉口证券交易所偶尔也有少量湖北地区的企业股票上市，如《汉口商业月刊》在 1934 年 5—9 月份即有水电股票的成交价格。②

　　总体而言，抗战前的中国，能够在证券市场上市交易的企业股票可谓是凤毛麟角，行业分布也极其有限，主要以金融类企业为主，至于其他工商类企业则只有国内少数著名大企业，而大量的中小企业特别是近代工业的主体轻工业——如纺织行业、面粉行业等都与证券市场无缘。这样就出现了一种奇特的现象：一方面是产业界因需要的资本难以筹措而没法周转；另一方面却是资本找不到正常的投资方向，而竞相投入地产及政府公债的投机。当时各地的证券交易所均纷纷以政府公债为主要交易物，对企业股票十分冷淡，使证券市场远离产业，更没有起到辅助产业发展的作用。为什么产业得不到资本的支持，而被证券市场抛弃呢？根本的原因还在于投资公债的获利空间大大高于产业利润。根据当时人魏友棐的研究，主要在于产业利润的低微，甚至有亏蚀的可能，使投资者不能不有所顾忌。同时这也是产业证券不能确立的原因之一。以 20 世纪 30 年代在上海华商证券交易所《开做各种股东概况表》所列的中国银行、光华火油公司、交通银行、华商上海水泥公司、商务印书馆等 21 家产业证券的情况可见，利息最厚的是华商上海水泥公司股票，1932 年度官红利合得 2 分 4 厘，1933 年官红利合得 2 分 2 厘，但这却是仅有的 1 家。此外，大都是从 6 厘到 1 分 2 厘，其余的则有官利而无红利，或甚至连官利也没有。所以，在 1936 年全年中，产业证券的成交额不过 9600 余股，同时国债的成交额却有 200 多万元（国债成交额这一数字还是 1931

---

① 《重庆证券交易所概况》，《四川月报》第 4 卷第 1 期（1934 年 1 月），第 51—55 页。
② 各月期的湖北证券市价表分别见《汉口商业月刊》第 1 卷第 6—10 期（1934 年 6 月 10 日、7 月 10 日、8 月 10 日、9 月 10 日、10 月 10 日）。

年以来的最低额）。[1]

二　1937—1949 年华股市场中的上市企业产业分布与结构特征

抗战时期，中国的证券市场发生了戏剧性变化，在沦陷区的上海与天津的证券交易转向了沉寂 20 多年的股票，上海在太平洋战争爆发之后还进入了畸形发展的"黄金时代"。那么，在这两个市场中上市企业股票的种类与产业分布情况又如何呢？

上海从 1940 年以后到太平洋战争爆发以前的"孤岛"时期，华商股票交易虽日渐增多，但由于各家股票公司各自为政，自开行市，因此缺乏统计资料。其中仅在 1940 年 12 月建立的中国股票推进会上市的股票就有 85 种：金融业 24 种，交易所业 5 种，纺织制造业 9 种，新药业 7 种，公用事业 3 种，印刷书纸业 5 种，化学工业 8 种，百货业 7 种，烟草火柴业 4 种，其他 13 种。[2] 另据中国征信所 1940 年 12 月对整个上海华股市场上市股票的统计所编辑的《华商股票手册》的记载，当时上市股票共159 种，分布于 18 种行业，详见表 4—19：

表 4—19　　　　　　　1940 年 12 月上海华股市场分类统计表

行业分布	股票名称
银行（39）	中国银行、交通银行、上海女子商业储蓄银行、上海永亨银行、上海至中银行、上海商业储蓄银行、上海煤业银行、上海绸业银行、大康银行、大陆银行、川康平民商业银行、中孚银行、中南银行、中国企业银行、中国国货银行、中国通商银行、中国农工银行、中国实业银行、中国垦业银行、中华商业储蓄银行、中华劝工银行、中汇银行、四川美丰银行、四明商业储蓄银行、正明商业储蓄银行、永大银行、光华银行、江海银行、东莱银行、金城银行、浙江实业银行、浙江兴业银行、浦东银行、国信银行、国华银行、华侨银行有限公司、新华信托储蓄银行、聚兴诚银行、盐业银行

①　魏友棐：《上海交易所风潮所见的经济病态》，上海市档案馆编：《旧上海的证券交易所》，上海古籍出版社 1992 年版，第 385 页。

②　杨德惠：《上海的华股市场》（上），《商业月报》第 22 卷第 1 号（复刊号）（1946 年 5 月 31 日出版）；另据吴毅堂编：《中国股票年鉴》（上海股票年鉴社 1947 年版）第 7 页的记载，经该会先后审查准予上市的中国股票共计 88 种。

续表

行业分布	股票名称
信托公司（9）	上海信托公司、久安信托公司、中一信托公司、中国信托公司、生大信托股份有限行、东南信托股份有限公司、国安信托公司、通易信托股份有限公司、通汇信托公司
交易所（5）	上海金业交易所、上海华商纱布交易所、上海华商证券交易所、上海面粉交易所、上海杂粮交易所
公用事业（7）	浦东电气股份有限公司、商办上海内地自来水公司、商办闸北水电股份有限公司、宁波永耀电灯公司、翔华电气股份有限公司、华商电气股份有限公司、汉口既济水电公司
纺织制造（20）	三友实业社、大生第一纺织公司、大生第三纺织公司、中国内衣织染厂股份有限公司、五和织造厂股份有限公司、永安纺织公司、和丰纺织公司、东亚毛呢纺织公司、美亚织绸厂股份有限公司、振泰纺织公司、崇信纺织公司、章华毛绒纺织公司、统益纺织股份有限公司、达丰染织厂股份有限公司、鼎新染织厂、广勤纺织股份有限公司、庆丰纺织漂染整理公司、鸿章纺织公司、鸿新染织厂股份有限公司、丽新纺织漂染公司
化学公司（19）	久大精盐公司、大丰工业原料股份有限公司、中法油脂公司、中国工业炼气股份有限公司、中国化学工业社股份有限公司、中国水泥股份有限公司、天利淡气制品厂、天原电化厂、天厨味精制造厂股份有限公司、永利化学工业公司、永固造漆股份有限公司、永华制漆公司、江南水泥股份有限公司、家庭工业社股份两合公司、振华油漆股份有限公司、启新洋灰股份有限公司、华商上海水泥股份有限公司、开成造酸公司、广生行股份有限公司
烟草（2）	中国南洋兄弟烟草公司、华成烟草公司
火柴（2）	大中华火柴公司、中国火柴公司
印刷书纸（7）	大东书局、中华书局、世界书局、商务印书馆、国华造纸厂、开明书店、龙华造纸厂
保险（8）	上海联保水火险有限公司、中国天一保险公司、太平洋保险股份有限公司、安平保险股份有限公司、泰山保险股份有限公司、宁绍人寿保险股份有限公司、华安合群保寿公司、丰盛保险股份有限公司
百货（6）	上海中国国货股份有限公司、大新有限公司、永安有限公司、先施有限公司、新新有限公司、丽华有限公司
矿务（7）	大通煤矿股份有限公司、中兴煤矿公司、六河沟煤矿有限公司、柳江煤矿铁路股份有限公司、汉冶萍煤铁厂矿股份有限公司、滦州矿地股份有限公司、滦州矿务股份有限公司
新药（10）	中西大药房、中法大药房、中英大药房股份有限公司、五洲大药房、民谊制药厂、信谊化学制药厂股份有限公司、香港新亚化学制药股份有限公司、新亚化学制药股份有限公司、新亚血清厂股份有限公司、新亚卫生材料股份有限公司
搪瓷（5）	久新珐琅厂股份有限公司、中华珐琅厂股份有限公司、益丰搪瓷厂股份有限公司、华丰搪瓷股份有限公司、铸丰搪瓷公司

行业分布	股票名称
橡胶（1）	大中华橡胶厂兴业股份有限公司
电器制造（3）	中国亚浦耳电器厂股份有限公司、东方年红电光股份有限公司、华生电器厂
食品（3）	中国泰康罐头食品股份有限公司、冠生园股份有限公司、梅林罐头食品股份有限公司
其他（6）	大华铁厂股份有限公司、中国康元制罐厂股份有限公司、光华火油股份有限公司、亚光制造厂股份有限公司、宁绍商轮公司、华福制帽厂

资料来源：中国征信所编：《华商股票手册》，金融史编委会编：《旧中国交易所股票金融市场资料汇编》（下），书目文献出版社 1995 年版，第 1103—1105 页。

从表 4－19 可见，抗战时期上海的华股市场中的上市企业的行业分布较为广泛，遍及 18 个行业，比战前有了很大进步，几乎囊括了当时所有的行业。其中以金融业最为集中，共计 53 家，包括银行 39 家、信托公司 9 家、交易所 5 家，占上市企业 159 家的近 1/3。其次是上市企业虽以上海公司企业为主体，但并不仅仅局限于上海，还包括全国其他各地规模与影响都比较大的公司企业，如天津的大陆银行、东亚毛呢纺织公司、久大精盐公司、启新洋灰股份有限公司、滦州矿地股份有限公司、滦州矿务股份有限公司；重庆的川康平民商业银行、中国实业银行、四川美丰银行、聚兴诚银行以及战时迁往重庆的美亚织绸厂股份有限公司、永利化学工业公司、大东书局；湖北地区的汉口既济水电公司与汉冶萍煤铁厂矿股份有限公司；上海周边地区的企业，江苏南京的江南水泥股份有限公司、无锡的丽新纺织漂染公司、南通的大生第一纺织公司、海门的大生第三纺织公司，浙江杭州的三友实业社、宁波的宁波永耀电灯公司、和丰纺织公司；战时迁往湖南长沙的商务印书馆，云南昆明的中华书局；河北临榆县的柳江煤矿铁路股份有限公司；河南丰乐镇的六河沟煤矿有限公司；山东峄县的中兴煤矿公司；安徽怀远县的大通煤矿股份有限公司；此外，还有总行设在新加坡的华侨银行有限公司，战时迁往香港的中国信托公司、广生行股份有限公司、中国南洋兄弟烟草公司、上海联保水火险有限公司、先施公司、香港新亚化学制药股份有限公司，等等。这些企业纷纷在上海设立事务所发行股票，筹集资金，并将其股票在上海的华商股票市场上市交易。由此可知，上海战时华股市场的股票来源并不仅仅局限于上海一地，而是带有全国性质。

太平洋战争爆发后，到1943年11月伪华商证券交易所复业的两年时间里，上海的华股市场呈现出畸形发展的"黄金时代"。华商股票种类仅以市上流通者为限，据1942年年初的统计共140家：金融业33家，保险业14家、交易所5家、纺织制造业14家、矿务业5家、文化印刷业10家、公用事业8家、化学工业16家、烟草火柴业4家、新药业12家、百货业7家、其他12家。[①]

以下是王相秦编的《华商股票提要》对当时在上海华商证券市场中有市价的股票情况的统计表（见表4—20），也可从另一个侧面更清楚地反映出这一时期上市华股的具体情况。

表4—20　　　　　　1942年上海华商证券市场上市股票统计表

	股票名称	资本总额（元）	每股票面金额（元）	股份额（股）	交易单位（股）
交易所股（5）	华商证券交易所	1200000	20	60000	50
	华商纱布交易所	1500000	25	60000	50
	面粉交易所	1000000	50	20000	50
	杂粮交易所	600000	20	30000	50
	金业交易所	1800000	15	120000	50
金融业股（11）	中国银行	40000000	100	400000	10
	交通银行	20000000	100	200000	10
	金城银行	7000000	100	70000	10
	中南银行	7500000	100	75000	10
	盐业银行	7500000	100	75000	10
	大陆银行	4000000	1000	4000	1
	上海商业储蓄银行	5000000	100	50000	10
	浙江兴业银行	4000000	100	40000	10
	浙江实业银行	2000000	100	20000	10
	中一信托公司	3000000	25	120000	50
	通易信托公司	1360000	10	136000	100

---

① 若君：《上海之华商股票市场》，《中央经济月刊》第2卷第3号（1942年3月）。

续表

	股票名称	资本总额（元）	每股票面金额（元）	股份额（股）	交易单位（股）
公用事业股（3）	华商电气	8000000	10	普通股 775000 优先股 25000	100
	闸北水电	8641160	20	普通股 300863 优先股 131195	100
	上海内地自来水	3000000	100	30000	10
纺织业股（8）	永安纱厂	60000000	100	600000	10
	达丰染织厂	3000000	100	30000	10
	庆丰纱厂	3000000	100	30000	10
	大生一厂	6300000	70	90000	50
	大生三厂	4200000	70	60000	50
	中国内衣公司	5000000	10	500000	100
	五和织造厂	1000000	50	20000	10
	三友实业社	1200000	60	20000	50
文化事业股（4）	商务印书馆	5000000	100	50000	10
	中华书局	4000000	50	80000	10
	世界书局	5000000	25	20000	10
	大东书局	600000	100	6000	10
新药业股（9）	五洲药房	5000000	50	100000	10
	中法药房	5000000	20	250000	100
	新亚酵素厂	3000000	10	300000	100
	中英药房	2400000	25	96000	10
	中西药房	3000000	100	30000	10
	新亚材料厂	1200000	10	120000	100
	新亚药厂	8000000	10	800000	100
	信谊药厂	7100000	100	普通股 3100 甲乙优先股 40000	10
	民谊药厂	1000000	20	50000	50

续表

	股票名称	资本总额（元）	每股票面金额（元）	股份额（股）	交易单位（股）
化学工业股（9）	家庭工业社	1200000	100	12000	10
	天厨味精厂	1320000	60	22000	10
	明星香水厂	2000000	100	2000	10
	天利淡气厂	1000000	100	10000	10
	中国炼气公司	375000	100	3750	10
	大中华火柴公司	3650000	20	182500	10
	中国火柴公司	240000	20	12000	100
	中国水泥公司	5400000	100	普通股 21000 优先股 33000	10
	上海水泥公司	2500000	100	25000	10
百货业股（6）	永安公司	20000000	10	2000000	100
	先施公司	港币 10000000	H＄10	1000000	100
	新新公司	3520000	20	176000	100
	大新公司	港币 4762700	H＄10	476270	100
	中国国货公司	6000000	30	200000	10
	丽华公司	700000	100	20000	10
矿产业股（3）	中兴煤矿	7500000	100	75000	10
	大通煤矿	2000000	100	20000	10
	汉冶萍	18666250	50	普通股 173325 优先股 200000	100
卷烟业股（2）	南洋烟草公司	11250000	15	750000	100
	华成烟草公司	3600000	20	180000	10
食品业股（2）	冠生园	1600000	50	32000	10
	梅林食品公司	1200000	50	24000	10
其他各业股（4）	康元制罐厂	2000000	10	200000	100
	龙章造纸厂	1000000	100	10000	10
	华丰搪瓷厂	300000	100	3000	10
	新亚科学厂	1000000	10	100000	100

资料来源：王相秦编：《华商股票提要》，中国科学公司 1942 年版，第 199—204 页。

　　表4—20 中显示的 66 种股票，主要是当时市场中有经常性交易行市的股票，这就说明尽管战时上海华股市场发行的股票比较多，但实际上市场中交易量比较大的股票并不多，且还是相对集中于少数股票。

　　伪上海华商证券交易所复业后，对上市股票规定了严格的审查手续。首批审定上市的股票为 46 种[1]，第二批审查通过 62 种，两批共计 108 种。[2] 1944 年 7 月后，又陆续有 21 种上市，使上市总数已达 129 种。资本额总计共 564725 万元。最大的资本为 25000 万元，最小的资本为 500 万元。在这 129 种中，依业别而言，纺织业上市股占首位，共有 46 种，总资本 212400 万元。其次为企业公司（包括投资公司及地产公司等），上市 25 种，资本总额 166550 万元。[3] 到 1945 年 3 月止，共有上市股票 173 种，其分布为：金融投资股，33 种；化学工业股，31 种；纺织股，65 种；百货股，9 种；文化股，10 种；其他实业股，25 种。[4] 另据统计，到 1945 年 8 月 18 日该所解散止，上市股票共 199 种，其中，金融投资股 41 种、化学工业股 34 种、纺织业股 76 种、百货股 10 种、文化股 12 种、其他实业股 26 种。在这 199 种上市股票中，轻工业的重要部门面粉厂股票 1 种也没有，烟草业股只有南洋兄弟烟草公司 1 种。在 41 种金融投资股中，没有 1 种具有悠久历史的银行股参加上市，而投机性的所谓实业、企业、建业、投资的公司，则有 20 种之多。在 76 种纺织业股中，仅有 9 种比较有历史及规模，其他均乃名不见经传的新厂。化学工业股只有 5 种稍微有些历史和规模。10 家百货股中，先施、大新均不在内。26 种其他实业股，只有 2 种够资格。其中经常成交的，不过 80—90 种，有大量成交的"热门股"就更少，仅 10 种而已。除上市股票外，其余未上市的大量股票，依然在各股票公司间自相交易。[5]

　　下面，我们将通过表4—21 对上海华商证券市场抗战前后上市华股

　　① 《选拔优良投资股》，《华股研究周报》第 6 卷第 3 期（1943 年 10 月 25 日），第 2 页。
　　② 《证券交易所核准上市股票名单》，《华股研究周报》第 6 卷第 8 期（1943 年 11 月 29 日），第 10 页。
　　③ 《上市股票统计》，《华股研究周报》第 10 卷第 8 期（1944 年 9 月 25 日），第 3 页。
　　④ 王雄华：《上海华股市场的过去及将来》，《中央银行月报》（复刊）第 1 卷第 1 期（1946 年 1 月）。
　　⑤ 杨德惠：《上海的华股市场》（下），《商业月报》第 22 卷第 2 号（1946 年 6 月）。

种类和产业分布做一个总结。

表4—21　　　1935—1944年上海华商证券市场上市华股种类及产业分布表

类别	时间	1935 年种数	1939 年至 1941 年种数	1943 年以后种数
金融业	（一）银行	10	20	1
	（二）信托	2	4	0
	（三）交易所	3	5	0
	（四）投资	0	0	16
	（五）地产	0	0	9
	（六）保险	0	1	0
矿业	煤矿	1	4	1
工业	（一）公共事业	4	3	0
	（二）交通	0	1	3
	（三）机器	0	1	7
	（四）化学	2	10	10
	（五）医药	0	7	8
	（六）卷烟	1	2	1
	（七）食品	0	4	2
	（八）棉纺织	0	0	22
	（九）染印	0	0	18
	（十）毛织	0	0	4
	（十一）丝织	0	0	3
	（十二）其他	0	3	2
商业	百货	0	8	6
文化业	（一）书局	2	4	3
	（二）印刷	0	0	2
	（三）造纸	0	1	4
	（四）电影	0	0	∕
总计		25	78	122

　　资料来源：梓康：《论华股交易与华股市场》，《中国经济》第2卷第8期（1944年8月），第5页。

　　由上表可知，在上海证券市场中，战前上市的股票主要集中在金融业中的银行、信托与交易所三类，共有15种，占战前上市股票的60%，商业与文化业则没有上市股票。而在战时金融业中的投资类企业股票已代替了过去银行、信托公司的地位。那些享有崇高国内信用地位的银行，如中国、交通、金城、上海商业、浙江兴业等的股票，都已不见于华商证券交易所交易的牌上了。至于代之而起的投资公司，其业务则多是以买卖股票、囤积商品为主，显然是缺乏生产性。其他如地产公司业务虽不同于投资，但是买卖地产，求于一进一出间得些利益，与增产也是没有什么关系的。

再看工业的股票，在该业中，棉纺织业及染印业的股票占最多数，而且屡见增资，这从现象上看好似与增产有关，实际则不然。众所周知，当时的棉纺织业的生产量已急剧递减，这些增资又为的是什么呢？虽不能说这些增加的资本完全用于了投机，但至少可以说，与增产的关联不大。此外，公共事业股、开发农业股等，证交牌上也是无名的。其他如对增产有重大作用的海洋、内河、铁路及公路运输等股票在证券交易市场中也是不见露面。因此，证券交易所吸收的数十亿元的资金对当时的增产急务到底有什么贡献呢？虽然不能说战时的华股完全是非生产性，但还是可以说，低生产性和投机性的股票占据着上海证券交易主要的地盘。

在天津，1936 年春，国民政府对公债的整理，统一公债的发行，使得公债种类减少，价格单一，过去利用公债种类多，互相套做、从中取利的机会减少，买卖利润不多，证券交易大为减色。

抗战爆发以后，随着日军对天津的占领，逐渐控制天津的金融市场，其中天津股票市场在日本人的支持下，从 1938 年开盘以来，作为吸收中国资金以供应其"开发大陆"之用。于是股票交易开始重新支撑起整个证券市场，表 4—22 对 1938 年 8 月和 1939 年 8 月天津证券市场上市证券及其股价进行比较。

表 4—22　　　1938 年 8 月与 1939 年 8 月天津证券市场市价统计表　　　单位：元

证券名称	1938 年 8 月	1939 年 8 月	票面
美金债券	380.96	452.96	50
中国银行	50.00	58.33	100
交通银行	49.42	56.59	100
盐业银行	66.00	85.00	100
金城银行	44.00	58.48	100

续表

证券名称	1938 年 8 月	1939 年 8 月	票面
大陆银行	55.00	64.00	100
天津信托	8.00	8.60	10
启新水泥	4.84	8.60	10
启新债票	86.00	100.00	—
中兴煤矿	74.65	82.44	100
汽水公司	16.23	17.00	10
法国电灯	867.50	972.22	—
业兴公司	43.17	47.44	10
利顺德	100.00	115.00	100
滦矿股票	18.77	44.48	10
滦州矿地	3.36	8.35	1.5
德兴公司	96.00	100.00	100
大沽驳船	85.00	137.63	50
先农公司	100.42	114.44	50
天津电车	859.50	900.00	—
济安自来水	98.50	128.89	100
江南水泥	4.00	6.33	10
天津制皂	5.00	8.00	25
永利化学	75.00	65.00	10
耀华玻璃	103.00	100.00	100
回力球场	11.50	8.00	10
上海银行	80.00	33.00	100
中原煤矿	60.00	7.50	100
天津印刷	88.00	75.00	35 两
北洋印刷	88.00	83.00	100

资料来源：张一凡：《一年来之中西股票》，《日用经济月刊》第 2 卷第 1 期（1940 年 1 月），第 357—358 页。

　　由上表观之，1938 年与 1939 年在天津上市之各种证券，既有股票，也有债券（主要是美金债券），而以企业股票占主体地位。上市股票的公司则中外企业均有，但仍以华商企业居多。这些证券共计 30 家，在这两年中，上涨的 23 家，下跌的仅 7 家。上列激涨尤甚者，要推美金债券、滦矿股票、滦州矿地、大沽驳船、先农公司、济安自来水等，市价皆已远超票面之上。此后，特别是 1939 年国民政府宣布停止公债还本付息后，公债买卖就此结束，股票交易开始支撑起天津的整个证券交易市场。

股票交易活跃、行市不断上涨，从 1942 年起，到 1945 年华北有价证券交易所开场，天津的股票交易活动更是进入了极盛时期。不过，战时的天津股票市场是在日本人的支持下进行交易的，它被日本侵略者作为吸收中国资金以供应其"开发大陆"之用。因此，从总体上来看，这一时期天津证券交易市场投机性甚为严重，它与产业的发展联系并不密切，还称不上产业证券的投资市场。

1946 年重新建立的上海证券交易所，虽然是一个以政府债券、企业股票和外商股票为主体的完备的证券交易所，但实际上该所主要以华商股票的交易为主体，首批上市股票有 20 种，到 1946 年 11 月，第二批经财政、经济两部批准上市之股票有 6 种。到 1947 年年底止，上海证券交易所共开拍公司股票 32 种（见表 4—23）。

表 4—23　　　1947 年年底上海证券交易所上市股票产业结构统计表

产业分类	证券名称
纺织股（15 种）	大通纱厂、中纺纱厂、永安纱厂、信和纱厂、统益纱厂、荣丰纱厂、恒丰纱厂、中国内衣、新光内衣、景福衫袜、景纶衫袜、勤兴袜衫、五和织造、美亚织绸、中国丝业
化学工业股（8 种）	新亚药厂、信谊药厂、大中华火柴、华丰搪瓷、中国水泥、九福制药、中法药房、华新水泥
百货股（4 种）	永安公司、丽安百货、国货公司、新华百货
地产股（2 种）	永业地产、联华地产
文化股（1 种）	商务印书馆
公用事业股（1 种）	闸北水电
航运股（1 种）	中兴轮船

资料来源：上海证券交易所编：《上海证券交易所年报》，（第一章报告）1947 年，第 29—30 页。

这些股票中，纺织业占 46.88％，化学工业占 25％，百货业占 12.5％，地产业占 6％，文化业、公用事业与航运业各占 3％。

1949 年 2 月 21 日上海证券交易所复业后，开出行市者仅 23 种，其中民营股 22 种，国营股仅台糖 1 种，成交 21 亿余股，其中台糖仅 454 股。[①] 此后又有所增加，据 1949 年 4 月 1 日《上海证券交易所行市单》可

——————————

[①]　《证交复业第一日》，《申报》1949 年 2 月 22 日。

知，复业后的上海证券交易所上市交易的股票共计 39 种（见表 4—24）。

表 4—24　　　1949 年 4 月 1 日上海证券交易所上市股票结构分类表

股票结构分类	股票名称
纺织股（16 种）	大通纱厂、中国纺建、永安纱厂、信和纱厂、统益纱厂、荣丰纱厂、中纺纱厂、恒丰纱厂、中国内衣、新光内衣、景福衫袜、景纶衫袜、勤兴衫袜、五和织造、美亚织绸、中国丝业
化学工业股（9 种）	新亚药厂、信谊药厂、大中华火柴、华丰搪瓷、中国水泥、九福制药、中法药房、华新水泥、振华油漆
地产股（2 种）	永业地产、联华地产
百货股（4 种）	永安公司、丽安公司、国货公司、新华百货
文化股（3 种）	商务印书馆、台湾造纸、世界书局
其他（5 种）	招商局、台湾糖业、闸北水电、中兴轮船、梅林食品

资料来源：中国第二历史档案馆馆藏南京国民政府财政部未刊档案，档号三（2）–1454。

表 4—24 中，除中国纺建、台湾造纸、台湾糖业、招商局等 4 种国营事业股票外，其余 35 种仍是民营企业股票。由此可见，战后上市企业股票十分有限。1948 年 8 月 19 日金圆券币制改革以前陆续上市的股票仅 32 种，币制改革后，上海证券交易所重新开市后也仅增加到 39 种，其行业分布也主要局限于纺织、化学、地产、百货、文化等少数行业，至于战前及战时占比重很大的银行、投资企业等金融业类企业几乎都没有在市场上出现，而其他与国计民生紧密相关的工商企业也多没能在市场上出现。这些上市的企业相对于整个上海战后的股份制企业的发展情况来看，可谓是汪洋大海中的几滴水珠，无足轻重，大量的企业仍被排斥在证券市场之外，与证券市场无缘。因此，尽管战后上海证券交易所已经成为了以企业股票为主体的证券市场，但是这个市场仍然没有真正起到推动产业发展的应有作用。

战后天津证券交易所建立后，1947 年 5 月 31 日召开上市证券审查组第一次会议，议决通过的第一批上市股票为，原华北有价证券交易所已上市之 24 种股票与第一次上市证券审查组通过增加的 5 种股票，共 29 种，分别为启新洋灰、江南水泥、滦州矿务、滦州矿地、耀华玻璃、东亚毛呢、仁立呢绒、济安自来水、天津造胰、中原公司、恒源纱厂、济安房地产、百货售品所、丹华火柴、北平自来水、北平电车、寿丰面粉公司、久安信托公司、久大精盐公司、永利化学工业公司、中国银行、交通银行、金城银行、盐业银行、大陆银行、中南银行、上海银行、裕津银行、中孚银行。此后经过 10 月 15 日天津证券交易所理事会上市证券审查组第二次会议的讨论，在原有 29 种的基础上决定另增加永兴洋纸行1 种，共定为 30 种。① 这些股票主要集中于工业、地产业、公用事业与金融业等行业。这区区 30 种股票本已十分微薄，然而，1948 年 2 月 16 日天津证券交易所正式开始营业时，还大打折扣，实际上市的证券仅股票13 种，为启新洋灰、滦州矿务、江南水泥、东亚企业、济安自来水、天津造胰、中华百货、仁立实业、丹华火柴、寿丰面粉、耀华玻璃、永兴洋纸、滦州矿地等股票。② 在这些真正上市交易的股票中，主要集中于工业行业，而银行等金融类股一种都没能得以上市，而且上市不到半年就因金圆券币制改革而草草宣告结束。这就说明，战后的天津证券交易所也没有真正起到促进产业发展的作用。

三 战时上海华股市场与上海产业的关系

以上分析了整个近代中国经济发展中的融资结构变迁情况和主要证券市场中上市企业股票的行业分布情况。下面将通过具体对上海华股市场最繁荣的阶段——抗战时期进行具体的剖析，战时的上海华股市场是如此的活跃，但战时产业生产的实际情况又如何呢？上海的华股市场与上海的产业发展是一致的吗？

从微观角度看，企业股票的市盈率即每股价格与每股收益的比率，是衡量企业经营业绩和投资价值的重要指标。在上海产业发展的历史上，抗战时期不能不说是一个值得重视的新阶段。在这个阶段中，许多工厂复活了，无数工厂新生了。当然，在太平洋战争爆发前的"孤岛"时期，"孤岛"的企业得到恢复和发展，赢利丰厚（其中既有通胀因素，也包含

---

① 天津市档案馆馆藏中央信托局未刊档案，档号 j20 - 2 - 2 - 839。
② 中国人民银行总行金融研究所金融历史研究室编：《近代中国的金融市场》，中国金融出版社 1989 年版，第 465 页。

企业自身的发展因素），因此，1940 年后上海华股复苏及初期发展与当时上海产业的发展是基本一致的，从表 4—25 中可以得到一些印证：

表 4—25　1938—1940 年上海华股市场主要上市股票之股息及市价表

股票名称		1938—1939 年股的股息		1939 年市价（元）		1940 年市价（元）
		1938 年	1939 年	最高	最低	
金融股	中国银行	3 厘半	7 厘	60.50	55.00	67.50
	交通银行	3 厘半	7 厘	53.00	47.00	62.50
	浙江兴业	5 厘	8 厘	63.00	55.00	82.00
	浙江实业	7 厘	9 厘	95.00	85.00	120.00
	金城银行	5 厘	5 厘	70.00	60.00	65.00
	盐海银行	5 厘	1 分	70.00	62.50	90.00
	盐业银行	7 厘	7 厘	80.00	75.00	80.00
	大陆银行	6 厘	6 厘	—	—	65.00
	国货银行	6 厘	6 厘	—	—	56.50
	国华银行	—	7 厘	—	—	59.00
	四明银行	—	垫 3 厘	—	—	40.00
	中华银行	—	4 厘	—	—	10.50
	中汇银行	—	—	—	—	27.00
	中孚银行	—	—	—	—	60.00
	新华银行	—	—	—	—	60.00
	中一信托	3 厘	4 厘	9.20	8.10	11.50
	通易信托	—	—	—	—	1.80
	久安信托	1 分 2 厘	1 分 2 厘	—	—	—
	上海信托	—	—	—	—	—
	中南银行	5 厘	5 厘	—	—	—
交易所	证券交易所	—	—	30.25	24.25	25.75
	纱布交易所	—	—	41.50	35.80	43.00
	面粉交易所	—	—	—	—	29.00
	杂粮交易所	—	—	—	—	20.50
公用事业	华商电器公司	—	发 1937 年度 7 厘	6.3	4.95	6.25
	闸北水电	—	—	—	—	6.50
	翔华电气	—	—	—	—	25.00
	宁绍商轮	—	—	—	—	12.50

续表

股票名称		1938—1939 年股的股息		1939 年市价（元）		1940 年市价（元）
		1938 年	1939 年	最高	最低	
纺织制造业	永安纱厂	5 厘	1 分又补发 1936 年度息 5 厘	98.00	55.00	145.00
	达丰粲织厂	8 厘	8 厘	95.00	82.00	150.00
	大生第一厂连八厂	—	—	23.50	16.00	17.00
	大生第三厂	—	5 厘	40.80	15.00	31.00
	振泰纱厂	4 厘	—	75.00	65.00	100.00
	广勤纱厂	—	—	—	—	41.00
	宁波和丰	—	未定	—	—	210.00
	美亚绸厂	—	1 分 2 厘	—	—	—
	三友实业	—	—	18.00	15.60	21.00
化学工业	天厨味精	9.75 厘	1 分	97.50	80.00	83.50
	家庭工业	—	7 厘	—	—	81.00
	上海水泥	—	—	40.00	40.00	45.00
	江南水泥	—	—	—	—	—
	久大精盐	—	—	—	—	39.00
	振华油漆	—	官红利 1 分 4	—	—	39.00
烟草火柴业	大中华火柴	8 厘	2 分	18.80	11.50	24.00
	中华火柴	—	2 分	—	—	25.00
	南洋烟草	5.33 厘	垫 6.66 厘	10.00	5.60	6.00
	华成烟草	1 分	2 分	30.00	21.50	43.00
保险业	联保保险	—	—	—	—	12.00
百货公司	永安公司	—	1 分	—	—	16.00
	新新公司	—	2 厘	—	—	11.70
	先施公司	—	—	—	—	7.00
	大新公司	—	补 1932 年度息 8 厘	—	—	22.00
	丽华公司	—	老股 1 股升 1 股	—	—	82.00
	中国内衣公司	—	1 分	—	—	8.00
	中国国货公司	—	2 分	—	—	26.00
矿务业	中兴煤矿	3 厘	3 厘	72.00	67.00	116.00
	汉冶萍	—	无	2.74	2.20	3.60

续表

股票名称		1938—1939 年股的股息		1939 年市价（元）		1940 年市价（元）
		1938 年	1939 年	最高	最低	
新药业	新亚药厂	1 分 5 厘	1 分 5 厘赠与股权每股 6 元	27.00	24.00	24.00
	信谊药厂	—	增资赠与 5 分	—	—	142.00
	民谊药厂	—	—	—	—	17.00
	五洲大药房	—	1 分 4 厘	101.00?	42.00	70.00
	中法大药房	—	1 分增资赠与每股 8 元			21.00
	中西大药房	—	1 分	20.00	20.00	47.00
	中英大药房	—	2 分	—	—	31.50
印刷书纸业	商务印书馆	3 厘	垫 3 厘	70.00	66.00	71.00
	中华书局	3 厘	垫 3 厘	28.20	23.70	32.00
	大东书局	—	—	—	—	40.00
	世界书局	—	—	—	—	10.00
	开明书局	—	—	—	—	60.00
	龙章造纸厂	—	—	—	—	40.00
其他各业	冠生园	—	官红利 1 分 2 厘	—	—	50.00
	梅林食品公司	—	增资及息 5 分	—	—	80.50
	泰康食品公司	—	官红利 8 厘增资赠与 8 厘			—
	储章地产	—	—	—	—	25.00

资料来源：钱承绪：《中国金融之组织：战前与战后》，中国经济研究会 1941 年版，第 125—129 页。

　　虽然影响股票市价的因素是多方面的，但从以上 74 家股票的股息与市价的比较来看，多数情况下，利息优厚，使投资主体更富有流动性，股价趋涨，可见，股息之增加，其对于股票市价产生的影响还是正面的。

　　然而，在太平洋战争爆发之后，情况却有了很大的变化，虽然 1942 年被称为上海经济发展的"产业年"，同时也是上海证券市场的"华股年"。而这些大量兴起的企业是否都能赢利呢？其赢利都出自哪里？则是需要认真考察的。应该说，当时的新老工厂公司都是有赢利的，但这些赢利主要不是来自于他们生意的好坏、经营的获利，而是来自于各工厂公司的囤积居奇和物价上涨。只要是有厂有货的，无不大发其财，大得其利。这不是企业本身在赚钱，更不是办企业的人在替公司赚钱，而只是企业的资本在自己赚钱。换句话说就是，股东的本钱在那里赚钱。也就是钱在赚钱，而不是生产的技术在赚钱。所以，这种利润的获得，这种企业似是而非的景气，不是资本经过生产过程获得了真正的利润，而只是资本经过集结的过程而获得了囤积的利益——甚至投机的利益，因此往往一个新厂家，在收齐了资本随便购买些原料货物之后，尚未正式开工出品，而公司却已经赚钱。这样所赚的钱，显然不能称之为真正的企业利润。这只是战时的不当得利，由囤积投机行为所攫取的一时暴利而已，这种企业利润是自欺欺人的假利润。

战时上海的华股市场虽然异常活跃，很是热闹，可是在这个市场中凑热闹的主角一大半是一些本来名不见经传的工厂，一小半是若干"返老还童"的老公司，有了它们的纷纷增资和加发新股，华股的筹码逐日增多，而华股的交易也日见其热闹了。华股市场上，除了一些老股票之外，最活跃的就是增资工厂或公司的股票。这些股票之所以能风行是因为它们既有老股票的牌子，又有新股票的活络，因此能够吸引买户，抬价脱售，使直接或间接与公司当局有关系者，在一转手之间，均可大获利益。增资对主持人及大股东既然有利可图，于是需要增资者固然纷纷增资，不需要增资者也增了再说，甚至增资实际有害于事业本身者，也"增资我自为之，蚀本不关我事"。[①]

上海沦陷后的企业创设与增资，是循着畸形的途径发展的，工业经济徘徊于慢性的萧条阶段，工业资本的利润额远在商业资本之下，故不独工业资本，大部分都已转化为商业资本，甚至工厂生产，不再以工业生产为业务，而以原料的辗转贩卖为业务了。所以这风起云涌的创立与增资，其背景与动机既不尽纯正，其前途更孕育着非常重大的危机。这从以下1943年到1944年上海企业的生产情况调查表（表4—26）即可窥见一斑。

---

① 江川：《公司增资与发新股之利弊》，《华股研究周报》第1卷第4期（1942年11月2日），第6页。

表 4—26　　　　　1943—1944 年上海企业生产情况调查表

| 业别 | 调查工厂数目 | 品名 | 生产情况 | | | | | 2月份与上年度生产量百分比 |
| | | | 单位 | 1943 年每月平均生产量 | | 1944 年 2 月份生产量 | | |
				总数	平均	总数	平均	
纺纱	18	棉纱	件(400 磅)	5485	303	2179	121	40%
缲丝	7	丝	担	307	44	290	41	94%
毛纺织	44	呢绒	码	235820	5360	90331	2053	38%
丝织	133	绸	疋	22005	166	11731	88	53%
针织	13	袜	打	27442	2111	10118	778	37%
卷烟	19	烟	箱(五万支)	7186	378	9557	503	133%
造纸	15	纸	吨	712	47	412	28	58%
油漆	17	油漆	磅	92618	5448	44673	2978	48%
热水瓶	20	热水瓶	只	124192	6209	81194	4060	65%
牙刷	8	牙刷	支	223615	27952	150866	18858	67%

资料来源：梓康：《论华股交易与华股市场》，《中国经济》第 2 卷第 8 期（1944 年 8 月），第 4—5 页。

由表 4—26 可知，1944 年各业的生产状况大都不如 1943 年。若以 1944 年 2 月各厂的生产量比较 1943 年各月的平均量，除卷烟厂稍有增加外，其他如纺纱、缲丝、毛纺、丝织、针织、造纸、油漆、热水瓶等业无不萎缩。之所以如此，主要是由于两大因素：一是原料的缺乏，二是电力的不足。可见华商证券交易所的复业，对于工业生产并没有发生什么有力的推进作用，同时证券交易本身也没有繁荣的产业作为它的基础。

表 4—27　　　　　1943—1944 年上海工业界的生产状况统计表　　　　　（单位：%）

| 业别 | 1943 年 | | 1944 年 | |
	开工率	停工率	开工率	停工率
木工业	82	18	60	40
家具制造	68	32	45	55
金属工业	86	14	65	35
机械及五金	78	22	62	38
船舶、车辆	60	40	55	45
炼瓦、陶器、玻璃	65	34	50	50

续表

业别	1943 年		1944 年	
	开工率	停工率	开工率	停工率
化学工业	82	18	82	18
纺织业	75	25	60	40
衣服工业	74	26	62	38
皮革、橡胶	77	23	60	40
饮食、烟草	70	30	62	38
造纸、印刷	86	14	60	40
科学仪器、乐器	78	22	60	40
其他	65	35	60	40

资料来源：李遽：《上海经济的动态》，《申报月刊》复刊第 2 卷第 8 号（1944 年 8 月 16 日），第 9 页。

从表 4—27 中的看来，沦陷时期上海的工业是在慢性的萧条中，照这样的情形，工业企业是不会有增资需要的。

表 4—27 中的纺织股一直是战时上海华股市场中最活跃的股票，那么沦陷时期的上海纺织业情况又是如何的呢？它们的发展与纺织股的市场表现一致吗？

上海各纺织厂的生产量为，1936 年生产棉纺 10415 包，1937 年 961984 包，1938 年，因战事锐减至 753441 包。而到 1939 年，因欧战发生，南洋需要激增，全部生产数增至 1120356 包，达到了战时的最高峰。而 1940 年又有所下降，估计约 986000 包。[①] 而太平洋战争爆发之后，则呈现出每况愈下的状况，如以 1939 年为基数，将此几年的生产情况统计如下（见表 4—28）：

表 4—28　　　　　　　1939—1942 年上海纺织业产量比较表[②]

年份	纱生产量	布生产量
1939 年	100	100
1940 年	81	68
1941 年	52	47
1942 年	31	37

资料来源：《上海纺织业的展望》，《华股研究周报》第 2 卷第 6 期（1943 年 2 月 1 日），第 11 页。

---

① 《上海纺织业的展望》，《华股研究周报》第 2 卷第 6 期（1943 年 2 月 1 日），第 11 页。
② 以 1939 年的纱、布生产量为 100。

上述资料表明，上海的纺织业的纱布产量在 1939 年后逐年下降，特别是上海全面沦陷后的 1942 年，其产量仅为 1939 年的 1/3 左右，由此可知，上海这时虽然出现了兴办厂矿的高潮，但这并不意味着生产的发展。从 1940 年到 1942 年，三年来纺织业衰弱的原因虽然很多，但缺乏原料和外销的减少，却是最大的原因。农民种植棉花，利益最薄，因为别的农产品远比棉花高昂。棉花价为 300 元，而其他粮食作物，如米价 940 元，山芋价 900 元，黄豆价 680 元，玉米价 700 元，均比棉花价高。[①]

我们还可从 1939—1943 年上海纱厂的开工率（见表 4—29）进一步得到直接印证：

表 4—29　　　　　　1939—1943 年 8 月上海纱厂开工率统计表

年份	开工率
1939 年	100％
1940 年春	100％
1940 年秋	70％
1940 年冬	50％
1941 年	45％
1941 年年底	40％
1942 年年底	20％
1943 年 4 月	17％
1943 年 8 月	12％

资料来源：《华商纱厂开工状况》，《华股研究周报》第 6 卷第 4 期（1943 年 11 月 1 日），第 7 页。

由表 4—29 可见，沦陷后的上海纺织业，因原料获得十分困难，致使开工率锐减，到 1943 年，华商各纱厂之开工程度已达历史的最低点，较之华股市场中纱厂股活跃的情形，实已不可同日而语。因此，纱厂股市价之升腾，其原因不在于生产及收益率上，8 月间各纱厂之工作状况，平均开工率只有 12％，较之过去历年情形，实为空前未有之颓况。

---

① 《上海纺织业的展望》，《华股研究周报》第 2 卷第 6 期（1943 年 2 月 1 日），第 11 页。

　　总之，战时上海华股市场的活跃，新股的大量发行与企业的不断增资扩股，与战时上海产业生产的实际发展状况是相背离的，华股市场与产业发展是不一致的。一方面是华股市场的投机狂热，另一方面是企业发展的濒临破产。据统计，到 1942 年年底，上海的工厂总数为 1145 家，工人 12 万人（军事管理除外），工厂比战前（战前为 3405 家）减少 2/3，工人数（战前为 25 万人左右）减少 1/2。截至 1943 年 1 月份，这些工厂的开工率仅为 30％至 80％。① 1944 年 8 月开始，上海的电气及自来水供给已经先后减半了，上海的生产已陷入停顿状态。

　　从以上材料中可以看到，沦陷时期的上海产业生产的发展是难以支撑股票市场的发展的，正因为如此，上海战时特别是太平洋战争爆发之后的股票市场之发展是极不正常的、畸形的，它的繁荣是虚假的、投机的。

　　从整个近代中国华商证券市场中上市股票的数量变化与产业结构变迁，以及上海战时华股市场与企业发展的关系来看，大致可以分为四个阶段，第一阶段，1872 年中国华股的诞生到 20 世纪 20 年代证券交易所建立以前。上市的股票与近代中国产业的发展还是基本一致的，反映了产业发展。第二阶段，20 世纪 20 年代证券交易所建立后，到抗战爆发前。上市的股票是极为有限的，而且为公债交易所湮没，形同虚设，几乎与企业发展没有关系。第三阶段，1937—1945 年的抗日战争时期。只有在沦陷时期的上海，上市的股票种类最多，产业结构分布最广泛，几乎囊括了当时的绝大部分行业，上市证券与上海战时产业的发展取得了前所未有的联系，然而，这种联系在战时的特殊环境中又是畸形的，股市为投机风气所笼罩，股市的繁荣并不完全是产业经济发展的结果。第四阶段，抗战胜利后，到 1949 年。战后，上海、天津的两个证券市场，虽然将产业证券作为市场的主要交易对象，但不仅上海的 30 多种上市股票和天津的 10 多种上市股票，与当时中国经济的发展，股份制企业的比重是极不相称的。而且从产业结构分布来看，上海主要集中于轻工业中的纺织行业与百货业，其他行业为数极少，甚至根本就没有。而天津虽

---

　　① 《上海工业界现况调查》，《华股研究周报》第 2 卷第 9 期（1943 年 3 月 1 日），第 2 页。

然审议通过了 30 家上市股票，但实际上市的仅为 13 种，主要集中在工业、矿业等行业中。这样少的上市公司及其不合理的行业结构，既与当时中国经济的发展极不适应，更谈不上证券市场对产业发展的推动了。

本章小结

对产业成长来说，资金是其发展的命脉，而融资渠道的畅通与否，则决定着资金这个企业命脉的关键。对于近代的官办企业来说，其投融资主体自然是政府的财政拨款，形成了国家单一投资主体的投资模式。而在官商合办与商办产业的发展中，除了官的部分来源于政府财政外，其他的私人资本，其融资的可能渠道大致可以分为三种类型：一是"因友及友"的企业自主募集；二是银行信贷融资；三是证券市场融资。

本来，从证券市场的产生开始，它就担负着为产业发展融资的使命，而且对于一个功能健全和良性发展的证券市场而言，为产业融资应当成为其最主要的任务与效能的体现。然而在近代中国，产业证券却在 1922 年到 1937 年的相当长的时间里失去了这个主体地位，让位给了政府债券，这就使得企业的融资受到极大的限制，产业经济的发展受到严重影响，这也说明近代中国华商股票市场的发育程度与产业经济，特别是股份制经济的发展是脱节的，从而使近代中国的证券市场功能大打折扣。

产业证券不论是股票还是公司债，总得要先有产业，而后有证券，产业是否能募集到社会资金以图发展，关键在于企业募集资本的融资渠道是否便捷与畅通。在近代中国，投资华股，建立股票市场，本是直接发展全国产业的一种举动。而实际上，尽管在近代中国时常出现游资泛滥的局面，可是，游资却并没有流入公司企业，而是流向了更为有利可图的政府公债与地产等投机领域，即便是沦陷时期的上海，一时曾出现了投资设厂、增资扩股与人民争买华股的热闹场面，然而，当时买华股的人，只是受股市的玩弄，还不是真正投资于华商企业的人，股市的发展与产业的成长并非一致，股票市场并没有起到将更多资金合理配置到产业部门的作用，股市的繁荣仅是一种畸形的投机罢了。所以，从根本上说，近代中国的生产事业，因融资结构的不合理而使企业无法获得资金的周转，致使近代中国的产业由于受到融资困难的制约，而得不到充分的发展。

　　总之，近代中国，股票市场连最起码的经济功能——对企业的融资功能都未能有效实现，表明近代中国的股票市场的发育是不健全的，至于它的其他社会经济功能，如证券市场配置资源和投资的功能、市场经济的启蒙功能、社会凝聚功能、自我价值实现功能和职业示范功能等就更是微乎其微了。

第五章　华商公债市场与政府财政的实证分析

通常情况下，近代公债是在商品经济和信用制度有一定程度发展的基础上产生的，是一个特殊的财政范畴。由于国家职能的扩展，特别是在对外进行战争和加强国家干预经济，国家财政支出不断增加，仅靠增加税收已不能满足国家各项开支时，政府往往在信用制度业已建立和发展的基础上，以国家信用形式集中部分社会闲散资金，以弥补财政资金不足。最初筹措国债的目的，一般是为了克服当时的财政困难。

马克思在《资本论》第一卷中论述道："公债成了原始积累的最强有力的手段之一。它像挥动魔杖一样，使不生产的货币具有了生殖力，这样就使它转化为资本，而又用不着承担投资于工业甚至高利贷时所不可避免的劳苦和风险。国债债权人实际上并没有付出什么，因为他们贷出的金额转化为容易转让的公债券，而这些公债券在他们手里所起的作用和同量现金完全一样。于是就有了这样产生的有闲的食利者阶级，充当政府和国民之间中介人的金融家就大发横财，包税者、商人和私营工厂主也大发横财，因为每次国债的一大部分成为从天而降的资本落入他们的手中，——撇开这些不说，国债还使股份公司、各种有价证券的交易、证券投机，总之，使交易所投机和现代的银行统治兴盛起来。"[1]

这里不仅论述了公债制度是资本原始积累的重要杠杆之一，同时也深刻地论述了政府公债发行与金融业、证券市场之间相互促进、互为因果的关系。在正常情况下，公债的发行都必须以一个发育完善、运作正常、流通顺畅的公债市场为依托。如果没有相当发达的公债市场，特别

---

① 《马克思恩格斯全集》第44卷，人民出版社2001年版，第865页。

是发达的二级公债市场，公债的大量发行也是不可能的。公债市场的发展状况，直接制约着一级市场上的国债发行。同时由于公债市场作为综合实施财政政策和金融政策的结合点，而日益成为国家运用经济手段进行宏观调控的重要工具。

　　近代中国内债的种类非常复杂：大量的赔款和国内连绵的战乱使清政府和北京政府几乎每年都出现财政赤字。清末，政府开始发行公债，而随着铁路不断收归国有，大量铁路债券又加入证券交易行列。到北京政府时期，公债发行更多，内债就有 28 种。仅中央政府发行的内债，就发行的性质言，有清政府发行的债券、北京政府发行的债券，也有国民政府发行的债券；就偿付本息的担保言，有以关税为担保的债券，也有以盐税、统税及其他税收为担保的债券；就偿本的期限言，有一次还本的公债，也有按期还本的库券。到 1936 年 2 月 1 日，国民政府公债整理时，除善后短期公债、十七年金融长期公债及海河公债外，以原有 33 种债券合并发行统一公债，并依各债原定清偿期限的先后，分别统一公债为甲、乙、丙、丁、戊五种，总额共 146000 万元，其还本期限，依次分别在 12 年、15 年、18 年、21 年、24 年内还清，利率均为年息 6 厘，每半年还本付息一次。与统一公债同时发行的有复兴公债，总额 3400 万元。抗战爆发后，国民政府为筹措战费，也发行了大量的内债，但由于战时的特殊原因而未在证券市场上市交易。抗战胜利后，国民政府还发行了少量的内债，仅有少量在市场上有所交易。此外，还有各级地方政府也分别发行了不少地方公债，也有少量地方公债曾在地方证券市场上进行过上市流通交易。

　　近代中国的政府公债虽然开始于晚清，但这些债券均未能进入市场进行流通交易，当进入民国以后，随着政府公债发行规模的不断扩大，到 1913—1914 年间才开始有政府公债出现在证券市场上，于是近代中国的公债市场正式诞生，特别是 1921 年"信交风潮"的爆发，使产业证券市场再次跌入低谷，政府公债市场取而代之，后来居上。这种公债唱"独角戏"的财政市场一直持续到 1937 年抗战全面爆发。政府发行的内国公债越来越多，特别是在北京政府统治的 16 年和南京国民政府统治的前 10 年，逐渐成为了左右银钱业和证券市场的一股力量，而证券交易所便成为金融业与政府之间联系的纽带。到 1937 年抗战爆发之前，银钱业的资金流向由于受政府公债的影响，发生了重大改变，开始投向公债的发行与交易，就银钱业自身来看不能不说是最稳妥、有利和灵活的途径，但是银钱业过多地把资金用于购买公债和公债套利，就会成为政府解决财政困难的手段，尤其是当政府财政困难主要是由于军费开支和行政开支造成的赤字时，那就意味着使当时宝贵的资金用于罪恶的战争和浪费，相反，使应该用于支持生产流通的资金减少。而证券市场也逐渐为政府公债所垄断，使股票交易逐渐退出了证券市场，这就使证券市场偏离了为企业融资提供方便的轨道，成为了调剂政府财政盈虚的杠杆。本章将对政府公债与金融业、证券市场之间的这种错综复杂的关系展开进一步深入的实证研究。

第一节　政府债券的发行与银行业的关系

在近代中国政府债券的发行过程中，政府债券能否得以顺利发行与近代中国新式金融机构——银行业的参与程度紧密相关，政府债券的承销过程中，华资银行也扮演了十分重要的角色，同时，华资银行业的进一步繁荣，政府公债的大量发行也起到了功不可没的作用。

一　政府的公债发行与银行业的扩张

近代中国华资新式银行，以中国通商银行为嚆矢，创立于清光绪二十二年（1896 年），至 1911 年清政府结束，华资新式银行之设立共仅 17 家。[①] 正是由于晚清时期，中国近代新式金融机构还处于十分幼稚的发育时期，除爱国公债发行时由度支部委任大清银行经理外，晚清政府无论是中央政府还是地方政府发行的公债几乎都与金融机构没有太大的关系。

晚清时期，虽然中央政府与地方政府分别发行了一些公债，但在发

---

　　①　沈雷春主编：《中国金融年鉴》（1939 年），美华印书馆 1939 年版，第 A105 页。

行过程中，由于近代新式金融机构的缺乏，传统金融机构——钱庄与票号的保守与实力不济，使得当时的金融机构均未能很好地参与其中。

在甲午战后中央政府发行的三次公债中，1894 年的"息借商款"发行时，中国还没有诞生自己的近代化金融机构——银行，而旧式的金融机构却无力承担这数以千万计的贷款，虽然户部决定此次债款的筹集首先在京城试行，召集了京城银号票号各商等商定借银 100 万两，继而向全国推行，然而，在此次筹款中，最终共募集款项 1102 万两，其中银号票号贷款仅占 10%。在 1898 年发行"昭信股票"时，虽然已经诞生了中国第一家华资银行，然而，刚刚创建一年的中国通商银行却还无力承担政府公债的发行工作。在黄思永向清政府奏请发行"昭信股票"的上疏中也曾提出了"出入皆就近责成银行票庄银号典当代为收付，不经胥吏之手"。[①] 但在实际的发行过程中，中国通商银行并没有真正参与这次债票的发行，"昭信股票"中明确记载由票号提供的贷款占 5.4% 左右。

当 1911 年"救国公债"发行时，中国新式的金融机构——华资银行业已经有了一定程度的发展，相继建立了户部银行（1908 年 2 月改为大清银行）、交通银行、濬川源银行、信成商业储蓄银行、浙江兴业银行、四明银行等新式华资银行。据唐传泗、黄汉民的研究统计，到 1911 年年底，全国华资银行的实收资本为 20304 千元（15 家）。[②] 然而，由于辛亥革命已经爆发，无论是新式华资银行还是各地钱庄票号几乎与这次公债发行无缘。因此，晚清政府只能通过其他渠道向民间募债，"息借商款"通过在各省设立筹饷局、善后局，"昭信股票"则通过设立专门的昭信局进行办理，而州县以下的募款几乎完全依靠原有的征赋机关。而在"清末新政"时期，直隶、湖北、安徽、湖南等省，以及邮传部曾先后 5 次发行地方债券达 1690 万两，但其销售过程并没有借助本国自己金融机构的力量，相反，这些地方公债的绝大部分（1324 万余两，占全部发行额的 78.34%）最终由外国银行、公司购买了去，其中，日本横滨正金银行

---

① 《1897—1920 年中国银行业资本究竟有多少》，《学术月刊》1981 年第 5 期，第 39 页。
② 中国近代经济史丛书编委会编：《中国近代经济史研究资料》（4），上海社会科学院出版社 1985 年版，第 63 页。

占 600 万两、英国占 658 万两、德国占 66 万两，分别占 45.32%、49.69%
和 4.99%。① 由此可见，晚清时期，政府公债发行的失败虽然原因是多方
面的，但当时近代金融机构的不发达，金融市场的不兴盛，没有建立起
正规的证券交易所，致使流通渠道极为有限，人们不可能通过认购公债
转售获利则是最直接的原因之一。

在晚清时期，由于政府内国公债的发行数量少，它虽是政府解决财
政困难的一个工具，但还不是政府依靠的主要途径。然而，到北京政府
统治时期，由于政府财政捉襟见肘，完全靠四下借债度日，再加之外债
的发行越来越困难，政府不得不依靠内债的发行来帮助其渡过财政难关。
据统计，1912—1926 年，北京政府以"公债票"形式发行的内债就达 28
种之多，发行总额为 84518 万元，实发 61807 万元，还不包括名目繁多的
国库证券和银行短期借款。②

1927 年南京国民政府建立后，发行政府债券更是成了挽救财政困难
的主要途径，1927—1937 年的 10 年间，除 1932 年因整理内债，未发行
公债外，其余每年都有公债发行，其间共发行约 25 亿元内债，1932 年整
理前的 5 年发行了 10 亿多元，整理后发行了约 15 亿元。由此可见，南京
国民政府统治的前 10 年，发行的公债与库券的数量是相当惊人的，是北
京政府发行内债总和的 4 倍多。

在北京政府及南京国民政府统治的前期，如此巨量的公债发行，在
当时并非易事，如果没有近代化的金融机构参与承销，这些公债要想成
功发售是难以想象的。

辛亥革命推翻了两千多年的封建帝制，推动了中国资本主义工商
业的发展，使新式华资银行也得到快速发展。仅 1912 年民国建立的
当年，就有 24 家银行宣告成立。1912—1927 年，设立官办银行 37
家、官商合办银行 11 家、商办银行 249 家，经营性质不详 9 家，总
计 306 家，实收资本 17671.3 万元。其中 1919—1923 年更是达到银
行设立的高潮，5 年中，新设银行达到 156 家，占 50.98%，且主要
以商办银行为主，此 5 年中商办银行 143 家，占商办银行总数的

---

① 潘国旗：《近代中国国内公债研究（1840—1926）》，经济科学出版社 2007 年版，第 134 页。
② 潘国琪：《国民政府 1927—1949 年的国内公债研究》，经济科学出版社 2003 年版，第 37 页。

57.4%，实收资本 5716.8 万元。① 这一时期新式银行业的兴旺，固然与第一次世界大战后期国内产业的进一步发展有着密切的联系，但与当时北京政府增发内国公债、廉价推销更是有着直接关系。

1927 年南京国民政府建立后，中国银行业更呈现活跃状态，截至 1937 年抗日战争爆发时止，其数量共达 164 家，分支行合计达 1627 家，总分支行合计达 1791 处；资产负债总额，各达 70 亿元以上；资本金与公积金合计，在 4 亿元以上；存款与放款数量，各达 30 亿元左右，同时钞票之发行额，亦在 15 亿元之谱。其间，1927 年至 1937 年 10 年间，新设银行计达 137 家，就中已停业者计 32 家，尚存者达 105 家，占当时现有银行 164 家的 2/3 强。②

以上可见，从 1912 年民国建立以后中国银行业的发展来看，已经完全具备了承销政府公债发行的能力。那么，北京政府与南京国民政府前期债券的出售情况怎样呢？它们与近代金融业之间的关系又如何呢？

北京政府时期的公债销售情况，根据不完全统计，自 1912 年至 1921 年，北京政府发行公债 13 次，售出公债票 383400000 元，平均每月售票 3195000 元。③ 各年公债票的具体出售情况详见表 5—1：

表 5—1　　　　　　1912—1921 年北京政府公债票的出售情况表

年份	售出公债（元）	年利百分数（%）	抵押品
1912	123327360（分两种）	6	—
1912	5767640	8	田赋
1914	24926110	6	铁路收入盈余
1915	25829965	6	常关税及厘金
1916	18757590	6	—
1916	7770515	6	烟酒公卖
1916	1600000	8	田赋
1918	48000000	6	缓付赔款的海关税
1918	48000000	6	常关税

---

①　杜恂诚：《中国金融通史第三卷：北洋政府时期》，中国金融出版社 2002 年版，第 137—138 页。

②　沈雷春主编：《中国金融年鉴》（1939 年），美华印书馆 1939 年版，第 A104、A107 页。

③　章伯锋、李宗一主编：《北洋军阀 1912—1928》第一卷，武汉出版社 1990 年版，第 515 页。

续表

年份	售出公债（元）	年利百分数（％）	抵押品
1919	19692315	7	厘金的统税
1920	58709242	6	海关税盈余
1921	4000000	8	海关附加税

资料来源：章伯锋、李宗一主编：《北洋军阀 1912—1928》第一卷，武汉出版社 1990 年版，第 515 页。

在这些出售的政府债券中，金融业是主要的承销与购买对象，其中传统的金融机构——钱庄对于购买公债的参与程度远不如银行，因此，新式华资银行才是政府公债承销与购买的主力军。1912 年 1 月 8 日，刚刚成立的南京临时政府经参议院议决，临时大总统批准由财政部主持发行军需公债 1 亿元。当中国银行一成立，财政部就立即转交中国银行承销。中国银行即刻积极承担起这一销售责任，还未正式开业，就在 1 月 31 日上海各报纸登载广告称"现在民国政府发行军需公债票，由本行经理出售，如欲购者，请与本行接洽"[1]，首开银行销售政府公债的先例。此后，中国银行不仅积极承担政府公债的销售，同时也买进公债作为投资，如 1914 年就买进公债 280 万元，1915 年买进公债 266 万元，以后每年都买，使中国银行投资证券在贷款中的比率逐年增长。如从 1918 年到 1926 年的 9 年中，中国银行持有的公债面值平均占贷款的 25.7％。最高的 1922 年，持有公债面值 6010 万元，占贷款总额 1.84 亿元的 32.71％。最低的 1919 年，持有公债面值 3819 万元，占贷款总额 1.841 亿元的 20.75％。[2]

当然，银行业对于公债的承销还是有一个发展过程。在北京政府统治的初期，特别是袁世凯统治的时期里，政府公债的发行中，银行承销的公债还仅是少数，当时采取包卖制度，而且公债的发行还部分沿袭了晚清时期由各地方财政厅进行推销的形式。如民国三年公债的发行中，先后债额共为 24000000 元，实募债券 25434480 元，其中由各省财政厅认募者 14196105 元，占实募总额的 55.81％；由中国银行（2800000 元）、交通银行（6338375 元）、中法银行（500000 元）、殖边银行（100000 元）、

---

① 中国银行行史编辑委员会编：《中国银行行史（1912—1949）》，中国金融出版社 1995 年版，第 41 页。

② 同上书，第 42 页。

等直接承募 9738375 元，占 38.29%；其他特别机关认募者 1500000 元（敦谊堂 1000000 元，倡记 500000 元），占 5.9%。民国四年公债的发行中，定额为 24000000 元，应募债额计有 26105245 元，政府为取信国民，规定应付本息，均拨交公债局指定之外国银行——汇丰银行存储及代为偿本付息，同时在公债的承募中，除了继续由各省财政厅认募 16317655 元，占实募总额的 62.5%；银行方面除了国内的中国银行、交通银行承募 5797585 元外，占实募总额的 22.2%，增加了外国银行——汇丰银行承募 1137490 元，占实募总额的 4.39%，此外还有部分外国领事馆及海外机构与外洋劝募员推销了 2852515 元，占实募总额的 10.92%。而民国五年公债发行中，时适值政局变动，总额 20000000 元，仅募债款 7755120 元，其中银行承募仅有交通银行承募 5495 元，其余全为各省财政厅及盐务署、江海关监督署承募。①

　　以上可知，在袁世凯统治时期发行的这几次公债中，银行参与募集的公债为数不多，而且主要集中于中国银行和交通银行两家，其他商业银行几乎没有参与。同时在银行承销中，还有通过外商银行机构进行销售的情况，但这种情况也仅局限于民国四年公债的销售中，且所占比重并不大。而在袁世凯统治结束以后，政府公债的发行虽然仍是沿用包卖制度，但华资商业银行不断通过中国、交通两行再转销政府公债的情况越来越多，逐渐成为了政府依赖的主要发行机构。

　　总之，在北京政府统治时期，中国、交通两行由于担当了国家银行之职责，与政府有特殊关系，所以协助政府发行公债，义不容辞，至于其他银行，如以盐业、金城、大陆、中南等"北四行"为首的设在北京、天津之各商业银行与政府公债的发行也十分紧密。至于上海各银行，在这一时期中，直接与政府公债有关系者，为数甚微。南京国民政府成立后，其公债的募集方法，有少数为直接募集，其余大多数则由上海银行界承购或抵押。凡遇债市低落，银行又皆协助中央银行各自购入，以维持市面。故自国民政府成立以来，上海银行界与政府财政上之关系骤形密切，而赞助中央财政，亦竭尽绵薄，仅公债一项，就是一笔巨大的款

---

　　① 《民国三四五年内国公债纪》，《银行周报》第 2 卷第 7 号（1918 年 2 月 26 日）。

项。因此，上海银行业几乎成为政府公债经销、承募的主力。

纵观政府的债券发行，我们可以看到，银行业是政府债券发行的主要承销、经募机关。统计民国以来新设立的银行数如表5—2所示：

表5—2　　　　　　　1911—1933年新设银行数统计表　　　　单位：家

年份	所设银行数	年份	所设银行数
1911	—	1923	15
1912	5	1924	8
1913	3	1925	6
1914	1	1926	8
1915	3	1927	4
1916	2	1928	13
1917	5	1929	6
1918	10	1930	14
1919	11	1931	11
1920	13	1932	8
1921	23	1933	8
1922	18		
总计			195

资料来源：李紫翔：《中国金融的过去与今后》，《新中华》第2卷第1期（1934年1月10日）。

从表5—2可见，公债发行最滥之年（北京政府为1917—1922年，南京国民政府为1927—1931年）却正是新银行蓬勃兴起之时。反之，银行数量的增加，又使政府发行公债的可能性愈加增大。总计自1911—1933年新设了195家银行，而其中在1918—1923年设立的共有90家，1928—1933年设立的亦有60家，二者合计共占总数的77％。因此，内债发行与银行业发展之间存在着密切的联系。

我国银行业究竟握有多少内国公债呢？由于统计资料的缺乏，目前还不能给予充分的数字说明，不过仅就一些不完全资料显示，我们也能对当时银行业投资政府公债有更进一步的认识。如"北四行"之一的金城银行，从1917年建立以来，就开始购买政府公债，而且是逐年增加，据统计，1917年年末金城银行账列"有价证券"不满3万元，主要是公债、库券，到了1927年年末，这一科目账列708万元，除去各项投资等165万元，公债、库券计545万元，比1917年时上升了197.3倍。在这些公债、库券中，北京政府各项债券占 74.56％，其中外币债券 10.73％；刚成立的南京国民政府所发的"二五库券"亦占 6.92％；各项铁路债券占 12.61％，其中外币债券占 4.03％；各项地方债券和其他债券等只占 5.91％。①

再如"南三行"中的上海商业储蓄银行，从其 1915—1926 年所经营有价证券的统计数字（见表 5—3），更可以具体考察到银行经营有价证券的情况：

表 5—3　　　　　　　　有价证券在上海银行资产中所占的比例表

（1915—1926 年）　　　　　　　　　单位：元

年份	总计		有价证券	
	金额	与 1915 年比	金额	占总计的百分比（％）
1915	802756	100.00	3029	0.38
1916	1827471	227.65	15192	0.83
1917	2487643	309.89	40918	1.64
1918	4389895	546.85	69521	1.58
1919	10342853	1288.42	273444	2.64
1920	26136970	3255.90	561518	2.15
1921	28323976	3528.34	1147815	4.05
1922	19717771	2456.26	1401392	7.10
1923	26998611	3362.24	992207	3.67
1924	27634475	3442.45	2980678	10.79
1925	35735056	4451.55	2845558	7.96
1926	47932116	5970.94	5481223	11.44

资料来源：从《上海银行资产类各科目分类统计（1915—1926 年）》中列出，中国人民银行上海市分行金融研究所编：《上海商业储蓄银行史料》，上海人民出版社 1990 年版，第 258—259 页。

从表 5—3 中可以看出，从 1915—1926 年，有价证券在上海商业储蓄银行的资产中所占比例增加了 10 倍多，其幅度是很大的。虽然有价证券并非完全都是政府公债，但在当时公司股票并未发达的时期，有价证券中当然以政府公债为主。而且，上海商业储蓄银行在北京时期还仅是一个较小的银行，并且地处上海，其经营有价证券的情况都是如此，那么

① 中国人民银行上海市分行金融研究室编：《金城银行史料》，上海人民出版社 1983 年版，第 202 页。

当时的大银行和地处北京、天津等地的北方银行也就更可想而知了。

在南京国民政府统治时期，金融界主动、被动投资债券的结果是政府所发行的债券实际上绝大部分掌握在以银行业为主体的金融界手中。据统计，1931年年底，未偿还的债券本金有7亿多元，其中银行发行准备金占2亿多元，个人与团体持有4亿多元，外国人手中约6000万—7000万元，而个人与团体所持有的债券一部分也已抵押于银行、钱庄。[①]而大量政府债券集中于金融界的结果则是金融界被牵制着必须支持南京国民政府，而其自身所面临的金融风险也就不断增大。

下面我们将1930—1932年3年间国内几家主要银行对有价证券的投资数列表如下（见表5—4）：

表5—4　　　　　1930—1932年数家银行对有价证券投资数　　　单位：元

名称	1930年	1931年	1932年
中央银行	755290	480	550930
中国银行	65085114	72024498	64544446
中国通商银行	1590089	1865239	1906788
中国农工银行	2109563	3363514	3276319
交通银行	13260061	19499905	22596704
大陆银行	8197747	12030250	11453691
中南银行	5929244	5596972	8676962
总计	96927108	114380858	113005840

资料来源：谭秉文：《银行业群趋证券投资与其对策》，《钱业月报》第14卷第7号（1934年7月）。

由表5—4我们可以清楚地看到，7家银行3年来的有价证券投资总额逐渐增加，表明我国银行界在20世纪30年代群趋证券投资，而这些证券又主要以政府公债占主导地位。

再根据1921—1934年全国28家（即中央、中国、交通、通商、浙江兴业、四明、浙江实业、广东、江苏、中华、聚兴诚、新华、上海、盐业、中孚、金诚、华侨、中国农工、大陆、东莱、永亨、中国实业、东亚、中兴、中南、国华、垦业及四行储蓄会）重要银行历年来损益统计中观察（见表5—5）：

---

①　中国银行行史编辑委员会编：《中国银行行史》，中国金融出版社1995年版，第295页。

表5—5　　　　1921—1934 年 28 家中国重要银行历年来损益统计表

年份	纯益（元）	指数
1921	12666177	100
1922	12071864	95
1923	15507281	122
1924	14957236	118
1925	16889169	154
1926	16914797	154
1927	9873588	78
1928	12769627	100
1929	18967392	149
1930	19082497	150
1931	20841625	154
1932	26286614	208
1933	26811907	211
1934	31248221	246

资料来源：沈祖杭：《吾国银行与政府公债》，《银行周报》第 20 卷第 7 期（1936 年 2 月 25 日）。

由上表观之，1921 年至 1934 年间，银行纯益之增加指数为 146％。在社会经济衰落之下，为何唯独银行得以滋长繁荣，其原因何在呢？

当我们对上述 28 家银行投资于有价证券的情况进行考察后，即可探知其原因（见表5—6）：

表5—6　　　　1921—1934 年 28 家中国重要银行投资于有价证券数额表

年份	数额（元）	指数
1921	54310131	100
1922	55879609	103
1923	50347447	93
1924	60047282	111
1925	64730228	119
1926	90058145	166
1927	104324217	192
1928	126221773	232
1929	141893322	271

续表

年份	数额（元）	指数
1930	222311189	409
1931	239236974	440
1932	239239735	440
1933	274973672	503
1934	475563949	874

资料来源：沈祖杭：《吾国银行与政府公债》，《银行周报》第20卷第7期（1936年2月25日）。

　　表5—6显示，银行投资于有价证券，从指数上看，从1921年至1926年间，增加66％，至1931年间，已达340％，而1934年竟达774％。增加之速度可谓惊人，若进一步考察有价证券与各项放款，对于资产总额之百分比观之，将更加清楚地知道银行对于放款与投资之趋势。

表5—7　28家中国重要银行有价证券、各项放款与资产总额比较表

年份	项目	资金额（元）	百分比（％）
1921	资产总额	759254117	100.00
	各项放款	515318170	67.87
	有价证券	54310131	7.15
1926	资产总额	1391029600	100.00
	各项放款	887344434	63.79
	有价证券	90058145	6.47
1931	资产总额	2569606083	100.00
	各项放款	1603905114	62.42
	有价证券	239236974	9.31
1934	资产总额	3849090323	100.00
	各项放款	2253966384	58.56
	有价证券	475563949	12.36

资料来源：沈祖杭：《吾国银行与政府公债》，《银行周报》第20卷第7期（1936年2月25日）。

　　根据表5—7所示数据可知，关于各项放款在资产总额中所占比例，由1921年之67.87％，降至1934年的58.56％，而有价证券则由7.15％升至12.36％。虽然各项放款数目超过有价证券达数倍之多，但从长期趋势观之，则有价证券数额之增加，大有急起直追之势。再以28家银行1932—1934年之有价证券与实收股本合计之数，作一比较（见表5—8）。

表 5—8　　　　　　28 家中国重要银行有价证券与实收股本比较表

年份	实收资本（元）	有价证券（元）
1932	156777676	239239735
1933	173885326	274973672
1934	254439976	475563949

资料来源：沈祖杭：《吾国银行与政府公债》，《银行周报》第 20 卷第 7 期（1936 年 2 月 25 日）。

　　就有价证券内容而言，当然包含政府债券、产业债券及公司股票等，然而当时我国的产业证券仍是凤毛麟角，其中公司股票虽有一二信用较佳者，皆有行无市。而产业债券虽有发行，但更是少得可怜，且几乎没有上市交易。

　　以上统计，还不足以证明金融界之公债消化量，因为上列数字仅限于 28 家银行，据 1934 年年底统计，全国银行及保险储蓄业就达 130 余家（实际数字远大于此）。而银行存款总数，依从前存款之增加率及当时国内之财政经济情形，估计全国银行金融业，当有存款 25 亿元。上列银行持有债券之数，不仅为国债证券，尚有外国债券、公司债券之类。1935年年底，全国银行持有国债证券之数，面额为 8 亿元，占当时国债负额 1032575612 元之数，约 80％。[1]

　　从 1921 年到 1932 年，在中国银行业投资放款总额中，公债券至少占 10％以上。1932 年，国内 27 家银行投资公债的票面总额为 3.4 亿元以上，占该年年底公债发行总额 8.1 亿元的 40％，[2] 另据吴承禧先生通过对全国 53 家银行的有价证券和 9 家发钞银行的保证准备分析计算，认为，1932 年年末，中国银行业所保有的政府债票总计约为 4.18 亿余元，占同期国民政府与北京政府所发行的有确实担保及无确实担保等 35 种债券负债余额 8.6 亿余元的 48.62％。也就是说，在 1932 年年底内国公债负债余额的总数中，有一半至少掌握在国内银行界的手里。[3] 再据 1934 年的统计，全体内国债券（财部直辖者）之余额，为数约 981000000 元，按价七折折合金额，计值洋 687000000 元，其中若干部分为银行资本家所

　①　胡善恒：《公债论》，商务印书馆 1936 年版，第 382 页。
　②　千家驹：《中国的内债》，北平社会调查所 1933 年印行，第 73 页。
　③　吴承禧：《中国的银行》，上海商务印书馆 1934 年版，第 72—73 页。

收藏之固定投资，成为不流通市面之筹码，影响债市，亦至深切。据中国银行经济调查室之统计，1932 年上海银行公会 28 家银行所购置之有价证券，为数达 239000000 元，其中虽包含外债，然内国公债无疑占据大部。到 1934 年，虽无精确统计，估计论其内债金额当不在 260000000 元之下。上述两数共计 520000000 元。①

　　另据当时人的研究，1934 年，各银行有价证券账面价值为 475563949 元，估计其中外币证券及公司债等值 15000 万元以上。内国公债账值 30000 万元以上。根据银行年终决算，对于有价证券之估价，不但低于票面，且低于市价的事实，而政府债券常在六七折之间，如此推之，则银行账值 30000 万元债券，其票面应在 50000 万元以上。再者，有价证券又为银行兑换券准备金之主要保证准备，仅以中国银行 1934 年年底，关于此两科目之余额为例，发行兑换券准备金 204713465 元，保证准备内有价证券 61617268.49 元，而保证准备内有价证券，占发行兑换券准备金全部的 33%，照此比例推之，则各发行银行准备金 657288292 元之中，有价证券又有 20000 万元以上。此外，在银行抵押放款中，有价证券又为一种主要抵押品，由此估算，截至 1934 年年底，我国银行至少握有 80000 万元以上之内国公债券。而至 1934 年年底，政府尚负内国债券总额不过 90000 万元。② 可见，我国内国公债与银行有极密切之关系，绝大部分债券握在银行手中，因此，银行界有操纵中国证券市场之力量。

　　以上已经充分说明了在中央政府的公债发行中，银行业与政府财政的紧密关系。而在地方公债的发行中，虽然中央银行自其建立后，也曾参与过经理各省市地方债券发行的情况，如承办江苏水利公债续借款 50 万元，与中国等 5 家银行共同承办安徽省短期省库借款 150 万元；与交通等 6 家银行共同承办河南省治黄借款 2000 万元；与上海等 5 家银行共同承办陕西省引渭借款；1935 年 7 月，经理"民国二十四年四川善后公债" 7000 万元；8 月再经理"民国二十四年整理四川金融库

　　① 余英杰：《我国内债之观察》，《东方杂志》第 31 卷第 14 号（1934 年 7 月 16 日）。
　　② 杨鸿妍：《从证券市场价格涨落之原因说到现在之中国证券市场》，《四川经济月刊》第 5 卷第 6 期（1936 年 6 月），第 28—29 页。

券"3000 万元等等①，但大多数地方公债的发行还是主要依赖于各地的
金融机关。虽说地方公债条例中也规定了公债的具体发行办法，但是，
在实际发行中，真正的发行是很少的，大部分都是通过向银行等金融机
构进行抵押借款。以下仅以民国时期浙江省政府公债的发行为例来作一
具体分析。

　　民国以后，浙江省政府也曾先后发行过大量的公债。如爱国公债，
1913 年 6 月实发 49.9 万余元。到 1920 年省财政入不敷出，累计亏欠中
国银行 180 万元。是年省财政厅开始以债券形式发行第一次定期借款，
总额为 150 万元。1920—1921 年，全省灾荒，财政厅又发行第二次定期
借款 200 万元。1924 年，"齐卢之战"爆发，当年 1 月、7 月又先后分别
发行第三、第四次定期借款 150 万元和 200 万元。战争结束后，政局依然
不稳，财政愈益恶化，新发债券都要陆续还本付息，不得已又于 1925
年、1926 年，先后发行"浙江善后公债"300 万元和"浙江整理旧欠公
债"360 万元。1927 年，南京国民政府建立以后，一方面旧债要还，新
的亏空又要弥补，还要开展建设事业，财政入不敷出的数额更大，不得
不继续发行公债。1928—1934 年，又先后分别发行"民国十七年浙江省
偿还旧欠公债"600 万元、"浙江省公路债券"250 万元、"浙江省建设公
债"1000 万元、"浙江省赈灾公债"100 万元、"浙江省民国二十年清理
旧欠公债"800 万元、"民国二十一年浙江省金库券"600 万元、"民国二
十三年浙江省地方公债"2000 万元、"民国十九年杭州自来水公债"250
万元、"民国二十一年浙江丝业短期公债"300 万元。②

　　上述公债的发行，开始时尚称顺利，但接连发行，民力不胜负荷，
募集逐渐困难，于是就采取以未发出的债券向银行抵借的办法。由于浙
江发行公债的债信在当时还是比较好的，到期都能按照规定还本付息，
因而银行钱庄就逐渐把购买公债视为比较稳妥有利的资金运用途径。特
别是 1931 年后，游资大量集中于银行，银行苦无稳妥的资金出路，政府

　　① 卓遵宏：《中央银行与近代上海金融中心地位（1927—1937）》，复旦大学中国金融史研
究中心编：《上海金融中心地位的变迁》，复旦大学出版社 2005 年版，第 22 页。
　　② 中国人民银行总行金融研究所金融历史研究室编：《近代中国的金融市场》，中国金融出版社
1989 年版，第 226—227 页。

又规定公债可以抵充发行保证准备，购买公债就更加踊跃。如 1934 年在浙江发行的"民国二十三年浙江省地方公债"2000 万元，实际未经发行，主要是将一部分抵押给金融机构借得现款（见表 5—9）：

表 5—9　　1934 年 10 月—1935 年 2 月银行业对"民国二十三年浙江省

地方公债"的抵押借款表　　　　　　单位：元

承借银行	借款数额	抵债数额
沪杭银团	3000000	5000000
杭州各银行	262977	300000
中央银行	300000	600000
浙江地方银行	210000	300000
合计	3772977	6200000

资料来源：《本省财政之检讨》，《浙光》第 1 卷第 5 号（1935 年 2 月 1 日），第 5 页。

对于没有销售出去的公债，各地方政府在财政拮据的时候，也总是想方设法要将其抵押给金融机构换得现金。如 1935 年，浙江省财政厅省金库万分支绌，对于历年旧欠借款无力偿还，于是只得将库存各种公债折现抵偿给浙江省各银行进行借款。2 月 19 日，省财政厅邀集银行界会商折抵办法，决定以建设公债八折、清理旧欠七五折、金库券六折现抵偿。合计三种票额 571 万余元，折合价款 415 万余元。[①] 1935 年年末，杭州中国银行一家购存的中央和地方公债总额就达 960 多万元，成为该行资金运用的主要途径。不仅如此，该行经理金润泉对债券的发行还积极张罗，组织银团承借，杭州中国银行则以代表行的身份负担大的份额。1937 年 7 月，由银团与浙江省府签订的"浙江省政府整理总借款"总额已达 2400 万元之巨，杭州的银行、钱庄全部参加银团，其中中国银行承担 408 万元。[②]

银行业与政府公债的这种密切关系主要体现在抗战以前，自抗战爆发后，这种关系就发生了很大变化。随着上海公债市场的停市，战时大后方证券市场难以恢复，在银行业务中，公债的经营已经退居次要地位。据统计，到 1940 年，在川省商业银行中，买卖证券之收益已退居末位，各大川籍银行已有不少在账面上还列有证券亏损，如四川美丰银行所列

---

① 《一月来本省经济短闻》，《浙光》第 1 卷第 6 号（1935 年 3 月 1 日），第 14 页。

② 陈国强主编：《浙江金融史》，中国金融出版社 1993 年版，第 149 页。

证券亏损达 823664 元、聚兴诚银行证券亏损 379723 元、川盐银行证券亏损 131449 元。[①]

总之，在进入民国以后，直到 1937 年抗战爆发之前，新兴华资银行业逐渐发展成为了政府债券的主要承购者，而正是由于政府债券的大量发行促使了银行业的蓬勃兴盛，银行业的大发展反过来又促使政府公债的大量滥发，二者之间是一个相互促进的关系。

二　银行业投资政府公债的国内国际因素分析

民国建立以后到 1937 年抗战爆发前，无论是在北京政府统治时期，还是在南京国民政府统治的前十年间；无论是中央政府发行的公债，还是地方政府发行的地方公债，华资银行业都成为了主要的债券承销者。那么，银行业何以如此踊跃投资于政府公债呢？分析其原因，主要有如下几个方面：

第一，银行业经营证券，在于证券是银行资产的一部分，属于其正常经营的业务范围。其一，各银行的资产负债表内，其有价证券之数额在资产总额中占重要位置，其中虽或不无因办理外汇或其他关系，有购置金币债票或其他债券的，然毫无疑问，其大部分仍为本国公债。证券既为金融界资产的一部分，则证券市场的盛衰、证券市价的涨落，直接关乎金融界财产的安危，间接尤足以影响金融界业务的消长，关系密切。其二，证券押款为银行最通行的放款形式，银行放款分信用放款及抵押放款两种，其中抵押放款的抵押物品不一而足，普通可以作为抵押的物品有不动产、贵金属、票据、栈单等，而当时最通行的放款，为证券押款，因为证券可以在市面随时变卖，感到资金不足时，又可以之向其他银行转押款项，且保管方便、转用灵便、保证很安稳，为极便利、极良好的抵押物品。其三，证券为发行纸币的准备，普通各银行对于纸币的准备，大多定为现金准备六成，保证准备四成，而所谓保证准备，通常以证券，房地道契，进出口押汇票据及商业票据，或妥实抵押品充之。

①　重庆市档案馆、重庆市人民银行金融研究所合编：《四联总处史料》（下），档案出版社 1993 年版，第 384—385 页。

《中央银行兑换券章程》规定："民国政府发行或保证之有价证券，与短期确实商业票据得为保证准备"，因此各银行保证准备的大部分为公债。银行的发行准备中有 40％属于证券准备，在 1935 年法币改革以前，不少华资商业银行都拥有纸币发行权，随着各行纸币发行额的不断增大，证券准备也不断增加，各银行要保证证券储备稳定在 40％的水平上，这就需要随时购进公债、库券。如以中国银行为例，北京政府时期，从 1918—1926 年的 9 年中，中国银行的公债发行准备，最高时为 1918 年的 59.5％，最低时的 1926 年也有 37.6％。而南京国民政府时期，1933—1936 年，中国银行持有证券分别为 8185 万元、8698 万元、10325 万元、16182 万元，其中充作发行准备的证券分别为 4983 万元、6162 万元、6942 万元、13064 万元，占中国银行持有证券总额的 60％—80％。①

第二，收买证券是金融界在资金需求淡季的主要投资去向。金融是有季节性的，大抵在需要资金甚殷时，则金融市场呈供不应求的现象；反之，在需要资金甚少的时节，则金融市场又有供过于求的情况。金融界拥有的巨额资金，需要适宜的投资，而证券市场可随时买卖公债，以获得资金周转的便利，即以公债为长时期的投资，则危险较少，而利息甚厚，反之，以公债为短时期的投资，则售出时市价较高，故可获得相当的赢利，若市价下跌，则必负担意外的损失。但证券的定期交易，因有垫款的关系，在同一时间，其远期的价格常较同种证券近期或现期的价格为高，因此，金融界对于公债的临时投资，有所谓"套利"的方法。如"整六公债"6 月期的市价为 80 元，7 月期的市价为 82 元，而现货则仅为 79 元。拥有巨资的金融界，预计六七两月正当夏令时节，商业清淡，资金需要颇少，可以所拥有的余资为现期及 7 月期公债的套利，即以 79 元的市价买进现货，同时以 82 元的市价卖出 7 月期期货。买进现货以后，收藏到 7 月，即将此货交出，照成交时的价格收入 82 元。这样一来，为时仅 70 日，每本金 79 元即可获 3 元利息，除去本证据金利息上的损失及经手费用的缴纳，所获余利犹在 1 分以上，此种证券的买卖方法，即所谓"套利"。若善于因时制宜，还可获得二层的套利。若以公债为长

---

① 中国银行行史编辑委员会编：《中国银行行史（1912—1949）》，中国金融出版社 1995 年版，第 42、249 页。

时期的投资，则所得的利息更大。如卷烟国库券利息为按月8厘，并规定按月抽签还本的办法，其普通市价，约为6折，但债票到期时，都十足还本。故持票人除了按月8厘的利息以外，还为中签时收回足本的利益。假定某银行在某年12月初购入卷烟票12000元，只需付现金7300元，购入以后，按月抽签，平均每月当可抽得1/12，则12月底抽得1/12，当为票面1000元，（原价6折，仅出洋600元）十足收现，即可获利400元。这种利益，以本洋7200元计，已合得月息5分5厘多。同时原定按月8厘的利率，也可根据票面的本金计算，所以照实价也可合得1分3厘多。合计两项利益，月息不下6分8厘之大。这还是在12月购入公债后第一次抽签时所得利益，以后本金既有逐月减少的趋势，而按月抽签的利益，仍为400元。到了最后的一月，本金仅有720元，而抽签的利益，也仍为400元，故折合利率，可合得月利55分5厘有奇。有如此优厚的利息，无怪纷纷投资公债的首推金融界为巨擘了。收买证券既为金融界乐于从事的投资方法，则证券市价之安稳与否，即直接与金融界投资安全与否攸关，其关联之密切，自不言而喻。[①]

第三，银行业经营政府公债的更主要原因还在于公债能给银行带来丰厚的利润。一般公债在偿还时按面值十足兑付，与现金并无不同，利息也高，实际年利达1分5厘至3、4分之厚，这就使投资政府债券成为当时获利最多的一种投资形式。北京政府的公债以1918—1921年发行最多，南京国民政府以1928—1931年举债最多。政府发债的用途，据千家驹先生的统计，军政费占85.6%、整理金融占9.46%、赈灾占3.96%、救济丝业与整理水利占0.98%。以上用途大部分与生产无关，甚至反而摧残了生产，但是这些公债的发行，却有着优厚的利息（最低为8厘，1932年后改为6厘）和折扣（普通为6折或7折）以引诱金融界进行投资，根据计算，年息8厘，6折发行时，实际利息为4分3厘；7折为3分多；8折为2分2厘。[②] 政府将公债券打折向银行抵押垫款，再由银行

① 郑兆元：《我国证券市场与金融市场之关系及其市价涨落原因之分析》，《汉口商业月刊》第1卷第3期（1934年3月10日），第109—111页。

② 李紫翔：《中国金融的过去与今后》，《新中华》（半月刊）第2卷第1期（1934年1月10日）。

承销。银行承销公债所得利息，连同折扣、手续费、汇水等利益，在北京政府时期平均达到 3 分左右，在南京国民政府时期平均约合 1 分 5 厘以上。[①] 正如银行家周作民在金城银行股东会上报告时所说："银行买卖承押政府公债，利息既高，折扣又大，所占利益，实较任何放款为优。"[②] 因此，新公债的发行，一般为金融机关所乐意接受，并且诱致许多富有游资者竞相设立银行以承销公债，中国的银行业也就将承销政府公债作为解决银行多余资金的重要出路。

　　北京政府的公债发行中，交通银行可谓不遗余力，立下了汗马功劳，其中的原因与经营公债的获利丰厚是分不开的。1914 年北京政府募集三年公债共 2543.4 万余元，其中通过交通银行募集的达 633.8 万余元，占 24.9%，超过中国银行而占第一位。次年，交通银行又为北京政府募集公债 360 余万元。当然，中国、交通两行承销公债，折扣最低的八五折，加上利息，平均获利为 3 分左右。[③]

　　由于中国、交通两行不可能承销北京政府发行的数额庞大的全部公债，加之两行限于资力，因而它们本身在做公债生意时也经常要向民营银行拆款，以调动头寸。而经营公债和向中国、交通两行拆款的高利率也就刺激了民营银行的设立。据 1925 年的调查，全国华商银行数为 141 家，开设在北京及直隶的银行就有 37 家，占 26% 以上。1914—1919 年，单在北京一地，历年新设商办和官商合办银行就达 18 家。这些银行中的大多数主要是从事公债投机的，或者更准确地说，这些银行在成立初期，把经营公债作为其业务经营的主要内容。当然，经营公债不只是设在北京和直隶的银行，设在其他城市特别是上海的银行也经营公债，国家公债以北京为发源之区，上海为集散之处，两地买卖最为繁忙。1918 年，除中国、交通两行之外的 12 家中国最大的本国银行中，大多拥有大量的政府公债和库券。金城银行 1919 年投资公债、库券 49 万元，对政府机关放款高达 173 万元，而同年对工矿企业放款只有 83 万元。浙江地方实业

---

　　① 吴承明：《中国民族资本的特点》，《经济研究》1956 年第 6 期，第 136 页。

　　② 中国人民银行上海分行金融研究室编：《金城银行史料》，上海人民出版社 1983 年版，第 13 页。

　　③ 杜恂诚：《民族资本主义与旧中国政府（1840—1937）》，上海社会科学院出版社 1991 年版，第 162—163 页。

银行 1918 年下期仍以存款的 1/4 购买公债票。①

　　第四，银行存款充裕，但运用资金的途径却受限，迫使银行业将投资公债作为资金运用的主要途径。民国以来，由于水旱兵灾连绵不断，农村经济惨落，因之内地资金流于都市，都市资金集于银行，银行以高利吸收存款，成本很重。因此，为谋其银行本身盈余，在资金的运用上就必须考虑到利益是否优厚。然而，当时的工商业并不发达，且投资于工商业，事前须先调查其事业内容之虚实，事后又须考究其资金运用之盈亏，手续纷繁，稍有不慎，即有倒闭或拖欠之虞，不若投资于公债，政府债券折扣既大，利息又高，只要基金有着，即为稳妥。巨额投资，成于立谈之间，只需举手之劳，又可随时脱售，调回资金，十分便利。于是银行资金咸集于公债。

　　特别是 20 世纪 30 年代以来，这种情况更是日渐突出。农村经济之破产造成农村金融之紧缩；民族产业之衰落，切断资金运用之途径；由于农村经济日益崩溃，工业则日益凋敝，而中国各银行的存款却是一天天增加，然而它们的放款则远远地落在后头。以存款额来说，1930 年全国银行有存款 1620261033 元，1931 年增至 1860656525 元，至 1933 年，单以中国银行而论，则有 539284527.16 元，较 1932 年计增 62736473.73 元，存户的数目亦逐年增加，如以 1930 年为 100，则 1931 年为 122、1932 年为 150、1933 年为 179。② 另据统计，中央、中国、交通、上海、盐业、金城、中南、大陆、浙江、兴业、中国实业、四明、农工、中孚、垦业、广东、东亚、通和、中汇等 37 家重要的银行 1928 年的存款约共 1081106000 元，1931 年增至 1697126000 元，1932 年更增至 1878104000 元；1932 年比 1931 年增加了 180969000 元；而放款的数额 1932 年为 1232740000 元，比 1931 年增加了 59285000 元。存款增加 10.7％，而放款只增加了 5.1％，两者之比率竟差了 5.6％。而各银行是以 8 厘至 1 分的利息所借来的存款，其资金是必须要得到运用的。它们运用资金的途

<hr/>

　　① 杜恂诚：《民族资本主义与旧中国政府（1840—1937）》，上海社会科学院出版社 1991 年版，第 164—165 页。

　　② 尤保耕：《中国金融之危机及其救济方案》，《新中华》（半月刊）第 2 卷第 16 期（1934 年 8 月 25 日）。

径有二：一是公债购买；二是地皮之投机。关于前者，1928 年的投资总额约 13000 万元，1931 年约 23000 万元，三年之间，竟增至 10000 万元以上。单以中国银行而论，1931 年的有价证券投资额有 72024000 元，1933 年增至 81847045 元，两年之间，亦增加了 980 余万元。[①] 下面我们还将通过对当时七家主要银行在 1930—1932 年间各项存款数额的具体统计（见表 5—10）来分析这一变化：

表 5—10　　　　　1930—1932 年间数家主要银行各项存款总额统计表　　　单位：元

名称	1930 年	1931 年	1932 年
中央银行	66042175	89750920	480
中国银行	535435154	462656367	72024498
中国通商银行	11676973	20812442	1865239
中国农工银行	5476951	12507810	3363514
交通银行	151985663	164022182	19499905
大陆银行	42261690	53527165	12030250
中南银行	65797244	72730810	5595972

资料来源：谭秉文：《银行业群趋证券投资与其对策》，《钱业月报》第 14 卷第 7 号（1934 年 7 月）。

综观表 5—10 所列统计，可知当时中国的银行存款确实存在着不断增加的倾向，而这些增加的存款主要来源于定期存款。定期存款之增加，则是经济恐慌之结果，是农村与都市经济不协调之反映，为变态的发展。说明当时的存款增加越多，农村经济就越破产之结果。正是由于各银行存款额的大增，自应谋其资金之出路，然而，当时国民经济却日趋匮乏，投资于生产实业，所获利润殊鲜，除足敷支付存户利息外，恐无何等利益可言。这就是银行积极投资于政府公债的原因之一。

银行业经营政府债券的方法，通常是把政府公债大批买入，那时市价与票面的折扣，不过 6 折左右，所以票面周息 6 厘的证券就等于周息 1 分。要是债券价格下跌了，就不必卖出，坐享周息 1 分的优厚收入，而且中签以后，6 折买入的债券还可以得全额的还本。要是证券价格飞涨起来，就可以乘机卖出，而得到意外的差额利益。利益既厚，出路又安

---

①　许达生：《中国金融恐慌之展开》，《东方杂志》第 32 卷第 5 号（1935 年 3 月 1 日）。

全，因此，内债发行一年比一年多，银行的设立也一年比一年多。银行对于政府公债的购买额增多，对于工商业的放款就减少，据吴承禧《中国之银行》所载，1921 年 28 家重要银行对于工商业与政府债券所占的比例，前者为 90.47%，后者为 9.53%；到了 1934 年，前者占 82.58%，后者占 17.42%。[1]

第五，银行为政府推销公债在相当时期中也是不得已而为之，或是金融家们的政治选择。如北京政府统治时期，当五年内国公债发行后，1917 年，中国银行即主动向政府提出帮助政府推销公债，因为财政部历年积欠该行垫款 3000 余万元。同时中国银行股本共计 6000 万元，规定官商各半，除部拨 1000 万元外，短少 2000 万元，政府两项共欠中国银行5000 万元，在金融奇紧、竭蹶万分之际，中国银行曾拟请财政部还清垫款，或拨足股本，以资营业而便周转，但北京政府财政如此困难，筹措大宗现款谈何容易。为此，中国银行股东代表召开会议，议决恳请财政部将并未售出之五年内国公债迅拨给 2000 万—3000 万元，由中国银行设法出售。[2] 中国银行的这种做法是不得已而为之，主要是为了减少政府对中国银行的负债。

当然，银行业支持政府公债的发行也有一定的政治目的，也是其政治选择之一。如南京国民政府成立之初，以上海金融家为首的资产阶级之所以积极认购政府公债就在于他们将新兴的国民政府与北京政府相比较，选择了国民政府。这从 1928 年南京国民政府二五库券发行时，作为总商会执行委员，曾任中华汇业银行行长之职的商界第一流人才——林康侯所公开发表的《劝募二五库券敬告商民》一文中可以得到充分证明："我们商人的第一的愿望，就是希望国内的战争平定，尤其是希望最短期间战争平定。现在北方军阀，穷蹙至此，北方的商民，也穷苦万状，相持下去，不知到几时终能解决。所以国民政府对于北伐，正在积极进行，到了国民政府统一以后，那时工商业便尽量的发达了，种种的建设事业都进展了，人民的痛苦也解除了，交通既无阻碍，金融立即流通，资本

---

① 魏友棐：《上海交易所风潮所见的经济病态》，上海市档案馆编：《旧上海的证券交易所》，上海古籍出版社 1992 年版，第 387 页。

② 《中行股东请部拨给公债》，《银行周报》第 1 卷第 7 号（1917 年 7 月 10 日）。

家当然投资，企业家均思营利，就在这几年里，不是我们商民有绝大的希望吗？但是要求国民政府军事上的顺利，就要计算到饷糈的充足，前敌的将士，效命疆场，后方的同志，也要尽一点责任。现在国民政府发行二五库券，实在是担保最稳固，利息最优厚，还期最短促的。倘然此种库券，在欧美市场上发行，简直用不着劝募，不到半天，可以一抢而光……"最后，他还认为"欲求国内农工商业的发达，建设事业的进行，非合全国的力量，举办一大规模的国民公债，群策群力，共谋进行，全国商民，盍兴乎来"。[①]

第六，除以上国内因素外，当时的国际经济、金融形势也是促使中国华资银行业选择投资政府公债的一个不可忽视的因素。特别是1929—1933年间，资本主义国家出现第一次世界大战后最深刻的经济危机。一些主要资本主义国家为转嫁危机，解救自己，纷纷放弃金本位，进行通货贬值。英国首先于1931年9月放弃金本位，把英镑贬值30%，借此遏制资金逃避并刺激商品输出；接着日本也于同年12月宣布取消金本位。到1933年春季，美国爆发了新的货币危机，引发大批银行的破产和所有银行的暂时停业，到4月19日也实行放弃金本位，到这年12月美元汇价已比原来黄金平价降低了36%。这时世界资本主义国家已有35种货币先后进行贬值，而且多数比1929年的黄金平价贬低40%—60%，这就意味着大家都筑成了货币壁垒，防止外国货物的倾销和企图打开自己产品的出路。[②] 在这样的情况下，各国即将过剩产品的倾销矛头集中指向殖民地和半殖民地，而中国首当其冲。中国是银本位国家，白银在中国是通货，但在国外却是商品。当资本主义国家物价因经济危机而不断下跌之际，银价也不例外，但在中国则物价的升降与银价的涨落成反比例。银价跌，中国货币购买力减少，一般物价相应提高，进口物价上升，而国外则可用同量的外币购买中国更多的货物。照常理讲，此时正是中国扩大输出、压缩进口的大好机会，可是由于世界市面不振，需要减少，中国并没有享受到丝毫利益。1931年中国的出口不仅没有增加，反而减少8%，计

---

① 林康侯：《劝募二五库券敬告商民》，《商业杂志》第3卷第4号（1928年4月），第1—2页。

② 谢菊曾：《一九三五年上海白银风潮概述》，《历史研究》1965年第2期，第79页。

减 700 万海关两，相反，进口产品中，棉花、小麦、米、烟叶等，由于进口价格低于土产之价，厂家相率竞买洋货，致使 1931 年以上四种农产品之进口价值合计约 3 亿 7268 万海关两，较 1930 年多 6300 余万海关两，约合 9450 余万元，其间至少 3/4 约计 7000 万元为受世界物价之影响而增加的。总计，1931 年入超反比 1930 年增加 30%，达到了 8 亿 1000 余万元的惊人数字。①

由于列强大量向中国倾销剩余农产品，致使中国农产品的市场价格大幅度下降，与此同时，农民生活必需的工业品的价格虽有下降，但降幅却比农产品要小得多。在国内工农产品价格剪刀差继续扩大的条件下，农村对城市经常处于入超地位。这样现银就由农村流入中小城市，再由中小城市流入大城市，造成农村金融枯竭、城市游资壅塞的畸形现象。作为全国金融中心的上海，游资的壅塞也最突出。据中国银行估计，1932 年从内地流入上海的现银，平均每月为 600 万元。以前每年 4 月丝茶上市，内地现银需用浩繁，须求之上海，可是这年 4 月从内地流入上海的现银反有 2200 万元之巨。1933 年内地现银继续流入上海，据上海银行调查，这年"自华北各地流入合计 2400 万元，自华中长江流域流入约 5000 万元，自华南流入约 600 万元"。因此这一时期上海的商业行庄的存款都告激增。一家普通汇划钱庄存款平均就有 400 万—500 万两，较大的钱庄存款达 500 万—600 万两。一般私营银行存款增加的速度尤其惊人。②

白银大量涌入中国，对于刚刚建立的南京国民政府也有有益的一面，上海大量充斥的游资，为有着现代理财观念的宋子文提供了发行公债的温床。"从 1927 年至 1931 年，南京政府发行了十亿零四千二百万元的国内债券。在这十亿零四千二百万元债券中，到 1932 年 1 月售出了七亿一千七百四十万元。年增长数是从 1927 年的七千万元稳步增加到 1931 年的四亿一千六百万元。在不到五年的期间内就发行了总数十亿元多的公债，这实在是超过了以往的历届中国政府实际发行的公债总数。"③ 1932 年以

---

① 中国银行总管理处编：《中国银行民国二十年度营业报告》，1932 年版，第 17、23—24 页。
② 谢菊曾：《一九三五年上海白银风潮概述》，《历史研究》1965 年第 2 期，第 80—81 页。
③ ［美］小科布尔：《上海资本家与国民政府》，杨希孟译，中国社会科学出版社 1988 年版，第 77 页。

前，国民政府发行了 25 种内债，1927—1931 年内债收入占到政府全部债款收入的 80%—90%，而同期军费和债费支出在财政支出中的比例平均每年高达 75%，[①] 这解决了上海金融界的游资出路，并为其带来了可观的收益预期。

以上六个方面是银行业乐于经营政府公债的主要动因，在这诸多因素中，利益的驱使应该是最主要的和最原始的根本动因。正是因为银行业经营政府债券是受利益的驱使，其出于自身的商业利益考虑，对政府债券的发行办法也并不是唯命是从。当政府债券的发行影响到其商业利益时，银行业也是要据理力争，甚至拒绝接受偿付债券，不惜与政府发生冲突，可见政府发行债券也并非随心所欲。如在北京政府时期，1921 年政府准备发行十年公债，此项公债总额 3000 万元，以八折实收，可得 2400 万元，主要用于清理短债，补助国库。其所开用途已占实收总额的 5/6，所余仅 400 万元，即此项公债纯为还欠而设，债票发行之日，即是债款告罄之时。根据其所开用途表，政府对各银行的负债为 314 万元，占发行总额 10% 多，占用途总额 16%，这实际上成了银行界负担的呆账。而此次公债，由银行界为之承受，则银行界之负担为 2400 万元，对于政府来说，不过在已负之债额上再加 90%，而对于银行，则营业风险增大了 39%。[②] 因此，此次公债的发行，遭到银行界特别是上海银行公会的强烈反对。银行界以用途不明、抵押不确拒绝接受。自政府 1921 年 7 月颁布《十年公债发行条例》两月多，而公债尚未发行。北京政府于是想尽办法竭力疏通京沪银行界，首先做通北京银行公会的工作，再由北京银行公会出面与上海银行界沟通。然而，上海银行公会为维护自身利益仍表示反对，从上海银行公会给北京银行公会的复电中可见其态度："勘电敬悉，当即召开会议，以基金确实，用途正当，为先决问题，且公会联合会议，曾有宣言，最初主张，尤宜贯彻，今政府乏节流之述，滥支无度，若漫于赞助，实反维持之真意。"[③] 为此，政府只得派员南下，疏通意见，

① 杨荫溥：《民国财政史》，中国财政经济出版社 1985 年版，第 60—61、70 页。

② 姚仲拔：《财政部所开十年公债用途之研究》，《银行周报》第 5 卷第 36 号（1921 年 9 月 20 日）。

③ 《关于十年公债往来要电》，《银行周报》第 5 卷第 34 号（1921 年 9 月 6 日）。

报告十年公债基金用途，作为疏解。而上海银行公会仍不满意，坚持认为："查此次政府指定各项基金，虽属中央收入，但各省借端截留，先例具在，若无确实永久之保障，则所谓基金管理，尽属空谈，至用途一层，照单开各款，不啻早发夕罄，设国家财政不能根本整理，则种种设施，亦只弥缝一时，奚补大局，且以债还债，尤非久长之计，是以基金管理，无确实安全之方法，未能认为确实，公债用途，不筹节留持久之计划，未敢认为正当。"① 这些都表明了银行业经营政府公债时主要考虑的还是自己的利益，当政府公债政策直接威胁到银行的基本利益时，银行界也会毫不犹豫地向政府说"不"。这在 1932 年"一•二八"事变前后所发生的因停付公债本息引发的公债风波中也得到了极为突出的体现。虽然最终金融界为顾全大局接受了政府对公债的整理，但其间围绕着公债本息是否缓付或停付的问题，金融界与政府之间进行了长达三个月的较量和斗争，这些都反映出金融业为维护自身基本利益而不惜向政府抗争的事实。

当银行业与中央政府公债发生了密切关系之后，其结果有两个：其一是银行资本支配国家财政；其二是银行资产中政府证券构成成分的增加。从北京政府时期到南京国民政府时期，中国各银行到底保有多少国家公债，目前虽没有这类材料的详尽统计，但从以上零星资料中所显示的中国银行业持有有价证券额的增加情况看，亦不难推想。因此，政府公债的发行，对于金融界而言，当然仍旧表示了银行资本更进一步对中央财政的支配。正是因为银行与中央政府公债的这种密切关系，银行欲使其债券有着落，自然不能不拥护政府而使其基础巩固，因此，在政府每次发行新公债以渡财政难关时，银行界就不能不踊跃响应，承担新公债实际上就是保持其旧债权的安全，同时，在政府以债还债的公债政策下，银行业正可以借此获得双重的发行折扣。再加之，国民政府时期国内工商业的凋敝，不景气之声弥漫四境，银行为求其投资安全计，于是不能不相继停止冒险的工商业投资，而转变其投资方向于国家有价证券，以获得安全的利益。

---

① 《沪银行公会对于十年公债之近电》，《银行周报》第 5 卷第 36 号（1921 年 9 月 20 日）。

第二节　公债市场与政府债券的交易

民国以前的晚清政府从中央到地方虽然也曾举借过数次公债，然而这些公债并没有真正进入市场发行，更谈不上交易。近代中国最早诞生的上海华商证券市场上交易的只是单一企业股票，直到民国以后，随着南京临时政府军需公债的发行以及民国元年、三年、四年公债的陆续问世，1913—1914 年前后，上海华商证券市场上才开始出现了政府公债的交易，并与企业股票共同成为了该市场中有价证券交易品种。20 年代初，随着上海一地风起云涌般出现了 140 多家交易所与信托公司，全国不少地方都掀起了兴办交易所的热潮，这些交易所无论经营何种物品，均毫无例外地经营本所股票的买卖，致使股票信誉大受影响，在风潮之后，各地交易所大多倒闭。在上海，虽然一些大公司如商务印书馆、招商局、中国银行等的股票仍然在证券交易所内挂牌，但实际成交的很少。证券交易所为维持生存，就逐渐把政府发行的公债作为交易的主要对象，如风潮后的一段时间里，上海华商证券交易所即宣告暂停股票期货买卖，其交易品种主要以政府公债为主。而北京证券交易所本身就是为适应政府的财政需要而创立的，自然也主要以政府公债为交易的主体。由于在抗战全面爆发前，无论是北京政府还是南京国民政府都将证券交易所定位为政府发行公债的辅助市场，从 1922 年到 1937 年"八·一三"战事爆发前，无论是北京、上海的证券交易所，还是 30 年代重庆、汉口、宁波、青岛等各地建立的证券交易所，均以中央及地方政府公债为主，证券市场成为了调剂政府财政盈虚的财政市场。而在这个市场中，银钱业始终是最活跃的中坚力量。

一　北京、上海公债市场与中央政府债券

政府债券真正在市场中流通的有多少呢？公债市场的存在对政府债券的发行起何作用呢？由于缺乏系统的资料统计，我们无法对整个公债

市场做详细统计，下面仅根据所能收集到的资料做一论述。

　　北京证券交易所的盛衰历程充分反映出它与政府财政关系的疏密，它设立与发展的黄金时期正是北京政府统治的时期。北京是一个商品经济不很发达，金融业与国内发达地区相比也相对落后的地区，它之所以最早开设证券交易所，主要在于，北京证券交易所发起组织人抓住了有利时机。1918 年前后，我国设立证券交易所已是大势所趋。北京是当时政府的首都，有得天独厚的地理位置。当时北京政府的财政十分困难，为应付国内四分五裂的局面，只得不断发行公债和向银行借款。北京证券交易所是北京政府大量发行债券这样一种形势下的产物。政府公债和国库券发行初期是证券交易所建立之时，政府公债和国库券发行最多、最滥的时期，也是北京证券交易所最繁荣、最兴旺的时期。所以说北京证券交易所的产生并不是产业发达的需要，而是由北京政府大量举债刺激而发展起来的，因此，北京证券交易所的经营业务活动深受北京政府种种需要的影响。设立之初，其业务除了经营公债外，主要是买卖中国银行和交通银行的钞票，这是由于北京政府的巨额开支主要依赖中国、交通两行发行的钞券来应付所致。1922 年中国、交通两行的钞票收回后，证券交易所便改做金融短期公债和"九六"公债。在这以后，北京政府陆续扩大发行公债，证券交易所也日趋活跃，交易品种以公债居绝对优势地位，参与买卖的多为官僚政客。

　　至于当时北京证券交易所中政府债券的上市种类以及成交量的情况如何呢？由于目前的资料所限，还没有发掘到北京证券交易所经营期间的政府公债交易额的统计数据，现在还不能进行量化说明。不过，据相关资料显示，自民国以来，到 1923 年年底，中国政府所发各种内国公债不下49800 万元，除已还本的大约 21900 万元外，在市面流通的大约有 27900 万元。[①] 这些在市面流通的债券应该有不少就出现在北京证券交易所里。

　　以下是 1923 年 10 月 15 日到 1924 年 4 月 15 日半年间，北京证券交易所的公债市价表，从中可以窥见公债在这个市场中的一些表现（见表5—11）：

――――――――――

　　① 《全国商会银行公会力争公债基金》，《银行月刊》第 4 卷 1 号（1924 年 1 月 25 日）。

表 5—11　　　1923 年 10、11 月间与 1924 年 4、5 月间北京证券

交易所公债市价比较表　　　　　单位：元

名称	1923 年 10 月 15 日—11 月 15 日		1924 年 3 月 16 日—4 月 15 日	
公债类	最高	最低	最高	最低
三年六厘内国公债	97.00	97.00	98.50	98.00
四年六厘内国公债	无	市	无	市
五年公债	除利 54.50	54.40	72.50	69.50
七年长期公债	46.00	45.35	60.50	55.50
金融公债	除利 65.225	54.40	82.20	80.00
整理六厘公债	51.325	49.90	69.00	62.325
整理七厘公债	54.95	53.95	74.00	69.90
"九六"公债	19.00	15.45	25.65	18.625
盐余国库券	29.70	28.50	28.20	26.55
十一年公债	102.00	102.00	102.00	102.00
赈灾公债（大票）	57.50	57.50	未	开
赈灾公债（小票）	56.50	56.50	未	开
特种四年公债	未	开	未	开

资料来源：本表系根据《银行月刊》第 3 卷第 12 号（1923 年 12 月 25 日）及第 4 卷第 4 号（1924 年 4 月 25 日）中所刊布的《北京证券市价表》整理而得。

从表 5—11 中，我们可以看到，北京政府当时发行的主要公债与库券，除少数无市价外，都在北京证券交易所开出了行市。从 1923 年年末到 1924 年 4 月的半年时间里，除极个别公债券市价有所跌落外，其他都有不同程度的上涨，从而显示出北京证券市场的公债交易还是十分活跃的。

总之，由于北京政府国内公债的发行一般由银行来承销，因此，公债的大量发行不仅为证券交易所的建立和发展创造了条件，而且还促进了银行业的迅速发展。银行持有债券在证券市场上进行买卖，又进一步促进了证券交易所业务的发达。加之当时北京作为军阀政府的首都，占有有利的地理位置。因此，北京证券交易所曾一度出现交易十分活跃的局面。

1927 年国民政府定都南京以后，北京的证券交易所便日趋冷落，逐渐失去了其固有的重要地位。就整个 1927 年北京证券交易所全年的公债交易情况来看，由于 1926 年冬"九六"公债债价暴跌，奉北京政府财政部令停市，直至 5 月 4 日始行开市。开市后虽照常交易，但营业清淡，加

之停顿数月,上半年收入甚微。下半年则因时局动荡,经纪人以买卖稀少,先后陆续告退,取回保证金者不下 20 余家。秋间"九六"公债债价再次巨跌,交易市况萧条。总计全年交易时间仅 5—12 月,只有"九六"公债、七年长期、整理七厘、五年公债、十四年公债等 5 种现货成交,金额为 4020.41 万元,再加之七年长期公债 12 月中开拍期货交易 12.5 万元,全年成交金额为 4032.91 万元。① 到 1928 年,北京证券交易所的营业情况有所好转,从表面上看,上市的公债库券已有所增加,有"九六"公债、七年长期公债、整理六厘公债、整理七厘公债、金融公债、五年公债、十四年公债、盐余库券、春节库券、二四库券、治安公债、津海关二五库券等 12 种之多,但实际上成交量仍未有效放大,交易并不活跃。主要以"九六"公债为交易重心,全年成交 55491 万元;其次为七年长期公债,全年成交 472.5 万元;再次为整理六厘公债,全年成交仅 99 万元;而整理七厘公债,全年成交仅 9 万元;其他五年公债及金融公债、十四年公债等 3 种,全年均仅开一两盘,其中五年公债、金融公债成交仅各 0.5 万元,十四年公债成交有 7.5 万元;至于盐余库券、春节库券、二四库券、津海关二五库券以及治安公债等 5 种,交易亦属寥寥。② 以后便逐步改为物品交易。抗日战争爆发,北京沦陷,证券交易所被迫停业清理,并于 1939 年年初歇业。

20 世纪 20 年代初,当上海的两个经营证券的交易所——上海证券物品交易所与上海华商证券交易所成立后,北京政府发行的债券就是交易所中重要的标的物。1921 年 1 月,上海证券物品交易所证券部以元年六厘公债交易最多,其次为该所股票。③ 在该所上市交易的现期买卖公债票主要有:元年六厘公债上海付息、元年六厘公债北京付息、元年六厘公债南京付息、元年八厘公债、三年六厘公债、四年六厘公债、五年六厘公债、七年六厘长债、七年六厘短债、八年七厘公债、九年金融公债。④ 风潮以后的上海华商证券交易所,更是以政府公债为主体,交易种类为

---

① 《北京交易所去年营业状况》,《银行月刊》第 8 卷第 4 号(1928 年 4 月 25 日)。
② 《十七年度北平公债市场》,《银行月刊》第 8 卷第 12 号(1928 年 12 月 25 日)。
③ 《证券物品交易所股东会纪》,《申报》1921 年 1 月 17 日。
④ 《证券物品交易所设现期交易(续)》,《申报》1921 年 5 月 2 日。

五年公债、七年长期公债（简称"七长"）、金融公债（简称"金融"）、
整理六厘公债（简称"整六"）、整理七厘公债（简称"整七"）、"九六"
公债（简称"九六"）等，定期成交数目以"九六"居多，"七长"、"整
六"次之，且很快走出了"信交风潮"的阴影，迅速实现扭亏为盈。到
1923 年下半年，上海华商证券交易所的营业较上届更加发达。按下半年
六个月计算，营业项下盈余 112000 元，资产项下盈余 75000 元，股东半
年可得官息 1 元，红利 1.6 元，官红利每股共得 2.6 元。[①] 紧接着的 1924
年上半年的营业继续向好，六个月的营业项下盈余为 180300 余元，资产
项下盈余 114000 余元，每股官息 1 元，红利 2.8 元，股东半年官红利每
股分派 3.8 元。[②] 此后，尽管公债市场风潮不断，但上海华商证券交易所
还是保持着相对稳定的收入与盈利。如 1926 年由于受"九六"公债风潮
的影响，"九六"公债部分交易约少做一月有余，整理案内公债亦连带约
少做半月之谱，致使营业比较 1925 年大为减色，但总计全年营业收入之
经手费还是有 36 万余元，其定期成交数目仍以"九六"公债居多，七年
长期及整理六厘次之，上半届成交额为 2500 余万元，下半届成交额为
2600 余万元，现货成交数全年亦有数百万元。股东官红利上半届每股
2.4 元，下半届每股 2.8 元。[③]

南京国民政府的建立者蒋介石于 20 世纪 20 年代曾参加过证券物品交
易所的活动，由此增强了他与江浙金融资产阶级的联系，为他 1927 年建
立南京国民政府后，充分利用上海证券市场发行政府公债，解决其财政
困难，更是埋下了伏笔。因此，南京国民政府时期的上海证券市场与政
府公债更是结下了不解之缘。

南京国民政府发行的绝大部分公债都在上海市场上市交易，买卖公
债动辄数十万元，交易所每年公债买卖数内统计，成交数远多于交割数。
根据以下资料的统计，我们可以知道一个大概。截至 1934 年 6 月，国民
政府的债券（财部直辖者）之余额，为数约 98100 万元，按价七折折合
金额，计值洋 6870 万元，其中银行收藏的固定投资为不流通市面的筹

① 《华商证券交易所股东常会纪》，《银行周报》第 8 卷第 5 号（1924 年 1 月 29 日）。
② 《华商证券交易所股东常会纪》，《银行周报》第 8 卷第 31 号（1924 年 8 月 12 日）。
③ 《华商证券交易所去年营业情形》，《钱业月报》第 7 卷第 1 号（1927 年 2 月）。

码，上海银行公会 28 家会员银购置的内债，估计不在 26000 万元之下，
上海银行公会会员以外之银行钱庄银号等所购置之内债，虽无确切统计，
但估计也有 26000 万元，上述两数共计 52000 万元，除此数外，债券之不在
银业界之手者，只 12700 万元。假设国内商店公司学校团体投资内债以资
生息或充保证之用者为 5000 万元，一般国民之投资于内债者为 5000 万元，
洋商人民购置之数为 1500 万元，将以上数字排除，债券筹码真正在市面流
动者，大约是 600 万元—700 万元。① 由此可见，虽然政府发行的债券数量
十分庞大，然而真正在证券市场中流动的债券筹码并不多，从某种角度
说是短绌的。正因为如此，从事债券巨额投机者，每空必补，债市跌而
复起，常常给卖空者以沉重打击，造成重大损失。

　　1928 年以后的上海证券市场成为了当时国民政府公债交易的主要场所，
根据华商证券交易所的统计，上海证券全年交易总额，在 1927 年还只有
23984 万元，在 1930 年已陡增为 234394.03 万元，1931 年则更进为 334140 万
元了。② 从以下上海的证券交易所的盈余及税收统计（见表 5—12）可知：

表 5—12　　　　1928—1934 年上半年上海的证券交易所盈余及交易所税统计表

交易所	年份（元）	盈余额（元）	税率（%）	税款数（元）
上海证券物品交易所	1928 年上半年	3317.330	5	165.870
上海华商证券交易所	1928 年上半年	4904.660	3	147.140
上海华商证券交易所	1928 年下半年	13768.370	2.5（8 折）	275.370
上海华商证券交易所	1929 年上半年	112844.960	5.5	6206.470
上海华商证券交易所	1929 年下半年	248738.530	10.5	26117.540
上海华商证券交易所	1930 年上半年	296314.110	13	38520.830
上海华商证券交易所	1930 年下半年	248514.340	10.5	26094.000
上海华商证券交易所	1931 年上半年	416047.930	15.5	64487.430
上海华商证券交易所	1931 年下半年	346789.160	15.5	53752.320
上海华商证券交易所	1932 年下半年	45183.980	0.5	225.920
上海华商证券交易所	1933 年上半年	155999.700	8	12479.980
上海华商证券交易所	1933 年下半年	538238.090	15.5	83426.900
上海华商证券交易所	1934 年上半年	559708.430	15.5	86754.810

　　资料来源：财政部财政年鉴编纂处：《财政年鉴》（上），商务印书馆（1935 年版），第
1161—1165 页。

① 余英杰：《我国内债之观察》，《东方杂志》第 31 卷第 14 号（1934 年 7 月 16 日）。
② 吴承禧：《中国的银行》，商务印书馆 1934 年版，第 76—77 页。

　　表5—12显示，上海证券物品交易所除1928年上半年略有盈余3317.33元外，其余年份均无盈余。上海华商证券交易所的公债盈余额，除1932年上半年因沪战停业，仅下半年有交易外，其盈余是逐年增加，所交税率与税款也是不断增加，最高税率达到15.5%。虽然这里没有其交易所上市公债的具体成交数量，但从交易所的盈余情况同样可以看到，上海华商证券交易所是当时政府公债的主要销纳场所。

　　随着1933年6月上海华商证券交易所与上海证券物品交易所证券部的合并，实现了上海华商证券市场的统一，新的上海华商证券交易所就成了当时中国乃至远东地区最大的证券交易场所。据统计，1933年上海华商证券交易所各月成交总数，以统一前的1月份为最少，仅12328.5万元，12月份为最多，达55410.5万元，1933年全年成交总数，为323995.5万元。[①] 此后，由于北京证券交易所的衰落，以及各地方证券交易所主要承做地方政府公债，只有极少数的中央公债交易，国民政府中央发行的公债交易就集中体现在上海华商证券交易所的市场中。下面是1931—1933年上海华商证券交易所内国债券买卖数额统计表及1933—1935年上海华商证券交易所中内债交割与成交的统计表，集中反映了政府公债的市场流通情况。

表5—13　　　　　1931—1933年上海华商证券交易所内国债券
买卖数额统计表

月份	1931年		1932年		1933年	
	成交数（千元）	交割数对成交数之比例（%）	成交数（千元）	交割数对成交数之比例（%）	成交数（千元）	交割数对成交数之比例（%）
1	151250	13.3	74555	16.0	123285	5.4
2	128955	17.2	停市	—	157480	3.9
3	187520	12.0	—	—	217455	3.6
4	160750	14.6	—	—	196130	2.9
5	540120	5.8	58035	18.5	240070	4.6

　　① 陈明远：《我国金融病态的考察》，《汉口商业月刊》第1卷第6期（1934年6月10日），第30页。

续表

月份	1931 年		1932 年		1933 年	
	成交数（千元）	交割数对成交数之比例（%）	成交数（千元）	交割数对成交数之比例（%）	成交数（千元）	交割数对成交数之比例（%）
6	411250	13.0	98175	14.5	315385	3.4
7	368380	11.7	79310	18.1	275810	3.8
8	309395	15.4	80045	11.0	217470	7.0
9	500535	11.3	52325	10.6	188230	4.3
10	233245	19.7	80120	12.4	297510	3.3
11	205200	11.7	171495	11.4	437025	3.6
12	151000	18.2	207650	10.5	516835	1.68
全年总计	3347600	12.4	901710	12.8	3182685	3.64

　　资料来源：吴承禧：《中国的银行》，商务印书馆 1934 年版，第 77 页。原书计算有误，本表进行了纠正。

　　由表 5—13 可知，从成交数额而言，虽然 1931 年下半年到 1932 年上半年，曾因遭受"九·一八"、"一·二八"的打击，交易受挫，但随着战事的平息，每月成交量即逐渐增多，1932 年年底之数字 207650 千元较之 1931 年年底的 151000 千元，已大有增加，1932 年年末之交易，其繁盛则更为 1931 年 5 月以后所罕有，投机狂热之复兴，于此可见。从交割数对成交数之比例而言，1932 年 7 月以后上海公债投机之活跃，较前尤有变本加厉之势。因为公债投机者，对于债券买卖，多以买空卖空方式，依着债券市价的涨落，于未到期之前，实行转卖，从而谋取厚利，本不求其实际交割，所以，交割数对成交数的比例越大，则表示债券投资之实际的成分越多，越小则投机的成分越高。1931 年 9 月以前，虽为公债投机最盛之时，但交割比例平均犹在 12%—13% 之间，1932 年 7 月以后的交割比例则较前反而更加低落，这种情形表示银行界不顾国民经济的衰败，大做公债投机。固然，投机公债的人并不全是银行家，但银行家之为债券交易的中坚分子，则是毫无疑问的。银行家若不极力活动于债券之买卖，则证券市场之活跃，绝不会达到突飞猛进的程度。

　　通过表5—14对1933—1935年三年间交易所市场的公债成交数及
交割数统计，我们对于这三年的政府公债在市场之销纳情形有了一个比
较清楚的总体认识。三年中的政府债券交易趋势，从1933年到1934
年，公债的成交数与交割数的年增加速度非常高，而1934年到1935
年，却缓和了许多，这说明了1933年到1934年有许多金融业主要靠有
价证券投资而得到了许多利润。尽管1935年金融极度紧缩，有价证券
的买卖本应该减少，但因各金融机关注重于此的结果，所以数字反有膨
胀。这说明1933年以后，上海的证券交易在突飞猛进中发展，公债市
场就成了金融业资金的角逐市场。自然，公债价格也随着成交量的放大
而不断攀升，下面仅以1934年的公债价格指数与成交量的统计作进一
步的说明（见表5—15）：

表5—14　　　　　　　1933—1935年上海华商证券交易所

内债交割、成交数统计表　　　　　单位：千元

月期数	交割数			成交数		
	1933年	1934年	1935年	1933年	1934年	1935年
一月期	17.295	34.670	41.140	123.825	433.780	304.495
二月期	13.680	41.900	41.155	157.480	186.135	265.960
三月期	17.930	33.655	43.925	217.455	295.930	320.730
四月期	15.610	40.585	34.160	196.130	403.430	229.845
五月期	20.385	38.540	35.170	240.070	267.080	300.830
六月期	29.325	35.160	50.110	315.385	430.740	696.535
七月期	33.495	50.690	43.390	275.810	475.005	467.265
八月期	31.235	53.950	32.535	217.470	505.225	244.515
九月期	22.355	47.950	27.795	188.230	489.230	204.965
十月期	23.200	42.795	34.645	297.510	401.565	523.130
十一月期	38.095	42.895	65.495	437.025	462.055	810.930
十二月期	28.890	48.835	72.410	516.835	423.235	540.780
共计	291.495	511.625	521.930	3183.225	4773.410	4909.980

　　资料来源：胡善恒：《公债论》，商务印书馆1936年版，第401—402页。

表 5—15　　　　　1934 年上海国内公债指数及成交数目表

月别	指数			成交数（元）
	最高	最低	平均	
1 月	84.99	70.62	79.86	433980000
2 月	89.13	83.99	86.37	186135000
3 月	94.92	86.28	90.25	295999700
4 月	96.65	88.90	93.25	403473000
5 月	93.89	89.55	91.06	267118000
6 月	104.31	91.67	98.10	430775000
7 月	117.43	104.71	111.79	475005000
8 月	115.54	95.85	108.20	505205000
9 月	102.95	93.36	99.95	48922000
10 月	102.53	98.02	100.06	41565000
11 月	105.64	99.65	102.94	462055000
12 月	103.90	94.22	98.97	423235000

资料来源：王承志：《中国金融资本论》，光明书局 1936 年版，第 30 页。

由表 5—15 可见，1934 年公债指数仍处于上升态势，这表示银行对于公债的投资，并没有因当时的经济恐慌的打击而降低。上海银行对于国内证券大量购买的原因有二：第一，一般证券在发行或抵借的时候，往往按六七折计算，而还本付息，则照票面十足计算，所以尽管发行条例上所规定的利率是六厘或八厘，实际所摊得的往往在二三分以上，于是唯利是图的银行家们乐于投机公债。第二，一般的发行钞票银行，按条例皆需发行准备，其中十分之四五可以债券充当，这样债券就随着发行的膨胀而大量地积蓄在银行的准备库里了。

再从表 5—16 所示，1933—1936 年上海华商证券交易所的政府债券成交额和交易所营业盈余额之继续增长中更可以看出，债券市场是一年胜过一年：

表 5—16　1933—1936 年上海华商证券交易所政府债券成交额及营业盈余额统计表

时间	债券成交额（元）	营业盈余额（元）
1933 年	3282685000	895673.88
1934 年	4773410000	1476499.59
1935 年	4909980000	1236270.61
1936 年	2335275000	

资料来源：中国经济情报社编：《中国经济年报》第二辑（1935 年），上海生活书店 1936 年版，第 160 页；魏友棐：《上海交易所风潮所见的经济病态》，上海市档案馆编：《旧上海的证券交易所》，上海古籍出版社 1992 年版，第 379 页。

　　根据表5—16所示，政府债券成交额，1933年到1935年呈逐渐上升趋势，交易所的获利也十分丰厚。而1935年至1936年之间，国债交易额减少了50％左右，这主要是由于这两年因环境改变，政局相对安定，债券的折扣抬高，合息减低，加之银行大量承购之后，证券市场上债券价格已趋稳定，不如过去国债在投机市场中占有那么重要的地位所致。而此时的价格则相对稳定，使政府债券逐渐失去了作为投机的价值，因此，成交额也逐渐地少了。

　　据统计，1936年2月1日国民政府发行廿五年统一公债14.6亿元调换旧债券办法公布以前，市上流通之中央政府公债库券共有30余种之多，其中在上海华商证券交易所开拍期货者，计有16种。[①]

　　1936年2月，国民政府财政部发行统一公债14.6亿元调换原发33种旧债券，将所有的各种杂色公债都在"统一"名字下发行，作甲、乙、丙、丁、戊五种年份归还，最长的年份是24年。同时发行复兴公债3.4亿元，作为平衡收支、安定汇市的基金。经历了这次公债整顿之后，政府公债在市场上的交易已逐渐恢复，到1937年"八·一三"战事爆发前，上海华商证券交易所中的公债交易情况明显好转，且呈现出向上的发展态势，债市渐趋稳定，公债市价节节攀高，以下统计即可见一斑（见表5—17）：

表5—17　　1937年1—8月上海华商证券交易所国内公债市价统计表　　单位：元

种类 时期	统一公债甲种		统一公债乙种		统一公债丙种		统一公债丁种		统一公债戊种		复兴公债		十七年金长		"九六"公债	
	最高	最低	最高	最低	最高	最低	最高	最低	最高	最低	最高	最低	最高	最低	最高	最低
1月	75.90	71.80	68.10	64.86	65.05	62.05	65.35	62.25	64.50	61.50	72.60	72.60	59.00	57.80	9.30	8.90
2月	74.65	72.30	69.10	65.90	67.60	63.60	67.40	63.35	66.00	62.85	87.00	77.00	60.80	58.20	9.50	9.10
3月	79.00	73.25	74.75	68.55	72.15	66.55	72.75	66.65	71.65	65.61	—	—	65.00	64.00	12.50	9.11
4月	79.35	76.90	75.65	72.60	73.45	70.55	73.55	70.55	72.40	69.90	—	—	64.80	63.30	15.60	11.30
5月	80.25	78.40	76.35	74.80	74.40	52.55	72.25	54.00	71.65	53.40	—	—	64.80	64.50	15.80	13.85
6月	88.20	80.35	86.60	76.60	84.75	74.40	83.30	74.00	82.25	73.40	—	—	70.40	70.00	17.20	14.50
7月	87.60	75.50	85.30	54.30	83.85	51.80	82.95	70.90	82.25	70.50	—	—	68.50	67.30	16.20	14.35
8月	76.00	76.00	73.50	53.50	51.50	51.50	50.00	70.00	70.00	70.00	—	—	—	—	9.60	7.75

　　资料来源：沈雷春主编：《中国金融年鉴》（1939年），美华印书馆1939年版，第C16页。

①　钱承绪：《中国金融之组织：战前与战后》，中国经济研究会1941年版，第107页。

表 5—18　　　　　　1937 年"八·一三"战事前上海华商证券
交易所成交数目表　　　　　　单位：元

1937 年	现货成交数	期货成交数	交割数	手续费	开市日数
1 月	股票 10 股	146365000	24965000	99524.32	22
2 月	3000 元	118360000	22230000	83399.07	16
3 月	2000 元	197600000	22890000	128362.19	23
4 月	1000 元	296035000	32200000	197189.71	25
5 月	无成交	231225000	36115000	141005.45	25
6 月	3000 元	485815000	37525000	361600.86	24
7 月	无成交	604260000	51960000	451569.03	21
8 月	无成交	328210000	本月系掉期数额 139560000	105913.22	11（"八·一三"战事停市）
合计	9000 元	2407870000	367445000	1550563.85	167

资料来源：沈雷春主编：《中国金融年鉴》(1939 年)，美华印书馆 1939 年版，第 C17 页。

　　由以上两表可见，"八·一三"战事爆发前的上海债市渐趋稳定，公债市价节节攀高，到 1937 年 5 月份，五种统一公债，统甲最高为 80.25 元、统乙为 76.35 元、统丙为 74.4 元、统丁为 74 元、统戊为 73.4 元，均为统一公债发行后之新高价，"金长"公债（金融长期公债的简称）最高为 64.8 元，"九六"公债最高达 15.8 元。到 1937 年"七·七"事变爆发前夕，上海公债市场的交易十分畅旺，6 月，五种统一公债市价迈步前进，统甲达 88.2 元、统乙达 86.6 元、统丙达 84.75 元、统丁达 83.3 元、统戊达 82.3 元，无一不超过 80 元大关，形成一种如火如荼之景象，其余如十七年"金长"公债，亦涨达 70.4 元，"九六"公债也达到了 17.20 元，均为战前的最高价位。而从其成交数与交割数来看，上海华商证券交易所在 1937 年的前 8 个月，仅做成股票交易 10 股，其余全为公债交易，其中公债的现货交易极其微弱，8 个月（只有 4 个月交易记录）仅成交了 9000 元，由此可见，公债的期货交易是市场的主体，除 2 月因春节休假，仅 16 天交易，成交数额略有减少外，其余是逐月增长，特别是到 7 月更是创下新高，成交数 604260000 元，交割数 51960000 元。然而，"八·一三"战事的爆发，却打乱了上海公债市场的正常进行。

二　地方公债市场与地方政府债券

随着南京国民政府的建立及统治地位的逐渐稳固，在中央政府公债大量发行的同时，各地方政府也开始积极发行地方公债以解决地方财政的困难。而20世纪30年代各地相继建立的地方证券市场也就逐渐成为了地方公债的销纳场所，为地方公债的发行提供了更多的条件。下面我们将对20世纪30年代先后建立的几个主要地方证券交易所与地方公债的交易分别进行研究。

20世纪30年代组建的重庆证券交易所就是四川地方债券的销纳场所。1932年建立重庆证券交易所的主要动因就是为了销纳四川省的地方债券，促进地方债券的发行。四川军阀二十一军军长刘湘驻防重庆，因共防区扩大，军政各费日益浩繁，除向辖区人民榨取勒索及强行筹垫而外，并仿效国民政府的办法发行公债，以主要税收来源作为还本付息的基金，派由各商帮、富绅认购。但是这种公债局限于地方性质，更重要的是由于内战频仍，政局不稳，所发行公债的还本付息虽有规定的年限，其实没有信用基础；认购人尽管取得了债权，然而将来是否能够收回本利，谁也不能预料。在这种情况下，要想公债能够继续发行，当然也就存在不少困难。于是，刘湘手下的一批聚敛之臣如刘航琛等，为了使已发行的公债、债券能在市面上活动，为继续发行开辟道路，就以上海证券交易所为例，积极筹设重庆证券交易所，同时与银行、钱庄反复磋商，增加各行庄买卖证券业务。当时行庄明知其收效甚微，但迫于军阀势力而不得不勉强赞成，便由银、钱两业公会推人筹备，租用原银行公会新建大厦，作为交易市场和办公处所，立即召开创立会，于9月由刘湘的督办公署批准开业。[①] 营业种类：除专营各种有价证券外，又兼营各处汇兑票买卖的业务。其中就经营的各种公债、库券及有价证券，主要包括地方债券，如田赋公债、军需短期库券、短期盐税库券、整理川东金融公债、第一期整理重庆金融库券、第二期整理重庆金融库券、第一期整

---

① 卢澜康：《重庆证券交易所的兴亡》，全国政协文史资料委员会编：《文史资料选辑》第149辑，中国文史出版社2002年版，第76—77页。

理川东金融公债、第二期整理川东金融公债；各种中央政府债券，如军需债券、盐税库券、印花烟酒库券等。① 其后因受申汇市场风潮影响，业务无形中陷于停顿，证券交易十分平淡，难以维持，到 1935 年 2 月底，只得宣告停办。但近半年时间，重庆证券交易所又重新成立，并于 1935 年 10 月开始营业。

重庆证券交易所之所以能够得以迅速恢复与重建，主要是得益于四川善后公债的发行。1935 年 7 月 1 日，财政部宣布发行民国二十四年四川善后公债 7000 万元。为了便于四川善后公债顺利推行，1935 年 8 月，银钱业筹备恢复证券交易所，并得到政府的批准。再次成立的重庆证券交易所专以买卖国债、省债及有价股票证券为业务，所有申汇交易绝不兼营，目的在于活动各项债券及调剂市面金融，交易所租借银行公会为营业市场。四川善后公债很快即在该所市场开拍交易，特别是进入 1936 年后，几乎以四川善后公债为中心，各行庄之领钞押款，亦无不需善后公债为保证，因此，四川善后公债的涨落情形，直接关系到重庆的金融市场。如 1936 年年初，渝市金融界营业颇现萧条，公债市场因求过于供，价格略见上涨。开市为 63 元，市气颇旺，至月终，债券筹码干枯，多头纷纷轧空，市价升至 68 元。到 2 月，由于中央统一、复兴两债在沪发行，市场人心紊乱，同时因受另发行四川善后公债 1500 万元消息的影响，致使 2 月 27 日的四川善后公债，各期每百元价格较 26 日陡跌 1 元左右。② 6 月西南军事行动，人心受其刺激，债市由月初之 77.65 元，降至月终之 70.80 元，先后相差达 7 元之巨。7 月、8 月债市仍极疲滞，毫无起色。③ 9 月下旬，四川善后公债行市因受时局影响，变动颇为剧烈，平时大做多头握有公债之家，至此亦不得不被迫将公债售出，变取现款，市场贪卖者多，进户心虚。④

1936 年 9 月 1 日，南京国民政府又批准发行四川建设公债 3000 万

---

① 《重庆证券交易所概况》，《四川月报》第 4 卷第 1 期（1934 年 1 月），第 51—55 页；重庆市档案馆馆藏四川省建设厅未刊档案，档号 0024-1-456。

② 杨鸿妍：《从证券市场价格涨落之原因说到现在之中国证券市场》，《四川经济月刊》第 5 卷第 6 期（1936 年 6 月），第 3 页。

③ 《二十五年四川金融之回顾》，《四川经济月刊》第 7 卷第 3 期（1937 年 3 月），第 95—96 页。

④ 《重庆市金融概况·公债》，《四川月报》第 9 卷第 4 期（1936 年 10 月），第 60 页。

元，公债票面分为万元、千元、百元、十元 4 种，均为无记名式。公债
指定中央银行重庆分行及中央银行委托之银行为经理还本付息机关，还
本期限定为 15 年。① 这次公债发行后，于 1937 年 2 月 1 日进入重庆证券
交易所上市交易。规定每成交票额 1 万元征取经手费 4 元，交易所与经纪
人各得 1/2。当月共成交建设公债票面额数 3531 万元，除当日同期买卖
进出抵消票面额数 719.5 万元，征得经手费半数，银 1439 元，其非当日
买卖进出抵消票面 2811.5 万元，征得经手费 11246 元，合计征得经手费
12685 元。② 从此以后，直到全面抗战的爆发，四川善后公债与四川建
设公债就成为了重庆证券交易所交易的主体交易品种。表 5—19 是这一
时期两种公债在市场中的成交票面金额及交易所征收经手费的统计。

表 5—19　1936 年 2 月—1937 年 7 月重庆证券交易所公债交易统计表

时间	四川善后公债		四川建设公债	
	成交票面额（元）	经手费（元）	成交票面额（元）	经手费（元）
1936 年 2 月	65289000	28370.75	—	—
3 月	56396000	25227.5	—	—
4 月	70657000	25735.5	—	—
5 月	48077000	17300.6	—	—
6 月	54415000	19233	—	—
7 月	68105000	24697	—	—
8 月	47910000	17618	—	—
9 月	55174000	20378.2	—	—
10 月	63543000	21479	—	—
11 月	50659000	17606.6	—	—
12 月	62875000	22027	—	—
1937 年 1 月	34710000	14652.5	—	—
2 月	27890000	12918.75	35310000	12685
3 月	23345000	11013.75	45525000	16692
4 月	38555000	14226	124010000	43014

① 《中央批准发行建设公债》，《四川经济月刊》第 6 卷第 3 期（1936 年 9 月），第 1—2 页。
② 重庆市档案馆馆藏四川省建设厅未刊档案，档号 0024 - 1 - 455。

续表

时间	四川善后公债		四川建设公债	
	成交票面额（元）	经手费（元）	成交票面额（元）	经手费（元）
5 月	40335000	14978	109840000	38307
6 月	43415000	16300	168130000	55885.2
7 月	33080000	12558	152635000	51475
合计	884430000	336320.15	635450000	218058.2

资料来源：根据重庆市档案馆馆藏四川省建设厅未刊档案资料（档号 0024－1－456 及档号 0024－1－455）整理而得。

对于四川善后公债经手费的征收，系依据重庆证券交易所第三次理监联席会议决议，每成交四川善后公债票面额 1 万元，买卖双方征取经手费 5 元，交易所与经纪人各得 1/2 标准计算。自 1936 年 4 月 14 日起至 4 月 30 日止，因经纪人公会函请减轻经手费以期繁荣市场而资鼓励，再经交易所第十七次理监联席会议决议，自 1936 年 4 月 14 日起至 8 月 31 日止，所征经手费以八折计算，即成交善后公债票面额 1 万元，征取经手费银 4 元，交易所与各经纪人各得 2 元以资鼓励。自 1937 年 2 月 1 日起添拍四川建设公债，其经手费的征收办法是，每成交票面额 1 万元征取经手费 4 元，交易所与经纪人各得 1/2。从以上可见，在 1936 年 2 月到 1937 年 7 月的重庆证券交易所中，两种公债的交易量是十分巨大的，四川善后公债在一年半的时间里，成交的票面额达 8.8 亿多元；四川建设公债上市仅半年，成交票面额竟达 6.35 亿元，成交量可谓惊人，而重庆证券交易所因此而获得不菲的经手费，仅一年半的时间即达 55 万多元，盈利十分可观。

总体而言，抗战之前，重庆证券市场运行良好，特别是四川善后公债的市场运行状况呈现良好态势，主要与南京国民政府定期偿还债券本息密切相关。1937 年春，当四川善后公债第二次还本抽签时，财政部即分别函令中央银行基金会、中国银行管理处、交通银行总行，知照付款。3 月 16 日，在重庆市银行业同业公会执行，凡中签者均可持公债票前往兑换。此次中签债票合本银 30 万元并该项公债第二期到期息票，计合息 44.1 万元，均定于 3 月 31 日起，由各地中央银行及其委托之中国、交通两银行开始付款，以 3 年为限，逾期不再偿付。所有中签债票附带之息票，自第一期起至第三十期止共 28 张，由持票人于取本时一并缴还。至该项应付本息 30 万元，息银 24.1 万元，由民国二十四年四川善后公债基金保管委员会按时呈交中央银行及其委托之中国、交通两银行收存备付。[①] 如此一来，在四川善后公债的示范效应下，1936 年 9 月开始发行的四川建设公债，不仅发行顺利，而且在 1937 年 2 月上市之后，更是受到极大的追捧，交易十分活跃。

汉口证券交易所的经营情况，从《汉口商业月刊》杂志 1934 年所登载的各月期汉口证券市价表中可见。汉口的证券市场上主要交易的品种以湖北的地方公债（一期市政、一期善后、二期市政、二期善后等）为主体，其次兼营中央政府发行的部分公债如"九六"公债、一九关债、整理金融等；其他省区的公债如河南善后等；湖北的地方钞票，如湖北官票、中国汉钞等，偶尔也有少量湖北地区的企业股票如 1934 年 5 月即有水电股票上市。[②] 1935 年后，汉口证券交易所的交易额比以前有较大增加，4 月为 1316.4 万元，5 月增加为 1696.5 万元。然而，好景不长，6 月以后，汉口市场银根紧缩，证券交易每况愈下，8 月成交额不到 200 万元，9 月只 59 万元，10 月竟全无市，到 11 月交易所因亏损只能停业。此后，汉口证券业公会曾于 1936 年恢复过交易市场，由同业公会会员轮流主持，参加交易的仅限于公会会员，只做现货，不做期货，而且市场只负责市价开拍，至于买卖业务、证券交割等则由交易双方的会员商号自行办理，但终因营业范围狭小，证券市场仍然沉寂。每月仅开拍 5—10 种地方债券，成交票面额，1936 年 5 月为 25.4 万元，6 月仅 9 万元，7 月、8 月为 20 万元，9 月、10 月降为 10 万元，12 月以后至 1937 年 4 月更降为每月 4—8 万元。[③] 到 1938 年武汉陷落，证券商号全部歇业。

四明证券交易所由于毗邻上海，从 1933 年 9 月营业后，经营的证券种类以南京国民政府中央发行的三种库券：二十年关税库券、二十年统

---

① 《财部令三行偿还川善债本息》，《四川经济月刊》第 7 卷第 5、6 期（1937 年 5、6 月合刊），第 43 页。

② 各月期的湖北证券市价表，分别见《汉口商业月刊》第 1 卷第 6、7、8、9、10 期（1934 年 6 月 10 日、7 月 10 日、8 月 10 日、9 月 10 日、10 月 10 日）。

③ 中国人民银行总行金融研究所金融历史研究室编：《近代中国的金融市场》，中国金融出版社 1989 年版，第 112—113 页。

税库券、二十年盐税库券为主，另外有极少数北京政府时期的"九六"公债。至于浙江省的地方公债则并未在这个市场中出现。

表 5—20　　　1933 年 9—12 月四明证券交易所交易情况统计表　　　单位：元

时间	二十年关税库券		二十年统税库券		二十年盐税库券		"九六"公债	
	成交数量	经手费金额	成交数量	经手费金额	成交数量	经手费金额	成交数量	经手费金额
9 月	1125.000	276.00	1725.000	559.00	2075.000	650.00	5.000	0.20
10 月	1520.000	565.00	1670.00	624.00	5170.000	1608.00	—	—
11 月	1075.000	353.80	1690.00	587.80	2075.000	650.00	—	—
12 月	230.000	66.40	270.000	79.00	24410.000	6412.40	—	—
合计	3950.000	1261.200	5355.000	1849.800	33730.000	9320.40	5.000	0.20

　　资料来源：财政部财政年鉴编纂处编：《财政年鉴》（下），商务印书馆（1935 年版），第 1921 页。

　　综上所述，北京政府与南京国民政府内债的成功发行无不依赖于当时各地存在的证券交易所。北京证券交易所与上海华商证券交易所的公债买卖所呈现出的一番蓬勃景象，公债交易占 98％ 的绝对优势，其功用就在于对南京国民政府中央财政盈虚的调剂，证券市场成了名副其实的政府"财政市场"。而部分地方性证券市场的存在也为当地政府公债的发行提供了方便。民族资产阶级曾向国民政府建言，要求"建立产业证券市场，使工业能借股票之发行吸收社会游资，以辟自力更生之资金来源。一面并请政府另拨美金借款一部分作为股票发行之保证，以坚社会之信仰。或由政府发行产业投资信托证券，在证券市场出售，由政府与工业界之合力，求其推行尽利：即以所获得之资金，供工业上周转之用"。[①]但这些在 20 世纪 30 年代的中国，都未曾引起政府的重视，因为此时的政府仅将证券市场作为其政府发行公债的辅助市场。

三　银钱业与公债市场之关系

　　资金由盈余部门向短缺部门的转移包括间接金融和直接金融两种形式，

————

　　① 陈真、姚洛合编：《中国近代工业史资料》第一辑，生活·读书·新知三联书店 1957 年版，第 238 页。

大体上它们分别对应于银钱业和证券业两大业务范畴。一般来说，银钱业主要从事存贷款业务，执行间接融资功能，活动于货币市场；证券业主要从事承销、经纪等业务，执行直接融资功能，活动于资本市场。而在近代中国，银钱业与证券业并没有明确的分工，始终是融为一体的。证券市场的各项活动几乎都与银钱业具有密不可分的关系，银钱业可以经营证券承销、证券经纪与买卖、证券存管与担保等各种证券业务，特别是在上海，由于政府公债大量集中在银钱业手中，因而上海银钱业的动向与上海华商证券市场发展的盛衰演变紧密相连，而公债市场的盛衰变迁也就直接关系着银钱业的命运，不过，由于钱庄业与银行业同证券市场的关系毕竟还有所不同。因而在此将分别探讨抗战前银钱业与证券市场的关系。

近代中国的公债市场主要集中在民国以后到抗战爆发前的 20 多年时间里，然而，在这个市场中，钱庄业虽然也参与其间，但其实力却远不如银行业。探寻其原因，我们发现，在近代中国证券市场的产生、发展与演变的历程中，钱庄与证券市场的关系经历了一个十分曲折的变化过程。

随着近代中国证券市场的诞生与发展，钱庄作为中国传统的金融机构，是最早与这个市场发生密切联系的金融机构，同时也是最早遭受证券市场风潮冲击的金融机构。早在近代中国公债市场诞生以前的晚清时期，当证券市场还处于一个单一股票市场的萌芽阶段，钱庄也就随同这个市场经历了两次大的股票风潮：一次是 1882 年的矿务局股票风潮；一次是 1910 年的橡皮股票风潮。在第一次风潮爆发的时候，上海钱庄业由于贷款给投资者购买炒作矿务股票而引发钱庄的倒闭。

1908 年，英国人麦边在上海别出心裁地创设了一个橡皮股票公司——蓝格志拓植公司，大登广告宣传橡皮事业必然会在中国大大发展，以此招募股票。当时大批中外商人争相购买他所发行的橡皮股票，惯以生意人眼光观察事物的钱庄主们也判定这种股票必然胜于现券，大肆收买橡皮股票以求一本万利。受此影响，于是有人在南洋沽定土地，在上海组织公司，从事招股，宣称自己在南洋从事橡胶事业，并以种种方法，诱人买卖。商人以其利厚，倾囊争购，每股股票价格常超出原价六七倍以上。但此项公司，有虽已种树而尚未出货者，亦有仅占旷地而并未种树者，所以公司创设经年，而股利别无所获。1910 年 7 月，该西人佯言回国，一去不返，于是始知受骗，股票价格一落千丈，视同废纸，商人纷纷破产，钱庄乃大受影响。结果橡皮股票的投机狂热，骤由沸点而降至零度，股票风潮遂因此而发生。

橡皮股票风潮的发生，对上海钱庄业造成巨大打击，风潮前的上海南北市钱庄数有 100 余家，风潮后，上海钱庄因此而倒闭者，有正元、谦余、兆康、森源、元丰、会大、晋大、协大等数家；其他受牵累而停闭者，尚不计其数，当时市面曾起极度恐慌。经历了 1910 年橡皮风潮的冲击，到 1911 年只存 30 余家，比较 1910 年减去十之五六。再经辛亥革命的震撼，民国初年的上海钱庄业，更是处于风雨飘摇中，加之人心不定，商业凋零，钱庄营业，无形停顿。1912 年 2 月南北市汇划钱庄上市者仅 24 家，比较橡皮股票风潮以前南北市钱庄的数目，竟骤然减去十分之七。①

这两次风潮对钱庄业的打击十分沉重，使得钱庄业对新兴的证券市场所蕴涵的投机与风险有了深刻的认识。因此，当 1921 年"信交风潮"刚刚兴起之时，上海的钱庄业就吸取前两次风潮（特别是橡皮股票风潮）的教训，及早采取措施加以规避：电请北京政府农商部等机关取缔"信交"；不准钱庄经理人和职员入交易所投机；"慎重"签发银票；重申银拆不得超过 7 钱的限制；电请停铸银元等②，因此，钱庄在这次风潮中的损失不大。

"信交风潮"后，公债市场取代股票市场，钱庄也曾经是这个市场中的主要经营者，然而 1924 年 8 月从北京证券市场开始引发的公债风潮波及上海之后，公债市价大落，上海的钱庄业受到极大打击，沪埠各行庄公债卖气旺盛，挑打庄③之永春钱庄即因公债投机亏损达 10 余万金，周转无从，于 8 月 19 日宣告倒闭。同日，永昶庄亦受其牵累而搁浅。市面

---

①　中国人民银行上海市分行主编：《上海钱庄史料》，上海人民出版社 1960 年版，第 74、87、101 页。

②　中国人民银行上海市分行主编：《上海钱庄史料》，上海人民出版社 1960 年版，第 120—122 页。

③　挑打庄为上海钱庄中的一类。上海钱庄种类通常分汇划庄、挑打庄、零兑庄三类。汇划庄是钱业公会的会员庄，系上海钱业中势力最雄厚的钱庄，资本较多，营业范围也较广，开出的庄票信用甚好，流通普遍。这类钱庄加入汇划总会，一切票据收解都用公单在汇划总会互相抵押汇划。一般所称的上海钱庄，指的就是汇划庄。业务与汇划庄相仿而资本较少、没有资格参加汇划总会的钱庄，称为挑打庄。挑打庄的一应票据收解须委托汇划庄代办。零兑庄又称门市钱庄，主要业务只是零星兑换，为各类钱庄中最小的一种。

银愈趋愈紧，全市为之大震。银行对于钱庄之信用，因怀疑而不肯融通，即钱业同行于震恐之余，亦皆急急于自卫。市面之紧急，人心之惶惑，实属莫可名状。8月20日，汇划庄裕丰、挑打庄隆裕、庆丰等三庄相继不支。市面完全陷入恐慌状态。[①]

1927年4月，南京国民政府成立之初，当时南北两市钱庄共85家，除达源一家未上市外，其余84家各垫借11900元，共计银元999600元，再由钱业公会凑抽垫400元，凑足100万元交给蒋介石特派的行政委员陈其采[②]，实际上这时候的上海钱庄业已经开始在政治上投靠国民政府了。1929年，财政部发行关税库券，再次令上海银钱两业承销，银钱两业屡次召集同业开会讨论，决议：银行方面，承垫现洋500万元（票面1000万元）。钱庄方面，承垫100万元（票面200万元），由会员同业78家，每家承押现洋12800元，即库券票面25600元，共为998400元。尚缺1600元，由承裕庄加垫，实凑足现款100万元。期限为6个月，利率为9厘。[③] 另据《上海钱庄史料》的统计，从1927年4月至1935年年底，上海钱业认购国民政府发行的债券和承借的款项累计达到2962.5万元，其中由钱庄业以认购方式购买的政府债券仅265万元，只占总数的10.9%。其余均为以押款的方式借垫给政府。[④] 由于钱庄认购的政府债券并没有占主导地位，因此，钱庄业虽然也参与公债市场的交易，但并不如银行那么积极和主动。

相对于钱庄业来说，银行业与政府公债的关系就更加紧密。北京政府时期，由于政府公债的大量滥发，银行业将经营政府公债作为自己的业务之一，并且经营公债的数量也在逐年增加。当时各项公债中流通较繁，买卖进出最盛，而银行业购置生息其数最多者，主要集中在金融公债、整理六厘、七年长期、五年公债、整理七厘等5种。以上5项公债，到1923年年底的尚负债本数目，依照票面计算，共为154270596元。下面将通过以1923年为例来具体剖析银行业的政府公债持有情况与上海证券市场公债流通情况之关系（见表5—21）：

---

① 中国人民银行上海市分行主编：《上海钱庄史料》，上海人民出版社1960年版，第130页。
② 同上书，第206页。
③ 《上海银钱业垫缴库券现款》，《银行周报》第13卷第25号（1929年7月2日）。
④ 中国人民银行上海市分行主编：《上海钱庄史料》，上海人民出版社1960年版，第207—209页。

表 5—21   1923 年年底主要银行购置有价证券数目统计表

行名	有价证券数目（未单独标出的单位：元）
中国银行	17004453
交通银行	2162672
浙江兴业银行	1362731
浙江实业银行	1892301
盐业银行	2357230
中孚银行	633933
金城银行	2175092
新华储蓄银行	1787659
东莱银行	597157
大陆银行	1570272
永亨银行	442136
中国实业银行	1299900
东陆银行	557754
中南银行	1751429
农商银行	163500
五族商业银行	291465
大宛农工银行	451593
杭县农工银行	15027
新亨银行	265716
厦门商业银行	66368
华大商业银行	33131
江苏银行	283684
中华懋业银行	1266496
中华劝公银行	134056
中华银行	102809
香港东方商业银行	959392
盐业、大陆、金城、中南储蓄会	1355319
东亚银行	225793
广东银行	54735
聚兴诚银行	144518
工商银行	354672

续表

行名	有价证券数目（未单独标出的单位：元）
上海商业储蓄银行	875136
中华汇业银行	1811435
大生银行	29662
四明银行（银两）	773837
合计	（银元）44479226；（银两）773837
中央信托公司	614757
通易信托公司	874486
上海华商证券交易所	234285
四行准备库	1355319
总计	（银元）47558073；（银两）773837

　　资料来源：沧水：《公债尚负债本数与银行保有公债数之推移》，《银行周报》第 8 卷第 23 号（1924 年 6 月 17 日）。

　　表 5—21 是根据 1923 年年底各银行结账报告所列购置有价证券之价值，共计 44479226 元，又规银 773837 两，如果再加上信托公司两家，华商证券交易所与四行准备库的数字，总共计有 47558073 元。当然，在此之外，还有银行因无账可稽，表中未曾列入有价证券数目的，不过经推算，到 1923 年年底结账时，银行所持有价证券之价值，不会低于 5000 万元。

　　以上各银行公司所有购置有价证券之金额，大概均系按照 1923 年结账期末之市价为计算标准。如果我们再依照 1923 年 12 月份各债之平均市价，来推算公债市场上流通量最大的金融公债、整理六厘、七年长期、五年公债、整理七厘等 5 种公债的市值，并即以各项公债尚负债本数目，看做市场流通数，约可计算出到 1923 年年底 5 种公债具体的流通市值（见表 5—22）：

表 5—22　1923 年年底上海公债市场中 5 种主要公债流通市值统计表

债别	尚负债本数目（元）	按 12 月份平均市价评价	评价计值数目（元）
金融公债	30000000	7 折	21000000
七年长期	45000000	4.8 折	21600000
整理六厘	48953006	5 折	24476503
整理七厘	11450000	5.8 折	6704800
五年公债	18757590	5.4 折	10129098
共计	154160596		83910401

　　资料来源：沧水：《公债尚负债本数与银行保有公债数之推移》，《银行周报》第 8 卷第 23 号（1924 年 6 月 17 日）。

从表 5—22 中可见，按照 1923 年 12 月份之平均市价作为公债评价标准，并将各债尚负债本数目看做流通数，5 项公债共值 83910401 元。再根据前列各银行公司有价证券之购置数目相对照，其由各银行公司及各商业机关所持有者，其数已占有其半数。虽然银行结账报告之有价证券科目，系笼统包括，其中不无因办理外国汇兑之关系，而酌量购置金币债票者，而内债方面，也并不仅限于以上 5 种公债，还有其他公债，但就当时现状观察，其中以上列 5 项公债为中间，则比较可信。由上面的材料我们可以看出，当时的整个银行业是证券市场主要流通公债的最大持有者。

20 世纪 30 年代初期，中国的经济呈现出萧条景象，农村经济崩溃，工业生产凋敝，然而上海的金融业却呈现出畸形的发展，一派欣欣向荣之势，这与上海金融业的投机经营之发达密切相关。从 1923 年至 1937 年间，全国银行的存款数额，由 55000 万元增为 378000 余万元，约增 6 倍。同时，在实行白银国有以前，据估计，全国可认为流通资金的现货约 6 亿元左右，而其集中在上海中外银行库存中的即达到 5 亿元（在 1920 年年初，上海中外银行所有的库存现金，不过 3700 余万元罢了），其掌握在华商金融机关手中的约在 60％ 左右。[①] 这种现金向银行库存集中的现象，促使银行业必须寻求运用资金的出路，然而当正常的经营活动无从使金融业获利与生存时，银行资金只能应用于正当业务之外，从事各种投机经营。当时上海的外汇、公债、标金、地产以及各种物品的期货买卖市场等，出现了大量的卖空和"套利"者，而银行自然成了这些投机市场的主要参与者和组织者。银行在这些投机性营业中群趋公债投机也就是情理之中的事了。他们运用资金的途径除地皮之投机外，就是公债购买。1928 年的公债投资总额约 13000 万元，1931 年约 23000 万元，3 年之间，竟增至 1 亿元以上。单以中国银行而论，1931 年的有价证券投资额有 72024000 元，1933 年增至 81847045 元，2 年之间，亦增加了 980 余万元。[②] 从 1931 年年底至 1934 年上半年，上海各银行现银存底，由 312000000 元增至 594000000 元。这些资金既不能运销内地，内地闲资，

---

　　① 陈真、姚洛合编：《中国近代工业史资料》第一辑，生活·读书·新知三联书店 1957 年版，第 757 页。
　　② 许达生：《中国金融恐慌之展开》，《东方杂志》第 32 卷第 5 号（1935 年 3 月 1 日）。

反运沪求售,其结果为供过于求,利率萎弱不振。而自1932年3月以来,每月平均拆息,最高不及月息6厘,低时常无利贷借,平均亦不过1—2厘。在此状况之下,公债投资,为银业界所特别注重。当时银行存款利息,不仅未见减低,反有抬高利息、竞争存款之趋势。沪上华商银行普通之常年存款,至少给息7厘,高至1分2厘至1分5厘之间。这种高利存款,除投资公债之外,无其他投资可获相等之利益,以应付其重大成本之负担。[①] 1932年秋至1934年年初,债市欣欣向荣,其主要原因,就是银行家的大量吸收。银根之宽紧,与债市之上下,如出一辙,金融愈宽,浮资愈多,则投资公债亦愈踊跃,市价随而益升。

因此,近代中国华资银行从其诞生之后就积极参与到证券市场中去,银行业和华商证券市场有着千丝万缕的联系。近代中国第一个获得中央政府批准的证券交易所——北京证券交易所的创建就是北京政府推行公债发行的结果。20世纪30年代各地纷纷创建的地方性证券交易所也无不跟中央与各地方政府发行公债有关,如1933年重庆证券交易所的创建,就是因为占据重庆的刘湘的二十一军为解决军费开支大量发行公债、库券的结果。[②]

银行业是证券市场中的积极参与者。在证券市场中的经纪人虽然都是以个人的名义登记的,但是,这些经纪人中占主体的仍以银行业为主。金城银行就曾专设丰大号从事公债投机,所获暴利,难以计算。1921年3月,为避免金城银行因参与买卖证券而"惹起外人议论",在总经理周作民的提议下,经董事会议决,由董事会中推定一人出面,不用金城银行名义,另开设丰大号,实有资本5万元,在北京证券交易所专营证券买卖。1922年秋冬之间,上海金城银行根据北京总行指示,开办丰大证券号作为证券所的6号经纪人,这是第一个参加证券所的银行经纪人,该行邀请证券所的6号经纪人孔颂馨辞去原43号经纪人的代理人一职,担任丰大证券号经理。由于金城银行丰大证券号的设立,各银行用各种方式经营证券经纪人号的接踵而起,其中有的买进经纪人牌号公开自办,有的由银行特约某一经纪人,给予经济上的支持,便于自己做交易,如

---

① 余英杰:《我国内债之观察》,《东方杂志》第31卷第14号(1934年7月16日)。

② 宁芷、马绍周、李时辅:《亦官亦商的刘航琛》,重庆市工商联合会文史资料工作委员会编:《重庆工商史料》第三辑,重庆出版社1984年版,第160—162页。

四明银行支持沈长庚、浙江兴业银行支持陈永青，等等；还有一种是银行经理与经纪人隐名合伙的，如江苏银行顾贻谷与周午三，中南银行马式如与刘范吾等。因此数月来为人视同敝屣的证券所经纪人牌号，一时身价十倍，转让价格高达6000—7000元。①

　　1935年6月，杜月笙当选为中国通商银行董事长，大量购进政府债券。1934年年底，通商银行的有价证券只有314万元，1936年年底上升到735万元。1937年7月，通商银行按80％左右的底价一次购进财政部发行的统一公债290多万元。其经营手法是在市场上逢低吸进，逢高卖出，有时在同一家证券号大进大出，有时则分别在几家证券号大量买进，而在另外几家大量卖出，借以避人耳目。通商银行经营公债投机得到了巨额利润，1937年证券赢利达37.8万元，占全行整个赢利151万元的1/4。②

　　银钱业对公债市场进行大规模的信用扩张，在银钱业的货币和信用扩张基础上，证券市场才会达到火热的程度。在公债行情达到高潮时，银钱业则专注于证券的投机，正常的经济活动则趋于萎缩，这样，尽管总的货币供应量没有明显的增加，但银钱业提供证券商和投机者的贷款成为公债价格暴涨暴落的基础。不仅如此，银钱业还是公债市场的最大投资者，它们参与其中，直接从事公债的投机买卖，更是增加了公债市场的投机风险。1931年"九·一八"事变之前，上海华商证券交易所每日公债买卖成交数为1000万元以上，最发达时每日成交6000万元左右。1933年上海证券物品交易所的证券部合并入上海华商证券交易所后，该所经纪人80家，其中金融业充当经纪人的就有19家，约占1/4。③ 如仅以中国银行而论，1931年的有价证券投资额有72024000元，1933年增至81847045元，两年之间，亦增加了980余万元。④ 再如金城银行自创立到抗战前20年中购买政府的公债库券，始终是资金运用的一大流向。据统计，1934—1936年，分别达到27.44％、24.91％和26.7％（除了中

---

　　① 邓华生：《旧上海的证券交易所》，中国人民政治协商会议上海市委员会文史资料委员会编：《上海文史资料选辑》第60辑《旧上海的金融界》，上海人民出版社1988年版，第339页。

　　② 陈泽浩：《中国通商银行始末》，中国人民政治协商会议上海市委员会文史资料委员会编：《上海文史资料选辑》第60辑《旧上海的金融界》，上海人民出版社1988年版，第201页。

　　③ 吴景平等：《抗战时期的上海经济》，上海人民出版社2001年版，第306页。

　　④ 许达生：《中国金融恐慌之展开》，《东方杂志》第32卷第5号（1935年3月1日）。

央、中国、交通三银行外，金城比任何银行都大），抗战前夕更达到43.40％，比1927年增加7.71倍，占国民政府公债发行总额的1.72％。[①]

　　总之，银行等金融机构是上海公债市场中的机构投资者，且占有主导的地位。一般来说，在发达的证券市场，机构投资者是稳定证券市场的主要力量，对市场价格波动有反方向操作的稳定作用，当市场价格持续上涨时，风险增加，收益率下降，机构投资者卖出，在价格下跌过多时，则会买进，市场中充满理性的投资者，不会出现大涨大跌。然而，在近代中国的华商证券市场上，虽然机构投资者占据主导地位，但并没有起到稳定市场的杠杆作用，这是为什么呢？本来，证券市场是高度市场化的产物，应充分体现市场经济规律，并依据法律和法规运作。然而，当时由于政府公债是市场的主要交易对象，政府才是证券市场的最终操纵者，国家政策经常成为证券市场运行调控的主要手段，因此，近代中国华商证券市场显示明显的"政策市"特征。并且在此过程中，金融机构常常和政府纠合在一起，共同干预和操纵市场的发展。如1936年公债政策的大改革首先影响的自然是国债市场。上海华商证券交易所，从2月1日起停止交易，15日得财政部命令，从17日起允许重新开市。15日，交易所当局决定新统一公债从28日起开始买卖，规定买卖办法8条。同时，在28日以前，因为欲避免交割时的繁杂，决定禁止一切"新做买卖"。到17日当天，因为1月底的大量售货尚未完全以现货交割，于是决定午前依然停市。下午开市，各债都惨跌2元至4.4元不等，于是再度停牌。17日后，由财政部指令中央、中国、交通三银行及国货银行、中汇银行等出面购进，维持债市。这就是政府与金融界的联合动员。28日，新公债交易开始，第一盘市价在6.1折至6.5折之间，二盘再落，但因政府规定统一公债在充作银行保证准备时，作7折计算，所以，市价被强制保持在6折以上。可见，政府与银行界联合所显现出的统制力相当强烈。[②]

　　由以上可知，金融业、金融市场与政府债券市场关联的密切，金融

　　① 洪葭管：《在金融史园地里漫步》，中国金融出版社1990年版，第198页。
　　② 孙怀仁：《二月份中国经济杂记》，《申报每周增刊》第1卷第9期（1936年3月8日），第210页。

市场所收的债券押品，因有公债市场的存在，得到更安全的保障；公债市场所做的各项债券，因有向金融市场抵押借款的可能，能获得资金周转的便利，所以金融市场有雄厚的资金，则押款愈易，而证券市场亦可更臻活跃。从另一方面来说，如果公债市场极为稳定，则债券押款获得更雄厚的保障，金融市场即可臻于安稳之境。万一公债市场债券的价格低落，押款即呈动摇的情势，金融市场亦必受其波动而生不利的影响；反之，金融市场的拆息高昂，则证券押款感受通融的困难，影响所及，证券市场亦难维持其原来的安稳状态，故二者关系之密切，谓为唇齿相依，亦不为过。

本章小结

内债作为政府举借的债务，既是国家信用的主要形式，也是国家组织财政收入的主要方式。相对于财政收入的一般形式——税收而言，内债具有自愿有偿的特征，是一个重要的经济范畴，在近代社会经济中起着独特的作用。从学理上分析，内债的作用可以从财政角度和经济角度两个方面进行分析。从财政角度来看，国债是弥补财政赤字、筹集建设资金、平衡国家预算、解决财政困难的可靠手段；从经济角度来看，国债是国家实施宏观经济调控的重要杠杆，是国民经济可持续发展的有力支撑。而相比之下，近代中国政府所发行的内国公债的作用仅限于前者，其经济的作用相对较弱。

近代中国公债市场的兴盛与以银行为首的金融业的大肆投机操纵不无关系，特别是从1921—1922年"信交风潮"后到抗战爆发前的上海证券市场上公债交易的火爆与一枝独放，更是与上海银行业为首的金融业投机操纵直接相关。公债市场的存在，金融业对与政府债券的大宗经营，为政府发行公债提供了良好的平台，也是致使政府不断地、没有节制地滥发公债的重要原因之一。政府公债的大量发行，又促进了银行业和公债市场的畸形发展。可以说公债市场与政府公债相互促进、互为依存，构成了近代中国华商证券市场与政府财政的基本关系特点。然而这种关系诱使中国华商证券市场与政府财政失去了应有的理性和公共性，使两者都陷入了一种非理性的疯狂。

正因为如此，政府债券的大量发行，金融业对政府债券的情有独钟，导致金融业的业务偏离了正常的发展轨道。由于公债利息优厚，一般银行相率投资于公债投机之一途，银行界遂以公债为唯一之目的物，对于工商业界之要求融通，不屑一顾，致使工商业告贷无门，艰困万状。而政府发行公债，也不考虑公债的合理与社会利益及国民经济长远发展，只考虑政府自身的一时之需。这种饮鸩止渴的做法，使结果走向了财政状况和国民经济不断恶化与恶性循环的不归路。

第六章　近代中国华商证券市场的泡沫性分析

如果证券市场大起大落，投机色彩过重，就不是一个成熟的市场。市场的稳定性是市场正常运转的基础，它是指市场不受个别投资者的操纵而人为地使证券价格波动，并不是指证券价格不能反映市场信息的变化。证券市场的泡沫性是指证券价格与其价值的背离。由于供求的影响，证券价格总是围绕其价值上下波动的，证券价格较长时间的严重背离证券基础价值，就形成了证券市场的泡沫性。近代中国华商证券市场在80年的发展历程中，已发生了数次大起大落，市场价格的波幅大都在30%—50%之间，呈现出典型的投机性与泡沫性特征。

近代中国华商证券市场的形成与变迁存在着一个十分特殊的现象，这就是投机与违规。尽管各国证券市场都不同程度地存在投机与违规问题，这是证券市场的伴生物，但近代中国华商证券市场更为突出，投机与泡沫成了这一市场的一大特色，主要表现为证券市场的风潮迭起：一是投机程度更高，涉及范围大，持续时间长；二是违规涉及面广，参与机构与人数众多，禁而不止。因此，克服证券市场的投机与违规是近代中国证券市场发展的一个艰巨任务。

近代中国华商证券市场的投资者主要分为个人投资者和机构投资者两类。这两类投资者在不同历史时段所占比重各不相同，在证券交易所正式成立以前，以个人投资者占主导地位，在证券交易所建立以后，机构投资者逐渐成为了证券市场的主体。

完整的证券市场既包括股票市场又包括公债市场，然而，近代中国华商证券市场经历了一段曲折的历程。从1872年中国第一家近代股份制企业轮船招商局建立，到1949年中华人民共和国成立止，经历了三个不同的发展阶段，形成了从股票市场到公债市场再到股票市场的交替发展。

第一阶段：1872—1922年，以股票市场为主体的证券市场的起步阶段。股票交易一直是证券市场的主流，政府发行的内国公债，虽然早在晚清时期即已出现，但由于当时中国缺乏发行公债所必须具备的条件，晚清政府发行的公债没有在市场上流通。大约在民国三年至民国四年（1914—1915年），随着北京政府公债的发行，市面上才开始有了政府公债的交易。不过在1921年"信交风潮"前，政府公债与企业股票虽然都是华商证券市场的主要交易品种，但市场中仍以股票为主，公债未占主导地位。

第二阶段：1922—1937年，以公债市场为主体的证券市场的形成阶段。"信交风潮"结束以后，股票交易受到冲击，交易极为稀少，政府公债逐渐成为证券市场的主要标的物，到南京国民政府统治的前10年（1927—1937年），由于政府公债的大量发行，公债市场更是达到鼎盛时期，公债交易在证券市场上占98%的绝对优势，成为了名副其实的财政市场。

第三阶段：1937—1949年，以股票市场为主体的证券市场的完成阶段。抗战爆发以后，随着战局的变化，在上海曾经盛极一时的公债交易渐趋冷落，代之而起的是华、洋股票交易的复苏、兴盛与繁荣。在洋商股票的带动下，1940年6月后，华股交易日渐增多，到太平洋战争以后更是达到疯狂程度，在北方金融中心的天津，以企业股票为主要交易物的证券市场也逐渐发展起来，到1945年建立了伪华北有价证券交易所，但其存续的时间很短暂，仅两个多月即为国民政府所接收。战后，随着上海、天津证券交易所的建立，股票市场进一步完善起来，直到1949年结束。

正是由于近代中国华商证券市场发展历史的特殊性，股票市场与公债市场并未同步发展，而是呈现出此消彼长的过程，因此，本章将分股票市场和公债市场分别对近代中国华商证券市场中的主要投机风潮进行分析，以期为当代证券市场的风险防范提供有益的借鉴。

第一节　近代华商证券市场中的股市风潮

近代中国华商股票市场从19世纪70年代兴起到1949年，中间出现了一个断层，被分成了前后两个时段，1872—1922 年的起步与初期发展阶段及 1938—1949 年的形成阶段。

综观这一市场的产生、发展与演变，可以发现，华股市场与生俱来的是市场的投机，正是由于投机与华股市场相生相伴，才使得这个市场风潮不断，形成了三次较大规模的股市风潮：第一次是晚清华股刚刚萌生时的因过度投机而发生的股票风潮；第二次是交易所诞生之时所爆发的因滥设交易所与信托公司而爆发的"信交风潮"。这两次风潮的爆发给处于起步阶段的中国华商证券市场以沉重打击，致使股票交易从此渐趋沉寂下去，代之而起的是政府公债市场的兴起和繁荣，股票市场出现了长达十数年的中断。第三次风潮则是出现在抗战时期的上海，当战时上海华股市场再度兴起和发展起来后，随之而来的则是华股市场的极度投机与疯狂，这次风潮更使华股市场再次蒙上了背离产业发展的阴影。正是由于这些风潮，致使证券价格与其价值严重背离，造成了华股市场的大起大落，呈现出典型的投机性与泡沫性特征。回顾和研究近代华股市场中的这些风潮，也给我们留下了许多值得思考的东西，为我们如何避免当代股票市场的金融风险提供了可资借鉴的历史经验与教训。

一　晚清的股票风潮

从 1872 年第一家通过发行股票集资成立的轮船招商局开始，到 1882 年前后，在中国的上海出现了前所未有的买卖新式工矿企业股票的高潮。遗憾的是，好景不长，从 1882 年年底开始，上海市场上股票的价格开始有所下落，到 1883 年年底，除了极个别的股票外，绝大多数种类的股票价格都出现了大幅的下跌（表 6—1 所列 1883 年 1 月与 12 月上海部分股票市价及盈亏比较将集中反映这一状况）。此后，这种状况并没有什么改变，到 1887 年才稍有回升，形成了上海历史上也是近代中国历史上第一次股票风潮。[①]

---

① 有关晚清华股市场的详细情况参见本书第一章相关内容。

表 6—1　　　　1883 年 1 月与 12 月上海部分股票市价及损益比较表

各公司名目	1883 年 1 月价	1883 年 12 月价	每股盈亏	共计盈亏
招商局新股（2 万股）	150 两	60 两	− 90 两	− 180 万两
仁和保险新股（1 万股）	72 两	36.5 两	− 36.5 两	− 36.5 万两
济和保险（1 万股）	71.5 两	35 两	− 36.5 两	− 36.5 万两
平泉铜矿（0.34 万股）	126 两	40 两	− 86 两	− 29.24 两
开平煤矿（1.2 万股）	169 两	60 两	− 109 两	− 130.8 万两
电气灯（0.8 万股）	约 70 两	约 30 两	− 40 两	− 3.2 万两
长乐铜矿（0.1 万股）	142.5 两	42 两	− 100.5 两	− 10.05 万两
公平缫丝（0.1 万股）	约 85 两	28 两	− 57 两	− 5.7 万两
鹤峰铜矿（0.2 万股）	127 两	30 两	− 97 两	− 19.4 万两
叭喇造糖公司（0.5 万股）	42 两	28 两	− 14 两	− 7 万两
上海保险公司（0.5 万股）	52.5 两	30 两	− 22.5 两	− 11.25 万两
金州煤铁矿（0.6 万股）	92.5 两	40 两	− 52.5 两	− 31.5 万两
池州煤铁矿（1.2 万股）	37.75 两	16.5 两	− 21.25 两	− 25.5 万两
沙峚开地公司（0.4 万股）	约 25 两	15 两	− 10 两	− 4 万两
荆门煤铁矿（0.5 万股）	约 21.5 两	15 两	− 6.5 两	− 3.25 万两
施宜铜矿（0.4 万股）	约 98 两	24 两	− 74 两	− 29.6 万两
承德三山银矿（0.8 万股）	71 两	约 30 两	− 41 两	− 32.8 万两
白土河银矿（0.5 万股）	89 元	50 元	− 39 元	− 19.5 万元
贵池煤铁矿（1.8 万股）	26.5 两	13 两	− 13.5 两	− 24.3 万两
电报二月初二起（0.8 万股）	101 元	40 元	− 61 元	− 48.8 万元
自来水老股（0.6 万股）	20 磅	28 磅	＋ 8 磅	＋ 4.8 万磅
赛兰格点铜（0.25 万股）	113.5 元	240 元	＋ 126.5 元	＋ 31.62 万元
总计亏损	20 只股票共计亏耗银 620.59 万两、洋 68.3 万元			
总计赢利	2 只股票共计 4.8 万磅、31.62 万元			

　　资料来源：《综论沪市情形》，《申报》1884 年 1 月 23 日。原资料统计有误，本表予以纠正。

　　由表 6—1 可见，这次风潮使股票持有者遭到惨重损失。《申报》上以光绪九年（1883 年）正月和腊月的股票价格来计算购买股票的盈亏，共统计了 22 只股票，一年中上涨的只有 2 只股票，且获利甚微（自来水老股获利 4.8 万磅，赛兰格点铜获利 31.62 万元），而跌价的就多达 20 只股票，共计亏耗银 620.59 万两，洋 68.3 万元。一年之中所耗如此巨数，由此可知，当时投资购买股票者实际已损失惨重。正如文中所呼吁："因而骤涨之时至于无处可购，骤落之后几于一钱不值。而十万百万之血本，变为破纸一卷，此中亏耗者独非市面之银乎！"可见股民大多亏损。

正当华股交易在上海如火如荼展开时，在华外商不少已经看到了中国股票交易的危险，"西友言及中国股份不若外国之认真，若外国纠集公司必有实效可呈，中国之纠集公司则竟有所创之事绝无眉目，而股份票已日渐增长者，善于经营者，俟其价浅贱而购之，待其价贵而售之于人，不啻如银洋之空盘者，然是亦中国之一弊也"。遗憾的是，这并没有引起国人的重视，相反，不少人对此则认为："然仆以为此言固亦酌有所见，但华人既纠股份创公司，则亦必有以取信于人而后人争信之，如竟胸无成竹，绝少把握而为脱空之事，则亦孰从而信之，况究系银钱交易，华人虽信义不足，亦决不肯自丧其赀，故凡公司之集必非全然无因，特创始之初，未知将来成败若何，而先已轰动市面，此即华人之情性向来如此，有不可变易者也，然正惟有此轰动而市面即可从此繁盛，巴黎斯、伦敦两处，其生意之兴旺甲于天下，正为此也，上海近来公司之多，如此则将来隆隆日上，夫岂让于泰西哉。"①

不过，也有人看到了中西股份公司的不同，提醒国人购买股票需谨慎："然西人之集公司也，与华人不同，西人实事求是，欲集一股份必先度其事之可以有成，业之可以获利，而后举行。虽或时事不齐，亦有未尽得法之处，然断不至全系脱空一无影响……闻之西友西人在外贸易获利满载而回，则择稳妥可靠之股份而购之……不若华人之一闻股票涨即以售之于人，此中西人之所以异也，今华人之购股票者，则并不问该公司之美恶及可以获利与否，但知有一公司新创纠集股份，则无论何如竟往附股或十股廿股数十股数百股，唯恐失之其有派股不及者……至于该公司之情形若何，则竟有茫然不知者，抑何可笑之甚也……然公司虽多，而所谓公司者，不过为纠集股份买卖股票起见，仍于事实一无所见，适或将来有一二家公司先则尽属虚架，至后而或闭或逃致成倒账，而有股诸人至于轻丧其赀，不胜愤然，则将来必至因噎废食，而视公司股份为畏途，此则实于通商市面大有关碍，古谚有之，盛极必衰，中国之有公司，虽近年始见创办，然一经创始即举国若狂，日增月盛，其机之捷反

---

① 《公司多则市面旺》，《申报》1882 年 8 月 24 日。

若胜于西人，此即盛极之验而必衰之预兆也，不慎于其先，以至贻悔于其后，不亦大可惜哉，故窃顾华人之买股票者，先详审夫公司之虚实，办理之臧否，利益之多寡，然后自定取去勿专为随波逐流以致自误而后悔无及，则实于商务大有裨益焉尔。"① 只可惜，这样的声音并无人理睬，对已经沉浸在投资股票的狂热中的人们没有起到应有的警醒作用。这也从另一个侧面反映出，当中国证券市场刚刚兴起的时候，买卖股票以求暴富就成了多数股民的内在动力。

正是由于晚清上海股市的活跃，建立在民众狂热的投机交易基础之上，股市成为了当时上海泡沫经济的一个重要组成部分，到 1883 年年底，绝大多数股票价格都大幅下跌，股票持有者解套无门。由于进行股票抵押，股票贬值就造成了许多经济纠纷案件，官府办案应接不暇。1883 年冬，上海爆发的这场金融风潮，正如杜恂诚先生研究指出②，引起这次风潮的原因虽然很多，但最直接的原因，是中国商业资产阶级对工、矿、交通运输等企业作了力不能及的过分投资，仅就杜先生对一些较大企业的考察，商股总额就约达 677 万两之多。这数百万两的企业投资，加上股票涨价，是市面银根所无法支撑的，于是抽走了商业流通渠道中本来已经捉襟见肘的银根，再加上其他一些客观的原因，终于激起商品流通渠道的崩溃。

应该看到，"过分投资"是引发这场股市风潮爆发的直接原因，而股市参与者的投机心态则是其根本原因。正如前所引述资料中许多人分析的那样，中国的股票市场，一开始就受投机思想的支配。以办公司为名发行股票进行圈钱，是投机；不问公司之有无、好坏，以购买股票为发财捷径，也是投机。

19 世纪 80 年代的这次股票风潮给当时参与其间的中国传统金融机构——钱庄业以致命打击。由于购买这些股票的人，并非全是自己的货币积累，很多是靠向钱庄借贷资金购买，当股票风潮兴起后，钱庄业受此拖累而大批倒闭。如 1883 年 10 月上旬，在上海投巨资购入房地产和股

---

① 《购买股份亦宜自慎说》，《申报》1882 年 9 月 2 日。

② 杜恂诚：《民族资本主义与旧中国政府（1840—1937）》，上海社会科学院出版社 1991 年版，第 24—27 页。

票的广东籍大富商徐润因房地产和股票价格狂跌遭受了损失，当时徐润的公司与 22 家钱庄往来款项共计 2522247 两，最后造成逾百万两的巨额债务不能清偿，其中仅以股票向钱庄抵押的款项就达 419920 两，致使 22 家钱庄受其牵连而濒于倒闭。① 于是，股市的狂跌造成银根极紧，贷出者催讨欠款，资金融通一旦受阻，借款购股者就只得向市场抛售股票。开始时，削价出售尚有买主，可后来股票抛售者越来越多，低价出售也无买主，甚至连平时素有信誉的招商局的股票价格也低到无以复加的地步，新办的中小型厂矿的股票更是无人问津，形同废纸。这样，矿务股票风潮的爆发对 1883 年上海金融市场发生的倒账风潮起到了雪上加霜的作用。正如《字林西报》1883 年 11 月 1 日的报道中所指出的："自去岁矿务及各公司大兴广招股份，忽然搁起银数百万两，而支绌情形乃昭然显露矣。当各矿举办之初，不过暂借富商之力，众擎易举，原期大有利于国家；不谓市廛奸侩特开售卖股票之风，以致举国若狂，纳股者非富豪藏窖之银，乃市肆流通之宝，而害遂不可胜言矣。倘使如初办时章程，不论官商愿入股者，仅取常年官利及分派彩结花红，则入股之人必自忖此项银两实为有余，本是存款不过移东就西，并非左支右绌，方肯纳股，如此之股虽集千万，于市面何害乎。乃今所收股银，大抵皆钱庄汇划之银，平时存放与人有收回之日，一入各公司股份，永无可提之日矣。初时争先恐后，贪得无厌者，原冀得股之后，股票骤涨，即行出脱，岂知未能大涨，而人心不足，稍有盈余，必图大获，乃久之而盈余且不可得矣，又久之而如本以售亦无人问矣。将左支右绌，东移西撮之银，以易此无用纸券，一旦债主催逼，无地容身，为伙者亏空店本，为东者累及他人，倒闭纷纷，遍逃累累，而市面不可问矣。因是九月底期，银号、钱庄一律催收，急如星火，以致沪上商局大震，凡往来庄款者皆岌岌可危，虽有物可抵，有本可偿，而提现不能，钱庄之逼一如倒账，市情如此，吾不知其伊何底极也。"② 由此可知，当时购买股票的资金大多来自钱庄，这次股票风潮的爆发对传统金融机构——钱庄的打击也是十分巨大。

① 中国人民银行上海市分行主编：《上海钱庄史料》，上海人民出版社 1960 年版，第 46 页。
② 同上书，第 50—51 页。

　　当然，1883 年的这次金融风潮更是给新兴的华商股票市场以沉重打击。19 世纪 80 年代初期以上海为中心而展开的中国新式厂矿的集股活动，除了轮船招商局、开平矿务局规模较大，已卓有成效地投入生产和经营之外，其余各矿均是各省兴办的中小型企业，它们还处于筹备阶段，技术是否有把握、利润是否有保障，均难预料，但它们发行的股票却在上海被人们争相购买，市价哄抬大大超过面额。而当股票持续下跌时，则使股票持有者遭到惨重损失。仅从表 6—1 中可知，1883 年冬，20 只股票就亏耗银620.59 万两，洋 68.3 万元。自此股价一落千丈，甚至到 1885 年 10 月 22日，招商局新股原价 100 两，市价仅 49.5 两；中国电报原价 100 元，市价52 元；织布局原价 100 两，市价 18 两；平泉铜矿原价 105 两，市价 31 两；开平煤矿原价 100 两，市价 49.25 两；电气灯原价 100 两，市价 4 两；赛兰格点铜原价 100 元，市价 10.5 元；旗昌栈码头原价 100 两，市价 80 两；叭喇造糖公司原价 50 两，市价 13.5 两；上海保险公司原价 50 两，市价 20.5两，等等，这些股票均跌多涨少，甚至还有不少前期上市的股票已经不能在股市上流通了。[①] 经过这次股市风潮，股民们吸取了教训，视购买股票为畏途，由狂热而转向谨慎，几乎有谈虎色变之势。上海华商股市的这种状况，使得此后的集股筹资活动难以继续开展，直到 1893 年，一般商人一听到"纠股集资"四字，仍"无不掩耳而走"。[②]

二　民十"信交风潮"

　　所谓"信交风潮"，就是指信托公司和交易所在短时间内发生大变动，出现破产的风潮。到 20 世纪 20 年代前后，北京证券交易所、上海证券物品交易所与上海华商证券交易所的相继成立，标志着经历了近半个世纪艰难历程的中国华商证券市场的正式形成。然而，此后一年多的时间里（1921—1922 年）在上海市面上一股风似的竞相开设了近 140 余家交易所和信托公司，各埠如汉口、天津、广州、苏州、宁波等处，亦相率效尤，1921 年秋达到极盛。很快，又像得了瘟疫般一下子倒闭，上海

---

① 《九月十五日公平易股价》，《申报》1885 年 10 月 23 日。
② 洪葭管、张继凤：《近代上海金融市场》，上海人民出版社 1989 年版，第 146—147 页。

仅剩 6 家交易所和 2 家信托公司，上海新兴的证券业与金融业因此受到灾难性打击。天津、汉口等地的交易所更是昙花一现，或宣告停办，或宣告清理。许多信托公司也接踵倒闭。这场以上海为中心发生的交易所和信托公司旋启旋闭的事件，因为发生在中华民国十年，所以也有人称其为"民十风潮"，是我国证券史上最著名的一次金融风潮。

这次风潮的酝酿和爆发显示出近代中国经济运行中的某些显著特征。第一次世界大战及其以后，世界列强因忙于战争及战后的整顿，无暇顾及对中国的经济侵略，输华的资本和商品大为减少，中国的民族工业得到了一个发展的机会。民族工业的赢利大幅度增加，在第一次世界大战时期积累起来的资本总额估计在 3 亿元左右。[①] 这些资本需要寻找投资场所，而大批待创和已创的企业都需要获得大量资金，这就对信交机构的建立提出了客观要求，给金融业的发展提供了一定的条件。不久后创设的交易所恰恰能为它们的资金融通起媒介作用，因此相辅相成。

从金融业本身来讲，原在外国银行控制压迫下的中国金融业，由于国际环境的变化，得到了喘息的机会，外国银行"自从辛亥之变，青岛之役，一般有存款者，均感其痛苦，已非昔日之信用矣。近年大宗存款固不多见，即零星存款也暂趋于本国银行"。[②] 这使中国金融业发展获得了较好的外部环境。而国内金融业发展的最大动力，是腐败的北京政府财政困难，只能靠借债度日，从而大发债券，月息竟高达 3—5 分，银行购买债券可获巨利。因而到了 1920 年，全国华资银行业大兴，年底实收资本已达 88084 千元（103 家），是 1912 年年底华资银行实收资本 27136 千元（37 家）的 3 倍余。[③]

此时中国的经济结构已是根深蒂固的半殖民地半封建性质，它和帝国主义国家的经济有着密切的联系。第一次世界大战期间，帝国主义国家忙于战争，这既给中国的民族工商业以发展的机会，同时也对半殖民地半封建社会的经济体系起了破坏作用，它打破了这种经济体系的平衡，

① 朱镇华：《中国金融旧事》，中国国际广播出版社 1991 年版，第 191 页。
② 徐沧水：《论今日在华之外国银行》，《银行周报》第 1 卷 18 号（1917 年 9 月 25 日）。
③ 唐传泗、黄汉民：《试论 1927 年以前的中国银行业》，《中国近代经济史研究资料》第四辑，上海社会科学院出版社 1985 年版，第 64 页。

因而使得中国的社会经济不久就陷入了停滞状态。到1920年下半年，国内工商业开始停滞，外国商品不能输入，国内商品输出量大减，半殖民地半封建经济不景气，特别是上海，社会游资大增而苦无出路。而分别于1920年7月开始营业的上海证券物品交易所和1921年1月开始营业的上海华商证券交易所成立初始就获利颇丰，这引起了游资投机于交易所和信托公司的狂潮。

上海证券物品交易所，自1920年7月2日开始营业以来，棉纱、证券等买卖日渐畅旺，到年底仅5个月时间，收入经手费已达509400余元之巨，经最后结算，本期纯利益36.43万余元。[①] 到1921年5月第二届营业结账时，其纯利润为银元36.87万元，折合年利润率达50％强（当时实收资本为125万元）。[②] 同时面粉交易所、杂粮油豆饼业交易所、华商棉业交易所，俱急起直追，积极筹备，先后呈准农商部，于1921年春相继成立。开业后，其股价莫不飞涨，获利倍蓰。而与此同时，银行对工商业的放款利率仅维持在10％左右，工业利润率更低，如纱厂利润率只有5％。[③] 而交易所50％的利润率，当然是相当引人倾羡的。在这种大利当前之际，不甘坐失机会者，均视交易所为致富捷径，认为开办交易所这样的机构，既不需要很多资本，又容易赚钱，是条尽快发财致富的路，而且还是个人集资、融资的好场所。这就诱使许多人视开设交易所与信托公司为发财捷径，于是从上海开始，掀起了一场波及全国不少城市的争设交易所狂潮。主要呈现出以下特征：

首先，交易所与信托公司的筹设在半年多时间里呈现出惊人增长。1921年5月后，充斥于市的游资百川入海似的竞相涌入信交事业。各行各业竞相单独设立本行业的交易所，大至金、棉、丝、粮、油、酒、皮毛等行业，小至竹、木、纸、瓦、烛、皂等行业，有的行业竟设有2家甚至3家。有的还别出心裁，设立什么星期日交易所、夜市交易所，真是五花八门，应有尽有。一时间，交易所像雨后春笋般涌现，据统计，上海自1921年5月起，到9月底共设交易所70家，其中除17家已开始

---

① 《证券物品交易所股东会纪》，《申报》1921年1月17日。
② 中国第二历史档案馆馆藏南京国民政府财政部未刊档案：档号三（2）-873。
③ 朱镇华：《中国金融旧事》，中国国际广播出版社1991年版，第191—192页。

营业外，其余 53 家，处于征收股银或构筑市场阶段，开始营业，尚无定期。9 月以后新增设 43 家，到 11 月 10 日止，统计前后有交易所 112 家。[①] 另据统计，1921 年 5—12 月的 8 个月中，上海新设企业共计 243 家，而交易所的创设在上海各种新设企业中位居榜首，达 136 家之多。另有信托公司 12 家[②]，它们是：中国商业、上海运驳、大中华、中央、中华、中外、中易、通商、通易、神州、上海、华盛等，资本多者数千万元，小者 200 万—300 万元，共计达 8000 余万元。[③] 在上海 "太平洋物产证券交易所与上海运驳信托公司同时发起筹备……发起人到者百余人……提议因各方面要求加入发起者甚多，故议决原发起人各牺牲股额若干，将发起人名额，推广到一百二十名云"。[④] 宁波也在 1921 年夏秋至 1922 年年初的短短半年时间中就先后设立了宁波证券花纱交易所股份有限公司、甬江油豆交易所股份有限公司、宁波棉业交易所股份有限公司、宁波面粉交易所股份有限公司、宁波金银交易所股份有限公司、宁波纱布交易所股份有限公司等 6 家交易所交易所和四明信托股份有限公司 1 家信托公司。[⑤]

　　其次，新设立的交易所与信托公司多属违法设立。根据 1914 年北京政府颁布的《证券交易所法》中明确规定：（1）每一地方只能设一个证券交易所，且必须经农商部批准；（2）由农商部行使对交易所的交易监督权与违法处罚权。[⑥] 然而，在 "信交风潮" 中，上海一地所设之 100 多家交易所与信托公司，无论是否有资格经营证券，却几乎都与证券交易有关，而交易所的注册问题更是混乱不堪，只有华商证券、华商棉业、华商纱布、上海杂粮、面粉麸皮、证券物品等 6 家交易所领到农商部颁发的营业执照，此外各家有向法国公堂呈请立案者，也有向意大利领事署注册者，办法并不统一。最初设立者多在英租界，后发展到法租界。[⑦]

①　朱羲农：《交易所之分析》，《银行周报》第 5 卷第 44 号（1921 年 11 月 15 日）。
②　《去年十二月份上海企业之状况》，《银行周报》第 6 卷第 4 号（1922 年 1 月 24 日）。
③　朱斯煌主编：《民国经济史》，银行学会、银行周报社民国三十七年版（1948 年），第 123 页。
④　《时事新报》，1921 年 8 月 23 日。
⑤　《头版广告》，《时事公报》1922 年 1 月 15 日。
⑥　上海档案馆编：《旧上海的证券交易所》，上海古籍出版社 1992 年版，第 274—281 页。
⑦　《最近交易所调查》，《钱业月报》第 1 卷第 12 期（1921 年 12 月）。

可见，这些发财心切之徒见利忘义，他们或者跑到"国中之国"的法租界开设交易所，靠着洋人的特权保护来对抗中国政府的法令；或者转而谋取军阀割据势力的庇护，请上海地方军阀批准他们的交易所开业。凡此种种，都使当时北京政府的《证券交易所法》得不到执行，中央政府的有关法令成了一纸空文。而对于信托事业，当时的北京政府还没有立法，致使对信托公司的创立了无法可依，当交易所创立受到限制后，于是纷纷创设信托公司以逃避法律制裁。

再次，这些交易所与信托公司的建立主要是投机所致。当时所开拍的证券，有北京政府历年所发的公债和工商企业的股票，但是这些公债和股票，市面流通数量不多，而原来经营证券、代客买卖的股票商仍然在自己的公会、市场做买卖。一时之间创建如此众多的交易所和信托公司并没有多少正常交易，只能热衷于互炒交易所自己发行的股票。于是，当时各交易所没有不经营本所股票的，有不少交易所甚至以此为唯一或主要业务，其利用社会公众的投机心理哄抬股价并从中渔利。而这些交易所自己的股票价格在人们投机狂热的驱使下一涨再涨，高的竟涨至五六倍；有的股票尚未发行，仅凭认股证就可卖高价。从最早建立的上海证券物品交易所当时的实际交易情况看，棉花部、棉纱部营业非常活跃，但证券部除本所股票外，公债和其他股票交易总做不开，零零落落，不成局面。所以证券物品交易所中的证券交易，实际就只能以本所股票买卖为主要内容。大约在1920年年底到1921年年初，证券物品交易所就已开始做本所股套利交易。起初交易不多，据说该所做本所股的第一个赚钱的是孙天孙，他从20元的价格开始做多头，陆续收进，涨到40元时了结，赚了一大票。此风一开，做本所股的就接踵而来。[①] 理事张澹如更是与第25号经纪人洪善长等搞多头公司，垄断本所股票，拉抬市价，到最后，本所股价格抬高至400余元（原每股25元）。[②]

对此，上海银行公会与钱业公会深感忧虑，曾于1921年5月就各交

①　邓华生：《旧上海的证券交易所》，中国人民政治协商会议上海市委员会文史资料工作委员会编：《上海文史资料选辑》第60辑《旧上海的金融界》，上海人民出版社1988年版，第328页。

②　朱振陆：《证券物品交易所简述》，《20世纪上海文史资料文库——（5）财政金融》，上海书店出版社1999年版，第302页。

易所股票买卖事，呈请北京农商部、南京省署加以取缔："视察近来各交易所，接踵而起，触目皆是，贪利之徒，竞相买卖，举国若狂，悖出悖入，贻害靡穷，他勿具论，即其本所股票而言，集股之初，票价即涨，一经奉准，愈涨愈暴，有涨至五六倍者，况本所股票在本所买卖，尤属违法，沪市前承欧战之影响，近遭仙（先）令之步涨，破产堪虞，竭蹶万分，设一旦票价暴落，祸害之烈，甚于橡皮风潮，扰害市面，金融界必首蒙其厄。乌可默尔无言，试问本所股票在本所买卖，是否违法，应请钧座（部）迅赐纠正，全市安慰，关系匪细，伏候电示。"①

正如银钱业公会所担心的，好景不长，到 12 月局势即出现逆转，由于投机盛行吸走了大量资金，加上时近年关，市面资金紧缺。那些买空卖空、"借钱发财"的投机者们顿时告贷无门，周转不灵，于是发生了交易所和信托公司纷纷倒闭的风潮。由于这些交易所和信托公司互相有着复杂的债务和信贷关系，一家倒闭往往拖累别家，引起连锁反应，这场风潮变成了一场大风暴。各种交易所经过清理、解散、归并，到 12 月下旬，尚在开拍，各报刊有市价者，只有 17 家：上海证券物品、华商证券、金洋物券、棉纱、杂粮、浦东花业、煤业、中国粉装、糖业、中国棉花、棉业、纱布、面粉、沪江杂粮、夜市、五金、中国证券。②而风潮之后，还能继续存在的交易所只剩下 6 家，即上海证券物品交易所、上海华商证券交易所、上海华商纱布交易所、上海金业交易所，中国机制面粉上海交易所和杂粮油饼交易所。信托公司仅有中央和通易两公司继续营业。

信交事业和产业、商业、金融业等息息相关，是各行各业的交叉点。此次被卷入信交狂潮的，除商人、厂主、银行家、地主、官僚外，还有吏员、社会名流、市民、工人、农民甚至"娼优隶卒，屠狗贩夫之流"。所以，信交机构的大量倒闭就直接扰乱了整个社会经济的发展，导致大批企业与金融机构破产。如 1921 年 12 月 7 日《申报》就在《企业界之恶耗》的标题下，刊载了三则破产消息。其中一则说："某交易所经纪人郑

① 《上海银行钱业两公会呈请限制各交易所之电文》，《银行月刊》第 1 卷第 6 号（1921 年 6 月 5 日）。

② 《去年十二月份上海企业之状况》，《银行周报》第 6 卷第 4 号（1922 年 1 月 24 日）。

志杰，在新闸地区开有花厂花行各一，于纱花两业中交易素有声势。近因所营棉纱棉花证券等买卖处处失败，不能支持，于前日倒账逃匿，计欠亏南北市钱庄及厂家等款约十余万金。"再如，由于上海各华商银行通过买卖有价证券、抵押放款、做"套头"等途径，与信交业的联系很密切，因而当"交易所风潮之起，银行倒闭者踵相接"。沪海实业银行因投机亏债，被债权人起诉，经查验，该行累计亏欠 60 余万两……行长陆冲鹏遁走他乡，该行首先倒闭。在风潮中先后倒闭的银行，还有中外、民新、惠工、丰大、华孚等 5 家，约占当时上海华资银行的 1/6。毫无疑问，这对银行界是一次沉重打击。[①] 总之，一场争先恐后开设信交机构的闹剧，以惨痛结局告终。

此次"信交风潮"由巅峰很快而至崩溃的根本原因则在于：交易所与信托公司的创设超过了当时社会工商业经济发展的要求，与当时中国社会经济发展极不相适。

首先，信托公司和交易所本是资本主义国家商品经济高度发展下的产物，而此业在中国资本主义经济尚处于起步阶段就得到猛烈发展，显然是不正常的。游资的持有者不是搞交易所和信托事业，而是疯狂地追逐暴利，因而交易所和信托公司必然相继失败，引起信交风潮。

其次，当时机构的设立与商品经济发展程度也相互脱节，虽然交易所进行物品交易和资金融通，有适应经济发展需要的一面，但是客观上也必然会受到当时经济发展程度的限制。当时美国的经济远比我国发达，但其交易所数，据马寅初先生统计，也只有 15 家。[②] 因此，当时中国商品经济发展是缓慢的，多数物品供应量少，客观上并不需要一下子设立那么多交易所与信托公司，半殖民地半封建社会的中国还没有成立大量交易所和信托公司的成熟条件。正如当时人们在评论信托公司时所指出的："盖当信交风潮之际，一般信托公司之设立，实极少社会经济之基础，而仅以为投机之利器。计划既鲜远谋，经营又不稳妥，筹设未竣，即以本公司之股票，投机买卖，从中渔利，实大谬信托公司之本旨。一面既以本公司之股票，作交易所之投机品，一面以交易所之股票，向公

① 肖勤福：《上海金融界"民十风潮"述略》，《近代史研究》1986 年第 2 期，第 35 页。
② 朱镇华：《中国金融旧事》，中国国际广播出版社 1991 年版，第 193 页。

司质借款项，又难免交易所之操纵。交易所一经失败，信托公司焉有不随之以俱逝?"[1] 对此，贾士毅总结道："不意执斯业者，其志不在信托，而在投机，假托之美名，阴行不道德之事业，买空卖空，不合常轨，是以信托二字，一败涂地，不数月间，相率倒闭，金融为之扰乱，社会顿成恐慌。"[2] 在这样一种经济环境中，新成立的交易所与信托公司唯有倒闭一途。

综上所述，任何社会经济活动，都必须遵循其内在的规律，该发展时则发展，该发展到什么程度则发展到什么程度，不该发展时则不能凭主观意志去人为地发展。不然的话，人为程度越大，遭受的打击必越大，对社会经济的干扰和危害也越大，延误正常发展的时间也越长。

三　抗战时期上海华股投机风潮

抗战时期，上海证券市场的华股交易从 1940 年后开始复苏、发展并逐渐兴盛，太平洋战争后更是进入了畸形发展的"黄金时代"，直到抗战结束，形成了一股华股交易的投机风潮。这场风潮的表现主要体现于两个方面：一是华股交易的疯狂，造成股市的大起大落；二是大量华股的滥发，无论新股还是企业的增资扩股，不断充斥上市，造成市场的极大混乱。这两个方面交织在一起，使上海的华股市场达到了疯狂的地步。

1941 年 12 月 8 日太平洋战争爆发后，众业公所被取缔，洋股被扫除于市场之外，华股成了上海证券市场中的一枝独秀。自 1942 年 2 月起，华股同业纷纷复业，3 月以后即股价先后回升，到 5 月涨风大炽，特别是受币制变动消息的刺激，各股市价均直线上升。到 6 月，币制改变正式宣布，股市如醉如狂，涨风之炽，空前未有。有多种股票的新价格竟然超过了旧币计算时的价格。结果，无论新老投资者，只要手头握有股票，没有一个人不获利甚厚。此后，人心渐弛，买风顿息，股价遂急剧下落。至 8 月而疲软达于极点。此时老股因反复下跌，疲风最甚。且投机分子以新股上场开做，抬价出售，一时大有新股声势显赫而老股萎靡不堪之

---

① 朱斯煌主编：《民国经济史》，银行学会、银行周报社 1948 年版，第 63 页。
② 贾士毅：《民国续财政史》第六编，商务印书馆 1934 年版，第 286 页。

象，更促成抛售老股收进新股之风气。但结果新股徒为骗局，市价江河日下，于是两败俱伤，新老股均久疲不能恢复。直至9月末，市价始渐有起色。纺织股、文化股、百货股、交通股、实业股循环回升，华股市况终又欣欣向荣起来，一直到11月，大涨小回，多数股票竟又出现超过6月高峰的新高价。整个1942年的华股投资不能不说稳妥可靠，利益优厚。如以当年6月作为基期，则至少有半数左右的老股均涨至1倍以上，此外亦大多涨起七八成，仅有十分之一二，所涨不过一二成。①

1942年的上海华商股票市场异常活跃，其中纺织股就是这众多活跃股票中的一类，仅以1942年下半年华股市场中的3种老股与7种新股的市场表现就可见其一斑（见表6—2、表6—3）。

表6—2　　　　　　　　1942年10月5日3种纺织老股市价

与票面价对比表　　　　　　单位：法币元

名称	票面价	市价（10月5日）	溢价
永安纺织	100	1650.00	33倍
庆丰染织	100	900.00	18倍
达丰染织	100	820.00	16倍

资料来源：江川：《纺织股之腾涨及走势》，《一周华股市价统计》，《华股研究周报》第1卷第1期创刊号（1942年10月12日），第7、17页。

表6—3　1942年下半年新上场7种纺织新股之票面价与市场价对比表

名称	票面价（中储券元）	平均市价（中储券元）	超出倍数
上海棉织	5	15	3
大中华织造	5	12	2.5
一元染织	10	15	1.5
宏甡织造	5	11.5	2.3
孚昌染织	10	17.5	1.7
新丰染织	10	24	2.4
宁波染织	10	12	1.2

资料来源：江川：《纺织股之腾涨及走势》，《华股研究周报》第1卷第1期创刊号（1942年10月12日），第6页。

———————

① 《股市一年》，《华股研究周报》第2卷第2期（1942年12月28日），第2—3页。

在表 6—2 所列的 3 种纺织老股的市价到 1942 年 10 月 5 日时，已经达到了面额的 16—33 倍，其获利之丰厚于此可见一斑。而 7 种纺织新股中，上海棉织上市最早，宁波染织上市最晚，一元染织次之。但在三个多月的时间里，市价均已超出票面价。其中上市最早的上海棉织所涨最多，而上市最晚之宁波染织及一元染织所涨最少，这足以说明投资者的兴趣集中于纺织业，一有新股即加以吸收的情形。同时，照 7 种股票市价溢出票面价的倍数平均算来，则约为 2.1 倍，换言之，即票面 10 元平均约涨至 21 元。

而在参与当时华股交易的人中有不少是普通老百姓，据记载，1942 年的上海华股市场，将过去的大额股票（通常以 100 元为 1 股）交易，改为了以票面 10 元一股的小额交易后，股票市场更为活跃。股票公司中，50 股或 100 股交易十分忙碌，证明小投资者是当时股票市场中的中坚分子。这样一来，社会的各阶层，尤其是一般知识阶级，如中小学的教员、各公司的工薪阶级，及靠着退俸金为活的失业群也都大量投入到了股市交易中来。他们有一知半解的投资常识，能读各大报刊的经济新闻，同时会询问消息，他们无非想通过购买股票，靠投资获得一部分安全的息金。不过小投资者，仅有不满一万元的资金，这仅有的资金，也许是他们十余年来每天省吃俭用的积蓄，也许是他们日后自己养老及孩子的教育费，但是他们事前并没有正确地调查和参考，于是常常人云亦云，随波逐流，一到市面有变动的时候，他们就会被"大户"吞掉。当股票疯狂的时候，每天都有增资和新股上市的消息，全上海小投资者何止千万。[①]

华股市场热闹之后，股票流通筹码日益枯竭，在此供求失衡状态下，新兴厂商、企业公司乘机大肆发行股票或不断增资扩股，将股票流入证券市场。大小公司即应运而兴，各大报纸的封面位置全被创立会及增资广告所占据，市场上认股十分踊跃，股票溢出原额，更令小投资者可望而不可即。只要有股票，不愁没人要，股票已成奇货可居，于是华商企业纷纷增资。表 6—4 是一个不甚完整的增资总额统计，由此可窥见股票筹码是怎样急剧膨胀的。

---

① 《小投资者的悲哀》，《华股研究周报》第 1 卷第 4 期（1942 年 11 月 2 日），第 2—3 页。

表6—4　　　　1943—1944年3月上海华商企业增资总额统计表

时间	增资总额（元）
1943年1月	5800000
2月	16200000
3月	12000000
4月	6480000
5月	106057000
6月	71627000
7月	37400000
8月	527500000
9月	429650000
10月	201355000
11月	171600000
12月	537400000
1944年1月	264400000
2月	383400000
3月	489000000
总计	3259869000

资料来源：梓康：《论华股交易与华股市场》，《中国经济》第2卷第8期（1944年8月），第9页。

由表6—4可知，15个月来，上海工商业增资计32.6亿元，而这一统计并未包括所有企业的增资总额。这样巨大的增资及资本，从各处聚集起来，如果从事生产实业，当然是件好事，可是，这巨额资金的集中，并非用于生产，而徒为那些"企业家"所利用，造成恶性的股票膨胀。

当时的增资扩股可谓花样翻新，"老店新开，公司增资，此是一法。接盘底货，大加扩充，此又一法。虚拟计划，招揽投资，又是一法"。其方法大致如下："先拟定一个动听的公司名称或工厂名目，然后由几个自己人分别'认足'股款总额，接着便开创立会算作正式成立。这样，股款不必一定要挖腰包，做张传票转账也行，开张远期再付也行，而各人手里却已都有了股票。不多几日，这些股票便可在市场中抛出，股票面加一成二成甚至三成都可以，自会有愿者上钩。"① 增资之目的，在理论上说，当然是适应扩充事业之需要。可事实上，真正为了扩大产业、增加生产、调整资产的目的，而将历年盈余资产重新调整并升股，以平均分配股东的微乎其微，绝大部分企业的增资扩股，或为了周转资金，或为了发股牟利，或为了嫁祸他人。据估计，在30家增资的公司中，真正能属于合理化的增资者，不满5家。②

在股票发行过程中，各种舞弊现象层出不穷，如1942年年底，有读者致函《华股研究周报》杂志，揭发股单舞弊事件，有某位商业巨头借新兴事业为名创立不少公司，他长年豢养着一批海上准闻人，专充招股时值场的龙套。创设一个股份公司，就少不了此辈龙套的值场。而龙套们不惜姓名给人利用，只消有干股到手，也便如"交易而退，各得其所"。因此，据说某商业巨头目前已身兼13个公司的董事长，那些龙套们自然也各人身兼13个董事的头衔了。这真是古今中外所罕有。又据人说：某商业巨头，目下正为填发股单的人暗中舞弊，弄得他在跳脚。原因是：那填发股单的职员，预先在股单上面预留空白地位，然后和认股的人串通，将5股改为50股，直到有人过户时，在对存根时，方始东窗事发，可是又不敢将那职员送官究办，只能代他包瞒着弥补其事，为的是恐怕市场上混乱，股票就此不值钱。像这样的事竟会发生，真是骇人听闻！③ 此事虽无人查究，但由此也反映出当时华股发行的混乱。

1943年年初，因物资统制的强化，大部分资金都流入证券投机，所谓股票公司者，往往能在很短的时期内获得巨利。这对战时生产企业产生了严重的恶劣影响，汪伪当局乃起而制止，于是上海150余家股票公司，一时都陷于停业状态，而股票交易遂变成了黑市。后来股票公司的代表与上海市经济局几度协商以后，一部分股票公司渐次复业，但对股票的买卖，依然未入正轨。汪伪政权为调整证券的流通，安定金融基础，1943年11月，准许伪上海华商证券交易所复业，以期证券交易能步入正轨。然而事与愿违，伪上海华

① 江川：《股票发行之新花样》，《华股研究周报》第1卷第8期（1942年11月30日），第5页。

② 江川：《公司增资与发新股之利弊》，《华股研究周报》第1卷第4期（1942年11月2日），第6页。

③ 《股单舞弊》，《华股研究周报》第2卷第1期（1942年12月21日），第14页。

商证券交易所复业后的华股市场，仍是动荡不安，投机操纵屡屡发生。

伪上海华商证券交易所复业后的营业情况，从 1943 年 11 月 8 日至 12 月 29 日，为时不过 2 月，可是每天的成交金额，已由最初之数百万元激增至 2 亿—3 亿元，成交的股数也由几十万股递增至 400 万—500 万股。此外，上市的股票也由 108 种增加到 120 种左右，而业经审查尚待登场的股票还有不少种。据统计，证券交易所在 11 月份的成交额，计股数合计 17063610 股，金额合计 710612194 元。12 月份激增为股数 81162170 股，金额 4217049550 元，约达 11 月份之 5 倍左右。合计从 11 月 8 日至 12 月 28 日，其营业数字为成交股数 98225780 股，成交金额 4977661744 元。[①] 上列的数字确实庞大惊人。但这还未包括交易所以外之场外交易，所以，这一个数字还不足以概括全上海华股买卖的整个状况。若将两方面的情况都计算在内，那么，上海整个华股市场的情形也就不言而喻了。

在伪上海华商证券交易所复业的 1943 年下半年就出现了股票的急速拉抬和 1944 年 2 月的抛空盛行。让我们先观察 1943 年 7 月、8 月及 12 月三个月中股价的涨势，表 6—5 的统计是根据中国经济研究会的上海华商股价指数表和环球信托银行设计处编的上海华商股票价格指数表得出的一月间上升率：

表 6—5　　1943 年 7 月、8 月、12 月华股一月间价格上升率比较表
（以上月股价平均指数为基期）

时间	企业名称	上升率（%）
1943 年 12 月	中国钟厂	160.6
1943 年 12 月	森茂化工	165.6
1943 年 7 月	新亚药厂	167.1
1943 年 12 月	仁丰染织	173.4
1943 年 12 月	国华投资	175.5
1943 年 12 月	中华书局	178.2
1943 年 7 月	永安百货	180.0
1943 年 7 月	世界书局	183.4
1943 年 8 月	大生一厂	189.1

①　霖生：《三十二年度之证券交易所概况》，《华股研究周报》第 7 卷第 3 期（1944 年 1 月 10 日），第 5 页。

续表

时间	企业名称	上升率（%）
1943 年 8 月	新益地产	190.9
1943 年 12 月	丽安百货	194.0
1943 年 7 月	中国内衣	196.3
1943 年 7 月	信和纱厂	198.2
1943 年 12 月	晋丰造纸	200.7
1943 年 7 月	永安纱厂	201.9
1943 年 7 月	康元制罐	206.4
1943 年 8 月	大生三厂	210.1
1943 年 7 月	新亚建业	218.8
1943 年 7 月	久安实业	220.4
1943 年 12 月	利亚实业	223.9
1943 年 7 月	中国国货	238.9
1943 年 7 月	华商电气	246.5
1943 年 7 月	大中华火柴	247.0
1943 年 12 月	中华电影	258.4
1943 年 7 月	新新公司	264.4

资料来源：梓康：《论华股交易与华股市场》，《中国经济》第 2 卷第 8 期（1944 年 8 月），第 9—10 页。

表 6—6　1943 年 7 月、8 月、12 月上海物价指数、生活指数及股价最高上升率

时间	物价指数（%）	生活指数（%）	股价最高上升率（%）
1943 年 7 月	+35.9	+46.9	+164.4
1943 年 8 月	+4.0	+23.3	+110.1
1943 年 12 月	+27.9	+22.6	+158.4

资料来源：梓康：《论华股交易与华股市场》，《中国经济》第 2 卷第 8 期（1944 年 8 月），第 10 页。

　　由表 6—5、表 6—6 的对比，我们可以看到，1943 年下半年股价涨势十分猛烈，特别是 7 月、8 月及 12 月三个月中，上海华商股价最高上升率分别为 164.4%、110.1%、158.4%，而同期上海繁销商品物价指数月上涨率为 35.9%、4.0%、27.9%，生活指数月上涨率为 46.9%、23.3%、22.6%。由此可见，股价在一月间上升率远高于物价的上升率，这都是由于发行股票的企业和股票商们操纵与强力拉抬的结果。至于抛空的情景，我们根据下面这则《新闻报》经济评论的生动描写，可见其一斑：

　　"据熟稔市场者，现在股市的抛空，是一种有组织的集团活动，而其

中之最堪注视者，厥为若干不守业规的金融机关，利用与股票业的特殊
关系，擅将客户的股票押品用于抛空。此种活动方式，系运用客户存款，
承做股票押款，俟做出后，即将此项应由行方保存的押品，擅自出售，
同时又将其所得之售价，承做第二批押款，做出以后，复如法出售。如
是一而再，再而三，非但资金愈放愈多（因股票最多对折抵押，卖出后
则十足收现），高利贷式的放款利息收入愈积愈巨，且因有计划的集体抛
空关系，股市愈压愈小，一般不悉底蕴的散户固被杀得落花流水，但此
辈幕后的操纵者，则因有利息与行市的双重收入之故，莫不满载而归。"[1]

　　1944 年春节后，上海华股市场的新股上场更加泛滥，第一天有 16
种，第二天又有 12 种，两天即有 28 种，多数是名不见经传的新公司，居
然股票也都翩翩上市。不仅投资人看了莫名其妙，就是经纪人也茫无头
绪，不知所措。按照规定，股票上市之前须经审查，审查后还须由监理
委员会核准，一般资历浅短的公司是很难随便上市的，而这一大批新公
司都不是成绩卓著、资历厚重的企业。[2] 这些股票后来经过汪伪政府证券
监理委员会认定都是非法上市。

　　再看以下 1944 年 1—8 月份上市新股种数与资本额的统计表（见表
6—7）：

表 6—7　　　　1944 年 1—8 月新上市股票种数及资本额统计表

月份	上市股票种数	资本合计（百万元）
1 月	6	160
2 月	—	—
3 月	—	—
4 月	10	478
5 月	1	15
6 月	1	8
7 月	1	50
8 月	17	588
共计	36	1299

　　资料来源：凤子：《上海华股市场的病态检讨》，《中国经济》第 2 卷第 10 期（1944 年 10
月），第 3 页。

---

[1]　梓康：《论华股交易与华股市场》，《中国经济》第 2 卷第 8 期（1944 年 8 月），第 10 页。
[2]　《新股之泛滥》，《华股研究周报》第 7 卷第 6 期（1944 年 2 月 7 日），第 2 页。

　　由表6—7可知，这8个月中，除2月上市的28种股票定性为非法不计在内外，仅有3月没有股票上市，其余6个月，几乎每个月都有新股上市，到8月最多，仅一个月就上市17种，可见当时华商证券交易所新股上市的速度是很惊人的。

　　随着新股上市的泛滥，1944年开年以后，上海华商证券交易所就经历了一个长达半年的惨跌，到4月底，证券交易所中有22种股票市价已跌至票面价；还有15种亦摇摇欲坠；又有88种股票市价已低于上市价。[①] 1944年7月，华商股票市场结束了长达半年多的跌风，走向了另一个疯狂高涨的极端，7月31日华商证券交易所宣告停拍一天，办理交割，此事引起外界注意。上海交易所监理委员会李尚铭认为，该交易所突于涨风之中停拍一天，其中有给予投机抛空者补救机会，措置颇有失当之嫌，于是特电上峰告发，于是，汪伪政府当局派出保险监理局麦静铭、财政部驻沪办事处专员李澂两人，会同检察金融事务处检查组主任张谷如，于8月8日上午11时，前往九江路上海华商证券交易所，检查该交易所营业账目，是否有串通投机抛空之嫌。由该交易所理事长张慰如、常务理事沈长赓两人亲自接见，并将最近一月来之交易账簿全盘陈献受检。[②] 此事在当时受到社会普遍关注，人们希望到时候有一个公开的报告，让大家知道交易所究竟有无"串通投机抛空之嫌"。然而，最终还是一个查无下文，不了了之。

　　1945年后，由于军事局势逐渐明朗，日本败局已定，股票行市猛腾猛跳。4月6日有95种股票"涨停板"，15日更是全面"涨停板"，且有照停板行情另再加价成交的。这种涨风持续了3个多月，直到8月10日日本宣布无条件投降后，突然由一片吸进转而为一片抛出，8月17日，交易所最后一场交易，199种股票只有2种成交。战时上海的华股市场也随着日本侵略者的失败而宣告暂时结束了。

---

①　梓康：《论华股交易与华股市场》，《中国经济》第2卷第8期（1944年8月），第10页。
②　《查账》，《华股研究周报》第10卷第2期（1944年8月14日），第2页。

第二节　近代华商证券市场中的公债风潮

近代中国的内国公债，虽然早在晚清时期即已出现，但由于当时中国缺乏发行公债所必须具备的条件，发行后的公债就没有在市场上流通。大约在民国三年、四年左右（1914—1915 年），随着北京政府公债的发行，上海的市面上便开始有了政府公债的交易，北京证券交易所的诞生更是北京政府公债发行的直接产物。1921 年"信交风潮"后，公债更是成为了北京、上海华商证券市场的主要交易品种。到南京国民政府统治的前 10 年（1927—1937 年），由于政府公债的大量发行，上海公债市场更是达到鼎盛时期，北京证券市场虽然由于政权的南移，失去了过去的优势，但在其存续期间仍以北京政府及南京国民政府发行的公债为主要交易物。需要指出的是，抗战爆发前的华商公债市场，无论是在北京政府统治时期，还是在南京国民政府统治的前期，都是风潮迭起，特别是 20 世纪 30 年代上海的公债交易情形在茅盾先生的长篇小说《子夜》中已有生动描写。下面将以上海市场为主体，对抗战爆发前的公债风潮进行深入探讨。

一　1922—1927 年的华商公债市场与公债风潮

北京证券交易所从 1918 年建立以来，即以经营政府公债为主，但据《银行月刊》登载的"北京证券行市表"可见，在 1926 年以前，除政府公债外，仍有少量股票上市与交易，在此之后的"证券行市表"中就仅有政府公债券的行市，而没有了企业股票类的交易行市了。这说明在北京证券交易所中，1926 年后企业股票逐渐淡出北京证券市场，北京证券交易所也就成为了完全的政府公债的市场。

上海华商证券市场在"信交风潮"之前，股票与政府公债均为市场的交易品种，风潮之后，股票信誉大受影响，虽然仍有少数股票在证券交易所内挂牌，但实际成交很少，证券交易所为维持生存，逐渐把北京政府发行的公债作为交易的主要对象。

据统计，从 1912 年到 1920 年止，北京政府历年发行的公债共计
3.99 亿元。由于大部分公债没有落实还本付息基金，到 1921 年应还未还
的公债余额高达 3.17 亿元。应付各种内国公债本息数目，除七年短期与
三年公债、四年公债本息能遵照公债条例按期偿付外，其余根本无力偿
付。虽然 1921 年北京政府进行了首次公债整理。然而，此次公债整理收
效甚微，整理案实施仅一年，即出现重重困难，盐余及交通部收入两项应
拨之款未能如数拨足，所有应还公债本息，虽勉由关余支付，已属万分拮
据，且又发生奉直大战，以致基金无着，到期公债本息，均有停付之虑。①

正是由于北京政府公债信誉太差，1922—1927 年，北京、上海华商
证券市场上的政府公债交易每况愈下，公债市场一直处于动荡、飘摇之
中。如 1922 年上半年的公债市场就极为不稳，一般公债价格均涨跌甚
巨，即以一直较为稳定之三年公债、四年公债，其高低相差亦均在 10 元
以上，三年小票最高价为 6 月之 86.3 元，最低价为 1 月之 71 元，相差
15.3 元。三年大票最高价为 6 月之 86.3 元，最低价为 1 月之 74 元，相
差 12.3 元。四年小票最高价为 94 元，最低价为 76 元，相差 18 元。四年
大票最高价为 95 元，最低价为 76.5 元，相差 18.5 元。五年公债相差亦
在 10 元左右，七年长期相差 5.8 元。金融公债大票最高价 69.4 元，最低
价 47 元，相差 22.4 元；金融小票最高价 68 元，最低价 50.4 元，相差
17.6 元；整理六厘最高价 47.9 元，最低价 32 元，相差 15.9 元；整理七
厘最高价 50.6 元，最低价 35.5 元，相差 15.1 元。② 此后的公债市场甚至
还爆发了较大风潮：因战争因素爆发的 1924 年公债风潮；因基金不稳爆发
的 "九六" 公债风潮；1927 年因总税务司的任免与时局动荡而引发的公债
风潮等等。相比之下，"九六" 公债风潮的情况最为复杂，持续时间最长，
从其发行开始就麻烦不断，到 1926 年、1927 年更是达到高潮。

1924 年公债风潮：1924 年年初到 7 月，上海公债的投机买卖日盛一
日，各债价格日趋涨风，金融公债（现货）由 69 元涨至 92 元，整理六厘
（现货）由 52 元涨至 83 元，七年长期（现货）由 46 元涨至 77 元。③ 短

---

① 《整理公债基金之危机》，《银行周报》第 6 卷第 15 号（1922 年 4 月 25 日）。
② 子明：《半年来上海公债市场》，《银行周报》第 6 卷第 26 号（1922 年 7 月 11 日）。
③ 《上海公债市面停市前后之经过》，《银行周报》第 8 卷第 35 号（1924 年 9 月 9 日）。

时间内，百元公债价格竟上涨了 20—30 元之多。北京公债市场亦与之相
似。然而进入 8 月份以后，北京、上海公债市场价格大跌，北京、上海
均于 8 月 20 日下午宣布停止交易。在上海，8 月 14—20 日的几天中，各
种公债行市迅即逐日下跌，少的五六元，多的十几元，8 月 20 日不得不
暂行停市，25 日勉强开市，但交易仍不景气，公债价格继续下跌，28 日
再次停市，至 9 月 2 日才重新开市。[①] 两地市场惨跌的情况可从表 6—8
中得以体现：

表 6—8　　　　1924 年 8 月 1—20 日京、沪两市各公债行市比较表

公债种别	期货或现货	地点	8月1日市价（元）	8月20日市价（元）	差数（元）	涨跌幅（%）
金融公债	八月期货	京	92.40	79.00	−13.40	−16.96
		沪	92.35	78.00	−14.35	−18.40
	九月期货	京	93.75	79.00	−14.75	−18.67
		沪	93.50	77.50	−16.00	−20.65
整理六厘	八月期货	京	82.50	62.70	−19.80	−31.58
		沪	82.00	64.50	−17.50	−27.13
	九月期货	京	83.05	64.50	−18.55	−28.76
		沪	82.95	64.60	−18.35	−28.41
七年长期	八月期货	京	74.75	56.50	−18.25	−32.30
		沪	74.15	59.90	−14.25	−23.79
	九月期货	京	75.60	57.30	−18.30	−31.94
		沪	74.65	58.50	−16.15	−27.61
"九六"公债	现货	京	37.15	26.80	−10.35	−38.62
		沪	36.80	27.90	−8.90	−31.90

资料来源：杨荫溥：《中国交易所论》，金融史编委会编：《旧中国交易所股票市场资料汇编》
（上），书目文献出版社 1995 年版，第 214—215 页。

从表 6—8 中可见，这次公债暴跌幅度之大，北京、上海两个市场的公
债价格在短短的 20 天内立即出现了全面下跌，跌幅达 16.96%—38.62%。

究其原因，除天灾，如江浙旱灾、直、豫、湘、赣、闽水灾等自然
因素影响外，最重要的影响力还是与内债基金不稳、政局变动有着直接

[①]　洪葭管、张继凤：《近代上海金融市场》，上海人民出版社 1989 年版，第 163—164 页。

关系。内国公债虽经 1921 年的整理，设立了基金，但三年间基金变更不断，未能按条例还本，由于关余之确数未能预定，而保管基金的总税务司安格联（F. A. Aglen）拨款又无标准，致使内债基金不定，政府又失信于民，停拨盐余及交通收入，专恃关余以为生，卒使一般人对于公债生疑惧之念。北方正式内阁成立无期，南方则战争风云日渐险恶。当时江浙一带，江苏督军齐燮元与浙江督军卢永祥两个军阀之间的战争即将爆发，使政局更加动荡，人心惶惶，公债持有者纷纷抛售，投机者兴风作浪、推波助澜，致使公债价格一落千丈，证券市场价格跌入低谷，形成大的落差。①

此次风潮，对北京震动更大，由于公债价格下跌过巨，北京证券交易所被迫于 8 月 20 日和 27 日两次停市。20 日北京市场得知上海永春、永昶、裕丰、隆裕等钱庄搁浅消息后，市面动摇，乃亦有岌岌不安之势。当日北京证券交易所一面宣布停市，一面由银行界开会商讨如何维持公债价格，议决致函财政部，致电总税务司安格联，将公债基金现存数目及本年关税情形先行宣布，以镇定市面，安定人心。21 日交易所开市半日，价格稍见回涨，但因江浙消息不佳，银根愈紧，未能挽回。22 日，北京银行公会召开紧急会议，并由王克敏财长出席，宣布总税务司安格联之复电，声明公债基金有余款 140 万元可为整理六厘抽签之用，以安定人心。② 于是，8 月 25 日照常交割，26 日依然开市，至 27 日交易所因市价继续走弱，追证不易。交易所再次停市。8 月期货虽已交割，但 9 月期货的交割却不能按时进行，投资者损失惨重，纠纷再起。③ 于是投资者廖劲伯、潘士逸等组织了"金融维持会"，控告北京证券交易所违反证券交易所法，操纵证券市场，要求取缔北京证交所，并拒绝交割。最后在北京政府农商部、财政部与银行公会、商会等调停下，宣布公债基金并无变化以稳定人心，并召集北京军界、政界、商界代表，商讨解决办法。拟定以 8 月 23 日的平均行市作为 9 月期货的结算标准，盈亏差额按五成结算，所有该交易所各种公债期货之交易，应自令下之日起，停止 3 个

---

① 蒿庐：《公债风潮之原因及其善后》，《银行月刊》第 4 卷第 8 号（1924 年 8 月 25 日）。

② 《公债风潮之经过》，《银行月刊》第 4 卷第 8 号（1924 年 8 月 25 日）。

③ 《公债风潮之经过》（二），《银行月刊》第 4 卷第 9 号（1924 年 9 月 25 日）。

月，其附设之信托部，应即取消，嗣后并不得再行变名设立，以上决议由财政部以训令形式于 12 月 5 日发表。经过整理，到 1925 年 1 月 5 日，北京证券交易所在停市 4 个多月后重新开市，但只做现货交易，到 3 月 18 日始恢复做期货交易。①上海债市的震动相对北京要小一些。上海华商证券交易所于 8 月 14 日债价狂跌以后，到 20 日下午暂行停市，持续 3 天。25 日勉强开市，但因交易不景气，债价继续低落，28 日第二次停市。29 日为 8 月期货交割日，交割照常进行，9 月 2 日重新开市。风潮中，上海华商证券交易所及时采取了停市、追缴证据金、重订证据金代用品价格等措施，使上海华商证券交易所在短时间内得以恢复正常的交易活动。②

这次公债风潮所造成的损失也是巨大的，特别是对金融业中钱庄业的影响更是空前的，如上海的钱庄中就有 4 家钱庄因为投机公债而搁浅。

"九六"公债风潮：从 1919 年以后，北京政府的外债内债均难办理，于是政府开始向国内外银行零星短期借款。到 1921 年除他项抵借债款不计外，仅就盐余所抵借款，计内债积欠 7000 余万元，外债积欠 2600 余万元，两项共计约 9600 余万元。此等借款条件颇为严酷，期短利高，到期应偿本息每月约需 700 余万元，一年即需 8000 余万元，而岁收盐余不过 4000 余万元，即令尽数支配，不敷尚巨。③为此，1921 年 12 月由北京银行公会邀集全国银行公会内外银行，共同决议，不再以盐余抵押政府款项，并要求政府从速整理旧债。财政部于 1922 年 1 月 19 日呈准大总统，决定由与盐余有关系之各银行号，会同组织盐余借款联合团，与政府磋商发行债券，以债还债。1 月 26 日各银行号与财政总长张弧签订合同，发行 8 厘债券 9600 万元，偿还政府短期债券，故又称"九六"公债。在发行"九六"公债时，财政部认为有三大好处：政府盐余收入可免坐扣，财力借以稍纾，内外一切行政不致再因无款停滞，其利一也；借款者嗣后收受此项债票，虽作价稍高而收回本息较为确定，金融借此得以活动，各银行可无倒闭之虞，其利二也；就此项借款利息而言，每年约需 2000

① 《北京证券交易所已开市》，《银行月刊》第 5 卷第 1 号（1925 年 1 月 25 日）；《北京证券交易所恢复期货交易》，《银行月刊》第 5 卷第 3 号（1925 年 3 月 25 日）。
② 中国人民银行总行金融研究所金融历史研究室编：《近代中国的金融市场》，中国金融出版社 1989 年版，第 446—447 页。
③ 中国第二历史档案馆馆藏北京民国政府时期财政部未刊档案，档号 1027-23。

余万元，迟一月清理，每月即增百数十万元之亏损，此项发行公债将上项借款化散为整，易短期为长期，改重利为轻利，政府负担大为减少，其利三也。①

"九六"公债票面较大，交易所把它作为交易筹码，价格忽涨忽落，成为投机的主要对象。又由于债多券少，北京政府在发行时曾规定先补偿原债券额面的63%，再按发行条例中规定的八四折，事实上债权者所得每百元"九六"公债，实际折合债券仅53元。如此低廉的折扣，一旦有升值迹象，必将成为投机者的首选。而"九六"公债又主要为银行界所持有，于是，当时银行界不但买"九六"公债的多，而且做空头的很多。"九六"公债从发行开始，不论是在北京政府统治时期，还是在之后的南京国民政府统治时期，一直就麻烦不断，风潮迭起。

"九六"公债于1922年7月正式发行，发行时市价仅在三折以上，为38.4元。发行以后，本息基金无着，第一次付息，再三延期，后经各银行七凑八垫，始勉强过去，于是信用大坏，价格逐步下落。1922年8月跌至29.2元，9月跌至24元，11月跌至23.85元。② 到1922年年底，市场又盛传"九六"公债将被纳入"国内公债整理案"，且有如期还本付息之说，市价即连日猛涨，从22.6元直攀39.55元，后因北京政府只发付第一期票之款，并不还本，市价就又回至26元。③

而且，在"九六"公债的还本付息上，日金债券与本国债券不能同等对待。如1922年7月31日，"九六"公债第一期付息之期，计日本方面需息金日金154万余元，中国方面需银元225万余元，除日本方面尽早由盐余内拨足外，中国方面基金则拖欠甚多，当8月付息期届时，银行界认为，"九六"公债价只在三四折间，若不能如期付息，价格更将跌落，无人过问，收受公债之银行，将受更大损失。④ 后经银行界极力设法，才定于9月1日付息，计全体息金（除去日本方面不计）需220余万

---

① 中国第二历史档案馆馆藏北京民国政府时期财政部未刊档案，档号1027-23。

② 子明：《民国十一年上海公债市场回顾》，《银行周报》第7卷第1号（1923年1月2日）。

③ 马炳荣：《九六公债风潮》，中国人民政治协商会议上海市委员会文史资料委员会编：《上海文史资料选辑》第76辑《旧上海的交易所》，上海人民出版社1994年版，第68页。

④ 有壬：《九六公债付息之内容与整理公债基金之真相》，《银行周报》第6卷第30号（1922年8月8日）。

元，由银行界让步或借或转，仅能敷衍。①

"九六"公债，因为银行界既穷于催促，而财政部又无力整理，长此本息悬欠，购用该项债票者毫无希望，市价于是不断下跌。1924年，段祺瑞执政后，李思浩继任北京政府财政部总长，市场又频传利多消息，称北京政府对"九六"公债已有了还本付息的办法；财政当局与银行界正在与总税务司安格联商议，将从盐余项下拨出基金；"九六"公债和整理案内公债一样，基金由安格联负责保管。不少空头闻知传说，认为印证了市面的状况，不免恐慌踏空，争先补进筹码，翻作多头，"九六"公债涨风突起。6月中旬，市价已从19元升至30元以上。进入7月，市场银根松动，"九六"公债投机日盛，京沪两地证交所又变相哄抬，市价竟升至47.4元，然而还本付息之说并未兑现。进入8月之后，市场盛传江浙战争即将发生，人们担心一旦战争爆发，公债不能兑现，便纷纷抛售，投机者趁势炸盘，价格一泻千里，仅8月15日至20日短短5天里，竟跌至27—28元。② 由于京沪各交易所每日买卖"九六"公债为数甚巨，以致市价暴涨暴落，财政部为防止银行界变卖"九六"公债，函致银行公会、盐余借款团，郑重声明：所有抵存各银行之八厘债券（按原办法规定，"九六"公债按八四折存抵，而中国、交通两行按九折计算）应按前发数目，妥慎保存，不得变卖。③

1925年，总税务司安格联商请北京银行公会垫款付息，受此影响，"九六"公债市场价格由50元涨至70余元，京沪两交易所交易大盛，然而，当发息之议未见实行之时，市价又一落千丈，持票人之损失，无可言状。④

1926年1月初，上海华商证券交易所颁布《九六公债现货暂行办法》，对"九六"公债的交易做了特别规定，每一经纪人，每场买卖以票面5万元为限，由所发给买卖票共5万元，凭票登账。每日仅开前场一场，上午11时至下午1时，下午1时至下午3时，买卖双方持货款来所

① 《九六公债第一次付息办法》，《银行周报》第6卷第34号（1922年9月5日）。
② 马炳荣：《九六公债风潮》，中国人民政治协商会议上海市委员会文史资料委员会编：《上海文史资料选辑》第76辑《旧上海的交易所》，上海人民出版社1994年版，第69页。
③ 《财部不许银行变卖九六》，《银行周报》第8卷第26号（1924年7月8日）。
④ 《证券商请维持九六原案》，《钱业月报》第8卷特刊号（1928年4月）。

交割，如遇停市，其办理清结，最迟不得过下午 2 时，过时作违约论。违约物之处分，由本所于当日下午通知经纪公会召集经纪人来场，对所差之数连同责任金，统在违约人保证金项下一并扣除，不足仍向违约人追偿之。违约者除照前条将该违约物处分外，每额面 1 万元，并课以责任金 500 元。由交易所与经纪公会两方各派数人监视市场买卖。同时发出临时布告二则：（1）现在市场集会，每日仅有一场，所有停止集会办法，暂以每场开盘行市为标准，涨、落至 200 元时，即暂停市场集会。（2）前发给经纪人之"九六"公债交易票 20 张，本分买进、卖出两种，此次改定办法，仍系凭票记账买卖，共以 5 万元为限，所有前发之票，应即缴还 10 张，即日送交本所，其原发之红色票，买卖均暂通用，一俟新票制就，再行换发。①

即便如此，证券市场上的"九六"公债仍是波澜起伏，1926 年 10 月以后，"九六"公债投机更是达到狂热程度。多空（交易所习语，称买进的为多头，卖出的为空头）两方，各显神通，互相制造看涨看跌空气，致使市价暴涨狂跌，毫无准绳，当事者之损失固不必言，即金融市场与债券信用，亦颇受其影响。农商部有鉴于此，特按《证券交易所法》第28 条第 3 款之规定，于 12 月 13 日致电华商证券交易所及证券物品交易所，令所有"九六"公债的一部分营业，暂行停止，听候派员查办。② 自"九六"公债停止现货买卖后，市场交易一落千丈，现货各债，多未能按日开出，有之亦只 5000—10000 元之小数而已。③

受此影响，北京证券交易所也遵令于 12 月 13 日起暂行停止"九六"公债的一部分交易，不过，证券经纪公会认为，虽然"九六"公债行市涨落风潮极为危险，但一时停市对同人营业及市面金融大受影响，公债现货不能流通，致牵动市面金融亦随之停滞，如遇有周转不灵，后患不堪设想。而且，北京与上海情形不同，北京证券交易所均系现货交易，并无期货买卖，于是要求北京证券交易所转呈农商部，准予开市，以维营业，并公推干事长邵德仁，干事王士培、王学仁为代表到部声明理由，

---

① 《九六公债现货暂行办法》，《钱业月报》第 6 卷第 1 号（1926 年 1 月）。

② 《农商部电令停止九六买卖》，《钱业月报》第 6 卷第 12 号（1926 年 12 月）。

③ 《十六年内债市况随时局而波动》，《商业杂志》第 3 卷第 6 号（1928 年 6 月）。

请求开市以恤商艰，准予开市照常营业。①

　　然而，在停业调查的过程中，农商部与证券交易所及经纪人公会在查处方面产生了极大的矛盾冲突。上海华商证券交易所在复农商部的电文中把此次风潮原因归结为政府失信所致，并非交易所存在违法操作。声称：市价涨落本于供求关系，"九六"公债因还本付息，延不履行，暴涨暴跌，尤属靡定。要求财政部速行定期还本付息，以固债信而安定人心，市价自然镇定。② 而农商部则不予同意，据农商部参事关文彬的调查，认为该所有违法情形。再次致电证券交易所及交易所监理官，在派员查处期间，该所等本月"九六"公债交割，自应饬令暂行停止，听候核办。③ 与此同时，交易所的经纪人葛某、山某、朱某、沈某等又将上海华商证券交易所全体理事告上了租界法庭，租界公廨向华商证券交易所发出堂谕：（1）不得交割"九六"公债，不准以后将"九六"公债交易转账；（2）立将原告等交易所"九六"公债一部分交易之证金送廨保存；（3）立将关于"九六"公债之一切账簿送存公堂；（4）调取"九六"公债交易场账等。此次"九六"公债之多空两方，已各趋极端矣。④ 这又使得此次"九六"公债风潮更趋复杂。

　　在僵持不下的情况下，上海市总商会及各交易所均纷纷出面调解，上海市总商会邀集买卖两方大户经纪人，到会谈话，征询意见。而其他各交易所也因交易所同业关系，由上海证券物品交易所、纱布交易所、金业交易所、面粉交易所、杂粮交易所联名致函总商会，陈述意见：华商证券交易所奉令停止"九六"公债交割一案，事关商业信用，妨碍买卖契约，电请农商部收回成命。至于如何折中适当，使双方互相让步，为商业界留信用；为交易所留体面；更为农商部留转换命令之余地，想贵会权衡轻重、不偏不倚，必有公平适当之办法。⑤ 最后，到1927年2月，"九六"公债12月及1月期货，才奉农商部电令，买卖双方协商同意从速了结。经纪人公会于2月23日上午召集全体经纪人会议，多数公决

---

① 北京市档案馆馆藏金城银行北京分行未刊档案，档号 J41-1-182。
② 《华商证券交易所复农商部电》，《钱业月报》第6卷第12号（1926年12月）。
③ 《部令停止九六公债交割》，《钱业月报》第6卷第12号（1926年12月）。
④ 《证券九六公债之轩然大波》，《钱业月报》第6卷第12号（1926年12月）。
⑤ 《各交易所函陈调解九六意见》，《钱业月报》第7卷第1号（1927年2月）。

所有 1926 年 12 月期及 1927 年 1 月期"九六"公债期货，一律以 54.5 元价格，和解了结。[①]

一波未平，一波又起，1927 年以来，政治军事局势风云突变，致使各债价格逐日狂跌，8 月间，整理六厘、七年长期竟下跌 30 余元，几乎回复到 1922 年以前之市面。考其跌落之原因，初由于安格联之免职，因为安格联与内债已形成极密切的关系，一旦安格联免职，一般持票者深虑公债基金失其保障，人心遂非常虚弱，而且安格联离职时，曾挪用关款 40 余万镑，公债基金大受影响，遂致金融公债第十一次、第十二次还本及整六、整八之抽签，均未能补行。再加之国民政府建都南京后，对于公债未能有切实之保障，是以人心疑虑，而时局又时有变化，于是，金融机关及客帮，多将公债售出以求现金，致使 8 月间之公债市场极度紊乱，各债价格较年初相差有 40—50 元之巨，其虚弱之情形，实从来所罕见。[②]

其间，"九六"公债还出现了一次动荡。当 1927 年 6 月 18 日张作霖在北京就任陆海军大元帅后，任命潘复为财政总长。潘企图以整理"九六"公债，一显身手，于就职前通过顾维钧，在天津邀宴海关总税务司安格联，并要求安格联拨给一笔款项，作为"九六"公债付息之用；安格联允于潘到任之后 3 日，在北京付款。当时潘、顾两人喜出望外，即用电话通知素有联系的人士，急速购买"九六"公债，希图趁机获取暴利。因此，"九六"公债在 5 天以内，即从 20 多元涨到 50 多元，接近 60 元大关，一时形成抢购现象。此时，安格联却大量抛出。待潘复接任后 3 日，安格联竟自食其言，通知潘复，盐余项下，所余无几，无款可拨，关税增收问题，尚无把握，须到年关方能一笔整付。由于安格联玩弄一套欺骗手段，致使购进"九六"公债者都蒙受极大损失，安格联本人则大发其财。结果"九六"公债一直跌到十几元。[③] 此后，虽然北京政府走到了它的历史尽头。但"九六"公债还在证券市场中交易着，该问题从

① 《九六问题大部已了结》，《钱业月报》第 7 卷第 3 号（1927 年 4 月）。
② 《十六年内债市况随时局而波动》，《商业杂志》第 3 卷第 6 号（1928 年 6 月）。
③ 周士观：《九六公债发给利息的一段公案》，中国人民政治协商会议全国委员会文史资料研究委员会编：《文史资料选辑》第 9 辑，中国文史出版社 1960 年版，第 125—126 页。

来就未得到根本解决，在以后的市场中仍然是一种争议不断、波动剧烈的债券。

二　1928—1932 年 4 月的上海公债市场及风潮

南京国民政府建立后，从 1927 年 5 月 1 日到 1931 年年底的 5 年之中，财政部、铁道部和资源委员会共发行 29 种计 10.4 亿元的内债债券，平均每年发行约 2.08 亿元，其中以 1931 年发行 4.16 亿元为最高数额（不包括省、市、地方政府所发行的内债）。而这些政府公债的 1/2—2/3 为上海资本家所吸收，并在上海证券交易所上市买卖交易。[①] 由此可见，上海资本家的命运与南京国民政府紧密联系在了一起。

1928—1932 年的上海公债市场，其发展大致经历了两个不同的阶段：1928—1929 年年底的相对平稳发展时期；1930—1932 年 4 月的不断动荡与风潮迭起时期，其中最为突出的就是受"九·一八"事变和"一·二八"事变及政局变动等多重因素影响，到 1932 年 5 月才宣告结束的持续长达半年多的公债风潮。

1928 年，时局已告稳定，北京政府时期的各项公债仍得国民政府之维护，债市转而乐观，除"九六"公债外，整理各债市价飞速上涨，而国民政府新发行的二五库券、续发二五库券、卷烟税券、善后公债等各债市价，因债信相对良好，在市面进出非常活跃。交易所将其先后开做交易，每月交易量保持在 3000—4000 万元间，各债价格步步向高，如续发二五库券、卷烟税券等均甚高，续发二五库券最高近 90 元，卷烟税券在初开时已逾八五折。而全国经济会议及财政会议的顺利召开、外交情形乐观、关税自主有望，对债市均产生良好影响。以 1928 年年底市价计算，二五库券若连已付还本付息合计，实达 100 元以上，已超过额面价格。卷烟税券连已付本息，已逾九五折。统观全年债券市价之变动经过，唯 8 月下旬曾一度因时局不稳而下降，但转瞬即涨，其余时间均处于坚挺状态，未见有什么大变动。总计全年成交共达 42100 余万元，其中即

---

　　① 金普森、王国华：《南京国民政府 1927—1931 年之内债》，《中国社会经济史研究》1991 年第 4 期。

便是交易相对清闲的整理各债，其全年成交数也有 4780 余万元，较 1927 年总数计增 4100 余万元。[①] 1929 年的上海公债相对平稳。

1930 年开始，上海公债市场出现疲弱之势，到 7—8 月份时更是出现狂跌，其原因主要在于：金价暴涨，进出口货物大受打击，关税收入受到影响。1931 年下半年到 1932 年春的中国，天灾人祸交织发生，上海的证券市场更是波澜迭起。1931 年 5 月间，长江、淮河发生百年不遇的大水灾，灾区遍及 7 省 32 万平方公里土地，灾民 4000 多万人，大量金融机构放款无法收回。6 月，又因两粤事变发生后，谣言四起，人心惶惶，公债价格忽涨忽落。同时又不断有公务人员参与证券交易及操纵市场的传闻，如中央造币厂厂长郭标大事抛卖公债，竟有 3000 万元之巨，致市场价值一落千丈，而一般群众见现任官吏（听说有财政部官员）抛卖公债，自然万分惊慌，均急求脱手。致使一周内公债惨落有十余元之巨。为此，上海特别市执行委员会常务委员潘公展、吴开先、吴伯匡联名呈请政府给予严肃处理，国民政府行政院向财政部发出训令，指出"现任官吏有人大肆抛售公债致市价惨落，特拟具办法请严厉制裁一案，奉批交国民政府办理"。并拟具办法两项：一、通令严禁现任行政人员，不得兼营投机事业。对于抛卖公债尤应严厉制裁，并责令各院部会同省市政府负责人员严加查察，如有抛卖公债者，依危害民国治罪法治罪。主管人员知情不报者连坐。二、财政、实业两部迅派人员会同各地社会局分赴该地证券交易所严加监察，人民如有滥行抛卖公债者，应治以扰乱金融之罪，并由主管部会订定监察条例，以资遵守。[②]

紧接着，"九·一八"事变爆发，使上海华商证券市场大受影响，债价狂跌，裁兵停板，各债市均续跌 3 元多。22 日复有 10 种债券续跌停拍，开 1931 年之新纪录。市场益形混乱，惊涛骇浪，停板屡现。偶有回涨，俱属昙花一现，无非投机者之操纵耳。全日高低差额，恒在 3—4 元至 6—7 元不等，而投机者又大批抛空，至 31 日，9 种公债又形猛跌，宣告停板。"九六"公债跌进 10 元大关，开未有之新低。全月各债高低差

① 《民国十七年上海公债市场之经过》，《商业杂志》第 4 卷第 3 号（1929 年 3 月）。

② 财政部财政科学研究所、中国第二历史档案馆编：《国民政府财政金融税收档案史料（1927—1937 年）》，中国时政经济出版社 1997 年版，第 726—727 页。

额竟达 20 元。全月交易期货总计约 439158000 元。10 月，日军侵略，益形深刻，外交软弱，市场人心惶惶，债价继续在狂跌猛降中，一九关税于 5 日宣告停板，盐税、廿关俱皆跌进 50 元大关，其间虽有反复，但总是小涨大跌，总计全月期货成交总数约为 229424000 元。11 月初，受和平会议进行顺利的影响，各债暴涨，7 种债券因而停板，裁兵市价回复，超出 60 元大关。但好景不长，4 日市价突现反弹，一九关税、一九善后、廿关俱回小 1 元多，宁粤意见分歧，暴日横行如故，公债跌势甚盛，到 20 日，7 种债券狂跌停拍。盐统两税，跌进 40 元大关，全月成交总数约为 194177500 元。12 月初，因 8 种债券照常抽签还本，交易所与经纪人联席会议议决，取消上月限制新卖出办法等的影响，市价有所回复。但不久，多头出笼，各债均趋回跌。加之外交形势更加恶化，而国内政府纠纷愈甚。16 日债市突趋暴腾，市场情形得以稍呈活气，后即趋委，而标准价格，又于 21 日取消，故统税盐税即猛跌停板。24 日 7 种债券暴涨停板，市价稍稍恢复。全月债价上落极巨，风浪险恶，已达极点，全月成交数约为 112352900 元。[①]

总之，自"九·一八"事变以来，债价之所以一再惨跌，主要是投资者鉴于时局严重，以为不幸战端一启，市面将不堪收拾，于是争先脱手，债价乃日见下降；继之投机者意料时局短时期内绝难好转，遂乘机大肆抛空，债市不得不再度跌落；而金融业承做债券押款者，为顾全资金安全，纷纷向押主催赎，或追索增加保证。一般实力不足之押户，鉴于跌势漫无止境，只有忍痛脱手一法，同时银根紧急，多头更无力收货，群起了结，而投资者处此情势下，观望不前，市场只有供给而无需求，于是市场最低纪录一再被刷新。

为安人心，国民政府财政部积极维持各公债价格，第一步由宋子文在沪筹集现款 3500 万元，委托中央、中国、交通各银行尽量收买；第二步停止买空卖空，凡公债进出，均按实际价格收付现款。[②]

9 月底，财政部次长张寿镛恐月终交割发生问题，召集中央、中国、

---

① 浙江兴业银行调查处编：《民国二十年上海金融市况之回顾》（二），《银行周报》第 16 卷第 9 号（1932 年 3 月 15 日），第 25—26 页。

② 《财部维持公债办法》，《钱业月报》第 11 卷第 11 号（1931 年 11 月）。

交通等各大银行出面维持承受债券押款，由交易所代办手续。经统计，各经纪人登记票面数额约有 800 万元，进而规定债券押款折扣为（每百元）：裁兵 43、一九关税 41、编遣 32、统税 40、关税 30、二十卷 37.2、一九善后 40、廿关 41、盐税 39。结果华商证券交易所代办抵押债券票面787.5 万元，押借银元 295.285 万元，证券物品交易所代办抵押债券面额300 万元，押借 113.81 万元，共计银元 409.095 万元，各银行承押数分配如下：中央 909281.82 元、中国 1072558.18 元、交通 545460 元、中南136365 元、盐业 136365 元、金城 136365 元、大陆 136365 元、浙江兴业122728.5 元、四明 122728.50 元、浙江实业 122728.5 元、中国实业122728.5 元、上海 122728.5 元、江苏 40909.5 元、中孚 40909.5 元、中国通商 40909.5 元、国华 40909.5 元、中国垦业 40909.5 元。[①] 经过此番维持后，债券交割难关勉强渡过，但为进一步安顿市场，财政部又饬令债券期货交易无论本月份或下月份，概须现品提交，限制债券期货交易，以减少一部分空头压力。

后经财政部部长宋子文与上海市银行界商妥，放款 1500 万元，尽量收购公债，安定人心。此后，10 月 8 日，宋子文在财政部驻沪办事处召集中国、交通、中央、盐业、金城、大陆、中南、上海、中国实业、浙江实业、四明、中孚、通商、江苏国货、垦业、兴业、国华等 18 家银行代表开会，讨论维持公债办法。各银行表示必要时仍当尽量垫款，由各交易所及银行收买，同时要求财政部撤销现品提交限制，得到宋的赞同。[②] 紧接着，11 月 3 日，宋子文又在沪与银行界进一步商妥维持公债方法：债券应付之本息提前偿还。次日，财政部即作出决定：（1）拨款2000 万元，收买现货；（2）化整为零收回各项库券，改发一种金融公债。23 日，上海市银行公会绝议，以后银行公会绝不销售滋长内战之公债。[③] 为进一步安定人心，财政部次长张寿镛又发表讲话，表示财政部将坚决维持公债，对于此次的公债惨跌，政府正集议一永久维持公债之方法，

---

① 中国第二历史档案馆馆藏南京国民政府财政部未刊档案：档号三（2）-227。

② 任建树主编：《现代上海大事记》，上海辞书出版社 1996 年版，第 483 页；《宋财长召集维持全国金融会议》，《钱业月报》第 11 卷第 11 号（1931 年 11 月）。

③ 同上书，第 487 页。

或设一收买公债之委员会，或设一收买公债之公司，尚在缜密考虑中，一经确定，即可实行。①财政部还特规定以 11 月 24 日收盘价格为最低价格，以维债信。②

然而，此波未平，又发生了政局的变动。1931 年 12 月 15 日，蒋介石被迫辞职，宋子文也离职了。12 月 22 日，在粤系的压力下，国民党四届一中全会选举林森为政府主席，孙科为行政院院长，蒋介石宣布下野。消息传出后，12 月 23 日，上海证券市场再起大波，公债市价跌落到最低点，只有在低于票面值 40% 的条件下才能成交。同日，国民党四届一中全会又提出展期拨付公债库券本息提案，上海市银钱业同业公会、交易所联合会及市商会分别电呈全会请维持公债库券信用，"以安人心而维金融市况"。中华民国内国公债库券持票人会也于当日成立，设办事处于上海市香港路四号，致电国民党四届一中全会，请按期偿还公债本息。③

1932 年元旦，统一的国民政府在南京成立，林森出任国民政府主席，孙科出任行政院院长。当时财政库空如洗，政府每月军费 1800 万元，党政费 400 万元，共需 2200 万元，而当时可得收入仅上海的税收，每月只有 700 万元，其他关税已为各省借用。新任财政部部长黄汉梁原拟设法筹集 1000 万元，但终只得 300 万元，中央政费几乎无法维持。新任行政院院长孙科召集在上海的国民党中央委员开会，主张停付内债本息，挪用内债基金 3400 万元作为政府开支，以 6 个月为期，拟回京后提请中央政治会议通过施行。上海商界及金融界人士闻讯后，即往访孙科质询，孙默然不加否认，于是再次引发公债风潮。④ 1 月 5 日，交易所开市，期货概无交易，仅开做现货。由于市场人心甚虚，各方倾向售出而需要稀少，统税期货遂以跌至限价停拍，其余各债几至停拍，各债下降 2—3元。⑤ 1 月 12 日，上海市商会、银行公会、钱业公会及其组织的持票人会即向南京方面提出强烈抗议，认为此举是"自害害民、自杀杀民之举"。

① 《财次张寿镛发表财部决维持公债》，《钱业月报》第 11 卷第 11 号（1931 年 11 月）。
② 上海市档案馆馆藏银行商业同业公会未刊档案：档号 S173-1-321。
③ 任建树主编：《现代上海大事记》，上海辞书出版社 1996 年版，第 496 页。
④ 中国银行行史编辑委员会编：《中国银行行史》，中国金融出版社 1995 年版，第 294 页。
⑤ 《证券》，《银行周报》第 16 卷第 1 号（1932 年 1 月 19 日）。

因各界激烈反对,国民政府决定撤销停付公债本息提案。① 1 月 15 日起,证券交易所不敢开市。上海银钱业两公会在致国民政府的电文最后更是明确表达了维护公债的决心:"敝会等为维持国家信用计,为维持社会安宁计,为维持平民生活计,为维持教育机关计,惟有尽其力之所及,集合全国公团,不惜牺牲一切,采取种种方法以为保管基金委员会之后盾,以图自卫而保命脉。"得到上海各路商界总联合会与公债库券持票人会的积极响应与支持。同时,为各方截留关税盐税,上海银钱业两公会还分别致电北平及广东、山东、湖北等各地方政府,请求各省切勿截留一切国税,免摇邦本。在这种局势下,国民政府行政院只得做出让步,急电江海关二五附税国库基金保管委员会、全国商会联合会、上海市商会、上海市银行业同业公会、上海市钱业同业公会、中华民国内国公债库券持票人会,表示"现政府决定维持公债库券信用,并无停付本息之事,希即转知各业行会,切勿听信谣言,自相惊扰,是为至要,政府历年以来,咸与人民合作,当此国难日亟,尤赖相互维系,共济时艰,有厚望焉"。②

在上海爆发的这场公债风潮中,上海金融界对孙科政权大为反感,其间政府虽做了一定的退让,但同时也表明孙科政府与江浙金融财团的裂缝已无法弥合。1 月 22 日,蒋介石重回南京,宋子文重新出任财政部部长,第二天即命令海关总税务司、统税署将担保各债本息仍按原条例继续照拨给江海关二五附税国库券基金保管委员会。上海公债市场又趋平静,到 1 月 25 日,公债市场普遍上涨 1—2 元。③

不久,"一·二八"战事爆发,上海华商公债市场自 1 月 26 日交割后,原定于 28 日开市,但战事的爆发,使债市一时难以开市。上海市商会、银行业公会、钱业公会、交易所联合会等行业公会则发出启事,决定从 1 月 29 日停市 3 天以表哀痛。④ 到 1932 年 2 月上旬,因时局形势仍然严重,军事紧迫,人心不安,华商证券交易所理事会与经纪人公会召

① 任建树主编:《现代上海大事记》,上海辞书出版社 1996 年版,第 500 页。
② 上海市档案馆馆藏钱商业同业公会未刊档案:档号 S174-2-24
③ 周育民:《一·二八事变与上海金融市场》,《档案与史学》1999 年第 1 期。
④ 《上海市商会银行业公会钱业公会交易所联合会行业公会启事》,《申报》1932 年 1 月 30 日。

开联席会议，议决继续暂停市场交易，而证券物品交易所证券部也照常停市。① 而2月期货交割之期转瞬将至，于是华商证券交易所议决，将2月交易转期至3月，所有各种库券之本息金，均归卖方收取，而将2月应得之本金数目，于转期价格内除去之，公债则照原来成交价掉期至3月，其中裁兵、整六两种，于交割时由买方贴付卖方现金1元，九六贴0.2元。证券物品交易所证券部也做出同样决定，不同之处在于，裁兵、整六、九六等公债虽由买方贴卖方1元及0.2元，但并不付给现金，而将此数加入于3月价格内，如裁兵以前成交价为40元者，今掉期至3月，则定成交价为41元。②

正是由于公债市场的动荡严重影响到金融业的利益，2月18日，上海银行业钱业公会因到期公债本息问题在银行公会召集银钱业联席会议，公开讨论"沪战与公债本息问题"，出席银钱业会员50余人，筹议维持到期公债本息还付办法。③ 而中华国难会进而发表对内债宣言，主张实力监督政府：（1）政府应将现在财政收支实况，公告国人，由各公团推举财政专会，详细审查。通盘筹划，实行监督财政。（2）公债本息，只能展期还付一部分，应付国难，事后补偿，不能由政府任意变更原案，等于赖欠。（3）缓付本息之一部分，应专款另储，设特别会计（由各公团组织）管理之。专供抵抗外务之用，不能由政府靡费不抵抗之军队，无效用之机关（如党部经费等），此后如未得正式民意机关之同意，不得再发一纸公债，加重国民负担。金融界更有为政府滥发债券者，众共弃之。④

总之，"九·一八"事变爆发后，公债市价在不到4个月的时间内，跌落了50%，使上海银行家们在债券上损失了几亿元。他们的储备金不足以保证他们的银行钞票，他们的投资资金又陷于冻结，于是引起了现金短缺。存户唯恐银行倒闭，开始抽出存款并把银行钞票兑换成白银，金融市场紧张起来。由于政府公债市场的不景气，导致两个银行倒闭，

---

① 《公债仍不开市》，《银行周报》第16卷第5号（1932年2月16日）。
② 《二月份债券交割问题解决》，《银行周报》第16卷第6号（1932年2月23日）。
③ 《沪战与公债本息问题》，《银行周报》第16卷第6号（1932年2月23日）。
④ 《中华国难会对内债宣言》，《银行周报》第16卷第6号（1932年2月23日）。

好几个钱庄和银行处于极为拮据状况。许多上海资本家以个人身份投资于政府公债，常在差价上投机。很多人由于缺款而被迫以低价出售债券，遭受了严重损失。[1]

国民政府正是借此国难沉重的时刻，开始了对公债的整理，经过与上海金融界协商，很快达成一致协议。2月24日，国民政府颁布命令，决定每月由海关税划出860万元，作为支配各项债务之基金，其利息常年6厘，还本期限按照财政部拟定日程表办理。

经过1932年的公债整理，上海的债市得到基本稳定，虽然由于中日和平谈判尚未妥协，日军尚未撤退，证券市场仍未开市，但据各经纪人间消息，债券各价，颇形挺定，比停市时价格波动极微，因此，开市已无问题，只静待财政部命令及时局前途之发展而定。3月，上海证券市场仍未复业，华商证券交易所经纪人于3月27日召开联席会议，讨论关于3月债券交割办法，决定在未奉财政部复电前，仍以掉期为妥，各库券及整六、"九六"公债，仍照上月办理，唯裁兵一种，因有抽签关系，双方平掉，一俟财政部复电后，再行决定办法。上海证券物品交易所证券部经纪人联合所理事开会讨论本月证券交割事宜，当时以开市及掉期两点颇有争执，结果以市面未复，客户远出未返，更以财政部尚未有答复，开市颇多妨碍，当即议决，仍按上月办法，一律掉期为4月，库券本息由空方收取，公债除整六及"九六"仍照上次由多方贴出1元及0.25元；裁兵一种，因抽签关系，改由多方贴出0.5元，经讨论一致通过。[2] 仅就债券之恢复交易，已不成问题，如以华商证券交易所为例，对于停市前未了之交易，经两次掉期后，至4月1日止，结存额仅约500万元。实计银只有150万元。故将来交割，实亦无问题。[3] 这样，到1932年5月1日上海证券交易所复业后，各项债券价格并未因减息展期而续降，相反较停市前有所回升，也较稳定。5月2日至7日裁兵公债的最高价、最低价只差0.7元，盐税库券也仅差2元。当时债市稳定，主要是整理公

① ［美］小科布尔：《上海资本家与国民政府（1927—1937）》，杨希孟译，中国社会科学出版社1988年版，第109页。

② 《三月份债券掉期办法》，《银行周报》第16卷第11号（1932年3月29日）。

③ 《债券开市问题》，《银行周报》第16卷第12号（1932年4月5日）。

债中，政府承诺了以后不再变更公债基金。① 这次公债风潮最终经过国民政府的公债整理而宣告结束。

三　1932 年 5 月—1937 年上海公债市场及风潮

1932 年 5 月—1934 年年底，上海债市逐渐恢复，进入欣欣向荣的黄金发展阶段。1932 年 4 月底，财政部训令上海的证券交易所于 5 月 1 日起开市。不过，由于"一·二八"沪变影响，1932 年的上海公债成交略显清淡。据华商证券交易所报告，1932 年全年成交票面总额为901710000 元，比较 1931 年 3341000000 之数，计减 2439290000 元，换言之，即不及 1931 年成交总数的 1/3。② 不过 1933 年 1 月后，债价节节上升，首尾高低相差亦达 40 元左右。1934 年 7 月，因环境安定，投资者兴趣所趋，债市欣欣向荣，兼之套利交易勃兴，各债无日不在猛烈涨俏中。如 7 月 4 日，二十三年关税库券登场，即涨 4 元停拍，为新货上场未有之盛况，统观全月债市，成交总额达 4.55 亿元，较上月增加达 1.4 亿元，可谓债市交易之黄金时代。③ 据调查统计，1934 年上海华商证券交易所上期（1—6 月）营业盈余 559700.83 元，资产盈余 123759.46 元，下期（7—12 月）营业盈余 916791.66 元，资产盈余 33746.94 元。④

1935—1937 年抗战前的上海证券市场愈加蓬勃发展。利用这一时期公债市场逐渐向好的趋势，各种投机活动也由此泛滥开来，其中，以国民政府财政部为后台的"三不公司"⑤ 更是在公债市场上呼风唤雨，制造了一系列公债风潮：1935 年的"廿三关"公债风潮和 1936 年的统一公债风潮就是两起典型事例。

"廿三关"公债风潮：1934 年南京国民政府财政部发行"民国二十三

---

① 中国银行行史编辑委员会编：《中国银行行史》，中国金融出版社 1995 年版，第 298 页。
② 余英杰：《二十一年份之内国债券》《中行月刊》，第 6 卷第 1、2 期（1933 年 1、2 月）。
③ 《金融市况·证券》，《中行月刊》第 9 卷第 2 期（1934 年 8 月）。
④ 《调查沪交易业报告》，《交易所周刊》第 1 卷第 15 期（1935 年 4 月 15 日）。
⑤ 20 世纪 30 年代上海工商金融界称由财政部次长徐堪、中央银行副总裁陈行，以及中国国货银行总经理宋子良组成的投资公司为"三不公司"，意为"子良不良，徐堪不堪，陈行不行"。他们控制着若干证券字号，挟有雄厚的资本，凭借优越地位和信息，操纵公债市场。

年关税库券"1 亿元，每百元实收 98 元。按照发行库券或公债管理惯例，一般以对折先向银行抵押，然后在交易所开拍，行情一般六折左右，然后再以低于行情一折半与银行结价，银行有 40％利润可得，所以乐于承受。廿三关库券条例，其偿还期限及利率，均与二十年续发卷烟库券相仿，但在交易所开拍时，价格却高出一折，卷烟库券为 60 元左右，廿三关市价却在 70 元以上。银行界认为这个行情站不稳，于是纷纷卖出廿三关，买进卷烟库券。"三不公司"存心和银行界为难，乘尚未结价前，大量买进廿三关。银行界根据过去经验，认为财政部迟早要与银行结价，因此存在笃定思想。后来市价越做越高，才发觉其中有诈，不得不忍痛在市场上补进。"三不公司"所控制的各证券字号乘机散布谣言：政府准备收回廿三关库券，改发二十四年关税公债 1 亿元。接着，77 号经纪人福大（背景是中国实业银行董事徐堪）以 76 元高价收进，市价直线上涨，步高至 77 元，涨逾 4 元停拍。停拍后谣传将涨到百元，超过票面，暗盘仍在续涨。银行界感到这谣言可真可假，将来如果交不出债票，被财政部扣上一顶"破坏债信"的大帽子就会吃不消，只得忍痛在市场上继续补进。不料操纵者乘机继续加码，价格步高至 78 元，三月期竟到 80 余元，距票面仅剩 6 元（库券分期还本，此时廿三关库券票面已不到百元）。此种市面，实为公债有史以来所未有。此后，47 号明大号、48 号信大号、53 号同庆号和 54 号华丰号都接到大陆银行副理沈元鼎（徐堪亲信）的电话，限 76 元左右卖出。于是市场骤起回风，除 53 号同庆号卖出 170 万元外，其余 3 家则因限价没有受主都未成交。接着各报登载财政部发言人的谈话，声明没有收回廿三关之事，但市场仍谣传当月内即有收回可能。这样虚虚实实、扑朔迷离的做法，造成了公债市场上极度混乱的现象，市价狂起暴落，最高价做到 81.8 元，最低为 70.4 元。致使银行界与追随"三不公司"的买进者，均损失惨重，甚至倾家荡产。①

　　统一公债风潮：1935 年，由于"白银风潮"的影响，上海经济一片萧条，上海华商证券交易所的价格指数也从 1931 年中期的最高峰下跌了半数。各种公债的持有人由于需款还债，纷纷将其脱手，以致市场

---

　　① 许念晖：《"二三关"风潮》，中国人民政治协商会议上海市委员会文史资料委员会编：《上海文史资料选辑》第 76 辑《旧上海的交易所》，上海人民出版社 1994 年版，第 81—83 页。

上的牌价下跌。1935 年最初几个月内由于银根极度紧张，证券市场的交易几乎完全陷于停顿，在另几个月里每天的交易额都在 10 万股以下。[1]

1935 年 11 月 4 日法币政策颁布后，上海公债市场上投机家扬言法币的对外汇价和银元相比是贬值的，认为旧公债一定会涨过票面，交易所出现了一批散户新多头，致使公债市价狂涨。11 月中下旬，市面上谣传有将全部债券结价收回的说法，12 月初以来，因银行有将存放款利率减低之议，市场上又有债券减息换发新债和延长还本期限的种种传说，债价狂跌，平均跌去 15％。传说有投机团体操纵市面，抛售之数达 6000 万元。1936 年 1 月 15 日，沪市商会致电行政院和财政部，以减低利息延期还本之谈，甚嚣尘上，请政府切实宣示，以维债信。然而财政部在 1 月 17 日的批复中对减息一节不置可否，措辞不仅闪烁，在复电的最后还指责，"沪上投机之风素炽，每以个人利益为着眼，混淆黑白，已成惯技，若动辄请求政府表示，不惟不胜其烦，实为投机者所利用。值此人心不定之时，更不应为图一时一己之私利所诱惑，自相惊扰也"。[2] 此论既出，债市自然续跌不止。1 月 18 日，裁兵、善后竟至停板。而其中也有人利用减息延本之谣，在市场上所放空头，达 4 千万—5 千万元之巨，大获其利。表 6—9 是 1 月 18 日债市大跌时各主要公债市价与 1 月 4 日红盘开市时的比较：

表 6—9　　　1936 年 1 月 4 日与 1 月 18 日上海主要公债市价比较表

债券名称	月期	1 月 4 日红盘（元）	1 月 18 日最低价（元）	跌落数（元）
编遣库券	一月期	37.50	32.30	5.20
编遣库券	二月期	37.15	32.20	4.95
裁兵公债	一月期	76.59	69.00	7.59
裁兵公债	二月期	75.10	67.75	7.35
十九年关税库券	一月期	35.50	32.50	3.00
十九年关税库券	二月期	34.60	30.80	3.80

---

[1]　［美］阿瑟·恩·杨格：《一九二七至一九三七年中国财政经济情况》，陈泽宽、陈霞飞译，中国社会科学出版社 1981 年版，第 245 页。

[2]　《财部对沪市删电之批复》，《金融周报》第 1 卷第 4 期（1936 年 1 月 22 日）。

续表

债券名称	月期	1 月 4 日红盘（元）	1 月 18 日最低价（元）	跌落数（元）
十九年善后库券	一月期	42.15	36.00	6.15
十九年善后库券	二月期	41.70	35.40	6.30
二十年卷烟库券	一月期	46.40	40.20	6.20
二十年卷烟库券	二月期	45.85	41.10	4.75
二十年关税库券	一月期	48.25	42.80	5.45
二十年关税库券	二月期	47.60	43.10	4.50
二十年统税库券	一月期	51.90	48.70	3.20
二十年统税库券	二月期	52.42	47.80	4.62
二十年盐税库券	一月期	53.00	50.00	3.00
二十年盐税库券	二月期	52.25	49.30	2.95
二十年金融短期公债	一月期	75.15	68.70	6.45
二十年金融短期公债	二月期	75.70	67.20	8.50
二十二年关税库券	一月期	59.50	55.40	4.10
二十二年关税库券	二月期	59.20	55.00	4.20
二十三年关税库券	一月期	59.40	56.00	3.40
二十三年关税库券	二月期	58.45	54.70	3.75
整理六厘公债	一月期	73.50	69.50	4.00
整理六厘公债	二月期	72.70	67.75	4.95
"九六"公债	一月期	12.45	9.70	2.75
"九六"公债	二月期	12.65	10.15	2.50

资料来源：子明：《债券本息应予维持之必要》，《银行周报》第 20 卷第 3 期（1936 年 1 月 28 日）。

由表 6—9 可见，半个月之间，跌市最多达 8.5 元之巨，即使相对平稳的"九六"公债，亦跌去 2 元多。而债券之涨跌，即持票人财产之增减。由于国民政府发行债券数量巨大，因此持票者之众多，何止数千万人，公共事业如慈善团体教育机关，莫不投资债券以充基金；至于中产阶级，平时恃投资债券之利息以为生者，尤视债券为衣食养命之源。由此可知，债券价格直接关系民生者，至重且巨。

1 月 20 日，沪市商会主席俞佐庭等奉召进京，与财政当局面商，回沪后对公债减息延期无所表示，于是世人更深信政府必行此策，债市因此愈益跌落，财政部为补救起见，特令交易所在交割时，须以现货提供，使空头无所用其伎俩，然终因谣言太甚，债价仍继续下跌。①

1936 年 1 月 27 日至 2 月 1 日一周六日中交易只做两日，周一（1 月 27 日）为休业之最后一日，周二（1 月 28 日）是农历春节休假一星期后开市的第一天，又适为一月期货交易最后一日。这天，上海公债市场发生剧烈变动，开拍之初，散户纷纷购进，市价劲涨。迫近最后关头，一月期货多空双方，竞相了结，交易甚为踊跃，因整理场账关系，第二盘迟至下午 2 时以后，各方忽大肆抛售，市价转为下跌，头盘所涨，不足与之相抵。晚 8 时第三盘开拍，市价跌风甚厉，整六较记账价格跌逾 4 元，遂告停板，而多空双方多有不及轧平者。周三（1 月 29 日）华商证券交易所奉到部令，自即日起卖出必须提交现货，即无货者不得做空，周四、周五（1 月 30 日及 31 日）因一月期货交割停市两天，周六（2 月 1 日）因交现问题未得解决，继续停市。全周只拍做两日，高低相差，最多者 4 元，最少者 0.85 元。②

从 1935 年 11 月法币改革之后到 1936 年 1 月统一公债发行以前，市价之狂涨狂跌，引起极大波澜。其根本原因，完全为减息延期之举所引起，在此似是而非之际，引起大户投机之狂热。据一些当时人的回忆，其间在市场利多传言笼罩下，投机者都想捷足先登。大陆、国华、永大、国货等几家银行的经纪人字号，逐日买进巨数，每家存账数量各有两三千万元。市价坚挺，大有冲破 90 元关，并向百元关前进的气势。在那几天中，交易频繁，不仅数量巨大，屡创新纪录，而且在一盘交易之间，市价大涨大落，波涛汹涌，也属少见。刚到下旬，当散户开始掉期时，中央银行就开放对经纪人的套利交易，而且逐步放宽套利份额，一再减低利息，最后减到月息 4 厘以下。经此一托，多头的信心更足，市面更稳。在 12 月底交割时，各种债券收盘价都在 80 元以上。这是公债史上空前的高峰，场内外的交割数量，大约在 1.5 亿元至 2 亿元之间，也是证券交易所的新纪录。1936 年元旦之后，同华银行首先卖出，大陆、永大两银行相继跟上，国货银行则有进有出。这几家银行所属号子的多头连续八九天卖出，从交易所存账额看来，它们卖出的数量各有 1000 万元至

① 《一周间国内外大事述要》，《国闻周报》第 13 卷第 5 期（1936 年 2 月 10 日）。
② 《上海金融》，《金融周报》第 1 卷第 6 期（1936 年 2 月 5 日）。

2000 万元不等，大多头已一变而为大空头。在它们卖出的头几天，大家以为多头获利了结，不以为奇，买进户胃口健旺，仿佛势均力敌，市价未受多大影响。后来卖势益猛，压力越来越大，同时公债延长还本期限、减低利息之说传遍市场，绘影绘声，言之凿凿，于是群情惶惑。1 月 21 日到 27 日是春节假期，本月交易只有 28 日这一天，29 日准备交到，30 日办交割，而这时，中央银行突然拒绝做套利交易。当时大家担心，如此大量的存账交易，加上上月所存套利交易，将怎样进行交割、掉期或者了结呢？① 于是发生了 28 日公债市场的剧烈变动。

财政部乃下令彻查，对此，采取以下措施严厉查处：一、饬令华商证券交易所，所有一月公债买卖交割，应一律以现品提交，不得掉期；由财政部派本部科长会同上海交易所监理官前往交易所彻查有无投机操纵情事；派梁平、朱璇章、许之枢、傅严、王季森、柳希庐等 6 员前往交易所监视一月交割及二月交易提供现品。二、指派部员程午嘉、赵烦鲁、朱乃鹏分赴中央、中国、交通三银行将各行所存领券准备、储款准备项下之债券，以及此项接收各发行准备之债券，会同点验封存，非奉部令准许，不得私自调动。② 最后，彻查的结果是并无公务人员从中投机操纵，以经纪人具结保证而告终。"经全部经纪号，除暂停营业之 16 家外，均具呈切结，声明并无公务人员委托买卖投机操纵情事，违者甘愿连带负责，并将顾客户名及真实姓名住址表，一并报部，财部为昭示大公。"③

2 月 3 日，为准备发行统一公债调换旧发 33 种旧债券，国民政府宣布上海华商证券交易所暂停营业。与此同时，财政部发表了发行统一公债 14.6 亿元的计划，将所有的各种杂色公债都在统一名字下发行，作 5 种年份归还，最长的年份是 24 年。同时发行复兴公债 3.4 万元，作为平衡收支、安定汇市的基金。④

最后，华商证券交易所于 2 月 16 日在市场上公告："按奉财政部令

---

① 邹驾白：《"统一债券"风潮》，中国人民政治协商会议上海市委员会文史资料委员会编：《上海文史资料选辑》第 76 辑《旧上海的交易所》，上海人民出版社 1994 年版，第 87—88 页。

② 《债券变动剧烈及财部取缔投机之经过》，《金融周报》第 1 卷第 6 期（1936 年 2 月 5 日）。

③ 《财部公布彻查沪证券交易所经过》，《金融周报》第 1 卷第 8 期（1936 年 2 月 19 日）。

④ 《发行统一公债以后》，《钱业月报》第 16 卷第 2 号（1936 年 2 月）。

开，本部前因派员会同交易所监理员查明呈复。暨该所呈缴经纪人切结前来，经逐一查核，尚无公务人员及本部人员投机操纵情事，应准该所于本月17日起照常开市。唯统一公债票尚未印竣，新旧票调换事宜，亦未开始办理，该所于17日开市，应暂勿做新交易，以免交割时发生窒碍，此令。本所遵于本月17日起，照常开市，唯新交易暂勿开做，现货买卖因期货新交易暂缓开做，亦暂停做贷，特此通告。"① 于是，上海华商证券交易所于17日照常开市，但鉴于统一公债票，尚未印竣，新旧票调换事宜，亦未开始办理，开市后只做了结，仍沿用旧发各种债券名称开拍，停做现贷、期货买卖新交易，对统一公债甲乙丙丁戊5种，暂停开做新交易。② 从2月17日到2月27日，专拍1月29日截止到二月期货交易6300万元，使以前旧账在2月27日前交割清楚，得到完全清理。自2月28日起，统一公债甲乙丙丁戊5种正式挂牌开拍。③

　　这样，围绕着"统一公债"的发行而爆发的公债风潮也伴随着统一公债的正式发行和上市而宣告结束。而最终发行的"统一公债"还本期限，比旧发各种公债的还本期延长了，利息也减低了，延期减息的传说竟成事实。由此可见，"统一公债"风潮中，财政部在幕后的操纵不无痕迹，两个多月以来财政部精心策划的一次阴谋，到此大获全胜，而多头、空头双方散户，却被一网打尽！

　　1936年3月，因统一公债发行伊始，调换手续尚未办理完竣，统一公债丙丁戊3种之近期行市，未有成交，交易极为清淡，而价格变动不甚剧烈。4—5月，债市较为活跃，各债市价逐渐上涨，交易繁荣。6月虽因西南军事行动，人心受其刺激，实货出笼，抛空者踊跃，筹码充斥，债市渐趋下游，但不久时局转佳，市场人心复振，统一公债甲种遂超出70元大关。④ 1936年12月，当西安事变爆发之时，上海各交易市场均感震动，首当其冲者为证券交易所，开拍后，5种统一公债一律惨跌4元停板。1937年1月7日，复兴公债加入市场拍板，其办法与统一公债相同，

---

① 《证交公告开市》，《银行周报》第20卷第6号（1936年2月18日）。
② 《财部令证券交易所照常开市》，《金融周报》第1卷第8期（1936年2月19日）。
③ 《华商证券交易所公告开拍统一公债》，《金融周报》第1卷第10期（1936年3月4日）。
④ 《一年来上海金融市况》，《中央银行月报》第6卷第1号（1937年1月）。

开拍后远近期均有成交，只是该项公债全部筹码尚握于金融界及财政部手中。①

此外，北京政府时期的"九六"公债仍是动荡的重要因素，在1932年2月，国民政府整理公债过程中，政府提出延期还本、降低利息的要求时，持券人会在发表宣言表示支持的同时，也在宣言的第十四条中要求"财政部于三年之内，应另拨基金，偿还'九六'及二次整理两债票本息，其办法由财政部定之"。② 然而，两年半过去了，到1934年7月，仍未办理，而此项公债系北京政府所发出，持票人以北方为多，纷纷向北京银钱业公会探寻整理办法。于是，北京银钱业公会，以"一·二八"事变后持票人宣言为理由，转电财政部要求整理，但财政部复电以"九六"发行时种种不合，此时碍难整理，其持票人会宣言，系片面希望不能作为核准之案而加以否定。③ 到1937年"七七"事变爆发后，上海债券市场受到极大冲击，各债均狂跌不已，为此，8月1日国民政府公布了对5种统一公债的限价政策以维债信。由于限价政策仅言统一公债，不及其他，致"九六"公债以未受保护接连猛跌至四五元之巨，这引起了"九六"公债持票人的极大恐慌与不满。8月3日，以赵洗凡等为首的"九六"公债投资者50人联名电请财政部恳请迅予补充前令，立赐电令证券交易所，声明所有统一以外其他各种公债，凡属该所开拍者，自8月2日起一律按照与统一公债平时在70元时之比例市价定为限制标准，跌逾此限者无效，以绝操纵而维国信。此后8月5日陈念棠又再呈财政部，务恳立赐迅令上海华商证券交易所将"九六"公债市价一并照统一公债之例限制。查统一戊种市价平时在70元时，"九六"公债为11元，现应即以11元定为最低限价标准，跌逾此限者无效，以安市面而息风潮。④

当然，这一时期，参与上海公债市场的不仅仅局限于上海的金融资产阶级，全国其他各省市的金融界也有不少聚集资本来上海进行公债投机。如重庆银行在其总经理潘昌猷的主持下于1935年年底开始，集中大

---

① 《国内外金融经济概况·内债》，《中行月刊》第14卷第1、2期（1937年1、2月）。
② 《内债改订还本付息办法》，《银行周报》第16卷第8号（1932年3月8日）。
③ 《九六公债持票人电请财部整理》，《银行周报》第18卷第29期（1934年7月31日）。
④ 中国第二历史档案馆馆藏南京国民政府财政部未刊档案，档号三（1）-2731。

量资金到上海套做统一公债的期货与现货买卖，最初获利颇丰，统一公债经历了 1936 年年初的动荡之后，从 70 元一路上升，突破 80 元大关，曾一度升到了 85 元，到 1936 年上半年结算时，重庆银行仅投机公债一项就可获 300 余万元的巨额赚项。然而，好景不长，"七七"事变爆发后，上海公债市场掀起狂风巨浪，统一公债由 85 元惨跌到 69 元，上海华商证券交易所停拍，市面暗盘价格更低，忍痛抛售也无人问津。重庆银行遭受的亏损极为巨大，资金枯竭，困难重重，各存户挤兑取现纷至沓来，出现了岌岌可危的严重局面。潘昌猷为渡过难关，四处活动，八方求援，最后还是聚兴诚银行总经理杨粲三借款 100 万元给重庆银行，才得以化险为夷，转危为安。①

第三节　近代华商证券市场各种风潮的评析

近代中国华商证券市场中，虽然股票市场和公债市场呈现出此消彼长的特点，但无论是在哪个市场中，各种投机风潮都接连不断，伴随着市场发展的始终。面对这些风潮，分析和总结其经验与教训，将有助于我们加深对这个市场的认识，也可为当今的证券市场提供宝贵的借鉴。

一　近代华股投机风潮评析

综观近代中国华股市场中呈现出来的三次投机风潮，每次风潮都是当时社会经济发展与股票市场发展演变的真实反映，展现出近代中国华商股票市场发展历程中的各种不同时代特征。

晚清时期，上海首次爆发的以炒作矿务股票为主的金融风潮，其原因虽然很多，但最直接的原因还是晚清时期新兴华股市场的自发性与投机性。而且早期华股市场的兴起完全处于无政府的状态，清政府对股份公司的创立与股票的发行、上市均缺乏必要的管理，在股票的发行上，

① 刘仁耀、赵世厚：《我们所知道的潘昌猷》，中国民主建国会重庆市委员会、重庆市工商联合会文史资料工作委员会编：《重庆工商史料》第三辑，重庆出版社 1984 年版，第 160—162 页。

不管何人，只要找到一两个地方官牵头，打出官督商办的牌子，就可以领到清政府的执照，成立公司，发行股票。而清政府颁发执照并无严格的审查手续，一般都予以批准，直到1904年《公司律》的颁布才开始有了初步的规范。然而在股票交易上仍是处于雏形时期，虽曾出现了上海平准公司这样的组织，但整体而言，还没有固定的交易场所，没有专门的组织，也没有人管理，完全属于自由交易，且以口头交易为主，一切交易均为现货，价格上只要双方愿意便可成交，手续极为简便，交易规则是存在于交易人心中约定俗成的惯例。由此可见，清政府既没有对新兴股票市场进行专门立法，更未制定管理措施加强对股票交易的监管，使这一市场处于完全的自由放任阶段，再加之股市参与者的投机心态，股票发行者以办公司为名发行股票进行圈钱，股票投资者不问公司之有无、好坏，以购买股票为发财捷径。于是，投机风潮的爆发就在所难免了。

而20世纪20年代发生的"民十信交风潮"，则反映出证券市场从自由市场式的自发阶段向交易所市场阶段过渡的转型时期的典型特征。当时，中国人买卖股票虽然已有一段历史了，但自办的交易所在中国才刚刚出现，绝大多数人对于交易所的性质和作用并不了解。见到这些先后成立的交易所利润丰厚，股票价格在市场上也随之迅速上涨的状况，便错误地认为成立交易所容易发财，更有一些人认为这是一个难得的投机暴富的好机会，因此一哄而起，很快就出现了一个兴办交易所与信托公司的高潮。

不过，从1883年的矿务股票风潮、1921年的"信交风潮"来看，都因直接投资盲目过量而引起金融系统的支付危机和金融秩序的崩溃，政府还没有能力进行积极干预。这也说明当时的华商证券市场是自发的，同时政府又疏于管理。当市场的导向误入歧途时，市场只有通过发生震荡来纠正自身的错误。

从华股市场初期所爆发的这两次风潮的惨痛教训中，我们可以得到如下的历史启迪：

第一，对风险性和能量都很大的证券市场必须有严格的监管，这是防范金融风险的直接屏障。通过"信交风潮"，使政府深刻认识到证券监管的重要性，证券市场是一个高风险的市场，对此政府应加大监管力度，必须设立专门的监管机构。在这次风潮中不仅江苏省设立了江苏特派交涉公署，专门派出驻沪交涉员负责办理此项查禁工作，而且到北京政府后期还正式建立了交易监理官制度，这一制度一直沿袭并得到不断完善，成为了近代中国证券监管的核心内容。直到1949年旧上海证券市场的结束，这一体制成为了政府对上海证券市场重要的监管制度。

第二，国人投资风险意识差，投机活动盛行，必须重视市场中大众心理的动态变化和引导，以减少对投机氛围的推波助澜作用。当市场上弥漫着投机气氛时，人人都认为自己可以抓住机会，人人都以为会有傻瓜来接"最后一棒"，而自己有足够的机会在灾难到来之前逃脱，由此形成的市场投机狂热的氛围，会使市场的总体行为失去理性。当人们对未来的预期在投机的氛围中被煽动得失去理性并趋于高度一致时，这种预期对市场的稳定运行就会构成极大的威胁。

而战时上海华股市场投机风潮的产生，则是中国华股市场进入相对成熟时期所呈现出的市场特征。当时引发战时上海股市投机风潮的原因分析起来主要有以下几个方面：

首先是内幕交易。按一般交易所规定，交易所理事本身不能进行股票交易，但在战时的伪上海华商证券交易所的理事们大部分都兼任上市各种股票所属公司的董事，如张慰如、沈长赓等主要理事，甚至兼任上市股票所属公司的董事达二十几家之多，有的理事本身还担任经纪人。这些人都以与自己有关的经营为利害关系，在交易所中利用地位，假借名义，上下其手，搞得交易所股票交易一片混乱。对于证券交易所交易之混乱，社会上指责之声不绝于耳。当时的经济导报社代表即呈文汪伪上海市长陈公博，指责华商证券交易所有助长投机、串通抛空之情况，呼请政府派员彻查，以断然手段，将原有理事概行撤换。但指责归指责，华商证券交易所毕竟由日本人当顾问，又定期向汪伪政府交纳数目可观的交易所税，当然无须担忧会受到什么调查和处罚。[①]

其次是大户的操纵。华股市场的涨跌与大户投机者的操纵紧密相关。

---

① 马长林：《孤岛时期的交易所黑幕》，《上海档案》1995年第1期，第59页。

因为股票大部分由银行、企业公司所独占，其中仅一部分向公众招募，并于超额数倍之高价卖出，而在市场做买卖之股票，则仅为总数之一部分。大户在股市上的投机操纵方法多种多样，一般情况下，要拉高股票的市价，必先大肆宣传，继之自进自出，做得交易热闹，引人注目，然后大量拖进，狂抬市价，等到散户看得眼红下手，再暗中吐出，将圈套落在他人头上。如1943年年初，从1月25日至29日，平稳的股市突为百货业股的涨风所掀动，其中尤以永安公司股票升涨最甚，由130元直至170元，引人注目。百货业中其他各股，如新新、丽华等，也均跟随上涨30—40元至70—80元不等；甚至沉沦已久的国货公司，亦不乏垂青，由低价回涨10元。然而，谁也说不出百货业股大涨的理由，据报载，主要是由于某一家股票号在猛力搜进永安股，做一笔交易，以此牟利，由此带动股市的投机家们花大本钱拉抬百货股，使百货股连涨一星期，造成直线上升的现象。① 再如上海水泥，平时交易极稀，流通筹码极少，可是在1944年年关前的一两天，竟然由3600元狂涨到9000元，到新年开盘后的1月5日，甚至有人喊价10000元卖出。可是，既无利卖因素，又无增资消息，这种涨风实由多头大肆拉抬所致。② 像这样的大户拉抬的情形并不少见，如1944年新年中新股上场极多，第一周中就有"建隆地产、上海企业、绮美织造、通惠机器及华泰电机等5家。其中除通惠及华泰较为人所知外，前三者均有闻所未闻之感。可是这些股票一经上场，居然都有人捧场，一致拉足了输赢，于是新股红盘相互飞升，均各涨起三五成不等"。③

在上海华股市场上，能够操纵市场的主要是一些战时新建的投资企业公司，它们是市场中真正的大户和操纵者，这些企业公司的中心人物，均为当时经济界第一流人物，或直接或间接作为大股东，并充任企业公司之董事长或总经理，如许冠群（新亚建业公司）、朱博泉（东南企业公司）、陈滋堂（兴华实业公司）、周邦俊（三乐实业公司）、林康侯（环球企业公司）、袁履登（谦和企业公司）、李祖莱（大中华实业公司）、吴蕴

① 《百货业股之涨风》，《华股研究周报》第2卷第6期（1943年2月1日），第3页。
② 《上海水泥之类》，《华股研究周报》第7卷第3期（1944年1月10日），第2页。
③ 《一个条陈》，《华股研究周报》第7卷第3期（1944年1月10日），第2页。

斋（中国投资管理公司）、许晓初（大成企业公司）、颜惠庆（久安实业
公司）。其中颜惠庆为久安实业公司董事长，又任中国工业银行总经理。
朱博泉，上海信托界权威，曾任中央银行、浙江实业银行等的指导者，
并任沪江大学商学院院长，亦就任环球企业公司、东南企业投资公司、
久安实业公司等之负责人。许冠群，作为新亚建业公司之负责人，同时
也是新亚化学制药厂总经理，新苏贸易公司总经理，上海市制药厂业同
业公会主席委员，化妆品业同业公会常务委员，新药业同业公会、上海
市商会、上海工业联合会之执行委员等。其他各位也均为经济界有数之
权威人物。正是因为上述各企业公司的这些中心人物，其能量绝非一般
投机商所能左右者，才致使市场屡掀狂风巨浪，一发不可收拾。从表6—
10中主要企业公司之资本金额即可见一斑：

表6—10　　　　　　沦陷时期上海主要投资企业公司资本金额表

公司名称	资本金额（元）
东南企业投资公司	16000000
新亚建业公司	10000000
三乐实业公司	15000000
环球企业公司	10000000
国华工业投资公司	10000000
兴华实业公司	10000000
大中华实业公司	5000000
益中企业公司	2000000

　　资料来源：志刚摘译：《游资与企业公司》（下），《华股研究周报》第2卷第1期（1942年
12月21日），第9页。

　　如以各企业公司之资本额平均为500万元，而企业公司数目以40家
计算，则总计集中企业公司之游资已达2亿元之巨。这些企业有着如此
雄厚的资本，它们才是华商股票市场的真正操纵者。正是它们的恣意操
纵，才形成了华商股票市场畸形的繁荣。
　　再次是各种与市场相关信息的蛊惑。在战时动荡的局面下，华股市
场时常为各种消息所左右，如1943年年初沉闷委靡的华股市场，忽然传
闻日本占领军发还八大工厂的有利消息，于是相关几家工厂的股票，一
致突飞猛升，其他不少的股票也被带动起来。特别是1月7日的股市，因

还厂消息证实，上海水泥和中国水泥均见猛涨，各升 50—60 元之多。上海水泥已出 600 元关，中国水泥也在 300 元有买户，其他如振华油漆更有求乏供。此外有几家尚待还厂的股票，也因为这个缘故，附带地为投资者所垂青。①

又次，游资大量积聚而又乏出路是上海战时华股市场畸形膨胀的重要原因。上海游资问题，因环境之演变，日臻严重。"八·一三"沪战结束，国军西移后，因炮火越离越远，市面乃趋活跃，各战区避难者的资金；各银行的分支行处从战区里撤退下来的资金；日伪方在各地搜刮来的资金；华北资金的大量南逃；以及外逃资金之部分的流回，致使上海的银行存款日渐增多。从 1938 年春到 1939 年夏之一年半间，各行资金之增加，其速度之快与其数量之多，实远非战前任何时期所能及。据估计，1938 年的夏季，上海有游资 5 亿元。到 1939 年秋季，据估计，达 12 亿元之多②，这些游资集中在上海，造成上海畸形的繁荣，欧战爆发后，留在南洋及香港各地资金又大量向上海转移，于是各行存款愈益集中增多了。依据粗略的统计，当时上海各行存款的总数当在 20 亿元以上。③ 此后因生产贸易各部门之资金运用途径较前更加狭窄，致结集沪埠游资数额继续激增，总数无正式统计，到 1942 年估计在 70 亿元左右，较以前计增两倍半。④ 因此，上海游资的运用与出路，也就成为了令人瞩目的关系整个金融界的问题。当时上海人所喜欢的投资，归纳起来不过以下两种：动产投资——公债、股票、公司债；不动产投资——房屋、地皮、田地。在这些投资中，公司债与田地所占的百分率都十分少，公债在战时又已过时，因此，真正热衷的就只有股票与地产了。

最后，严重通货膨胀的影响。抗战时期，国民政府为适应战费的需要所增发的通货，数量甚大。据一般估计，在"七七"事变爆发前，中国通货的发行额为 14 亿元，八年抗日战争结束到 1945 年递增为 1 万亿元。法币数量如此增加，故引起物价剧烈上涨。在物价上涨过程中，因

① 《还厂与股价》，《华股研究周报》第 2 卷第 4 期（1943 年 1 月 18 日），第 2 页。
② 陈真编：《中国近代工业史资料》第四辑，生活·读书·新知三联书店 1957 年版，第 35 页。
③ 吴承禧：《战时上海银行业之动向及其出路》，《财政评论》第 3 卷第 2 期（1940 年 2 月）。
④ 志刚摘译：《游资与企业公司》（上），《华股研究周报》第 1 卷第 10 期（1942 年 12 月 14 日），第 6 页。

人民预期物价将继续上涨，大家藏货不藏币，更使货币流通速度增加，而物价涨势愈猛。[①] 一方面，股票市场繁荣的最重要原因，来自币值不断的贬落。企业得到一致的追捧，成为一般投资的对象。各厂以原料价格狂涨为由，多抱着卖制成品不如囤积原料的心理，纷纷改变原来工业生产的方针，又如各厂因证券市场变动巨大，多认为与其从事工业生产，不如做股票买卖，纷纷趋于投机一途。

另一方面，促使股市大跌的原因也缘自物价。1944 年年初的红盘股市之跌，有一个重大的因素就是物价涨风之奔腾。因为物价奔腾得厉害，遂在投资市场中逐渐吸去了许多头寸，而使得股票市场更见贫血。换句话说，因为物品看涨且正在直线上涨，于是有许多人便抛出了股票，买进物品，从而使股票市场雪上加霜。

从战时上海的物价趋势看来，物品的涨风显然是远在股票之上的，这便反映出大多数人都以实物为贵、以股票为虚的心理。故囤货的风气愈炽，即投资之习愈衰。货价可以直线上涨，毫不回头，股价却一经上升之后，不久即必回跌。可见得，囤积居奇之风不息，投资市场将永无宁日。

二　近代中国公债风潮评析

政府公债之所以能够存在，是因为它是以国家信用为基础的。而国家信用之所以能建立起来，乃因为它依据的是国家的主权及国民财富与资源。国家凭借其主权，能够获得必要的收入用于偿还债务，从而形成了国家强有力的信用。国家主权、国民财富与资源的长期存在，使国家信用有了永久存在的基础。一般情况下，政府公债以国家信用为支撑，是风险性最小、安全性最高的债券，是其他有价证券所无法比拟的，而且政府的公债利率高于同期银行存款利率，因此，人们一直把政府公债作为一种安全可靠、收益率高的资产，公债持有者在心理上把公债作为资产来持有。然而，尽管国家是债务人，但国家主权并非债权人所能控

---

①　方显廷：《中国经济危机及其挽救途径》，《经济评论》第 1 卷第 6 期（1947 年 5 月 10 日）。

制，国家资源和国民财富也非债权人所能掌握，因而债权人的合法权益总是处于不稳固和无保证状态之中。在近代中国，正是这一不容置疑的政府公债债信遭到了破坏，国家信用基础受到极大动摇。因此，总结近代中国公债风潮产生的原因，可以看出：

其一，公债信用基础的不稳定是公债市场发生风潮的最根本因素。从1912年民国建立，到抗战爆发前，维持公债信用一直是上海华商证券市场上的一个主要问题，特别是北京政府统治时期尤为突出。1922—1927年，北京、上海公债市场交易不畅的根本原因，就在于北京政府债信极低，公债基金不稳。公债市场上债票涨落变动的剧烈程度通常都与公债基金的确实与否有关，凡本息确实之公债，因其还本付息，均甚可靠，大概无剧烈变动，其投机性也比较小，市价高低无大的悬殊。凡本息不甚确实的公债，其还本付息，稍有疑难，便有急剧变动，其投机性也较大，市价高低有极大之悬殊。即使是南京国民政府时期，其债信也没得到根本的恢复与维护，一有风吹草动，就被彻底击垮。1932年的公债整理，宣示了政府债信的破产，之后1936年的统一公债的整理与发行，更说明政府债信的丧失，使得公债的投资回报率大打折扣，这些因素都成为了上海公债市场风潮的主要诱因之一。

其二，不稳定的市场因素是近代中国公债市场风险的导火索。其中政治的因素极为重要，国家政局不稳定、社会不安定，是导致公债市场剧烈波动的主要原因。北京政府和南京国民政府统治时期，内忧外患，战争不断，在很大程度上，公债是被作为筹集战争资金的手段和渠道而推出的，因此，公债发行中所必需的稳定的社会心态便十分脆弱，人们常常由于战局的扑朔迷离或者风云突变，从而产生心理上的极度疑惑乃至恐慌，诱发公债风潮。

政局动荡、战争频仍，这些系统性风险给证券市场的影响是无法规避的，在近代中国公债市场更有着突出的反映。无论是北京政府时期，还是南京国民政府时期，金融界的命运都与政府休戚相关，据吴承禧估计，当时上海52家重要商业银行几乎掌握了政府债券的半数。[①] 而章乃

---

①　吴承禧：《中国的银行》，上海商务印书馆1934年版，第69—70页。

器的估计则更高，他认为公债库券的持有成分，恐怕有 80％ 以上属于金融业，而其中重要银行已掌握了政府债券的 2/3。[①] 正是由于这一因素，任何政治社会形势的风吹草动，都可能使公债市场行情出现波动，巨大的非系统性风险远非金融机构自身所能规避，因此，证券市场也就成了各种政治军事局势的晴雨表。

北京政府时期，中国政局变幻莫测，军阀之间的战争连绵不断，南京国民政府时期的水旱灾害以及新旧军阀间的征战、日本的侵略，都给上海证券市场带来影响，有的甚至造成强大的公债风潮。如 1924 年江浙军阀的冲突、1931 年的"九·一八"事变、1932 年的"一·二八"事变、1936 年 12 月的西安事变，以及 1937 年的"八·一三"事变等都曾使债市暴跌，甚至交易为之停顿，直至局势平定后始告复业，如此足见公债市场与政治和国运的关系极其密切。

其三，投资者投资意识的淡漠和普遍而强烈的投机心理是公债风潮的催化剂。投资者如果对公债行情的前景持悲观的看法，就会大量抛售手中的公债，从而引发公债价格的下跌；如果投资者对公债前景看好，就会大量买进，从而促使公债价格上涨。不仅如此，由于公债价格的不确定性和波动性，投资者心理非常容易受外部环境的影响，甚至某些传闻、谣言也会造成投资者抢购公债的热潮或抛售公债的恐慌，引发公债价格的暴涨暴跌。正是在弥漫于社会一般公众中的这种时而近于狂热，时而又惊惶失措的非理性的心理和发财的强烈欲望刺激下，人人都认为自己会及时把手中的证券抛出，会有人来接最后一棒，而一旦形势不妙，又纷纷夺路而逃。这在个人来说或许是合理的反应，但由于千百万人趋同性行为的总和，就形成了整个证券市场的非理性行为。这种情况在近代华商证券市场的运行历史中曾反复出现。

其四，公债市场的不规范性更是滋生风潮的温床。政府对证券市场的管理政策和措施是重要的，但更重要的是这些政策与措施的执行情况和实际效应。市场中反复出现国民政府要员幕后操纵，凭借特权肆无忌惮地进行投机倒把，左右公债市场的行为，事后，又由这些人进行所谓

---

① 章乃器：《中国货币金融问题》，生活书店 1936 年版，第 69 页。

的查处。这种情况下，公债市场的投机操纵行为屡禁不止就丝毫不难理解了。

纵观近代中国公债市场的演进历程，可以发现，引发公债市场风潮的原因尽管很多，但公债投资价值的不稳定性是近代中国公债市场诸多风险因素的源头。因为决定公债价格水平的最基本因素是公债的投资价值，公债的投资价值越高，其价格水平也就越高；反之则相反。投资价值发生变化，价格肯定也会发生变化，而在影响公债投资价值的各种因素中，公债投资的未来收益即投资回报率则是关键。但是，近代中国，正是影响公债投资价值的最基本因素——投资回报率受到了极大的挑战，才致使公债价格不稳，债市风潮不断。最终影响近代中国公债投资回报率的根本原因就是政府债信的破产。

本章小结

虽然证券市场的波动具有积极的一面，是市场流动性实现的途径，并且是衡量证券市场发展和未来经济增长的主要依据。然而，证券市场的剧烈波动和频繁波动，则是过度投机的表现，泡沫总要破灭，近代中国华商证券市场在经历了一次又一次的暴涨与暴落之后，必然会产生一系列不良的经济后果，甚至使证券市场失去存在的意义。

从近代中国华商证券市场的各种风潮中，我们进一步看到，证券市场中的风险与其他金融领域的风险相比，具有风险源多、突发性强、传导快、社会影响大等特点。由于近代中国华商证券市场还不成熟，随着市场规模的不断扩大以及证券市场与政府财政、产业经济相关性的不断增加，风险问题也就更加突出和尖锐。近代中国华商证券市场的疯狂和动荡，自然有极其深刻的社会原因。总结与反思近代中国证券市场中的各种风潮，给我们留下了许多值得借鉴的地方。

1. 证券市场是一个高风险的市场，并且这个风险与证券市场的产生、发展始终相生相伴。这个风险在股市中集中表现为上市公司的圈钱行为与股民一夜暴富的投机行为，可以说只要有股市的存在，无论是上市公司的圈钱企图还是股民一夜暴富的心态就必然存在，此乃股市风险酝酿最原始的动因，而一旦风险爆发，股市剧烈波动造成股票价格的非理性上扬，不仅会造成股市的灾难，还将进一步殃及许多社会领域，带来整个社会的严重不安与动荡。

2. 必须时刻加强政府的监管。通过对近代中国华商证券市场中各种风潮的考察，我们认识到，证券市场中的风险是市场机制这只"看不见的手"无法调控的，必须借助于强有力的外力之作用，这就是政府的力量，因此加强政府对证券市场的监管不仅是必要的，而且是必须的，完善的监管体制是证券市场健康发展的有力保障。不仅如此，问题还在于，政府究竟怎么监管？

3. 必须做好宏观经济的调控。宏观经济的状况对证券市场的运行态势有着密切而重大的关联和影响，特别是产业、货币、物价等因素，以及整个经济、政治局势等各种因素都可能对证券市场造成严重影响。因此，必须考虑到与证券市场相关因素的种种联动性，使制定的政策、采取的措施，尽可能地有助于保持市场的稳定和健康发展。

总之，一个成功的证券市场不仅需要完备的制度安排，还需要健康的投资者心态，更需要有必要的社会经济基础和市场管理经验，这些都不是一蹴而就的。特别是对于当今中国证券市场同样存在的严重的投机现象而言，更需要进行深入持久的风险教育，需要不断完善监管机制，加强监管力度，及时严肃地查处非法操纵和投机行为，以使投机的成分逐渐减少，使理性投资逐渐取得主流地位，这仍是今天中国证券市场的监管者和投资者们应共同努力的目标。

结　语

近代中国华商证券市场在其 80 多年的发展过程中，给国人带来了一系列全新的观念，使人们认识到了市场经济的魅力。在整个过程中，证券市场的发展曾有过辉煌和失落，更留下许多迷茫。如今，研究这段历史，不仅能使我们对这段历史有一个更加清晰的认识和总结，同时，也给我们当今新兴的证券市场提供了不可多得的历史经验与教训。

一　近代中国华商证券市场制度建设的反思

近代中国华商证券市场 80 多年的制度演变的历史就是模仿学习与借鉴西方其他成熟市场经济制度的历史。最初，主要是依据日本的《取引所法》，模仿日本的制度模式筹建中国自己的证券交易所，这一制度一直沿袭到抗战结束以后。直到 1946 年重新建立的上海证券交易所，其在组织建设上虽然仍沿袭原有的股份公司制，但在市场制度建设方面则开始引进美国的交易制度。然而这些制度都未能真正引领中国证券市场，而且这种学习和模仿的过程在股票市场和债券市场上的表现是完全不同的，在这个过程中，中国的股票市场制度与债券市场制度的确经历了两种截然相反的制度建设路径，股票市场自始至终走的是自下而上的诱致性制度变迁路径，而公债市场则从一开始就是一种政府直接参与并高度控制的强制性制度变迁路径。

从近代中国华商证券市场的制度演进历程可见，近代中国已经把当时世界上先进国家证券市场的制度学习借鉴过来，并不断建立与完善了自己的制度，各种制度文本不可谓不规范，甚至是比较先进的，然而，最终却依然没有建立起世界级的证券市场。这到底是为什么呢？

首先，近代中国缺乏市场经济的大环境。近代中国的证券市场是近代中国市场经济体系中的重要组成部分，因此，近代中国市场经济的发育程度直接影响着近代中国证券市场的发育。市场中的经济活动以利润为中心，经济活动的目的是追求利润最大化。当获得利润的渠道在改变或新的利润增长点出现时，作为"经济人"的市场主体就会构建新的市场契约结构，形成新的制度安排。因此，寻求利润的最大化始终是市场经济中制度变迁的最终诱致性因素。这种精巧的制度安排只能在市场经济条件下，由市场孕育、产生和发展，在专制经济条件下，这样的创造是决计不会产生的。

近代中国的市场经济制度建设迟缓，在整个近代，虽然开始了向市场经济的转型，但最终还是以封建自然经济占据主导地位。从封建的自然经济走向近代的市场经济，是人类社会的质变。其中，商品生产由从属和补充上升到统治、主导地位，是社会质变的必要条件之一。所以，市场经济发展的幼稚必然导致证券市场发育受阻。

其次，近代中国缺乏制度实施的文化与法治的土壤。证券市场制度属于市场经济的内容，必然要被纳入法治化的轨道；法治化的程度也必然决定着市场经济和证券市场制度的兴衰成败。

市场经济是自治的经济，也是民主化和法治化的经济。在近代中国，证券立法、执法和守法均存在严重疏漏，相对来说，立法和执法存在的问题更多。政府制定的规范不可谓不多，特别是禁止性规定更多，但在有关法律责任的规定中却轻描淡写，甚至是于法无据，如规范中有"依法予以处罚"，但我们往往不知"依法"所依据的是什么法。还有"构成犯罪的，依法追究刑事责任"，但我们也不知这里的构成犯罪是依据《刑法》的哪一条；甚至在《刑法》中根本没有相应的罪名。在执法中更是软弱无力，往往是在事情已导致了严重后果甚至无可挽回时，才予以处罚，而偏偏不注意事前预防，并建立防范机制。尤其对一些政府职能机构伙同经纪人公司投机操纵市场行为缺乏监督。这些问题产生的根源在于中国历史上法治文化传统的缺失，因此，尽管制度体系构建得繁密而庞大，但这些制度却缺乏最高权威性，在人治面前，不过是一纸空文，得不到应有的尊重与信守。

再次，照搬国外的制度，而缺少符合自身实际的制度创新。在经济学里，制度指的是实际上可以约束人们行为的规矩，而不只是漂亮的条文。好的制度是可以降低交易成本的制度。

要制定好的制度，必然要善于创新，以使其符合客观实际的需要。证券市场制度的创新，其实质是市场游戏规则的更新，使游戏规则的内容更符合市场发展和运行的内在自然规律，两者相符的结果就是市场运行的和谐与顺畅。如何才能使证券市场的游戏规则符合其自身运行所需要的自然内在规律的要求，关键在于确定游戏规则制定权的归属，由政府制定规则还是由游戏的参与者通过自然的博弈过程来确定规则，是决定制度创新绩效的根本之所在。如前所述，中国近代股票市场自始至终走的是自下而上的诱致性制度变迁路径，而公债市场则从一开始就是一种政府直接参与并高度控制的强制性制度变迁路径。无论是股票市场还是公债市场，制度设定都脱离了中国证券市场发展和运行的实际，前者是照搬外国的制度，后者是政府出于政治需要的人为强制，都与证券市场发展的客观规律相背离，从而产生不了真正的制度创新，使证券市场陷入无序和低效。通过对近代中国华商证券交易所演进历史的分析，我们得到这样的启示：证券交易发展史也就是它不断进行改革和创新的历史。尽管交易制度每一次创新的动机、背景、条件、环境有所不同，创新的过程和效果也各有差异，但每次合乎实际的创新都是经济金融发展过程中内部矛盾导致的必然结果，而创新也必然会推动交易事业进一步向前发展。

二　证券市场建设中的政府角色定位

近代中国经济转轨过程的基本方向是市场化，建立市场经济的整体框架。因此，当时西方国家相对成熟的市场经济体制提供了近代中国政府进行制度创新的知识存量，有利于以引进方式推行强制性制度变迁。

在近代中国，随着市场化的不断推进，在特定环境下生成的中国华商证券市场的制度安排，在不断变迁的历史环境中，同样面临着发展和调适的制度变迁过程的问题。从这个意义上说，近代中国华商证券市场既是一个新兴的市场，又是一个转型中的市场。在这一过程中，市场制度自发的演进力量和政府的主动干预的合力，决定着近代中国华商证券市场的制度变迁路径。

回顾近代中国华商证券市场 80 多年的历史，当股份制度与国债制度在中国产生与发展起来的初期，晚清政府并没有主动参与进行证券市场的制度建设，证券市场的产生与发展是伴随着股份制经济的发展自发建立起来的。当股份制度实行了近 30 年之后，北京政府才颁布了《证券交易所法》以规范这个市场的发展，开始了政府主动参与证券市场的制度建设。可以认为，近代中国政府在进行证券市场制度建设的过程中，经历了从被动到主动的漫长过程，利用了股份制产生的自发制度变迁的驱动力，逐渐参与到了华商证券市场的制度建设中。因此，近代中国华商证券市场的产生与初步发展是从没有法律法规的制度环境开始的，市场的自发制度需求与制度供给成为制度变迁的驱动力。相当长的时期里，其制度变迁是在经济体系中自发变迁的条件下发生的，属于诱致性制度变迁，政府在其中的作用是微不足道的。即便是在 1914 年《证券交易所法》颁布之后，20 世纪 20 年代前后中国第一批证券交易所的建立，政府也没有起到多大作用，直到 1921—1922 年"信交风潮"的爆发，才使政府认识到对证券市场监管的重要性，此后才开始了政府加强对这一市场的管理。特别是 1927 年南京国民政府建立以后，随着政府公债的大量发行，证券市场的地位越来越重要，国民政府逐渐成了华商证券市场制度的设计者与主导力量，在政府的主导下，证券市场（主要是公债市场）的各项规章制度不断建立与完善起来。

强制性制度变迁，使近代中国华商证券市场制度在经济体制处于从封建经济向资本主义市场经济的转轨时期建立起来，发挥了应有的作用。但随着华商证券市场的进一步发展，其制度的缺陷也越来越明显：从一般经济学的角度看，证券市场是一国经济体系的重要组成部分，也是金融体系的重要组成部分，而金融体系是一国经济的命脉，证券市场的重要性决定了它也是逐利场所，其中的利益冲突与平衡也显得非常突出。当证券市场的这种利益冲突与平衡没有完善的制度保障时，必然降低整个市场的效率。

在证券市场的发展中，政府与市场是经济发展的不可或缺的两大基石，没有市场机制的作用，就会出现资源配置的低效率，证券市场就没有活力；没有政府的干预和调节，证券市场的发展就会出现动荡，甚至爆发经济危机。

在中国由封建经济向资本主义市场经济的转变时期，正确处理政府与市场的关系是极为重要的。市场是资源配置的基础机制，但也会出现市场失灵和失缺，政府对市场的干预是必不可少的，但是，政府的干预如果不适度，同样会产生政府失灵的现象。因此，在具有动态性的经济环境中，政府的职能需要重新界定，政府的角色需要重新定位。

非常遗憾的是，在近代中国，政府角色却往往错位。政府进行宏观控制的目的，应该是维护市场经济运行的正常秩序，使国民经济实现可持续发展目标。然而法治环境的缺失，使得政府干预的范围和力度往往过大，超出了校正市场失灵和维护市场秩序机制正常运行的合理界限，即政府管了不该由政府承担或政府管不好的事。审视近代中国华商证券市场制度建设中的各项改革的路径与由来，不难看出政府主导和主管始终是决定性的力量。这种决定力量，在证券市场建立的初期曾经发挥过巨大的积极效应，但政府并未从根本上建立起一种规范的、符合经济发展的自然规律内在要求的游戏规则，仍然采用的是"过程管理"的做法。如在1921年的"信交风潮"中，虽然成功地解决了这次金融风潮，但这种靠政府与市场进行博弈的做法则造成了对市场法则的破坏，并由此产生了政府随意干涉市场、干涉股份制企业的市场空间，引导市场走向了为其销纳公债的道路。不可避免地出现政府既是裁判员又是运动员的双重身份，对市场监管产生了极为不利的影响。

深刻的教训在于，政府要做的应仅仅在于关注市场交易行为的公平与公正，其他的事情应当让市场来解决。政府作为市场的"看护人"，如果过于对市场放任自流，监管不到位，放松了对公正、公平和正义原则的监督，会给市场带来极大的损伤；但是，如果对自身过于自信和放纵，滥用权力，恣意地干预市场，甚至利用权力牟取自身利益，也必然会给市场造成极大的破坏。

三　近代中国华商证券市场的作用探讨

从社会功能上看，近代中国证券市场出现后，就成为了近代中国社会和经济生活必不可少的组成部分，对整个经济体系的市场化和社会变迁都产生了重大影响。

但综观近代中国的华商证券市场结构，在中国经济最平稳发展的时段里，证券市场却与产业无关，其相当部分的资金用于政府公债；而在股票市场兴盛的时间里，其资金却又流向了投机性很强的"企业公司"，集中在证券市场中对各类股票的市场炒作。因此，证券市场不仅并未对近代中国经济发展起到多大推动作用，而且相反，伴随着证券市场的发展，更多的是体现在市场的投机性和政府对经济活动的垄断。即或是在证券市场最繁荣的时期，也会使投资行为严重地扭曲，要么经济泡沫成分日益加重，不断引发市场危机；要么证券市场沦为政府发行公债的工具，而使产业发展严重受阻。当我们今天重新审视近代中国华商证券市场演变发展的这段历史时，我们不能不更强调证券市场与产业发展相结合的重要性。

历史的经验说明，经济发展到一定阶段，证券市场与大规模资本积聚相适应，将有利于推动产业的发展，从而成为产业成长的助推器。同时，证券市场发展也依赖于产业的发展，缺乏产业发展的基础，证券市场将成为无源之水、无本之木。证券市场只有与产业发展结合在一起，才能获得稳定持久的发展；脱离产业发展，证券市场不为产业发展服务，就会失去存在的基础，其结果必然形成证券市场泡沫或沦为政府垄断经济的工具，不仅可能造成证券市场本身的危机，而且也会阻碍经济的正常发展。因此，一方面，我们要把证券市场的发展建立在产业大力发展的基础上；另一方面，要以证券市场作为推动产业发展的平台，使产业成长有坚强的助推器。只有这样，才能真正形成证券市场与产业资本发展"相互为因"的关系，才能使证券市场真正起到经济发展"晴雨表"的作用。

历史的经验告诉我们，政府必须正确看待和处理好公债市场与国家财政的关系，公债市场固然对国家财政有着十分重要的作用，但公债市场不能作为解决国家财政的主渠道，否则，必然本末倒置、贻害无穷。在这个问题上，政府必须有清楚的认识。

主要参考文献

一　未刊档案资料

南京中国第二历史档案馆馆藏档案

北京民国政府时期财政部档案（1912—1928 年），全宗号 1027、1050

南京国民政府财政部档案（1927—1949 年），全宗号三

汪伪国民政府行政院档案（1940—1945 年），全宗号 2003

汪伪国民政府实业部档案（1941—1945 年），全宗号 2012

汪伪国民政府财政部档案（1940—1945 年），全宗号 2063

中央银行档案（1923—1949 年），全宗号 396

上海市档案馆馆藏档案

国民政府上海市政府档案（1927 年 7 月—1937 年 8 月；1945 年 8 月—1949 年 5 月），全宗号 Q1

国民政府财政部公债司驻沪办事处档案，全宗号 Q435—1

日伪上海特别市政府档案（1937—1945 年），全宗号 R1

日伪上海特别市经济局档案，全宗号 R13

日伪上海特别市经济警察第一大队档案，全宗号 R27

日伪上海特别市第一区公署档案（1943—1944 年），全宗号 R22

交通银行上海分行档案（1947—1949 年），全宗号 Q55

中国农民银行上海分行档案（1935—1949 年），全宗号 Q56

中国纺织建设公司档案，全宗号 Q192

上海第一纺织厂档案（1935—1955 年），全宗号 Q192—2

上海市银行商业同业公会档案（1917—1952 年），全宗号 S173

上海市钱商业同业公会档案（1904—1950 年），全宗号 S174

上海市证券物品交易所档案（1919—1939 年），全宗号 S444

上海证券交易所档案（1946—1949 年），全宗号 Q327

重庆市档案馆馆藏档案

四川省建设厅档案，全宗号 0024

重庆市警察局档案，全宗号 0061

重庆市银行商业同业公会档案，全宗号 0086

聚兴诚商业银行档案，全宗号 0295

美丰商业银行档案，全宗号 0296

川盐银行档案，全宗号 0297

重庆新华银行档案，全宗号 0316

北京市档案馆馆藏档案

北平市社会局档案，全宗号 J2

北平市公用局档案，全宗号 J13

中国银行北京分行档案，全宗号 J31

交通银行北京分行档案，全宗号 J32

金城银行北京分行档案，全宗号 J41

大陆银行档案，全宗号 J42

新华银行档案，全宗号 J46

中国农工银行北京分行档案，全宗号 J54

北平市商会档案，全宗号 J71

北平市警察局档案，全宗号 J181

天津市档案馆馆藏档案

天津市特别市政府档案，全宗号 j1

天津市政府档案，全宗号 j2

中央信托局档案，全宗号 j20

天津市社会局档案，全宗号 j25

宁波市档案馆馆藏档案

宁波市商会档案，全宗号 13

二 已刊档案、资料汇编

《20 世纪上海文史资料文库——（5）财政金融》，上海书店出版社 1999 年版。

《交易所要览》，文明书局 1921 年版。

《马克思恩格斯〈资本论〉书信集》，人民出版社 1976 年版。

《马克思恩格斯全集》第 44 卷，人民出版社 2001 年版。

《上海证券物品交易所史料选辑》，《档案与历史》1988 年第 1 期。

《宣统年间发行"爱国公债"史料》，《历史档案》1997 年第 4 期。

《张荫桓日记》，上海书店出版社 2004 年版。

财政部财政科学研究所、中国第二历史档案馆编：《国民政府财政金融税收档案史料》（1927—1937 年），中国财政经济出版社 1997 年版。

财政部财政年鉴编纂处编：《财政年鉴》（上、下），商务印书馆 1935 年版。

陈善政主编：《证券内容专刊》，民国三十五年九月十六日刊印（1946 年 9 月 16 日）。

陈旭麓、顾廷龙、汪熙主编：《轮船招商局——盛宣怀档案资料选辑之八》，上海人民出版社 2002 年版。

陈旭麓、顾廷龙、汪熙主编：《中国通商银行——盛宣怀档案资料选辑之五》，上海人民出版社 2000 年版。

陈真、姚洛合编：《中国近代工业史资料》第一辑，生活·读书·新知三联书店 1957 年版。

陈真、姚洛、逄先知主编：《中国近代工业史资料》第二辑，生活·读书·新知三联书店 1958 年版。

陈真编：《中国近代工业史资料》第四辑，生活·读书·新知三联书店 1961 年版。

戴鞍钢、黄苇主编：《中国地方志经济资料汇编》，汉语大词典出版社 1999 年版。

狄超白主编：《中国经济年鉴》（1947 年），香港太平洋经济研究社。

董文中编:《中国战时经济特辑续编》,中外出版社中华民国二十九年一月版(1940年1月)。

傅润华、汤约生主编:《中国工商要览》,中国工商年鉴编纂社民国三十七年六月版(1948年6月)。

国民政府主计处统计局编:《中华民国统计提要》,民国三十六年版(1947年)。

洪葭管主编:《中央银行史料(1928.11—1949.5)》,中国金融出版社2005年版。

黄美真编:《伪廷幽影录——对汪伪政权的回忆纪实》,中国文史出版社1991年版。

交通银行总行、中国第二历史档案馆合编:《交通银行史料》第一卷(1907—1949)(上、下),中国金融出版社1995年版。

金融史编委会编:《旧中国交易所股票金融市场资料汇编》(上、下),书目文献出版社1995年版。

进步书局编:《交易所一览》,进步书局1922年版。

来新夏主编:《北洋军阀》(二),上海人民出版社1993年版。

马寅初:《马寅初全集》(全十五卷),浙江人民出版社1999年版。

宓汝成编:《中国近代铁路史资料》(第3册),中华书局1963年版。

宓汝成:《帝国主义与中国铁路(1847—1949)》,上海人民出版社1980年版。

南京、重庆、北京市工商行政管理局合编:《中华民国时期的工商行政管理》,工商出版社1987年版。

聂宝章编:《中国近代航运史资料》第一辑(1840—1895年)下册,上海人民出版社1983年版。

千家驹主编:《旧中国公债史资料(1894—1949年)》,中华书局1984年版。

全国经济会议秘书处编:《全国经济会议专刊》,上海商务印书馆1928年版。

全国政协文史资料委员会编:《文史资料选辑》第149辑,中国文史出版社2002年版。

任建树主编：《现代上海大事记》，上海辞书出版社 1996 年版。

上海市档案馆编：《工部局董事会会议录》（1—28 册），上海古籍出版社 2001 年版。

上海市档案馆编：《旧上海的证券交易所》，上海古籍出版社 1992 年版。

上海市档案馆编：《旧中国的股份制》，中国档案馆出版社 1996 年版。

上海市档案馆编：《一九二七年的上海商业联合会》，上海人民出版社 1983 年版。

上海通讯社编：《上海研究资料续集》，中华书局民国二十六年印行（1937 年）。

上海证券交易所编：《上海证券交易所概述》，民国三十五年九月九日开幕纪念（再版）（1946 年）。

上海证券交易所编：《上海证券交易所年报》（第一年报告）（1947 年）。

沈雷春编：《中国金融年鉴》（1939 年），华美印书馆 1939 年版。

寿充一、寿乐英编：《中央银行史话》，中国文史出版社 1987 年版。

寿充一主编：《孔祥熙其人其事》，中国文史出版社 1987 年版。

孙毓棠主编：《中国近代工业史资料》第一辑（1840—1895 年）（上、下），科学出版社 1957 年版。

天津市档案馆、天津社会科学院历史研究所、天津市工商业联合会编：《天津商会档案汇编（1903—1911）》（上），天津人民出版社 1989 年版。

汪敬虞主编：《中国近代工业史资料》第二辑（1895—1914 年）（上、下），科学出版社 1957 年版。

王铁崖编：《中外旧约章汇编》（第一册），生活·读书·新知三联书店 1957 年版。

文昊编：《我所知道的金融巨头》，中国文史出版社 2006 年版。

吴冈编：《旧中国通货膨胀史料》，上海人民出版社 1958 年版。

吴叔田等编：《交易所大全》，交易所所员暑期养成所 1921 年版。

吴毅堂编：《中国股票年鉴》，上海中国股票年鉴社民国三十六年一月版（1947 年）。

夏东元主编：《郑观应集》（上），上海人民出版社 1982 年版。

夏东元主编：《郑观应集》（下），上海人民出版社 1988 年版。

徐沧水编：《内国公债史》，商务印书馆 1923 年印行。

叶笑山、董文中编：《中国经济年鉴》（1936 年），上海中外出版社 1937 年版。

章伯锋、李宗一主编：《北洋军阀 1912—1928》（全六卷），武汉出版社 1990 年版。

章立凡选编：《章乃器文集》（上卷·学术编），华夏出版社 1997 年版。

浙江省政协文书资料委员会编：《浙江文史资料选辑》第 46 辑《浙江近代金融业和金融家》，浙江人民出版社 1992 年版。

郑爰诹编：《交易所发释义》，上海世界书局 1930 年版。

中国第二历史档案馆、中国人民银行江苏省分行、江苏省金融志编委会合编：《中华民国金融法规档案资料选编》（上、下），档案出版社 1990 年版。

中国第二历史档案馆编：《中华民国史档案资料汇编》第五辑第一编（财政经济），江苏古籍出版社 1994 年版。

中国第二历史档案馆编：《中华民国史档案资料汇编》第五辑第二编（财政经济），江苏古籍出版社 1994 年版。

中国第二历史档案馆编：《中华民国史档案资料汇编》第五辑第三编（财政经济），江苏古籍出版社 2000 年版。

中国近代经济史丛书编委会编：《中国近代经济史研究资料》（4），上海社会科学院出版社 1985 年版。

中国经济情报社编：《中国经济年报》第一辑（1934 年），上海生活书店 1935 年版。

中国经济情报社编：《中国经济年报》第二辑（1935 年），上海生活书店 1936 年版。

中国科学院上海经济研究所、上海社会科学院经济研究所编：《南洋兄弟烟草公司史料》，上海人民出版社 1958 年版。

中国民主建国会重庆市委员会、重庆市工商联合会文史资料工作委员会编：《重庆工商史料》第三辑，重庆出版社 1984 年版。

中国人民抗日战争纪念馆、重庆市档案馆合编：《迁都重庆的国民政府》，北京出版社 1994 年版。

中国人民银行上海市分行编：《上海钱庄史料》，上海人民出版社
1960 年版。

中国人民银行上海市分行金融研究室编：《金城银行史料》，上海人
民出版社 1983 年版。

中国人民银行上海市分行金融研究所编：《上海商业储蓄银行史料》，
上海人民出版社 1990 年版。

中国人民政治协商会议全国委员会文史资料研究委员会编：《文史资
料选辑》第 9 辑，中国文史出版社 1960 年版。

中国人民政治协商会议上海市委员会文史资料研究委员会编：《上海
文史资料选辑》第 60 辑《旧上海的金融界》，上海人民出版社 1988 年版。

中国人民政治协商会议上海市委员会文史资料委员会编：《上海文史
资料选辑》第 76 辑《旧上海的交易所》，上海人民出版社 1994 年版。

中国人民政治协商会议天津市委员会文史资料研究委员会编：《天津
文史资料选辑》，第 25 辑，天津人民出版社 1983 年版。

中国社会科学院近代史研究所中华民国史研究室、中国人民银行上
海市分行金融研究室主编：《中国第一家银行——中国通商银行的初创时
期（一八九七年至一九一一年）》，中国社会科学出版社 1982 年版。

中国银行总管理处编：《中国银行民国二十年度营业报告》，1932 年版。

中国银行总行、中国第二历史档案馆合编：《中国银行行史资料汇
编》，档案出版社 1991 年版。

中央银行经济研究处编：《金融法规大全》，上海商务印书馆 1947 年版。

重庆市档案馆、重庆市人民银行金融研究所合编：《四联总处史料》
（下），档案出版社 1993 年版。

三　报纸杂志

1949 年以前

《北方经济》

介如：《资金逃避与产业逃避的趋向》，第 1 卷第 18 期（1946 年 12

月 22 日）。

浦卿：《资金的逃避与集中》，第 1 卷第 18 期（1946 年 12 月 22 日）。

《财政评论》（月刊）

吴承禧：《战时上海银行业之动向及其出路》，第 3 卷第 2 期（1940年 2 月）。

《中外财政金融消息汇报·筹备证券票据市场》，第 11 卷第 1 期（1944 年 1 月）。

邹宗伊：《如何建立有组织的证券市场》，第 14 卷第 5 期（1946 年 5 月）。

《上海证券交易所复业前后》，第 15 卷第 4 期（1946 年 10 月）。

《东方杂志》

《财政部整理内债之呈文（附整理内债之拟具办法）》，第 18 卷第 8 号（1921 年 4 月 25 日）。

徐沧水：《各省地方公债考略》，第 20 卷第 15 号（1923 年 8 月 10 日）。

余英杰：《我国内债之观察》，第 31 卷第 14 号（1934 年 7 月 16 日）。

许达生：《中国金融恐慌之展开》，第 32 卷第 5 号（1935 年 3 月 1 日）。

魏友棐：《上海交易所风潮所见的经济病态》，第 34 期 15 号（1937年 8 月）。

《工商天地》

《证券市场斗法记》，第 1 卷第 1 期（1947 年 4 月 10 日）。

邢若其：《命途多乖的上海证券市场》，第 3 卷第 9 期（1948 年 10 月20 日）。

《公益工商通讯》

《面粉业拟申请贷款 3 千亿元》，第 1 卷第 4 期（1947 年 5 月 1 日出版）。

《申新纱厂并未获得政府贷款》，第 1 卷第 4 期（1947 年 5 月 1 日出版）。

季崇威：《工业资本南流的前途》，第 3 卷第 3 期（1948 年 5 月 15 日出版）。

《资金南流惊人统计》，第 3 卷第 6 期（1948 年 6 月 30 日出版）。

《迁台工厂以纱厂最多》，第 4 卷第 6 期（1948 年 12 月 1 日出版）。

《股票新闻》

《上海股票市场史话》，第 1 卷第 1 期（创刊号）（1949 年 2 月 21 日）。

《贵州企业季刊》

沈经农：《现阶段的中国工业》，第1卷第1期（1942年10月）。

石年：《当前工业资金问题展望》，第1卷第1期（1942年10月）。

谷春帆：《中国工业化之国内资本问题》，第1卷第2期（1943年2月）。

《国闻周报》

《一周间国内外大事述要》，第13卷第5期（1936年2月10日）。

《汉口商业月刊》

郑兆元：《我国证券市场与金融市场之关系及其市价涨落原因之分析》，第1卷第3期（1934年3月10日）。

陈明远：《我国金融病态的考察》，第1卷第6期（1934年6月10日）。

《本市证券交易所业经核准立案》，第1卷第12期（1934年12月10日）。

《华股研究周报》

江川：《纺织股之腾涨及走势》，第1卷第1期（创刊号）（1942年10月12日）。

《一周华股市价统计》，第1卷第1期（创刊号）（1942年10月12日）。

《新亚建业公司招股》，第1卷第2期（1942年10月19日）。

《众利股票公司开业》，第1卷第2期（1942年10月19日）。

《中国布疋公司招股》，第1卷第3期（1942年10月26日）。

《中国投资管理公司招股》，第1卷第3期（1942年10月26日）。

《小投资者的悲哀》，第1卷第4期（1942年11月2日）。

江川：《公司增资与发新股之利弊》，第1卷第4期（1942年11月2日）。

《华股一周瞻望》，第1卷第5期（1942年11月9日）。

《康元制罐厂招股》，第1卷第5期（1942年11月9日）。

江川：《企业公司系统解剖》，第1卷第7期（1942年11月23日）。

《中法药房增资办法》，第1卷第8期（1942年11月30日）。

江川：《股票发行之新花样》，第1卷第8期（1942年11月30日）。

《富民织造厂股票上市》，第1卷第9期（1942年12月7日）。

《众业公所将复业》，第1卷第9期（1942年12月7日）。

志刚摘译：《游资与企业公司》（上），第1卷第10期（1942年12月14日）。

江川：《工业膨胀与生产分布》，第 2 卷第 1 期（1942 年 12 月 21 日）。

《股单舞弊》，第 2 卷第 1 期（1942 年 12 月 21 日）。

《中国砖瓦厂》，第 2 卷第 1 期（1942 年 12 月 21 日）。

《股市一年》，第 2 卷第 2 期（1942 年 12 月 28 日）。

《新亚招收溢价新股》，第 2 卷第 2 期（1942 年 12 月 28 日）。

《众业公所将复业》，第 2 卷第 3 期（1943 年 1 月 11 日）。

《众业公所审定经纪人》，第 2 卷第 3 期（1943 年 1 月 11 日）。

《还厂与股价》，第 2 卷第 4 期（1943 年 1 月 18 日）。

江川：《上海企业之总结账》，第 2 卷第 6 期（1943 年 2 月 1 日）。

《百货业股之涨风》，第 2 卷第 6 期（1943 年 2 月 1 日）。

《上海纺织业的展望》，第 2 卷第 6 期（1943 年 2 月 1 日）。

《华股暂停交易》，第 2 卷第 8 期（1943 年 2 月 22 日）。

《上海工业界现况调查》，第 2 卷第 9 期（1943 年 3 月 1 日）。

逸盒：《本年来之新创企业》，第 3 卷第 2 期（1943 年 3 月 22 日）。

江川：《最近之增资潮》，第 4 卷第 2 期（1943 年 5 月 31 日）。

《上海华商证券交易所》，第 5 卷第 2 期（1943 年 8 月 9 日）。

《新亚建业公司增资》，第 5 卷第 4 期（1943 年 8 月 23 日）。

江川：《七八月增资综观》（中），第 5 卷第 8 期（1943 年 9 月 20 日）。

江川：《七八月增资综观》（下），第 5 卷第 9 期（1943 年 9 月 27 日）。

倩君：《证交复业后洋股不开拍》，第 6 卷第 2 期（1943 年 10 月 18 日）。

汤贤宝：《投资华股常识》（下），第 6 卷第 3 期（1943 年 10 月 25 日）。

《选拔优良投资股》，第 6 卷第 3 期（1943 年 10 月 25 日）。

《华商纱厂开工状况》，第 6 卷第 4 期（1943 年 11 月 1 日）。

《证交之交易方法》，第 6 卷第 4 期（1943 年 11 月 1 日）。

《溢价股之尾声》，第 6 卷第 6 期（1943 年 11 月 15 日）。

《证券交易所核准上市股票名单》，第 6 卷第 8 期（1943 年 11 月 29 日）。

《冠生园公司增资》，第 6 卷第 9 期（1943 年 12 月 6 日）。

江川：《增资升股之"景气"》，第 6 卷第 10 期（1943 年 12 月 12 日）。

《上海水泥之类》，第 7 卷第 3 期（1944 年 1 月 10 日）。

《一个条陈》，第 7 卷第 3 期（1944 年 1 月 10 日）。

霖生：《三十二年度之证券交易所概况》，第 7 卷第 3 期（1944 年 1 月 10 日）。

《新华地产公司创立》，第 7 卷第 4 期（1944 年 1 月 17 日）。

《新股之泛滥》，第 7 卷第 6 期（1944 年 2 月 7 日）。

洪泽：《本年春季中新设公司之统计》，第 8 卷第 10 期（1944 年 5 月 15 日）。

《查账》，第 10 卷第 2 期（1944 年 8 月 14 日）。

洪泽：《本年第二季中公司新设及增资统计》，第 10 卷第 3 期（1944 年 8 月 21 日）。

贤宝：《华股市价指数》，第 10 卷第 7 期（1944 年 9 月 18 日）。

《上市股票统计》，第 10 卷第 8 期（1944 年 9 月 25 日）。

《交通银行月刊》

《各地金融概况·重庆》，7 月号（1939 年）。

《交易所周刊》

《修正交易所法提案》，第 1 卷第 6 期（1935 年 2 月 11 日）。

《调查沪交易业报告》，第 1 卷第 15 期（1935 年 4 月 15 日）。

《金融汇报》

罗炯林译《中国工业发展的过去现在与将来》，第 8 期（工商专号）（1946 年 5 月 29 日）。

《金融季刊》

宋则行：《战后我国资本市场的建立问题》，第 1 卷第 1 期（1944 年 10 月 1 日）。

《金融知识》

章乃器：《对于工业资金问题之管见》，第 1 卷第 3 期（1942 年 5 月）。

朱偰：《重建后方证券及物品交易所问题》，第 1 卷第 3 期（1942 年 5 月）。

谢敏道：《论资本市场之设立及其运用》，第 1 卷第 4 期（1942 年 7 月）。

詹显哲：《后方开办证券物品交易所问题》，第 1 卷第 4 期（1942 年 7 月）。

杨博如：《由后方产业资金的艰困申论建立证券市场问题》，第 1 卷第 5 期（1942 年 9 月）。

邹宗伊：《证券市场》，第 2 卷第 2 期（1943 年 3 月）。

吴大业：《当前产业资金问题及其解决》，第 2 卷第 3 期（1943 年 5 月）。

吴承明：《产业资金问题之检讨》，第 2 卷第 5 期（1943 年 9 月）。

章乃器：《生产会议与工业资金》，第 2 卷第 5 期（1943 年 9 月）。

《金融周报》

《财部对沪市删电之批复》，第 1 卷第 4 期（1936 年 1 月 22 日）。

《上海金融》，第 1 卷第 6 期（1936 年 2 月 5 日）。

《债券变动剧烈及财部取缔投机之经过》，第 1 卷第 6 期（1936 年 2 月 5 日）。

《财部公布彻查沪证券交易所经过》，第 1 卷第 8 期（1936 年 2 月 19 日）。

《财部令证券交易所照常开市》，第 1 卷第 8 期（1936 年 2 月 19 日）。

《华商证券交易所公告开拍统一公债》，第 1 卷第 10 期（1936 年 3 月 4 日）。

《华商证券交易所通过增加资本》，第 3 卷第 26 期（1937 年 6 月 30 日）。

《经济汇报》

邹宗伊：《当前之内地证券市场建立问题》，第 4 卷第 2 期（1941 年 7 月 16 日）。

《二十九年度四川全省经济建设概况》，第 4 卷第 8 期（1941 年 10 月 16 日）。

徐建平：《证券市场与产业资金问题》，第 8 卷第 11 期（1943 年 12 月 1 日）。

《经济评论》

《天津证券交易所酝酿复活》，第 1 卷第 3 期（1947 年 4 月 19 日）。

方显廷：《中国经济危机及其挽救途径》，第 1 卷第 6 期（1947 年 5 月 10 日）。

《钱业月报》

《最近交易所调查》，第 1 卷第 12 期（1921 年 12 月）。

《九六公债现货暂行办法》，第 6 卷第 1 号（1926 年 1 月）。

《农商部电令停止九六买卖》，第 6 卷第 12 号（1926 年 12 月）。

《证券九六公债之轩然大波》，第 6 卷第 12 号（1926 年 12 月）。

《部令停止九六公债交割》，第 6 卷第 12 号（1926 年 12 月）。

《华商证券交易所复农商部电》，第 6 卷第 12 号（1926 年 12 月）。

《各交易所函陈调解九六意见》，第 7 卷第 1 号（1927 年 2 月）。

《华商证券交易所去年营业情形》，第 7 卷第 1 号（1927 年 2 月）。

《九六问题大部已了结》，第 7 卷第 3 号（1927 年 4 月）。

《证券商请维持九六原案》，第 8 卷特刊号（1928 年 4 月）。

《财部维持公债办法》，第 11 卷第 11 号（1931 年 11 月）。

《财次张寿镛发表财部决维持公债》，第 11 卷第 11 号（1931 年 11 月）。

厥贞：《国难当前国人对于国家债券应有之认识》，第 11 卷 11 号（1931 年 11 月）。

菊增：《统一债券发行刍议》，第 13 卷第 4 号（1933 年 4 月）。

谭秉文：《银行业群趋证券投资与其对策》，第 14 卷第 7 号（1934 年 7 月）。

《华商证券交易所开拍公司证券》，第 14 卷第 11 号（1934 年 11 月）。

《发行统一公债以后》，第 16 卷第 2 号（1936 年 2 月）。

《日用经济月刊》

王海波：《上海之公债市场》，第 1 卷第 10 期（1939 年 12 月）。

张一凡：《一年来之中西股票》，第 2 卷第 1 期（1940 年 1 月）。

《商业新闻年刊》

杨德惠：《一年来股市漫谈》（1947 年元旦版）。

《商业月报》

杨德惠：《上海的华股市场（上）》，第 22 卷第 1 号（复刊号）（1946 年 5 月 31 日）。

杨德惠：《上海的华股市场（下）》，第 22 卷第 2 号（1946 年 6 月）。

《商业杂志》

林康侯：《劝募二五库券敬告商民》，第 3 卷第 4 号（1928 年 4 月）。

《十六年内债市况随时局而波动》，第 3 卷第 6 号（1928 年 6 月）。

《民国十七年上海公债市场之经过》，第 4 卷第 3 号（1929 年 3 月）。

《社会经济月报》

章乃器：《上海底两个证券市场》，第 1 卷第 7 期（1934 年 7 月）。

《申报》

《招股告白》，1874 年 7 月 2 日。

《股份折阅》，1874 年 7 月 29 日。

《招股不公》，1882年1月27日。

《扬子保险公司》，1882年5月2日。

《上海机器织布总局催收后五成股银启》，1882年5月18日。

《招领股利》，1882年5月21日。

《宝勒点铜矿股份》，1882年6月1日。

《论合股经营》，1882年6月6日。

《招投股份》，1882年6月18日。

《劝华商集股说》，1882年6月13日。

《公司多则市面旺》，1882年8月24日。

《综论沪市情形》，1884年1月23日

《购买股份亦宜自慎说》，1882年9月2日。

《九月十五日公平易股价》，1885年10月23日。

《自强策》，1895年3月15日。

《股票》，1910年6月10日。

《证券物品交易所股东会纪》，1921年1月17日。

《证券物品交易所设现期交易》（续），1921年5月2日。

《王晓籁电辞交易所监察职务》，1927年9月16日。

《国府政务会议》，1927年11月2日。

《财部统一金融监理事权》，1927年11月3日。

《上海市商会银行业公会钱业公会交易所联合会行业公会启事》，1932年1月30日。

《证交复业第一日》，1949年2月22日。

《申报每周增刊》

孙怀仁：《二月份中国经济杂记》，第1卷第9期（1936年3月8日）。

孙怀仁：《三四月份中国经济杂记》，第1卷第17期（1936年5月3日）。

孙怀仁：《八月份中国经济杂记》，第1卷第35期（1936年9月6日）。

孙怀仁：《九月份中国经济杂记》，第1卷第39期（1936年10月4日）。

《申报月刊》

李遹：《上海经济的动态》，复刊第2卷第8号（1944年8月16日）。

《时事公报》（宁波）

《请设交易所之核议》，1920 年 11 月 2 日。

《交易所股董口中之交易所》，1921 年 4 月 7 日。

《甬江油豆交易所股份有限公司召集创立会通告》，1922 年 1 月 15 日。

《宁波棉业交易所股份有限公司筹备处通告第二号》，1922 年 1 月 15 日。

《宁波面粉交易所股份有限公司掉换正式股票通告第三号》，1922 年 1 月 15 日。

《四明信托股份有限公司换给股票公告》，1922 年 1 月 15 日。

《宁波金银交易所股份有限公司筹备处通告第二号》，1922 年 1 月 15 日。

《宁波证券花纱交易所股份有限公司召集股东会公告第五号》，1922 年 1 月 15 日。

《宁波纱布交易所股份有限公司召集创立会通告第六号》，1922 年 1 月 15 日。

《证券花纱交易所第三届股东会纪》，1922 年 1 月 16 日。

《棉业交易所开创立会》，1922 年 1 月 23 日。

《四川经济季刊》

李紫翔：《抗战以来四川之工业》，第 1 卷第 1 期（1943 年 12 月 15 日）。

《四川经济月刊》

《重庆证券交易所停拍——汇兑管理所撤销》，第 3 卷第 2 期（1935 年 2 月）。

《重庆金融近讯》，第 4 卷第 2 期（1935 年 8 月）。

《四川最近之公债与房捐问题》，第 4 卷第 3 期（1935 年 9 月）。

《一月来金融业之动态与静态》，第 4 卷第 3 期（1935 年 9 月）。

杨鸿妍：《从证券市场价格涨落之原因说到现在之中国证券市场》，第 5 卷第 6 期（1936 年 6 月）。

《本市证券业概况》，第 6 卷第 3 期（1936 年 9 月）。

《中央批准发行建设公债》，第 6 卷第 3 期（1936 年 9 月）。

《二十五年四川金融之回顾》，第 7 卷第 3 期（1937 年 3 月）。

《财部令三行偿还川善债本息》，第 7 卷第 5、6 期（1937 年 5、6 月份合刊）。

《重庆金融近况》，第 8 卷第 2 期（1937 年 8 月）。

《徐堪来渝解决金融问题》，第 9 卷第 1、2 期（1938 年 1、2 月份合刊）。

《交易所公债纠纷解决》，第 9 卷第 1、2 期（1938 年 1、2 月份合刊）。

《证券市场近讯——渝证券交易所增资》，第 9 卷第 4 期（1938 年 4 月）。

《金融零讯》，第 9 卷第 5 期（1938 年 5 月）。

《四川月报》

《重庆证券交易所概况》，第 4 卷第 1 期（1934 年 1 月）。

《重庆市金融概况·公债》，第 9 卷第 4 期（1936 年 10 月）。

《西南实业通讯》

《渝证券交易所成立可期》，第 3 卷第 6 期（1941 年 6 月）。

《新经济》（半月刊）

高叔康：《上海的民族工业问题》，第 3 卷第 12 期（1940 年 6 月 15 日）。

丁道谦：《西南证券市场之我见》，第 6 卷第 3 期（1941 年 11 月 1 日）。

胡铁：《建立后方证券市场之检讨》，第 6 卷第 8 期（1942 年 1 月 16 日）。

项冲：《筹设产业证券市场与修改公司法》，第 9 卷第 4 期（1943 年 6 月 16 日）。

《新中华》（半月刊）

李紫翔：《中国金融的过去与今后》，第 2 卷第 1 期（1934 年 1 月 10 日）。

尤保耕：《中国金融之危机及其救济方案》，第 2 卷第 16 期（1934 年 8 月 25 日）。

《银行期刊》

吴钟煌：《证券交易所实务论》，第 3 号（1936 年 1 月 31 日）。

《银行月刊》

《天津证券物品交易所之筹办》，第 1 卷第 3 号（1921 年 3 月 5 日）。

《上海银行钱业两公会呈请限制各交易所之电文》，第 1 卷第 6 号（1921 年 6 月 5 日）。

《北京证券市价表》，第 3 卷第 12 号（1923 年 12 月 25 日）。

《全国商会银行公会力争公债基金》，第 4 卷第 1 号（1924 年 1 月 25 日）。

《北京证券市价表》，第 4 卷第 3 号（1924 年 3 月 25 日）。

《北京证券市价表》，第 4 卷第 4 号（1924 年 4 月 25 日）。

蔼庐：《公债风潮之原因及其善后》，第 4 卷第 8 号（1924 年 8 月 25 日）。

《公债风潮之经过》，第 4 卷第 8 号（1924 年 8 月 25 日）。

《公债风潮之经过》（二），第 4 卷第 9 号（1924 年 9 月 25 日）。

《北京证券交易所已开市》，第 5 卷第 1 号（1925 年 1 月 25 日）。

《北京证券交易所恢复期货交易》，第 5 卷第 3 号（1925 年 3 月 25 日）。

《警厅取缔私做公债期货》，《银行月刊》第 6 卷第 6 号（1926 年 6 月 25 日）。

《北京交易所去年营业状况》，第 8 卷第 4 号（1928 年 4 月 25 日）。

《十七年度北平公债市场》，第 8 卷第 12 号（1928 年 12 月 25 日）。

《银行通讯》

陈善正：《八年来的上海股票市场》，新 3 期（总第 28 期，1946 年 2 月）。

《银行周报》

《中行股东请部拨给公债》，第 1 卷第 7 号（1917 年 7 月 10 日）。

徐沧水：《论今日在华之外国银行》，第 1 卷第 18 号（1917 年 9 月 25 日）。

《民国三四五年内国公债纪》，第 2 卷第 7 号（1918 年 2 月 26 日）。

《民国三四五年内国公债纪》（续），第 2 卷第 8 号（1918 年 3 月 5 日）。

《北京证券交易所之近闻》，第 2 卷第 21 号（1918 年 6 月 4 日）。

《论七年公债滞销之原因》，第 2 卷第 21 号（1918 年 6 月 4 日）。

《上海商情·股票》，第 3 卷第 29 号（1919 年 8 月 12 日）。

沧水：《国库证券之本质及其与银行之关系》（上），第 3 卷第 42 号（1919 年 11 月 11 日）。

《关于十年公债往来要电》，第 5 卷第 34 号（1921 年 9 月 6 日）。

《沪银行公会对于十年公债之近电》，第 5 卷第 36 号（1921 年 9 月 20 日）。

姚仲拔：《财政部所开十年公债用途之研究》，第 5 卷第 36 号（1921 年 9 月 20 日）。

朱羲农：《交易所之分析》，第 5 卷第 44 号（1921 年 11 月 15 日）。

《去年十二月份上海企业之状况》，第 6 卷第 4 号（1922 年 1 月 24 日）。

《整理公债基金之危机》，第 6 卷第 15 号（1922 年 4 月 25 日）。

子明：《半年来上海公债市场》，第 6 卷第 26 号（1922 年 7 月 11 日）。

有壬：《九六公债付息之内容与整理公债基金之真相》，第 6 卷第 30 号（1922 年 8 月 8 日）。

《九六公债第一次付息办法》，第 6 卷第 34 号（1922 年 9 月 5 日）。

《中国银行与财政部订立包卖十一年公债合同》，第 6 卷第 41 号（1922 年 10 月 24 日）。

子明：《民国十一年上海公债市场回顾》，第 7 卷第 1 号（1923 年 1 月 2 日）。

《华商证券交易所股东常会纪》，第 8 卷第 5 号（1924 年 1 月 29 日）。

沧水：《公债尚负债本数与银行保有公债数之推移》，第 8 卷第 23 号（1924 年 6 月 17 日）。

《财部不许银行变卖九六》，第 8 卷第 26 号（1924 年 7 月 8 日）。

《华商证券交易所股东常会纪》，第 8 卷第 31 号（1924 年 8 月 12 日）。

《上海公债市面停市前后之经过》，第 8 卷第 35 号（1924 年 9 月 9 日）。

《交易所监理官条例》，第 10 卷第 36 号（1926 年 9 月 21 日）。

《交易所反对监理官》，第 10 卷第 37 号（1926 年 9 月 28 日）。

《交易所监理官正式就职》，第 10 卷第 38 号（1926 年 10 月 5 日）。

《财政部设置内国公债登记所》，第 11 卷第 30 号（1927 年 8 月 9 日）。

《国民政府发行之债券概观》，第 12 卷第 34 号（1928 年 9 月 4 日）。

《上海银钱业垫缴库券现款》，第 13 卷第 25 号（1929 年 7 月 2 日）。

马寅初：《浙江公债之史的观察及今后举债之方针》，第 15 卷第 33 号（1931 年 9 月 1 日）。

章乃器：《债市之救济方法与金融财政之前途》，第 16 卷第 1 号（1932 年 1 月 19 日）。

《证券》，第 16 卷第 1 号（1932 年 1 月 19 日）。

《公债仍不开市》，第 16 卷第 5 号（1932 年 2 月 16 日）。

《二月份债券交割问题解决》，第 16 卷第 6 号（1932 年 2 月 23 日）。

《沪战与公债本息问题》，第 16 卷第 6 号（1932 年 2 月 23 日）。

《中华国难会对内债宣言》，第 16 卷第 6 号（1932 年 2 月 23 日）。

《内债改订还本付息办法》，第 16 卷第 8 号（1932 年 3 月 8 日）。

浙江兴业银行调查处编：《民国二十年上海金融市况之回顾》（二），第 16 卷第 9 号（1932 年 3 月 15 日发行）。

《三月份债券掉期办法》，第 16 卷第 11 号（1932 年 3 月 29 日）。

《债券开市问题》，第 16 卷第 12 号（1932 年 4 月 5 日发行）。

《九六公债持票人电请财部整理》，第 18 卷第 29 期（1934 年 7 月 31 日）。

《证券》，第 18 卷第 40 期（1934 年 10 月 16 日）。

《证券》，第 18 卷第 42 期（1934 年 10 月 30 日）。

《证交公告开市》，第 20 卷第 6 号（1936 年 2 月 18 日）。

沈祖杭：《吾国银行与政府公债》，第 20 卷第 7 期（1936 年 2 月 25 日）。

《浙光》

《本省财政之检讨》，第 1 卷第 5 号（1935 年 2 月 1 日）。

《一月来本省经济短闻》，第 1 卷第 6 号（1935 年 3 月 1 日）。

《一月来本省经济短闻》，第 1 卷第 11 号（1935 年 8 月 1 日）。

《一月来本省经济短闻》，第 1 卷第 12 号（1935 年 9 月 1 日）。

《一月来本省经济短闻》，第 2 卷第 7 号（1936 年 4 月 1 日）。

《浙江经济》（月刊）

《公债黑市狂跌　沪证券号相继倒闭》，第 1 卷第 1 期（1946 年 7 月 31 日）。

《中国建设》

子枫：《三个月来的证券市场》，第 3 卷第 5 期（1947 年 2 月 1 日）。

《中国经济》（抗战时期）

梓康：《论华股交易与华股市场》，第 2 卷第 8 期（1944 年 8 月）。

凤子：《上海华股市场的病态检讨》，第 2 卷第 10 期（1944 年 10 月）。

《中行月刊》

《沪市公债条例修正案》，第 2 卷第 10 期（1931 年 4 月）。

《上海市复兴公债发行经过》，第 5 卷第 6 期（1932 年 12 月）。

余英杰：《二十一年份之内国债券》，第 6 卷第 1、2 期（1933 年 1、2 月）。

《金融市况·证券》，第 9 卷第 2 期（1934 年 8 月）。

《上海市政公债正式发行》，第 9 卷第 2 期（1934 年 8 月）。

《国内外金融经济概况·内债》，第 14 卷第 1、2 期（1937 年 1、2 月）。

《中联银行月刊》

《三十三年度华北经济年史》，第 9 卷第 1—6 期合刊（1945 年 6 月）。

《中外商业金融汇报》

《沪市政府公债监督用途会成立》，第 1 卷第 9 期（1934 年 9 月）。

《中央经济月刊》

若君：《上海之华商股票市场》，第 2 卷第 3 号（1942 年 3 月）。

《中央银行月报》

《华商与物品两交易所定期合并》，第 2 卷第 6、7 号（1933 年 7 月）。

《一年来上海金融市况》，第 6 卷第 1 号（1937 年 1 月）。

王雄华：《上海华股市场的过去及将来》，（复刊）第 1 卷第 1 期（1946 年 1 月）。

《资本市场》

丁洪范：《天津金融市场概况》，第 1 卷第 10—12 期（1948 年 12 月）。

1949 年以后

［日］横山宏章：《蒋介石与上海交易所——股票经纪人时期》，段梅译，《史林》1996 年第 1 期。

《1897—1920 年中国银行业资本究竟有多少》，《学术月刊》1981 年第 5 期。

白丽健：《1937—1949 年上海证券市场的历史考察》，《南开学报》2000 年第 4 期。

白丽健：《近代中国公司债发行的效果分析》，《南开经济研究》2000 年第 1 期。

曹猛：《近代中国证券市场及其影响研究——以上海为例》，硕士学位论文，南京农业大学，2007 年。

陈争平、左大培：《"民十信交风潮"的教训》，《经济导刊》1994 年第 3 期。

陈正书：《近代上海华商证券交易所的起源和影响》，《上海社会科学院学术季刊》1985 年第 4 期。

陈自印：《近代中国股票市场的形成与发展——以上海为中心

(1872—1937)》，硕士学位论文，广西师范大学，2007 年。

崔鹏飞：《清政府发行"昭信股票"始末》，《金融教学与研究》1999 年第 5 期。

崔鹏飞：《中国第一张以"股票"发行的公债》，《河北经贸大学学报》1999 年第 2 期。

崔书文、许念晖：《上海孤岛的股票交易》，《经济日报》1994 年 10 月 31 日。

单保：《北洋军阀政府的公债》，《史学月刊》1987 年第 1 期。

邓先宏：《中国银行与北洋政府的关系》，《中国社会科学院经济研究所集刊》第 11 集，中国社会科学出版社 1988 年版。

邓宜红：《试析 1935 年以前中国银行对待政府内债态度之演变》，《民国档案》1993 年 1 期。

丁晓中：《"信交风潮"研究》，硕士学位论文，苏州大学，2002 年。

丁晓中：《"信交风潮"之交易所补考》，《档案与建设》2002 年第 1 期。

丁玉萍：《"民十信交风潮"与近代上海证券市场的变化》，硕士学位论文，安徽师范大学，2007 年。

丁玉萍：《1921 年"信交风潮"与近代上海证券市场》，《钦州学院学报》2007 年第 2 期。

龚彦孙：《民国初年上海的证券交易》，《民国春秋》1992 年第 6 期。

果鸿孝：《清末民初北京的工商业》，《北京社会科学》1993 年第 2 期。

洪葭管：《从中国近代的金融风潮看当代的金融危机》，《浙江金融》1998 年第 9 期。

洪葭管：《统一的证券交易所》，《中国金融》1989 年第 8 期。

胡显中、周晓晶：《中国历史上第一家股份制企业轮船招商局》，《经济纵横》1992 年第 8 期。

胡宪立、郭熙生：《中国早期公债——晚清"息借商款"与"昭信股票"》，《郑州大学学报》1994 年第 6 期。

胡宪立：《中国早期公债史述略——评晚清与北洋军阀时期所发行的

公债》,《史学月刊》1995 年第 2 期。

　　冀满红、金平:《昭信股票浅析》,《历史教学》2002 年第 6 期。

　　贾孔会:《梁启超股份制经济思想浅析》,《安徽史学》2002 年第 2 期。

　　剑荣:《虞洽卿与上海证券物品交易所》,《档案与史学》1996 年第 3 期。

　　姜良芹、全先成:《国民政府战前十年时期公债适度规模分析》,《人文杂志》2004 年第 4 期。

　　姜良芹:《1927—1937 年国民政府公债市场监管体制评析》,《江海学刊》2004 年第 5 期。

　　金平:《昭信股票发行原因浅析》,《山西高等学校社会科学学报》2002 年第 2 期。

　　金普森、王国华:《南京国民政府 1927—1931 年之内债》,《中国社会经济史研究》1991 年第 4 期。

　　金普森、王国华:《南京国民政府 1933—1937 年之内债》,《中国社会经济史研究》1993 年第 2 期。

　　孔莉:《股份制企业在中国近代化初期的运作初探》,《经济问题探索》2000 年第 6 期。

　　匡家在:《旧中国证券市场初探》,《中国经济史研究》1994 年第 4 期。

　　李本森:《中国近现代证券立法的特点及其启示》,《法学》1996 年第 3 期。

　　李春梅:《从轮船招商局看中国近代股份制的兴起》,《四川师范大学学报》1995 年第 3 期。

　　李国俊:《对 1927—1937 年南京国民政府发行公债的再认识——以统一公债为核心》,《河西学院学报》2004 年第 3 期。

　　李树启、金雪军:《证券风云启示录之三:"信交风潮"》,《浙江金融》1998 年第 4 期。

　　李玉:《1882 年的上海股票市场》,《历史档案》2000 年第 2 期。

　　李玉:《19 世纪 80 年代上海股市风潮对洋务民用企业的影响》,《江海学刊》2000 年第 3 期。

梁宏志：《中国近代证券市场研究》，博士学位论文，云南大学，2006 年。

林榕杰：《1948 年的天津证券交易所》，《中国经济史研究》2008 年第 2 期。

林榕杰：《清末民初天津证券市场的发轫》，《社会科学家》2008 年第 1 期。

刘波、石英、徐伟：《北京证券交易所简史》，《北京档案史料》1987 年第 4 期。

刘国华：《近代中国股份制及股票市场思想研究》，博士学位论文，复旦大学，2002 年。

刘晓泉：《北京政府内国公债发行研究》，博士学位论文，湖南师范大学，2008 年。

刘志英：《"信交风潮"：近代中国最著名的金融危机》，《国企》2007 年第 10 期总第 12 期。

刘志英：《"信交风潮"与近代上海华商证券市场的管理》，《南大商学评论》2005 年第 6 辑，南京大学出版社 2005 年版。

刘志英：《20 世纪 40 年代后期上海证券市场的国营事业股票问题》，吴景平、马长林主编：《上海金融的现代化与国际化》，上海古籍出版社 2003 年版。

刘志英：《大浪淘沙——回首旧中国华商证券市场》，《当代金融家》2006 年第 9 期。

刘志英：《关于抗战时期建立后方证券市场之论争》，《西南大学学报》2007 年第 4 期。

刘志英：《近代上海的地方公债》，《财经论丛》2005 年第 4 期。

刘志英：《近代上海华商证券市场及其管理体制研究》，博士学位论文，复旦大学，2002 年。

刘志英：《近代上海华商证券市场中的经纪人公会》，《史丛》（韩国高丽大学主办）2004 年第 9 期。

刘志英：《近代上海华商证券同业公会评析》，复旦大学中国金融史研究中心编:《近代上海金融组织研究》,复旦大学出版社 2007 年版。

刘志英:《近代证券市场与西部发展的关联:以重庆为例》,《重庆社会科学》2009 年第 1 期。

刘志英:《旧中国的证券立法研究》,《档案与史学》2003 年第 5 期。

刘志英:《抗战前期的上海华商证券市场》,《财经论丛》2004 年第 2 期。

刘志英:《沦陷时期上海华商股票市场管理研究》,《中国社会经济史研究》2003 年第 1 期。

刘志英:《投机阴魂——透视近代华股市场风潮的投机本质》,《当代金融家》2007 年第 11 期总第 29 期。

刘志英:《近代上海的外商证券市场》,《上海金融》2002 年第 4 期。

刘志英:《近代中国的股票发行研究——以上海华商证券市场为中心的考察》,复旦大学中国金融史研究中心编:《上海金融中心地位的变迁》,复旦大学出版社 2005 年版。

鲁文辉、丁晓中:《试析 1921 年"信交风潮"的影响》,《淮阴师范学院学报》2003 年第 2 期。

罗友山:《国家金融垄断资本扩张的产物——评 1946—1949 年的上海证券交易所》,《上海经济研究》2002 年第 9 期。

马士斌:《二十年代初上海人力资源开发——上海证券物品交易所个案分析》,《历史教学问题》1995 年第 1 期。

马长林:《孤岛时期的交易所黑幕》,《上海档案》1995 年第 1 期。

马长林:《孙中山倡建的上海交易所开办始末》,《上海档案》1993 年第 3 期。

蒙永乐:《试析清末国内公债问题》,《四川师范大学学报》1996 年第 4 期。

闵杰:《上海橡胶风潮及其对江浙地区民族经济的冲击》,《中国经济史研究》1989 年第 2 期。

潘国琪、柳国庆:《略论北洋时期的国内公债》,《浙江社会科学》2000 年第 4 期。

潘国琪:《略论北洋时期的内国公债》,《浙江社会科学》2000 年第 4 期。

潘国琪：《晚清政府的三次内国公债》，《经济研究参考》2001 年第 64 期。

彭厚文：《19 世纪 80 年代上海股票交易的兴衰》，《近代史研究》1999 年第 1 期。

彭厚文：《旧中国证券市场若干问题的订正和商榷》，《中国经济史研究》1997 年第 3 期。

彭厚文：《上海早期的外商证券市场》，《历史档案》2000 年第 3 期。

彭厚文：《上海早期的证券交易》，《财经研究》1998 年第 6 期。

彭厚文：《战后上海证券交易所述论》，《近代史研究》2002 年第 3 期。

彭南生：《清末川路公司股份制的误区》，《贵州师范大学学报》2000 年第 4 期。

千家驹：《论旧中国的公债发行及其影响》，《千家驹经济论文选》，中国国际广播出版社 1987 年版。

沈雨梧：《浙路风潮》，《历史教学》1985 年第 3 期。

沈祖炜：《近代上海企业发展的特点》，《上海经济研究》1998 年第 1 期。

施正康：《近代中国证券思想概论》，《世界经济文汇》1999 年第 2 期。

司马城：《中国人自办的第一家证券交易所成立于北京》，《北京档案史料》1994 年第 4 期。

宋士云：《北京证券交易所的两次起落》，《北京商学院学报》1995 年第 3 期。

宋士云：《茶会时代证券交易》，《科学时报》2000 年 10 月 23 日。

宋士云：《近代天津证券交易市场的兴起与消亡》，《南开经济研究》1995 年第 1 期。

宋士云：《抗日战争时期我国的股票市场》，《齐鲁学刊》1998 年第 5 期。

宋士云：《民国初期中国证券市场初探》，《史学月刊》1999 年第 5 期。

宋士云：《清朝末年中国的证券市场》，《山东师范大学学报》1997 年第 6 期。

唐传泗、黄汉民：《试论 1927 年以前的中国银行业》，《中国近代经济史研究资料》第四辑，上海社会科学院出版社 1985 年版。

田茂德、吴瑞雨、王大敏整理：《辛亥革命至抗日战争前夕四川金融大事记（初稿）四》，《西南金融》1984 年第 9 期。

田茂德、吴瑞雨、王大敏整理：《辛亥革命至抗日战争前夕四川金融大事记（初稿）五》，《西南金融》1984 年第 10 期。

田永秀：《1862—1883 年中国的股票市场》，《中国经济史研究》1995 年第 2 期。

宛璐：《清末金融业与橡皮股票风潮》，，硕士学位论文，北京工商大学，2001 年。

汪开振：《半个世纪前的中国证券期货市场》，《上海经济研究》1995 年第 4 期。

王晶：《1932 年的公债风潮：国民政府与上海金融界关系述评》，《档案与史学》2000 年第 3 期。

王磊：《抗战时期国民政府内债研究》，《中国经济史研究》1993 年第 4 期。

王水乔：《试论清末至民国年间云南的股份制企业》，《云南民族学院学报》1994 年第 1 期。

王尧基：《论中国股市思想发展的几次突破及意义》，博士学位论文，复旦大学，2003 年。

王永长：《近代证券市场的变迁及其启示》，硕士学位论文，上海财经大学，1999 年。

王永贞：《近代中国证券交易市场的历史考察》，《聊城师范学院学报》1998 年第 4 期。

王佑楼、方传政：《淮南煤矿历史档案中的股票》，《中国档案》1997 年第 7 期。

王志华：《略论中国近代证券立法》，《江西财经大学学报》2004 年第 6 期。

王志华:《中国近代证券法律制度研究》,博士学位论文,中国政法大学,2006年。

魏达志:《上海"孤岛经济繁荣"始末》,《复旦学报》(社会科学版) 1985年第4期。

翁先定:《交通银行官场活动研究》,《中国社会科学院经济研究所集刊》第11集,中国社会科学出版社1988年版。

吴承明:《中国民族资本的特点》,《经济研究》1956年第6期。

吴景平:《近代中国内债史研究刍议——以国民政府1927—1937年为例》,《中国社会科学》2001年第5期。

席长庚:《1918年建立的北京证券交易所》,《经济师》1999年第3期。

肖勤福:《上海金融界"民十风潮"述略》,《近代史研究》1986年第2期。

谢菊曾:《一九三五年上海白银风潮概述》,《历史研究》1965年第2期。

徐华:《清末资本市场》,硕士学位论文,苏州大学,2001年。

徐英军:《近代洋务股份制企业论析》,《中州学刊》1996年第5期。

徐中煜:《梁启超公债思想初探》,《北京大学学报》2001年第6期。

徐珠、李玉凡:《汉冶萍公司股票简介》,《湖北档案》2000年第3期。

严亚明:《论晚清发展证券市场的思想主张》,《南阳师范学院学报》2004年第4期。

严亚明:《论晚清商战视野下的股份制思想》,《孝感学院学报》2003年第4期。

严亚明:《晚清人士对股份制企业组织形式优势的认识》,《江西教育学院学报》2004年第1期。

叶世昌:《梁启超、康有为的股份制思想》,《世界经济文汇》1999年第2期。

叶世昌:《上海股市的第一次高潮和危机》,《复旦学报》2008年第2期。

余德仁：《论唐廷枢与轮船招商局》，《河南师范大学学报》1993 年第 1 期。

虞建新：《日商上海取引所及其与华商交易所业之关系（上）》，《档案与史学》1995 年第 1 期。

虞建新：《日商上海取引所及其与华商交易所业之关系（下）》，《档案与史学》1995 年第 2 期。

占绍香、陈韶华：《略论梁启超的公债思想》，《中南民族大学学报》2003 年第 2 期。

张春廷：《中国证券市场发展简史（晚清时期）》，《证券市场导报》（深圳），2001 年第 4 期。

张春廷：《中国证券市场发展简史（民国时期）》，《证券市场导报》（深圳），2001 年第 5 期。

张春廷：《中国证券市场发展简史（改革开放前）》，《证券市场导报》（深圳），2001 年第 6 期。

张春廷：《中国证券思想及证券市场研究》，博士学位论文，复旦大学，2003 年。

张桂素：《宣统年间发行"爱国公债"史料》，《历史档案》1997 年第 4 期。

张国辉：《关于轮船招商局产生与初期发展的几个问题》，《经济研究》1965 年第 10 期。

张启祥：《北洋政府时期的九六公债述评》，《史学月刊》2005 年第 6 期。

张寿彭：《旧中国交易所探源》，《兰州大学学报》1990 年第 1 期。

张树卿、王景义：《简论旧中国的公债》，《松辽学刊》2000 年第 2 期。

张晓辉：《广东近代地方公债史研究（1912—1936）》，《暨南学报》1992 年第 2 期。

张晓阳：《八一三时期的上海金融市场》，硕士学位论文，复旦大学，1999 年。

张晓阳：《抗战时期的上海股市研究》，《档案与史学》1999 年第

1 期。

张忠民：《近代上海产业证券的演进》，《社会科学》2000 年第 5 期。

张忠民：《略论近代上海产业证券演进中的若干问题》，《中国金融史集刊》第一辑，复旦大学出版社 2005 年版。

赵红星：《1927—1949 年上海证券市场及历史反思》，硕士学位论文，北京工商大学，2001 年。

赵兴盛：《抗战时期国民政府国内公债政策研究》，《民国研究》第 3 辑，南京大学出版社 1996 年版。

赵兴盛：《战后国民政府国营事业民营化问题研究》，《江海学刊》2002 年第 3 期。

周育民：《清末内债的举借及其后果》，《学术月刊》1997 年第 3 期。

周育民：《一·二八事变与上海金融市场》，《档案与史学》1999 年第 1 期。

周至久：《旧天津的证券交易内情》，《文史精华》1995 年第 2 期。

朱俊瑞、潘国琪：《梁启超评"袁世凯式公债"》，《杭州师范学院学报》2001 年第 1 期。

朱荫贵：《"孤岛"时期的上海众业公所》，《民国档案》2004 年第 1 期。

朱荫贵：《1918—1937 年的中国证券市场》，《复旦学报》（社会科学版）2006 年第 2 期。

朱荫贵：《近代上海证券市场上股票买卖的三次高潮》，《中国经济史研究》1998 年第 3 期。

朱荫贵：《近代中国的第一批股份制企业》，《历史研究》2001 年第 5 期。

朱荫贵：《抗战时期的上海华商证券市场》，《社会科学》2005 年第 2 期。

朱英：《晚清的"昭信股票"》，《近代史研究》1993 年第 6 期。

卓遵宏：《中央银行与近代上海金融中心地位（1927—1937）》，复旦大学中国金融史研究中心编：《上海金融中心地位的变迁》，复旦大学出版社 2005 年版。

邹进文：《近代中国的股份制》，《历史档案》1995 年第 3 期。

四 中外论著

［法］白吉尔：《中国资产阶级的黄金时代（1911—1937）》，张富强、许世芬译，上海人民出版社 1994 年版。

［美］阿瑟·恩·杨格：《一九二七至一九三七年中国财政经济情况》，陈泽宪、陈霞飞译，中国社会科学出版社 1981 年版。

［美］道格拉斯·C. 诺斯：《经济史中的结构与变迁》，陈郁、罗华平等译，上海三联书店、上海人民出版社 1994 年版。

［美］道格拉斯·C. 诺思：《制度、制度变迁与经济绩效》，杭行译，上海三联书店、上海人民出版社 1994 年版。

［美］科斯、A. 阿尔钦、D. 诺斯等：《财产权利与制度变迁》，延边教育出版社 2004 年版。

［美］小科布尔：《上海资本家与国民政府（1927—1937）》，杨希孟译，中国社会科学出版社 1988 年版。

《马克思恩格斯〈资本论〉书信集》，人民出版社 1976 年版。

《上海金融史话》编写组编：《上海金融史话》，上海人民出版社 1978 年版。

［美］高家龙：《中国的大企业——烟草工业中的中外竞争（1890—1930）》，樊书华、程麟荪译，商务印书馆 2001 年版。

［美］埃瑞克·G. 菲吕博顿、鲁道夫·瑞切特编：《新制度经济学》，孙经纬译，上海财经大学出版社 1998 年版。

曹凤岐：《中国证券市场发展、规范与国际化》，中国金融出版社 1998 年版。

陈国强主编：《浙江金融史》，中国金融出版社 1993 年版。

程霖：《中国近代银行制度建设思想研究 1859—1949》，上海财经大学出版社 1999 年版。

董仲佳编：《（最新）中国内外债券要览》，上海通易信托公司。

杜恂诚：《民族资本主义与旧中国政府（1840—1937）》，上海社会科学院出版社 1991 年版。

傅红春：《美国联邦政府对股票市场的监督与管理》，西南财经大学出版社 1997 年版。

关国华、汪福长、葛意生、戴云芳编译：《公债与股票》，中国财政经济出版社 1988 年版。

郭庠林、张立英：《近代中国市场经济研究》，上海财经大学出版社 1999 年版。

［美］郝延平：《中国近代商业革命》，陈潮、陈任译，上海人民出版社 1991 年版。

黑龙江省地方志编纂委员会主编：《黑龙江省志·金融志》，黑龙江人民出版社 1989 年版。

洪葭管、张继凤：《近代上海金融市场》，上海人民出版社 1989 年版。

洪葭管：《20 世纪的上海金融》，上海人民出版社 2004 年版。

洪葭管：《金融话旧》，中国金融出版社 1991 年版。

洪葭管：《在金融史园地里漫步》，中国金融出版社 1990 年版。

洪葭管：《中国金融史》，西南财经大学出版社 1993 年版。

洪伟力：《证券监管：理论与实践》，上海财经大学出版社 2000 年版。

胡继之：《中国股市的演进与制度变迁》，经济科学出版社 1999 年版。

胡善恒：《公债论》，商务印书馆 1936 年版。

黄汉民、陆兴龙：《近代上海工业企业发展史论》，上海财经大学出版社 2000 年版。

贾士毅编：《民国续财政史》（六），商务印书馆民国二十三年一月（1934 年 1 月）初版。

贾士毅：《国债与金融》，商务印书馆 1930 年版。

金德环主编：《当代中国证券市场》，上海财经大学出版社 1999 年版。

金普森主编：《虞洽卿研究》，宁波出版社 1997 年版。

李朝晖：《证券市场法律监管比较研究》，人民出版社 2000 年版。

李新总编：《中华民国史》第三编第五卷，汪朝光：《从抗战胜利到内战爆发前后》，中华书局 2000 年版。

李扬、王国刚：《资本市场导论》，经济管理出版社 1998 年版。

李玉：《晚清公司制度建设研究》，人民出版社 2002 年版。

李长江：《中国证券市场历史与发展》，中国物资出版社 1998 年版。

联合征信所平津分所调查组编：《平津金融业概览》，联合征信所平津分所 1947 年版。

刘波：《资本市场结构——理论与现实选择》，复旦大学出版社 1999 年版。

刘大钧：《外人在华投资统计》，中国太平洋国际学会 1932 年版。

刘慧宇：《中国中央银行研究（1928—1949)》，中国经济出版社 1999 年版。

刘志英：《近代上海华商证券市场研究》，学林出版社 2004 年版。

陆仰渊、方庆秋主编：《民国社会经济史》，中国经济出版社 1991 年版。

罗美娟：《证券市场与产业成长》，商务印书馆 2001 年版。

马俊亚：《规模经济与区域发展——近代江南地区企业经营现代化研究》，南京大学出版社 1999 年版。

［德］马克思：《资本论》第 1 卷，人民出版社 1975 年版。

马寅初：《马寅初战时经济论文集》，作家书屋 1945 年版。

聂宝璋：《中国买办资产阶级的发生》，中国社会科学出版社 1979 年版。

潘国琪：《国民政府 1927—1949 年内国公债研究》，经济科学出版社 2003 年版。

潘国旗：《近代中国国内公债研究（1840—1926)》，经济科学出版社 2007 年版。

潘青木、陈野华主编：《证券市场学》，西南财经大学出版社 1994 年版。

千家驹：《中国的内债》，北平社会调查所 1933 年印行。

钱承绪：《中国金融之组织：战前与战后》，中国经济研究会 1941 年版。

桑润生编：《简明近代金融史》，立信会计出版社 1995 年版。

上海百货商业公司等编：《上海近代百货商业史》，上海社会科学院出版社 1988 年版。

上海《银行周报》社编纂：《上海金融市场论》，民国十二年七月发行（1923 年 7 月）。

沈大年主编：《天津金融简史》，南开大学出版社 1988 年版。

施伯珩：《上海金融市场论》，上海商业珠算学社出版社 1934 年版。

施正康：《困惑与诱惑：中国近代化进程中的投资理论与实践》，上海三联书店 1999 年版。

时事问题研究会编：《抗战中的中国经济》，中国现代史资料编辑委员会翻印，北京大学印刷厂 1957 年版。

孙德常、周祖常主编：《天津近代经济史》，天津社会科学院出版社 1990 年版。

孙毓棠：《中日甲午战争前外国资本在中国经营的近代工业》，上海人民出版社 1955 年版。

汤心仪等编：《战时上海经济》第一辑，上海经济研究所 1945 年版。

唐振常、沈恒春主编：《上海史研究》第二编，学林出版社 1988 年版。

唐振常主编：《上海史》，上海人民出版社 1989 年版。

汪敬虞：《唐廷枢研究》，中国社会科学出版社 1983 年版。

汪敬虞：《外国资本在近代中国的金融活动》，人民出版社 1999 年版。

汪敬虞：《中国资本主义的发展和不发展》，中国财政经济出版社 2002 年版。

王承志：《中国金融资本论》，光明书局 1936 年版。

王恩良：《交易所大全》，交易所所员暑期养成所 1921 年版。

王立民：《上海法制史》，上海人民出版社 1998 年版。

王相秦编：《华商股票提要》，中国科学公司 1942 年版。

王志华：《中国近代证券法》，北京大学出版社 2005 年版。

王宗培：《中国之内国公债》，上海长城书局 1933 年版。

魏友棐：《现阶段的中国金融》，上海黎明书局 1936 年版。

吴承禧：《中国的银行》，上海商务印书馆 1934 年版。

吴德培编：《交易所论》，上海商务印书馆 1946 年版。

吴景平等：《抗战时期的上海经济》，上海人民出版社 2001 年版。

吴景平主编：《上海金融业与国民政府关系研究（1927—1937）》，上海财经大学出版社 2002 年版。

吴景平：《宋子文思想研究》，福建人民出版社 1998 年版。

吴景平：《宋子文政治生涯编年》，福建人民出版社 1998 年版。

伍柏麟主编：《中日证券市场及其比较研究》，上海财经大学出版社 2000 年版。

武汉地方志编纂委员会主编：《武汉市志·金融志》，武汉大学出版社 1989 年版。

夏东元：《郑观应传》，华东师范大学出版社 1981 年版。

熊月之主编：《上海通史》，上海人民出版社 1999 年版。

徐沧水：《内国公债史》，商务印书馆 1923 年版。

徐桂华、郑振龙编：《各国证券市场概览》，复旦大学出版社 1992 年版。

徐寄顾编：《改增最近上海金融史》（上、下），中华民国二十一年十二月（1932 年 12 月）增改第三版。

许毅主编：《北洋政府外债与封建复辟》，经济科学出版社 2000 年版。

严武、李汉国、吴冬梅等：《证券市场管理国际比较研究》，中国财政经济出版社 1998 年版。

严中平主编：《中国近代经济史（1840—1894）》（上册），人民出版社 2001 年版。

严中平：《中国棉纺织史稿》，科学出版社 1955 年版。

杨培新：《经济新闻读法》，致用书店 1947 年版。

杨汝梅：《国民政府财政概况论》，民国二十五年（1936 年）版。

杨汝梅：《民国财政论》，民国十六年（1927 年）版。

杨天石：《蒋氏密档与蒋介石真相》，社会科学文献出版社 2002 年版。

杨荫溥编：《中国交易所论》，商务印书馆 1929 年版。

杨荫溥：《上海金融组织概要》，商务印书馆 1930 年版。

姚会元：《江浙金融财团研究》，中国财政经济出版社 1998 年版。

叶世昌、潘连贵：《中国古近代金融史》，复旦大学出版社 2001 年版。

叶世昌、施正康：《中国近代市场经济思想》，复旦大学出版社 1998 年版。

于纪渭：《证券法概论》，复旦大学出版社 1999 年版。

虞宝棠编：《国民政府与国民经济》，华东师范大学出版社 1998 年版。

张公权：《中国通货膨胀史（1937—1949 年）》，文史资料出版社 1986 年版。

章乃器：《中国货币金融问题》，生活书店 1936 年版。

张守广：《大变局——抗战时期的后方企业》，江苏人民出版社 2008 年版。

张忠民：《艰难的变迁——近代中国公司制度研究》，上海社会科学院出版社 2002 年版。

赵锡军：《论证券监管》，中国人民大学出版社 2000 年版。

浙江省金融志编纂委员会编：《浙江省金融志》，浙江人民出版社 2000 年版。

郑振龙等主编：《中国证券发展简史》，经济科学出版社 2000 年版。

中国国民党中央执行委员会宣传部编印：《抗战六年来之财政金融》，抗战建国六周年纪念丛刊（1943 年 7 月 7 日）。

中国人民银行总行金融研究所金融历史研究室编：《近代中国的金融市场》，中国金融出版社 1989 年版。

中国银行行史编辑委员会编：《中国银行行史》，中国金融出版社 1995 年版。

周天勇：《金融风险与资本社会化》，经济科学出版社 1998 年版。

朱斯煌主编：《民国经济史》，银行学会、《银行周报》社民国三十七年（1948 年）版。

朱彤芳编：《旧中国交易所介绍》，中国商业出版社 1989 年版。

朱镇华：《中国金融旧事》，中国国际广播出版社 1991 年版。

五　外文资料

［日］木村增太郎：《支那の经济と财政》，东京大阪屋号书店，太正十二年三月二十日发行。

［日］中支那振兴株式会社调查课：《上海华商证券业概况》，昭和十六年十二月。

"China's First Stock and Produce Exchange"，*The Far Eastern Review*，August，1920.

［日］滨田峰太郎：《支那的交易所》，上海中华经济社 1922 年版。

后　记

　　本书是在我 2006 年 3 月复旦大学理论经济学博士后出站报告的基础上，经过了两年多的修改，在 2008 年获得了国家社会科学基金后期资助项目后，根据反馈的评审专家提出的修改意见，又经过了一年多时间的资料补充、修改和完善，才得以最终完成的。同时也是对我前期研究成果《近代上海华商证券市场研究》一书的补充、完善与提升。

　　经济史的学习和研究是十分枯燥和辛苦的，它需要"坐冷板凳"的精神，不仅要耗费大量的时间和精力去做详尽的资料搜集、整理、考证与辨伪，更要求我们通过对史料的分析与探究，在理论上进行升华，从而得出可靠、科学的结论以及值得借鉴的历史经验与教训。因此，要完成这项研究必须付出艰辛的努力。当书稿即将付梓时，回顾十多年来我走过的学术研究道路，其中的酸甜苦辣一齐涌上心头，像电影般一幕幕呈现在眼前，促使我将其记录下来，以鞭策我在学术之旅上不断奋进。

　　关于近代中国证券市场的研究一直是我感兴趣的学术课题，早在1999—2002 年，我在复旦大学历史系攻读中国近现代经济史专业博士学位时，在导师吴景平教授的指导之下，即选择近代中国证券市场的中心——上海华商证券市场作为我博士论文的研究课题，最终完成并在此基础上修改出版了《近代上海华商证券市场研究》一书。

　　由于"近代上海华商证券市场研究"仅是"近代中国证券市场"这一庞大研究课题中的一个侧面，显然不是一本书所能涵盖的，因此，就在博士论文修改的过程中，我下决心要把这方面的研究继续进行下去。于是，我便在 2003 年 9 月以"近代中国证券市场研究"为题，申请到复旦大学理论经济学博士后流动站继续展开博士后研究工作。

在两年半的博士后研究工作中，我首要的任务是弥补经济学理论知识的欠缺与不完整，所以用了不少时间在经济学院选听了袁志刚教授的《宏观经济学》、李维森教授的《制度经济学》、马涛教授的《西方经济学说史》等课程。

接下来更多的时间则是继续奔忙于档案馆、图书馆，进一步发掘各种第一手的资料。由于近代中国不少城市都曾开设过证券市场，故除了继续在复旦大学图书馆、上海市图书馆、上海市档案馆补充以上海为主的相关资料外，对于上海之外的其他地方证券市场的资料在过去的研究中相对比较缺乏。于是，我相继去过浙江省档案馆、浙江省图书馆、宁波市档案馆收集与四明证券交易所有关的资料。并于 2005 年 5—6 月耗时两个月，专程去了北京、天津和济南，分别收集北京证券交易所、华北有价证券交易所以及青岛证券物品交易所的相关资料。还于 2006 年 10 月与 12 月相继两次到重庆市档案馆、重庆市图书馆查阅重庆证券交易所的相关资料。虽然旅途的奔波与资料的爬梳常常让人倍感煎熬，但每当我搜集到一份份弥足珍贵的新资料时，那欣喜的心情，却是常人所难以体会的，那是我最大的快乐。

当然，收集资料的艰辛还仅仅是痛苦的前奏曲，比起之后的资料的整理、写作大纲的反复修订、文稿的写作与修改，真是算不了什么。更何况我的研究还是在自己原有博士论文的基础上的进一步探索。在此后的写作中，我才发现要想超越前人的研究成果已是不易，在时常都会受到自己既有观点束缚的情况下，超越自己更是难上加难。当我历经千辛万苦完成博士后出站报告后，答辩会上，各位专家充分肯定了我的成绩，并把难得的优秀给了我，同时他们也真诚地向我提出了宝贵的意见，认为我在经济学理论的运用上还是不尽如人意，希望我能在出版的时候予以完善。为了不让专家们失望，也为了使自己的研究在经济学理论上得到进一步的真正提升，我在博士后出站以来的近两年时间里，重新审视了自己的研究报告，并对每一个章节进行了大的调整、修改和补充。特别是在 2008 年 10 月获得国家社会科学基金后期资助立项之后，我又用了一年多的时间，根据评审专家的意见，从资料到观点，对文稿进行了反复的审视。文稿修改的日子使我时常夜不能寐，一个个问题缠绕着我，折磨着我，让我的精神世界几乎到达了难以承受的极限。记得歌中唱道：
"阳光总在风雨后"，如今呈现在读者面前的这部作品，确实也饱经风霜
雨雪的磨砺，但是否能迎来灿烂的阳光，我的确还是一片茫然，诚惶诚
恐地期待着各位前辈、学友、同行和读者的评判。

　　本书从资料搜集到出版历时 7 年多，我耗费了大量的心血，没有老
师、领导、朋友及家人的帮助、关心与支持，根本无法顺利完成。因此，
我要对每一个给予我无私关怀的人表示衷心的谢意！

　　首先要衷心感谢我的博士后联系导师叶世昌教授。他是我最崇敬的
恩师与前辈，叶老师虽已是八旬老人，但他老人家对晚辈后学始终是不
遗余力地奖掖与扶植。当我还在复旦大学历史系攻读博士学位时，叶老
师就曾对我的博士论文给予评审，并提出了十分宝贵的建设性修改意见，
在我博士后的工作中，更是对选题的论证、资料的搜集与写作的整个过
程进行了直接指导和悉心帮助。让我感动的是，当我的初稿及后来的出
版稿邮传给叶老师后，他不辞辛劳，在电脑前反复、认真地审阅我的文
稿，不仅从宏观上给予指导，还从资料的出处、引用与文字的表述等细
微处进行了一丝不苟的检查与考证，在学术的规范上严格把关。看着叶
老师邮传给我的一条条修改意见，我深深地为叶老师严谨的治学态度所
感佩。特别是他身体力行，视研究如生命，虽然如今已是白发飘髯，但
仍承担着国家清史研究工程中的一个课题——清代金融史的研究。时常
可见他老人家奔忙于图书馆查阅资料的身影，这种对待学术孜孜以求、
锲而不舍的精神深深地震撼着我，每当我处于研究的困境，想弃而不作
时，这种精神便化作一股强大的鞭策力，在漫漫的学术征途中引导着我
不断前行。

　　我要衷心感谢复旦大学经济学院的袁志刚教授、华民教授、石磊教
授、尹伯成教授、洪远朋教授、陈建安教授、马涛教授等。他们在我的
开题报告会、中期考核报告会上提出了许多建设性的意见，使我在此后
的研究与写作中少走了许多弯路，使文章结构更趋合理。而在我的博士
后出站报告会上，各位专家更是提出了中肯的建议，望我进一步加强对
经济学理论的运用。对此，在出站后的这几年的修改时间里，我都不断
努力着，希望在理论上有所突破。

　　我要衷心感谢我的博士导师吴景平教授。在我博士毕业后的这些年中，吴老师仍是一如既往地关注着我学术成长中的点点滴滴，在多次金融史学术会议上为我提供了良好的研究与讨论的平台，使我的学术研究能力得到锻炼，给我的学术发展铺平了前进的道路，同时，对博士后出站报告的修改与出版更是给予了极大的关注和支持，正是在吴老师的时常提醒与督促下，我才能尽快完成修改，并将报告最终付梓。

　　对所有我去过的档案馆、图书馆的管理人员，我都要表示诚挚的谢意。他们的热情服务，给了我极大的帮助。

　　对于支持我的单位和领导及同事们，我要表示万分感谢，你们对我的支持，我将永远铭记于心。在我从事博士后工作的时候，我还在浙江财经学院经济与国际贸易学院工作，院长卢新波教授、副院长崔大树博士后以及科研处的张国平教授和学院的同事们对我的研究都给予了太多太多的鼓励，使得我的博士后工作顺利完成，而我的出版稿还曾获得了2006年度浙江省省级出版资助，尽管由于工作调动的原因，书稿的最终出版并没有使用这笔经费。当我出站报告修改和最后出版的时候，我调到了西南大学历史文化学院工作，其间，院长张明富教授为我的调动，不辞辛劳、多方奔走，并给我提供了宽松的学术研究平台，我的同学和同事如潘洵教授、杨如安教授、王文余教授等都给予我热情的帮助和支持，在此一并致谢！

　　此外，在我的资料搜集过程中，还得到山东大学张玉明教授的热情帮助，在此感谢他及他所在的单位山东大学图书馆为我提供的资料上的帮助。而对四川外国语学院的易曾权老师在英文资料翻译上给予我的无私帮助，更是由衷地感谢。我的学友赵兰亮、金志焕、戴建兵、马陵合、马军、王晶、何品、宋佩玉、张徐乐、孙大权、史丽丽、张秀莉等的见解也使我受益良多，在此致谢。更要感谢国家社会科学基金规划办和中国社会科学出版社，为我著作的出版所付出的一切努力！

　　还要感谢我的丈夫张朝晖先生，他不仅对我的科研工作给予了倾力支持与无私奉献，还是我文稿的第一个读者，并提出了许多中肯的修改意见。感谢我的母亲孙传蓉女士对我学习与工作的默默支持和奉献，她老人家虽年事已高，但在生活上却总是无微不至地照顾着我，在我外出求学时，还帮我料理家务、照顾女儿，在此谨向她老人家表示衷心的感谢和崇高的敬意。也要谢谢我的女儿张伊婷对妈妈工作的理解和支持，在她成长的日子里，我时常在外，对于她的学习和生活少有关心，对此，我深表歉意。好在，女儿既懂事又乖巧，就在我著作即将出版时，她考上了自己还算满意的大学，使我倍感欣慰。

最后仅以此书献给一直关心我的两位相继过世的父亲，愿他们在天之灵得到些许欣慰。2005年6月的一天，当我接到弟弟打来的电话，说父亲在四川老家病故的噩耗时，我刚结束了在北京档案馆与国家图书馆的资料搜集，正在赶往去天津搜集资料的途中。父亲意外逝世的消息让刚抵天津的我彻夜难眠，撕心裂肺的痛楚催促我必须马上赶回四川老家，可还未完成资料收集工作的残酷现实又让我陷入了深深的矛盾之中……这一晚，我彻夜未眠，一番激烈的思想斗争让我终于下定了先查资料的决心。在档案馆查阅了一天的资料后，我坐上了回四川的飞机。档案馆里，我根据自己曾经在网上查找的记录以最快的速度查阅资料，并向管理员说明我在档案管理只能有一天时间的特殊情况，他们都惊讶我在这种情况下还能强制自己静下心来查阅档案，并尽可能给我开绿灯，不仅不限制我调档的卷数，还以最快的速度给我调档和复印。在他们的支持下，我终于在当天下班前，把所需要的主要资料都收集到了。在上飞机后那备受煎熬的150分钟里，除了希望飞机飞得快一点，再快一点外，我只有在心中千万次地恳请老父亲的在天之灵原谅女儿的不孝了。而在回老家办完父亲的丧事后，我又忍着巨大的悲痛，飞往济南查阅资料。在我心中，唯有加倍努力地工作才不会辜负父亲对我的期望。然而，就在一年以后，2006年10月，我远在四川的公公也病危了。当我在重症监护室里看见他时，他已不能说话，可他老人家却死死地紧握着我的双手，不断张着嘴唇，眼睛里流露出期望的光芒。我知道他在问我的工作，我的研究进展得怎样。我只能含着泪水告诉他，当他听了以后，嘴角露出了难得的微笑，安然地离我们而去了……如今，我的书稿就要出版了，愿我的这点小小成果能使二位老人在天之灵得到一点慰藉。

由于本人的学力与时间的仓促，文中的粗疏、不妥甚至错误之处，敬请学界前辈、同人不吝赐教。